L'ARCHIPEL INDIEN

« Je voudrais parler à tous ces Malais,
« sonder leurs cœurs et leurs intelligences,
« apprendre leur histoire, étudier leur re-
« ligion, deviner leurs besoins. »

Comte DE BEAUVOIR.

Typographie Firmin-Didot. — Mesnil (Eure).

LOUIS DE BACKER

L'ARCHIPEL INDIEN

ORIGINES — LANGUES — LITTÉRATURES
RELIGIONS — MORALE — DROIT PUBLIC ET PRIVÉ
DES POPULATIONS

PARIS

FIRMIN-DIDOT FRÈRES
FILS ET Cie
IMPRIMEURS DE L'INSTITUT
56, RUE JACOB, 56

ERNEST THORIN
LIBRAIRE DU COLLÉGE DE FRANCE
ET DE L'ÉCOLE NORMALE SUPÉRIEURE
7, RUE MÉDICIS, 7

1874

INTRODUCTION.

A la fin du siècle dernier, quelques philosophes s'étaient épris de l'idée de la perfectibilité indéfinie de l'espèce humaine, et Condorcet croyait que la République française en était l'expression la plus éclatante. Mais bientôt d'autres régimes politiques succédèrent au gouvernement républicain, et il ne fut plus question de la doctrine dont Turgot en France, Price et Priestley en Angleterre avaient été les premiers apôtres.

Après les événements de 1830, j'entendis un soir, dans le salon de Lamartine, un jeune homme reprendre et soutenir, avec talent et l'ardeur de son âge, la thèse née de notre première révolution. L'illustre poëte, qui était alors à l'apogée de sa gloire et dont l'âme était accessible à tous les nobles sentiments, n'admit pas cependant de si généreuses illusions : « Nous voyons partout, disait-il, une race humaine tombée dans l'ignorance et dans la barbarie, « en sortir pour remonter à la lumière, à la civilisation, à la vertu, à la puissance; arriver plus ou « moins laborieusement à la perfection relative d'une « nationalité, d'une société, d'une religion supé-

« rieure; rester à ce point culminant plus ou moins « longtemps avant d'en redescendre; puis s'écrouler « par l'infirmité irrémédiable de notre nature, se « détériorer, se corrompre, déchoir, mourir, dispa- « raître, en ne laissant, comme l'individu le plus « perfectionné lui-même, qu'un nom et une pincée « de cendres à la place où il a vécu. L'humanité « monte et descend sans cesse sur sa route, mais « elle ne descend ni ne monte indéfiniment (1). »

J'ajouterai que l'humanité, dans sa marche ascendante ou descendante, ne s'élève ni ne s'abaisse en masse ou en corps compacte, mais par groupes de familles ou par nations (2). Il est même des peuples qui ne peuvent pas se constituer en sociétés durables et qui n'atteignent jamais le degré de civilisation où d'autres parviennent, comme il y a des langues qui n'abandonnent jamais leur état monosyllabique ou agglutinant pour adopter la flexion. Si nous observons les races humaines de l'Archipel indien, il semble qu'elles ne soient pas susceptibles de progrès et que la vie ne leur apparaisse pas autrement que comme une condition fatalement imposée à l'homme (3).

(1) *Cours familier de littérature*, 3e entretien.

(2) « A chacune des grandes époques, le centre de l'action d'où émane « le progrès se déplace; il passe d'un peuple chez un autre peuple, de « sorte que tous semblent destinés à marcher tour à tour à la tête du « genre humain. » — LAMENNAIS, *Amschapspands*.

(3) Les peuples de l'Asie ne paraissent pas non plus à M. de Gobineau aptes à accepter une civilisation nouvelle. « Je ne vois pas, dit-il, dans

Les pages qui vont suivre seront, je l'espère, la démonstration de ce fait que met en évidence l'étude comparative des langues, des religions et de l'histoire des peuples de cet archipel d'Asie, le plus considérable du globe par le nombre de ses îles et par son étendue.

Cet archipel est compris entre le 90° longitude ouest et le 135° longitude est, entre le huitième parallèle boréal et le onzième parallèle austral. Des voyageurs ont nommé cette contrée les jardins d'Armide, l'Eden du monde. « Si celui qui a mis le « pied sur le sol de Java, dit Henri Conscience, vou« lait se représenter le paradis terrestre, comment « le rêverait-il autrement? » — « S'il y a des per« sonnes insensibles aux beautés de la nature, qu'elles « viennent ici, dit le comte de Beauvoir; elles seront « muettes d'admiration! » — « Celui qui pourrait y « arriver avec les premières ombres du soir pour en « sortir une heure après le lever du soleil s'imagi« nerait, » dit l'amiral Jurien de la Gravière, « avoir « traversé ces champs délicieux que les Grecs n'a« vaient osé placer que sur l'autre rive du Styx. »

Situées sous l'équateur, ces îles de l'Asie abondent

« les temps modernes, que les Français aient civilisé les Canadiens ou « les Hindous de Pondichéry, ni les Maures d'Alger, non plus que les « Anglais aient rien changé aux allures de leurs sujets de l'Inde, ni les « Hollandais transformé la population de Java, ni davantage les Russes « celle du Caucase. » — *Les religions et les philosophies dans l'Asie centrale.*

en productions qu'on chercherait vainement ailleurs. On y trouve les épices les plus précieuses, les fruits les plus savoureux, le rafflésia aux fleurs gigantesques, le roi des papillons aux ailes vertes, l'orang-outang ou l'homme des bois et l'oiseau de paradis qui perche sur l'oranger, le grenadier et le tamarinier. L'œil ravi y contemple des forêts d'une végétation luxuriante, des arbres à pain produisant une fécule qui a le goût du froment, de la pomme de terre et du topinambour, et, après avoir suivi du regard des rivières roulant des paillettes d'or, il parcourt des montagnes bleues, hautes de douze mille coudées, recélant le rubis et le diamant au fond de mystérieuses vallées.

Cependant l'Archipel indien n'a pas toujours été ce qu'il est aujourd'hui. Dans les âges reculés, ces énormes lambeaux de terre, que la mer entoure de tous côtés, auraient fait partie du vaste continent asiatique, et ils en auraient été détachés par des convulsions de la nature, des effondrements de montagnes, des soulèvements de la mer, des éruptions de volcans.

Des traditions locales semblent rappeler ces effroyables cataclysmes, et des naturalistes et des géologues les ont constatés. « C'est surtout lorsque nous nous occupons de la zoologie de ces pays, dit Alfred Russel Wallace, que nous trouvons la preuve évidente que ces grandes îles ont appartenu à un continent et n'en ont été séparées qu'à une époque géologique assez récente. L'éléphant, le tapir de Sumatra et de Bornéo, le rhinocéros de Sumatra et les espèces qui s'en rapprochent à Java, les bœufs sauvages de Bornéo, et les espèces supposées pendant longtemps particulières à Java, sont connus maintenant comme existant également dans différentes parties de l'Asie méridionale. Aucun de ces grands animaux n'a pu traverser les bras de mer qui séparent actuellement ces pays; et leur présence est la preuve certaine qu'une communication terrestre a dû exister depuis l'origine de ces espèces (1). »

Le savant Anglais croit même pouvoir déterminer la limite précise de l'ancien continent d'Asie; il la fixe à la côte orientale de Bornéo, et il considère les Célèbes et toutes les îles comprises entre elles, la Nouvelle-Guinée et l'Australie, comme ayant formé avec celle-ci un continent particulier. « Il est parfaitement connu, ajoute-t-il, que les productions de l'Australie diffèrent plus de celles de l'Asie, que celles des quatre parties de l'ancien continent ne diffèrent entre elles. Par le fait, l'Australie est unique dans son genre; on n'y voit aucun des types d'animaux que l'on voit dans les autres parties du monde. »

Lassen, dans son grand ouvrage sur l'antiquité indienne, divise les îles de l'Archipel d'Asie en quatre groupes principaux :

Le premier se compose de Malacca, Sumatra, Bali et Lombok, et de deux tiers du Bornéo occidental.

(1) *The malay Archipelago.* Introduction traduite par L. Manceron.

Les plantes et les animaux de ce groupe lui sont propres et ont un caractère qui les distingue de ceux des autres pays. Le sol est d'une fécondité extraordinaire et fournit des aliments pour une grande quantité de bétail. Ceux des habitants qui sont civilisés ont une langue et des mœurs communes; ils ont fait plus de progrès dans les arts, les armes et les lettres que ceux des autres groupes. Ils se nourrissent de riz, qui est généralement abondant.

Le point central de la seconde division est Célèbes; les plantes et les animaux se distinguent, ainsi que l'a fait aussi remarquer Wallace, du groupe occidental; le sol, moins fertile, produit moins de riz et de blé. Les habitants civilisés le sont moins que ceux qui le sont dans le groupe précédent. Leur langue, leurs mœurs et leur politique diffèrent de celles de leurs voisins occidentaux. Ils se nourrissent de riz et de sago.

Le troisième groupe diffère d'une manière remarquable des deux précédents. Il comprend les Moluques, les îles de Timor, de Ceram et la Nouvelle-Guinée. La plus grande partie des plantes et des animaux des deux premières divisions disparaît dans celle-ci. C'est la terre natale des noix de muscade et des clous de girofle. Mais le riz est plus rare qu'ailleurs. Les habitants se nourrissent ordinairement ici de sago; leurs mœurs et leur langue, assez uniformes dans ce groupe, s'éloignent entièrement de celles de tous leurs voisins. S'ils ont connu l'écriture, c'est à des étrangers qu'ils en sont redevables.

Enfin, le quatrième groupe est le moins caractérisé. Il comprend la pointe nord-est de Bornéo, les îles de Soulou et la grande île de Mindano. Généralement, les plantes lui sont spéciales; mais elles participent néanmoins du caractère de celles des trois groupes précédents. On y cueille aussi le clou de girofle et la noix de muscade; mais ces denrées sont moins estimées et moins abondantes.

Les insulaires de ce groupe font leur nourriture ordinaire du riz et le remplacent quelquefois par le sago. Plus civilisés que ceux du troisième groupe, ils le sont moins que ceux du premier, et ils sont au-dessous de ceux du second. Sous le rapport de la langue, des mœurs et de leur état social, ils n'ont rien de commun avec leurs voisins.

Les peuples de l'Archipel sont encore séparés par des montagnes presque infranchissables; celles que portent les îles de l'extrémité méridionale sont volcaniques et vomissent de la fumée et des cendres. Les grandes îles seules en ont de très-hautes, mais qui n'atteignent pas les hauteurs neigeuses. Des forêts d'arbres touffus les ombragent, et la puissance de la faune s'étend souvent jusqu'aux bords de la mer. Les rivières n'ont rien de majestueux, excepté celles de Sumatra, de Java et de Bornéo. Si ce n'est à Célèbes, l'Archipel a peu de pâturages, et cependant aucun pays, aux environs de l'équateur, n'a une population plus dense. Ce qui la produit, c'est la douceur du climat; c'est la merveilleuse fécondité du sol qui rend au centuple la graine qu'on lui confie; c'est la facilité de communiquer par mer avec d'autres pays. La Chine n'est séparée que par trois journées de navigation du point le plus rapproché de l'Archipel indien, et l'Arabie l'est seulement par un espace maritime que l'on traverse en trois semaines.

Ces îles, les plus riches et les plus favorisées du monde, sont habitées par deux races d'hommes totalement distinctes. Il y a en effet autant de différence entre elles qu'entre les blancs et les noirs des Antilles. Ces races ne sont pas non plus contemporaines, en ce sens que l'une est plus ancienne que l'autre. Elles ne sont pas davantage aborigènes de l'Archipel indien, comme on le croit généralement (1); elles n'en sont pas un produit spontané. Enfin, elles n'y ont pas été créées par nation et sur place, mais elles y sont arrivées, pour me servir de l'expression du savant anthropologiste, M. de Quatrefages, par voie de *migration volontaire* ou de *dissémination involontaire*.

La plus ancienne de ces deux races est noire et inférieure aux nègres de l'Afrique. Crawfurd trouve entre elles et ceux-ci autant de dissemblance qu'entre les Européens et les Malais. Ce sont ces derniers qui lui ont donné le nom de « *Puapua* (papoue), » mot signifiant, suivant les uns : « brun foncé », suivant

(1) M. de Quatrefages a déjà réfuté cette opinion. — V. le *Journal des savants*, 1870 et suiv.

d'autres : « cheveux laineux » ; les Espagnols l'ont nommée *Negritos* ou petits nègres.

La seconde race est de couleur jaune ou basanée. Elle est plus nombreuse, plus civilisée et domine l'autre. La race brune ou noire est aujourd'hui refoulée dans l'intérieur des grandes îles, où elle mène dans les bois une vie errante, misérable, comme au premier âge de la barbarie dont elle n'est jamais sortie. Elle disparait du reste chaque jour devant les progrès de la civilisation, comme les Indiens dans l'Amérique septentrionale.

Les individus qui composent la race jaune ou basanée sont robustes et bien conformés. Leur taille est courte et trapue ; chez les hommes, elle ne dépasse pas un mètre soixante-dix centimètres; chez les femmes, elle a quelques centimètres de moins. La tête n'a pas les mêmes proportions qu'en Europe, elle n'est pas le septième de la hauteur du corps. Le visage est rond, la bouche est grande, même parmi les femmes; les dents sont très-belles, mais la mode les fait noircir comme de l'ébène. Le menton tend au carré et la mâchoire inférieure est saillante comme les pommettes, ce qui fait paraître les joues passablement creuses. Le nez est court et étroit, il n'est jamais proéminent ni aplati; les yeux sont petits et noirs, comme chez tous les Orientaux de l'Asie australe. Les cheveux sont longs, noirs, lisses et rudes. Le teint de la tête est généralement olivâtre avec de légères nuances, qu'on ne doit pas attribuer au climat. Les moins colorés sont à l'ouest; les Javanais sont plus foncés, et leurs poëtes, pour vanter la beauté du sein de la femme, la comparent à la couleur jaune de l'or.

Les insulaires de race jaune semblent être descendus, d'après Buchanan, de l'empire des Birmans ou des royaumes de Siam et de Cambodge vers le nord-est des îles de la Sonde. Cependant leur langue qui se lie, comme leur race, aux populations de l'Indo-Chine, témoigne aussi de l'affinité qu'elle a avec celle des peuples légèrement colorés du grand Océan. Non-seulement le Malgache à l'ouest, mais encore l'habitant des îles situées entre la Nouvelle-Zélande, les îles de l'Amitié et de Sandwich, parle un idiome apparenté à celui du Malais. Ce lien paraît établi tout à la fois par un système grammatical commun et par un vocabulaire où les objets sont désignés sous des noms identiques, modifiés seulement d'après les principes de la phonétique.

Les Malais, en prenant possession de l'Archipel indien, ne se présentèrent pas partout en foule, et là où les Papous étaient plus nombreux, la langue de ces derniers s'est maintenue intacte.

Telle que nous la connaissons aujourd'hui, la population malaise est un mélange de la race jaune et de la race noire, auquel sont venues s'ajouter, à diverses époques, des masses d'Hindous qui se réfugièrent dans l'Archipel à la suite de luttes religieuses et y fondèrent des villes et des royaumes. Alors une nouvelle civilisation s'y développa, et s'avançant cette fois de l'ouest à l'est, forma le lien par lequel l'histoire de l'Archipel est intimement liée à celle de l'Inde; car l'art d'utiliser les trésors de la nature, une religion plus pure et plus élevée, des cérémonies mieux réglées, des lois plus justes, une mythologie plus riche, une poésie héroïque, une architecture plus grandiose, l'écriture, tout cela est venu de l'Inde et a exercé une sérieuse influence sur la forme et la constitution du monde insulaire, complément du continent asiatique.

Au dixième siècle de notre ère, des relations commerciales s'établirent entre l'Archipel et la Chine par Siam. La fertilité extraordinaire de Java fut une source de richesses qui durent attirer les marchands étrangers, surtout dans la saison où la mousson de l'est pousse les flots de la mer de Chine vers Java.

La nécessité força les habitants des côtes des Célèbes et de Bougui à se livrer à la pêche et à devenir marins et entreprenants. La connaissance des Moluques apporta avec elle celle des épices, qui donnèrent naissance à un commerce d'échange avec tout l'Archipel. L'état social des îles s'en ressentit. La propriété fut fixée; les princes se crurent ou se proclamèrent propriétaires du sol et s'attribuèrent une grande partie de la moisson. C'est surtout à Java et aux Moluques que ce radicalisme au profit d'un seul fut le plus pratiqué. Au contraire, les Bouginais, qui faisaient par eux-mêmes le commerce, s'enrichirent individuellement et durent ainsi exciter la jalousie des habitants de l'intérieur et des chefs des Célèbes. C'est à cette cause qu'il faut attribuer les dissensions sanglantes et les guerres qui désolèrent cette île.

L'arrivée des Chinois à Java et à Sumatra peut être regardée comme le point de départ de l'essor commercial qu'a pris l'Archipel. Les toiles qu'apportaient ces marchands du Céleste-Empire furent un appât pour des hommes qui vivaient encore à l'état de nature et leur inspirèrent le désir de les posséder. Les Bouginais s'en procurèrent aussi et les répandirent dans les Moluques. Ils s'enrichirent à leur tour et fondèrent Mangkassar pour s'y défendre contre les princes des Célèbes, dont ils avaient excité la cupidité.

Lorsque les produits de l'Archipel devinrent plus communs en Chine, le commerce extérieur s'en empara et les transporta par caravanes du Thibet dans le Turkestan et en Perse, ou de l'Afghanistan dans l'Hindoustan. Ce commerce par caravanes fut surtout celui des Tartares.

C'est ainsi que se propagèrent dans l'Inde, avec la renommée des richesses de l'Archipel, les légendes du pays de l'or, et que des ambassadeurs de Java furent envoyés de 990 à 994 à l'empereur de la Chine de la dynastie de Sanga, pour lui faire connaître ces merveilles.

Au onzième ou douzième siècle, des marchands hindous voulurent aussi se rendre dans ces îles enchantées et leur demander les trésors qu'elles recélaient. Ils se fixèrent d'abord à Atchin (1) sur les terres de Sumatra.

De leur côté, les Bouginais, qui possédaient les articles faciles des Moluques, entrèrent en relations avec les marchands de l'Inde et fondèrent, dans la péninsule de Malacca, Singapour qui devint d'abord l'entrepôt des produits de Sumatra et des Moluques, de l'étain du continent et de l'argent de Siam, et qui fut plus tard la métropole de tout le commerce de l'Orient.

Peu avant la fondation de cette ville, les Bouginais avaient eu leur entrepôt à Ternate. De là, la prospérité de cette petite île qui se communiqua à tout le groupe des Moluques et à celui de Banda, lorsque la partie septentrionale des Célèbes et la côte de la Nouvelle-Guinée y envoyèrent leurs denrées les plus précieuses.

Les Mangkassarais aidèrent les Bouginais à étendre leur négoce dans l'est de l'Archipel. Ils oublièrent leurs anciennes dissensions, pour lutter ensemble contre l'influence nouvelle de Singapour qui les ruinait.

Les Javanais et les Chinois prirent part à cette ligue. Tous résolurent d'anéantir la suprématie d'une ville qui s'était interposée entre eux et l'Inde.

Telle fut, au commencement du treizième siècle, la situation de l'Archipel. L'art de cultiver la terre y fut

(1) Ce nom, qu'il serait peut-être mieux d'écrire Atjih, est emprunté à la langue tulugu ou telinga et signifie « lieu de la paix ».

pratiqué par les Chinois, et le commerce asiatique, ayant à sa disposition de meilleurs moyens de navigation, fit prospérer Constantinople qui donna à son tour une vive impulsion aux affaires de l'Europe.

Venise devint le marché général pour le trafic des splendides étoffes de l'Inde et des toiles de la Flandre, et les Arabes les transportèrent à Alexandrie par la mer Rouge et d'Alexandrie en Asie.

La fortune de Venise, dont les navires couvraient toutes les mers, excita la rivalité du Portugal. Au commencement du quinzième siècle, des vaisseaux portugais atteignirent le cap Bojador. En 1497, Vasco de Gama doubla le cap de Bonne-Espérance, et au commencement du siècle suivant, Alphonse d'Albuquerque avait rendu l'Archipel indien tributaire de son roi. A ces hardis navigateurs et à leurs valeureux compagnons, revient non-seulement l'honneur d'avoir conquis l'Orient par mer, mais encore de s'y être fait respecter par leur courage et leur intrépidité. L'Europe leur doit une éternelle reconnaissance d'avoir ouvert les sources qui donnent la vie et l'énergie au commerce et à l'industrie, et, ce qui est plus important, quoique moins apparent, d'avoir élargi les horizons de la science pour le naturaliste, l'historien et le philosophe.

Les Portugais, dont les navires portaient la croix au haut de leurs mâts, ont surtout éveillé dans les âmes chrétiennes l'espérance que cet Orient lointain verra un jour briller la pure lumière du christianisme, et connaîtra par elle la vraie destinée de l'homme sur cette terre. Il saura qu'elle n'est pas un théâtre où des acteurs apparaissent et disparaissent sans cause et sans but, mais un séjour passager où il faut s'efforcer d'atteindre à des régions plus élevées.

Les Portugais ont donc été les ouvriers d'une longue alliance entre l'Orient et l'Occident, et le mal fait par leurs armes est atténué par les résultats qu'ils ont obtenus, en frayant dans ces îles des tropiques la voie de la civilisation et du progrès. La terre s'y montra dans un printemps sans fin, et le ciel fit briller des étoiles inconnues.

Mais toutes ces conquêtes furent perdues pour le Portugal le jour où ce royaume fut réuni à la couronne d'Espagne. Philippe de Castille, ne pouvant dompter les Hollandais qui se révoltaient sans cesse contre son despotisme, décida de les ruiner. Lorsqu'il fut maître du Portugal, il interdit l'entrée du port de Lisbonne aux navires des marchands d'Amsterdam. Leur commerce s'étendit en revanche en Angleterre, en France, en Italie, en Russie, et, à la fin du seizième siècle, trois vaisseaux furent équipés à Amsterdam, à Enkhuizen et Middelbourg, pour aller par le Nord à la découverte d'une route vers les Indes orientales. Mais des champs et des montagnes de glace s'opposèrent aux entreprises de ces braves, dont les noms n'ont pu se dérober à l'oubli. Ces obstacles ne découragèrent pas les Hollandais, et deux navires furent de nouveau expédiés par la mer Glaciale vers les climats brûlants de l'Inde. Cette dernière tentative échoua aussi, et le poëte Tollens a immortalisé dans un chant magnifique les noms de ces hardis matelots qui se dévouèrent alors pour la gloire de leur pays. Barendz et Heemskerk vivront aussi longtemps que la langue du peuple dont ils sont sortis, aussi longtemps que le peuple néerlandais redira ces vers en leur honneur : « La patrie « reconnaissante, émue d'amour et de satisfaction, re- « trouve ses enfants ressuscités de la mort, les applau- « dit, les récompense et leur jette des lauriers. Elle « ne considère pas le succès ; elle leur tient compte « seulement du but qu'ils ont voulu poursuivre! »

Cependant, une circonstance, qui, à l'origine, passa inaperçue, eut pour l'avenir de la Hollande et de l'Archipel indien des conséquences considérables.

Cornelis Houtman de Gouda, se trouvant à Lisbonne pour affaires, s'y enquit des moyens employés par les Portugais pour trafiquer dans les Indes. Or, ces informations étaient défendues, et Houtman fut arrêté et condamné à une forte amende. Jeté en prison, il saisit néanmoins une occasion favorable de faire dire à ses correspondants d'Amsterdam, que s'ils voulaient payer sa rançon, il leur indiquerait comment ils pourraient se créer des relations aux Indes. Cette proposition fut acceptée et l'amende payée. Houtman, mis en liberté, communiqua son secret à ses sauveurs. Aussitôt, ils s'associèrent à quelques autres marchands, et la compagnie dite *des terres lointaines* fut fondée. Cette compagnie envoya aux Indes orientales une flotte de quatre vaisseaux bien armés de canons, et montés par deux cent cinquante hommes animés du plus grand courage. Jan Molenaar eut le commandement de l'expédition, et Cornelis Houtman la direction des affaires.

La flotte hollandaise mit à la voile dans le Texel le 2 août 1595, atteignit la ligne le 14 juin et le 2 août doubla le cap de Bonne-Espérance, fit relâche à Madagascar, aborda l'île de Sumatra le 11 juillet 1596, et le 22 du même mois, elle fut en rade de Bantam. Deux mois après, elle revit la Hollande; de sorte que 446 jours furent consacrés à cette expédition, qui fut suivie en 1598 d'une seconde sous les ordres de Cornelis van Nick.

Bien des désastres et des revers signalèrent l'installation des Hollandais dans les îles de l'Asie. Mais dès cette époque la route aux Indes leur fut ouverte, et plusieurs voyages furent entrepris pour le compte de compagnies particulières. L'intérêt général exigea bientôt que toutes ces associations se réunissent pour se fondre dans l'unité, et, le 20 mars 1602, les États-Généraux reconnurent la *Compagnie des Indes orientales* comme établissement national, et lui octroyèrent non-seulement le droit exclusif du commerce, mais encore le pouvoir d'élever des forteresses, d'entretenir une armée, de nommer des gouverneurs et de créer des tribunaux.

Les possessions actuelles de la Néerlande comprennent, d'après un traité conclu le 17 mars 1824 avec l'Angleterre, six groupes d'îles, savoir : 1° Sumatra, 2° Bornéo, 3° Célèbes, 4° Java, 5° Sumbawa et 6° les Moluques.

Ces groupes sont baignés, au nord, par les eaux du golfe de Bengale, du détroit de Malacca, de la mer de Siam, de la mer Solo, de la mer Célèbes, du détroit des Moluques, de l'Océan Pacifique ; au sud et à l'ouest, ils sont entourés des eaux de la mer des Indes. Mais la domination néerlandaise ne s'étend pas d'une manière uniforme sur tous ces groupes.

Dans l'île de Sumatra, sont directement soumis à la couronne des Pays-Bas : le royaume de Palembang sur la côte septentrionale ; celui des Lambongs sur la côte sud-est ; les terres de Menangkabau dans le milieu de l'île. A l'est de Sumatra, le gouvernement néerlandais possède les îles Bintang ou Roon et Bangka, et il est reconnu à Lingga et à Billitan.

Dans l'île de Bornéo, il est reconnu à Mampawa, Pontianak, Matan, Sukadana et à Sambas sur la côte occidentale, et il l'est dans le royaume de Banjermassing sur la côte sud-est.

Aux Célèbes, la Néerlande possède les districts méridionaux et septentrionaux de Mangkassar, avec Boulecomba et Bonthain ; au sud et au nord-est, Menado qui comprend Gorontalo, Kema, Amourang, Belang et seize bourgades. Les princes ou souverains de Boni, Goa, Wadjou, Louhou, Mandhar, Sidenring, Tanetti, Sopang, Palos et Mothou sont les alliés du roi des Pays-Bas.

A Java, son gouvernement possède Bantam, Batavia, Buitenzorg, Krawang, les régences de Préanger, Chéribon, Tagal, Pekalougan, Samarang, Kadou, Baglen, Banjoumas, Madiou, Patjitan, Kediri, Japara, Rembang, Sourabaya, Pasaromwang, Bezouki et Banjouwangi. L'empereur de Sourakarta et le sultan de Djoujocarta reconnaissent le roi des Pays-Bas pour leur suzerain, et les sultans de Madura et de Sumanap dans l'île de Madura, qui est située au nord-est de la résidence de Sourabaya, sont ses alliés. Dans l'île de Bali, à l'est de Java, le roi de Bali-Badong, qui est sur la côte méridionale, entretient avec lui des rapports amicaux.

A Sumbawa, le gouvernement néerlandais a conclu plusieurs traités avec les princes de cette île et a placé un inspecteur à Bima sur la côte nord-est. Dans l'île de Timor, la résidence ou le chef-lieu de l'inspection néerlandaise est à Koupang, situé sur la côte sud-est, et dans cette même île elle est reconnue par les princes d'Amabay, Amfang, Amarassay, Amenoubang, Koupang, Sonabay, Tabeno et Manbara, qui ont sous leur autorité directe les îles de Dawou, Dao, Ombay, Odonaro, Rotti, Sandal, Savou, Simao, Solor et Polo-Kambing.

Aux Moluques, le gouvernement néerlandais est entièrement reconnu. Amboine, Banda et Ternate sont des subdivisions de ces îles. Aux îles d'Amboine appartiennent Amblau, Amboine, Bouro, Bouvang, Bessi ou Oma, Benua, Ceram, Ceram-laut, Ilonimoa ou Liada, Kelang, Manipa, Nousa-Laut, et quelques autres petites îles, avec Menado dans les Célèbes.

Aux îles Banda appartiennent Banda-Lontoir, Banda-Neira, Gounong-Api, Poulo-Aai, Poulo-Rhun, Poulo-Pisang, Poulo-Rosingeyn, l'île des Dames, Poulo-Kapol et Poulo-Sjethan. Les îles Arou sont dans la dépendance des îles de Banda, principalement les îles Dobo, Babi, Maykor, Trama et Kobror. Enfin sont soumises à la régence de Banda, les îles qui sont situées à l'est du Grand-Ceram et dans le cercle du Grand-Key, du Petit-Key, Laral, Timor-Laut, Bober, Sermata, Labar, Keffer, Lucipara et des îles de la Tortue.

Aux îles de Ternate ou aux Moluques proprement dites appartiennent les îles de Gilolo, Ternate, Tidor, Molir, Makjan et Batjam.

La population de toutes ces îles qui reconnaissent le sceptre du roi des Pays-Bas, s'élève à plus de vingt millions d'âmes. L'Archipel indien nous offre donc ce spectacle singulier d'une colonie plus peuplée et plus riche que la métropole, soumise à cette même métropole, qui possède à peine trois millions d'habitants!

Si nous suivons maintenant par la pensée les produits de cette colonie à travers les mers, sur les fleuves et les chemins qui sillonnent les continents, nous les voyons, au terme de leur longue course, donner la vie à l'industrie de l'Europe, et nous nous inclinons alors respectueusement devant la loi impénétrable qui préside aux destinées des peuples. Mais nous voyons avec peine les insulaires de l'Archipel, nus et heureux de leur indigence, sans envie, fournir à l'Européen les richesses de leur sol, sans que l'Européen songe à partager avec eux les lumières de la science et les bienfaits d'une religion plus élevée que celle où ils végètent.

Cette réflexion est empruntée à un publiciste hollandais. Voici celle qu'un jeune écrivain français, compagnon de voyage de deux exilés, a faite sur la politique de la Hollande dans ses colonies : « Sous le régime pur des sultans, le prince indigène était *seul* propriétaire de la terre, *seul* en droit de commercer avec l'étranger; la propriété individuelle n'existait donc pas.... La conquête substituant l'autorité des Hollandais à celle des sultans, il est naturel qu'ils gardent pour eux l'esprit de ces précieuses prérogatives. Peut-être sans changer la base de l'autorité, eût-il été possible de faire couler les bienfaits de la civilisation et du christianisme dans cette pâte pétrie il y a cinq cents ans, et coulée dans un moule asiatique? Mais non, l'Asie a été continuée ici, et le gouvernement colonial a dit aux indigènes : « Je suis vainqueur des souverains et non du peuple, je laisse à vos souverains et à vos prêtres leurs dignités honorifiques; vous restez corvéables pour eux et pour moi; — et moi je reste seul propriétaire et seul commerçant (1). »

Remettre à l'État la propriété du sol, lui livrer le

(1) *Voyage autour du monde*, par le comte de Beauvoir.

commerce, c'est le rêve de l'école socialiste. Mais ce qui est possible dans l'Archipel indien où l'insulaire a un respect religieux pour ses chefs, une soumission aveugle à toute autorité morale, ne l'est pas en Europe où ont été proclamés la liberté de l'individu, le droit de discussion du citoyen, l'égalité de l'homme devant Dieu et devant la loi. Si la civilisation de l'Europe est aujourd'hui supérieure à celle de l'Asie, cette supériorité est due précisément à l'initiative individuelle, au droit de chacun à prendre une place au soleil, à se l'approprier par le travail, à l'embellir par le talent et à la transmettre à ses enfants. Aussi répéterons-nous avec le comte de Beauvoir : « Ce que j'aimerais, ce que je voudrais pour Java, c'est que dans ces belles campagnes, ces hommes robustes travaillassent pour eux et leurs familles, et non pour le trésor de la métropole ; qu'ils pussent s'enrichir s'ils sont actifs, s'élever au-dessus du niveau commun s'ils sont intelligents, et récolter pour eux puisqu'ils ont semé (1). »

(1) *Voyage autour du monde.*

L'ARCHIPEL INDIEN.

ORIGINES DES POPULATIONS.

Étymologie du mot « Inde. » — Nom primitif de cette contrée. — Le Brahmávarta. — Aryas. — Hindous. — Le Sanscrit. — Le Telinga. — Le Canara. — Le Tamul. — Le Malay. — Le Maharatta. — Les Dravidas. — Les Tudas. — Les Corumbars. — Les Kohatas. — Les Euralas. — Les Races jaune et noire. — Les Koubous et les Gougous. — Une de leurs chansons. — Une population ressemblant à des orangs-outangs. — Les insulaires de Nias, des Poggi et d'Engano. — Les Battaks. — Leur origine suivant une tradition. — Les Loubous. — Padang. — Péninsule de Malacca. — Les Mantras. — Java et Bornéo. — Les Dayaks — Les Beroussous. — Les Alfoures. — Chant alfoure. — Les Célèbes. — Les îles Solo. — Les Moluques. — Sumba. — Timor. — Légendes sur l'origine des Malais. — Ceylan. — Étymologies du mot « Malais. » — De « Menangkabou. » — Légende d'Iskander (Alexandre le Grand). — Manifeste du sultan de Menangkabau. — Ce que signifie le mot « Javanais. » — Légendes sur l'origine des Javanais. — Origine de l'écriture javanaise. — Les premiers colons de Java. — Les premiers rois. — Légende de Ratou Loro. — Un forgeron mythique. — Fondation de Madja-Pahit. — La légende d'Ario Damar. — Destruction de Madja-Pahit. — Caractères distinctifs du Malais et de l'habitant des îles de la Sonde. — Traditions Atchinaises. — Les Kesammais. — Les Semendouais. — Le Makakau.

L'Archipel indien a reçu son nom de sa proximité de l'Inde.

L'Inde a reçu le sien d'un de ses fleuves « l'Indus, » appelé en sanscrit *Sindhu;* ce qui signifie à la fois « mer » et « fleuve (1). »

(1) De la racine védique *Sidh*, couler, d'où sont sortis plus tard l'allemand *sintern*, distiller, et le français *suinter*.

L'Indus est encore nommé « Sinthos » dans le Périple de la mer Erythrée, et Pline nous apprend qu'il était désigné par les habitants du pays sous le nom de « Sindus », qui devient *Hindu* ou *Hendu* en persan moderne (1).

Ce changement de S sanscrit en H remonte à la plus haute antiquité, car nous voyons le nom de l'Inde sous la forme de *Hendu* ou *Hindu* dans le Zend-Avesta (2), et dans l'inscription cunéiforme de Darius à Persépolis (3). Ce changement est d'ailleurs conforme au génie de la langue zende. Bopp a constaté, dans sa Grammaire comparée, que le *h* zend ne correspond jamais, sous le rapport étymologique, au *h* sanscrit, mais qu'il remplace constamment la sifflante dentale sanscrite *s*, quand elle est placée devant des voyelles, des semi-voyelles ou la nasale *m* (4). Ainsi, au sanscrit *ási* « tu es, » correspond le zend *ahi*; au sanscrit *svàr* « soleil, » le zend *hvare*, etc. La même analogie existe aussi entre le latin *septem* et le grec ἑπτά; ici la sifflante est représentée par l'esprit rude qui rappelle la gutturale zende.

Il est donc probable que c'est de la Perse qu'est venu d'abord chez les Grecs, ensuite chez les Latins

(1) *Hist. nat.* VI, 23.

(2) Eug. Bournouf, *Comment. sur le Yaçna*, t. I, p. XXXVIII et CXIII. — Anquetil Duperron, *Zend-Avesta*, t. II, p. 270

(3) Fr. Spiegel, *Die Altpersischen-Keilinschriften*, in-8°, Leipzig, 1862, p. 50.

(4) V. *Grammaire comparée de Bopp*, traduction de M. Bréal, 1864, t. I, p. 105.

et les Germains, l'usage de nommer Ἰνδοί, Ἰνδία, *Indi*, *India*, *Indien*, *Indie*, les habitants et le pays des bords de l'Indus; mais l'origine est certaine lorsqu'on désigne ces habitants et ce pays sous les noms de « Hindous » et de « Hindoustan, » car *stan* est un suffixe persan ajouté au nom persan « hindou, » et lui donne le sens de « pays des Hindus (Hindous) ».

Primitivement, l'Inde était nommée *G'ambud vipa*, île de Dschambu, du nom d'un arbre très-répandu dans ce pays; et aussi *Bharata-Khand'a*, c'est-à-dire, terre de Bharatas ou du roi (1).

Mais quant à une désignation générale qui puisse être ethnographiquement, géographiquement ou politiquement attribuée aux peuples de l'Inde, les documents sanscrits sont muets sur ce point (2).

Cependant on lit dans le Véda, qu'aux temps qui précèdent l'histoire, il y avait dans le bassin de l'Indus une race de pasteurs connus sous le nom d'Aryas ou d'Airyas, signifiant « les meilleurs, les honorables, » et peut-être « les braves (3) ». Cette race est devenue dans la suite un peuple agricole et conquérant, qui eut la singulière destinée de s'étendre en Occident et de dominer dans le monde par les facultés les plus brillantes de l'intelligence.

(1) Karl Ritter. *Erdkund*, *Asien*, I, 6, 10, IV, 1, 449. — P. Von Bollem, *Das alten Indien*, 1830, t. 8.
(2) Karl Ritter, *Asien*, I, 10.
(3) Burnouf, *Comment. sur le Yaçna*, p. 460.

Diodore de Sicile (1) considère les Indiens primitifs comme autochthones, et leurs traditions nationales, qui se confondent avec celles de leurs dieux et de leurs héros, placent leur berceau dans ce domaine que les dieux eux-mêmes ont fondé, et qui fut nommé « Brahmâvarta, » la terre de Brahmâ.

Les nombreux descendants que cette race a laissés aux Indes témoignent encore, par les traits de la physionomie, de l'étroite parenté qui a existé entre leurs ancêtres et les populations européennes. Ces traits se retrouvent dans le vrai Hindou, surtout chez les Brahmanes, comme dans les antiques sculptures indiennes (2). Le visage est ovale, le front haut et proéminent; les joues sont un peu bombées; le nez approche de l'aquilin, les yeux sont horizontaux, grands et ombragés de sourcils épais et séparés; les dents sont verticales, la bouche petite, les lèvres pas trop pleines, le menton rond, la chevelure noire ou brune, la barbe longue; la couleur de la peau dans les castes supérieures, surtout parmi les personnes qui mènent une vie casanière, est blanche comme celle des peuples de l'Occident, moins blanche chez les montagnards; les mains et les pieds sont très-déliés et petits; la taille est svelte et en moyenne de cinq pieds deux pouces, quelquefois elle atteint six pieds. Les femmes sont élancées et allient, dans un

(1) II, 38.
(2) Aug. Wilh. von Scehlgel, *Annales des voyages*, 1838, p. 165.

corps charnu, la souplesse à l'élégance des formes (1).

La langue qu'on parlait dans le bassin de l'Indus, nous l'avons dit, était le sanscrit, et elle avait déjà atteint tout son développement, cinq ou six siècles avant l'ère chrétienne. A cette langue se rattachent le zend, l'arménien, le grec, le latin, le lithuanien, l'ancien slave, le gothique, l'allemand et tous leurs dérivés.

A côté de ces Aryas, qui se sont fait connaître comme la souche d'où est sortie la famille des peuples indo-européens, habitaient, suivant la remarque d'Hérodote (III, 98), des populations parlant des langues dont la structure grammaticale s'éloignait de celle du sanscrit, quoiqu'elles fussent mélangées de mots sanscrits. Mais ce mélange était dû seulement à des relations de voisinage et de commerce, ou à des révolutions. Les mots sanscrits sont ici un emprunt; ils n'ont pas été primitivement un bien commun.

Ces voisins des Aryas en différaient encore par les traits de la figure, les mœurs, les usages et les langues. Ces langues peuvent être classées en cinq groupes principaux, dont quatre appartiennent à une même famille; ce sont : 1° Le *telinga* ou *telougou*; 2° le *canara* ou *carnâtaca*, ou *cannadi*; 3° le *tamul* ou *tamil*, et 4° le *malay* ou *malayo-almâ*. Quoique ces langues aient les mêmes racines, on ne peut pas cependant les comprendre dans le même cadre, ou

(1) Schlegel, *loc. cit.*

plutôt les soumettre à un système commun de déclinaison et de conjugaison, parce qu'elles n'ont pas les formes grammaticales identiques (1).

Mais le cinquième groupe, que nous n'avons pas encore indiqué, paraît dérivé du sanscrit d'après ses formes intimes; c'est le *mahratta* qui a reçu des idiomes voisins son caractère étranger (2).

Ces cinq langues principales du Dekhan sont généralement nommées « dravidiennes », du nom de *Drâvidâ* ou *Dravira*, pays situé entre le 13° et le 12° latitude nord, et du 90° au 95° longitude ouest (3). Les Dravidâs sont cités dans le livre des lois de Manou, comme étant les voisins méridionaux de la population sanscrite; mais ce serait une erreur de croire que leur idiome a produit le telinga, le canara, le tamul et le malay, avant la rencontre de ces langues avec le sanscrit (4), qui est aussi resté étranger aux Tudas, peuplade des monts du Nilagherry (*Nîla Giri*, montagne bleue). Ces montagnards sont encore au nombre d'environ six cent mille, et appartiennent à une race athlétique dépassant les Aryas par la taille.

Leur origine est inconnue. Leur physionomie présente un beau profil caucasique, un nez romain, de grands yeux ouverts, expressifs; le corps a de belles

(1) Kar Ritter, *Asien*, IV, 2, 380.

(2) Lasseo, *Instit. ling. pracrit.*, App. p. 21.

(3) Burnouf. *Nouv. Journ. asiatiq.*, t. I, 1828, avril, p. 257, 259. 290.

(4) Benfey, v° *Indien* dans l'Encyclopédie de Hersch.

proportions; la chevelure, touffue et séparée au milieu de la tête, descend en boucles naturelles; la barbe est noire et pas trop forte; le maintien est digne et grave, l'esprit vif, la force herculéenne.

Auprès de ces Tudas, habitent d'autres montagnards, parmi lesquels ceux de Kohata ou Gôhata (ressemblant à des taureaux), également étrangers aux populations sanscrites.

Plus loin sont les Corumbars, que les Tudas considèrent comme indigènes du Nilagiri. Leur langage est un mélange de carnatak, de tamul et de malay, avec une forte dose de tudak, mais leur constitution physique s'éloigne beaucoup de celle des Tudas. Ils sont petits, misérables, bronzés; ils ont la tête garnie de cheveux clair-semés, les yeux petits et chassieux, les lèvres épaisses et toujours humectées de salive. Le Tuda leur inspire le plus profond respect (1).

Pourtant, si différente que soit cette description de celle des Tudas, je n'oserai pas soutenir que les Kohatas ne sont pas leurs alliés. Les privations et les souffrances peuvent faire descendre un peuple jusqu'au dernier échelon de la dégradation physique et morale, et puis la physionomie n'est pas toujours un guide infaillible dans la recherche de la filiation des races humaines; de nombreuses causes extérieures peuvent leur avoir fait perdre les signes apparents de leur origine.

(1) Ritter, *Asien*, t. IV, I, 958.

Les Eurâlas passent aussi pour étrangers au milieu de ces monts du Nilagiri, au sud-ouest desquels sont les Kunnuvers, une race inculte qui parle le tamul dans le district de Madura. Ces peuplades et d'autres petites tribus non civilisées du Dekhan méridional appartiennent toutes à la vieille souche des Drâvidâs (1).

Au delà du continent indien, dans les grandes et nombreuses îles qui s'étendent de Madagascar à la Nouvelle-Guinée, et qu'on appelle aujourd'hui l'Archipel indien, se trouvent aussi des populations qui peuvent se grouper en deux catégories distinctes : l'une de couleur basanée, établie sur les côtes, parvenue à un certain degré de civilisation; l'autre de couleur noire, ayant les cheveux crépus comme les nègres, le caractère féroce, vivant dans les forêts et les montagnes de l'intérieur des terres.

Cette race noire est considérée par des ethnographes comme aborigène de ces îles, et elle aurait été refoulée, loin des côtes, dans l'intérieur des terres et des montagnes, par des envahisseurs qui seraient venus lui disputer les richesses de son sol.

Mais par une étude plus attentive de cette race, on a constaté son identité avec celle des Papous de la Nouvelle-Guinée, qui sont généralement petits, plutôt charnus que musclés, et ont le visage rond, les pommettes saillantes, les joues creuses, les lèvres épaisses

(1) Benfey, v° *Indien* dans l'Encyclopédie de Hersch.

et retroussées, le menton rendu imperceptible par l'épaisseur de la lèvre inférieure, le nez petit et écrasé, les yeux fendus et noirs, la chevelure crépue ou roulée en spirales, noire chez ceux qui habitent les côtes, rousse ou rouge chez les montagnards, lisse chez ceux qui se sont alliés aux Cingalais. La couleur de la peau du Papou varie entre celle du Malais et celle du Nègre. Elle est fauve, lorsqu'il vit à l'ombre des bois. Son corps est plus velu que celui du Malais, son front plus haut que celui du Nègre, le crâne plus épais, l'occiput moins plat; mais par sa structure et la force musculaire, le Papou est bien au-dessous du Nègre. Ses longs cheveux, imprégnés d'huile de bois, projetant un reflet rouge, se dressant d'abord et retombant ensuite sur sa figure, le font apparaître comme un être infernal qui inspire la terreur (1). Tous ces indices ont fait croire à Goldman que les Papous sont issus de la race éthiopienne, et par conséquent originaires de la côte orientale d'Afrique, où M. Lefebvre aurait reconnu les mêmes caractères aux Gallah, « qui ont le visage rond, le crâne allongé suivant le diamètre antero-postérieur, l'occiput très-développé, les yeux grands, les cils longs, les sourcils épais et arqués, le nez court, légèrement épaté, mais droit, les lèvres épaisses, la bouche moyenne, l'oreille petite, les cheveux crépus et longs, les hanches développées, le buste long, les jambes grêles, la main petite. Ils sont généralement musculeux; une petite taille, une teinte

(1) Fabritius, *Tydschr. voor Ind. taal*, 1853, t. I, p. 209.

brune foncée et des cheveux longs les distinguent des Nègres (1) ».

La race des Papous serait donc partie du Mozambique pour se répandre par Madagascar dans l'Archipel indien et dans la Nouvelle-Guinée. Aussi Goldman a-t-il entendu dire que les premiers habitants de Dorée, qui est au nord-est de la Nouvelle-Guinée, ont été les Beadjous de Bornéo et que les Papous, en général, étaient sortis de la péninsule de Malacca, où l'on rencontre encore des naturels de leur race, ainsi qu'aux îles Andaman et Nicobar. Un état de barbarie, le penchant au meurtre et à la piraterie, le cannibalisme, voilà ce que l'on trouve chez les uns et les autres. Comme le Dayak de Bornéo, le Papou met sa plus grande gloire à commettre le plus grand nombre de meurtres, et il devient ainsi un héros aux yeux de ses compatriotes. Mais, je le répète, cette question d'origine est très-obscure. Tout ce qu'on peut savoir des Papous, c'est que les indigènes de Dorée, Mansinama, Krouidou, Jobie, Mysorie et Amborpon, se disent tous sortis de Méfor (2), opinion que parait confirmer leur langue commune, la méforique (3).

Lorsque Marsden était secrétaire général de l'Administration anglaise à Sumatra, on lui parla d'Orang-Koubous et d'Orang-Gougous qui vivaient dans les

(1) *Géographie universelle de Maltebrun* par Cortambert, t. IV, p. 423.

(2) *Méfor* signifie « île haute ».

(3) *Tydschrift voor Indische taal*, 1866, p. 546.

bois entre Jambi et Palembang, et dont les derniers, pareils aux orangs-outangs, les singes de Bornéo, avaient le corps couvert de longs poils (1). Mais en 1838, on remarqua que ces insulaires sortaient peu à peu de leur état sauvage sous l'influence du gouvernement néerlandais. Leurs mœurs sont devenues plus douces; ils ne connaissent point la colère, ni la rancune, ni la passion du vol, ni celle du meurtre. Peuple enfant, ils ne savent rien de leur origine et n'ont aucune tradition. On suppose seulement que, lorsque les Javanais se sont rendus maîtres, il y a trois siècles, du pays de Palembang, les indigènes n'auront pas voulu se soumettre à ces vainqueurs et se seront sauvés en partie dans les bois infranchissables de l'intérieur. Là, à la suite d'une vie errante, ces pauvres fugitifs sont tombés dans un état d'abaissement qui a permis de les comparer à des gorilles.

Aujourd'hui, parvenus à un certain degré de civilisation, ils parlent un langage moelleux par le nombre des voyelles, et possèdent même une poésie qui exprime et célèbre, pour ainsi dire, leur penchant à l'oisiveté, ignorants qu'ils sont encore dans l'art de cultiver la terre et de se confectionner des vêtements. Un de leurs chants nous est parvenu et nous le traduisons :

Nang mi terdjoun
Moussiem boua bo ta-an

(1) Marsden, *History of Sumatra.*

Banjak dapat padie
Roumah barou
Ding dîng kaloup
Atap slapan
Besendar die soumpat bras
Sambel bepetan
Itoula sorga
Kamie die ska.

« Quand les nangouis (sangliers très-gras) sont « abondants; quand c'est le temps de la fécondité, « quand beaucoup de padi (riz) est rassemblé; quand « une nouvelle demeure est bâtie avec des écorces « d'arbres, alors, couchés sur de la paille de riz, et « nos cheveux peignés, — c'est là notre ciel (1)! »

Il y a une dizaine d'années, un voyageur en quittant Tandjoug-Glam, à l'est de Sumatra, s'arrêta à l'embouchure du canal qui sépare Pantjor de Rantau. Là, tout est morne et désolé; il semble que la mort y ait fait son séjour; là, la vie paraît absente. Cependant dans les bois demeure une race d'hommes que Gramberg compare à des orangs-outangs. Ils se sont autrefois enfuis et cachés dans les forêts pour se mettre à l'abri de la piraterie et de la tyrannie de leurs chefs. Ils évitent tout contact avec l'étranger et mènent une vie misérable sur un sol fangeux (2).

En avant de Sumatra se trouvent les îles de Nias, des deux Poggi et d'Engano. La première est située au-dessus de l'équateur, les deux autres le sont au-des-

(1) *Tydschrift voor nederl. Indie*, 1833, t. II, p. 286.
(2) *Tydsch. v. Ind. taal*, 1863, p. 502.

sous. Ces dernières sont habitées par un peuple qui est encore au dernier degré de la civilisation. La couleur de sa peau est brune sombre, tirant sur le rouge; ses traits sont expressifs, ses cheveux noirs, crépus et flottants, ornés, chez les jeunes gens, de fleurs et de feuilles; les dents sont d'un blanc luisant. Ses vêtements consistent en écorces d'arbres, dont ils recouvrent seulement les organes sexuels. Mais l'Enganais proprement dit est nu. Ce peuple ne connait pas le mariage, et l'enfant est la propriété de la femme (1).

Les Niassais, quoiqu'ils se disent issus du ciel, avaient en 1787 la peau couverte d'écailles, provenues sans doute de maladies (2). Ils racontent que Loubou-Langi, leur dieu suprême, fit descendre quatre de ses fils sur la terre, qui était encore déserte et inhabitée; chacun d'eux prit avec lui une femme pour compagne. Lorsqu'ils eurent procréé une nombreuse progéniture, ils furent reçus de nouveau dans le ciel, sans qu'ils eussent connu ni la maladie, ni la mort. Leurs descendants se multiplièrent à leur tour et devinrent les auteurs de la population actuelle de Nias. Mais parce qu'ils péchèrent, Loubou-Langi ne les jugea pas dignes de les accueillir dans son royaume céleste. Ils furent donc soumis à la maladie et à la mort, afin de se purifier par la souffrance et d'obtenir par là la faveur de rejoindre un jour leurs pères (3).

(1) *Tydsch. voor Ind. taal*, 1855, t. II, p. 319 et 370.
(2) *Verhandelingen van het batar. genootschap*, 1787, p. 75.
(3) *Tydsch. voor Ind. taal*, 1856, p. 317.

Une partie de la population niassaise s'est répandue dans les îles de Banjak, situées à l'ouest du cap de Singkel. A côté d'elle se trouvent aussi des Atchinais, qui sont originaires pour la plupart de Tampat-Touan et de Taroumon. Ceux-ci sont restés fidèles à leurs mœurs et coutumes; ils ne reconnaissent pas la suzeraineté du Tuwankou de Grand-Baniak, s'occupent de la culture du poivre et du riz, et exportent des cocos, du bois de charpente, du tripang et des volatiles.

L'autre partie des habitants, surtout celle qui s'est fixée à Poulou Touwankou, est, comme la population de Singkel, extrêmement mélangée (1). Cette population touwankouaise, qui a pour voisins au nord les Atchinais de Boulama, à l'est les indigènes des terres indépendantes des Simpang et les Battaks du Daieri, au sud ceux de Baros et à l'ouest l'Océan indien qui baigne entièrement la côte de Sumatra, se compose en effet d'Atchinais, de Malais, de Battaks et de Niassais. Elle habite dans de petits kampongs et ladangs, sur les bords de la mer et des rivières (2).

Les districts de Simpang que nous venons de citer, sont entourés des Battaks Pak-Pak et des Battaks de Daieri (3). Ils ont une population semblable à la précédente, mais pauvre, méfiante et dédaigneuse de l'Européen. Ce sont des Battaks qui peuplent Delhi,

(1) *Tydsch. voor Ind. taal*, 1855, t. II, p. 419.
(2) *Id.*, p. 419.
(3) *Id.*, p. 452.

situé sur la côte orientale de Sumatra, entre le 3° 55′ et 3° 45′ latitude septentrionale; on en ignore les limites.

Tous ces Battaks sont de la grande race battake de Sumatra, mais ils diffèrent pourtant sous beaucoup de rapports de ceux de Toba. Ces derniers portent les cheveux courts; le Battak des hautes terres de Singkel les porte longs, se pare moins de bijoux de cuivre et parle un dialecte qui lui est propre. Il est moins brun que celui de Toba et a les membres plus grêles que lui. Les Battaks mangent leurs prisonniers de guerre, les assassins et ceux qui commettent l'adultère. Ces peuples sont avec les Loubous les plus anciens de Sumatra. Mais ceux-ci ne sont pas cannibales comme ceux-là; ils ont même le caractère doux et affectueux.

Dans la vallée du Grand-Mandaheling, une tradition a été conservée sur leur origine; je la rapporte ici d'après M. Godon qui l'a recueillie dans cette contrée :

« Un matin, on vit dans la petite rivière Aik-Matah, qui coule au travers du kampong Kota-Siantar, se dresser une touffe de djagongs; comme l'on ne connaissait personne à Mandaheling qui demeurât là, on en fit part au Jang-di-Pertouan, prédécesseur du chef qui régnait alors à Kota-Siantar.

« Ce fonctionnaire envoya aussitôt ses doubalangs, soldats de l'avant-garde, parcourir la forêt. Ayant rencontré des Loubous et ne comprenant pas leur langue, ils leur firent signe de les accompagner, ce à quoi les Loubous consentirent volontiers. On les conduisit devant le Jang-di-Pertouan qui leur permit de résider à Kota-Siantar, à la condition qu'ils lui fourniraient désormais le sirih nécessaire à sa consommation, le pinang, le bois à brûler, et tous les matériaux utiles à la construction des habitations (1). »

Ainsi explique-t-on l'arrivée des Loubous à Mandaheling. En dehors de cette contrée, on n'en rencontre plus sur toute la côte de Sumatra, si ce n'est à l'est de cette île, dans le royaume de Siak.

Bien que cette race ait été très-persécutée, surtout sous la dynastie des Padri, et chassée en grande partie, elle comptait encore en 1854 une population de 2,600 âmes, et dans ce nombre ne sont pas compris les Oulous.

Le Loubou se distingue facilement du Mandahelingeois par une structure souple et robuste. La femme loubou est plus belle que celle de Mandaheling et plus féconde.

Le Loubou construisait primitivement ses huttes dans les bois; aujourd'hui il habite des kampongs réguliers, mais séparés de ceux du Mandahelingeois, et a une tendance à se rapprocher des Battaks. Il n'est pas difficile dans le choix de ses aliments; outre le buffle, le cheval, le bœuf, le porc et le cerf, il mange du singe, du chien, du serpent, du rat, même de la chair en putréfaction. Il y a quelques années, son vêtement consistait en une écorce d'arbre fripée, enveloppant seulement le milieu du corps. De nos jours,

(1) *Tydschrift*, etc., 1864, t. I, p. 261.

il commence à porter de la toile, et se sert, comme d'arme offensive, de la sarbacane faite d'un bambou creux. Il lance par ce tuyau, long de deux mètres, de petites flèches empoisonnées qui ne manquent jamais le but à cinquante et même à cent pas de distance.

Au quinzième ou seizième siècle de notre ère, les populations du Lampong, à l'extrémité méridionale de Sumatra, erraient aussi dans les bois comme des sauvages. Le premier qui leur imposa des lois fut un prince fugitif de Madjapahit, nommé Naga Bisang. La chronologie des Lampongeois ne remonte pas au delà, et lorsqu'on leur demande d'où ils sont originaires, ils répondent « des montagnes, » et indiquent la place d'une ville disparue qui se trouvait à la source la plus éloignée de la rivière Samangka. Quelques-uns se disent aussi les descendants de ce même Naga Bisang et d'une bidadari ou nymphe; d'autres font remonter leur origine à un œuf qui était divisé en compartiments et renfermait un couple de chaque peuple connu d'eux (1).

En remontant vers le nord, le long de la côte occidentale de Sumatra, on trouve Padang, et les habitants des hautes terres de cette contrée racontent qu'ils sont sortis de Prianjang, la ville antique au pied du Mérapie (2). On voit en effet dans ces terres un endroit nommé Koubour-Radja, où se dressent trois grandes pierres que les indigènes nomment « pierres

(1) *Tydschrift*, etc., 1856, t. II, p. 358 et 353.

(2) *Verhandelingen*, etc. 1836, t. XVI, p. 191.

d'au-dessus du soleil ». Elles portent des inscriptions indéchiffrables, dont les caratères ressemblent beaucoup à ceux de l'ancienne écriture javanaise. Ce qui fait supposer que des Javanais ont dû gouverner le royaume de Menangkabau. Une tradition malaise a en effet gardé le souvenir d'un prince javanais de Kediri, du radja Bajendo, qui a été souverain de Menangkabau et y est mort (1). Plus au centre de Sumatra, sont Tapanouli où résident des Battaks, et le royaume de Siak, dont une partie des habitants est esclave; l'autre vit indépendante dans les bois en tuant des sangliers et du produit de la vente de leurs peaux. Toute cette population est d'origine battake (2).

Si de Sumatra nous passons dans la péninsule de Malacca, l'abbé Borie nous apprendra que là des tribus, qui sont la race primitive du pays, errent encore dans les vallées et sur les versants des montagnes, partout où règne la solitude. Elles sont connues sous le nom de Mantras. Les Malais les désignent sous les noms de « Orangbenna, » hommes de la contrée; « Orangbukil, » hommes des montagnes.

Ces naturels ont les cheveux crépus sans être laineux, les lèvres grosses, le teint brun foncé tirant sur le noir, la bouche très-fendue, le nez épaté, la figure ronde et sensiblement aplatie, les membres grêles, et tout leur corps exhale une odeur très-forte. Ils paraissent doux et timides. Leur origine se perd dans la

(1) *Tydschrift voor Ind. taal,* 1855, t. I, p. 549.
(2) *Id.,* 1857, t. II, p. 426.

nuit des temps. Ils se regardent comme les premiers habitants du pays et considèrent les Malais comme des étrangers et des envahisseurs.

Des sauvages ont raconté fort sérieusement à l'abbé Borie qu'ils descendent tous de deux singes blancs qui eurent des petits et que ces petits en se perfectionnant devinrent des hommes (1). C'est aussi l'explication que des philosophes modernes donnent de l'origine de l'espèce humaine. D'autres Mantras plus éclairés croient que Dieu ayant créé dans le ciel un Batin, leur premier roi et leur premier père, lui donna une compagne, et que de ce roi et de cette reine sont descendues toutes les tribus de la presqu'île. Ce Batin fit construire un grand et beau navire, et vint de la terre lointaine de Roum (2) aborder à un petit port qui fut nommé depuis Malacca.

Tant que vécut ce chef, les Mantras restèrent libres possesseurs du pays. Ce ne fut que longtemps après que des peuples anthropophages, sortis de Sumatra, s'emparèrent des côtes de Malacca et poussèrent leurs conquêtes jusque dans l'intérieur. Les Battaks égorgèrent et dévorèrent un grand nombre de Mantras.

(1) « Sous le nom de Vânaras ou singes, attribué aux futurs alliés de « Râma, on a également cru reconnaître ces Malais de race jaune qui, « vivant dans les bois, se rapprochaient, par leurs habitudes, des qua« drumanes, auxquels la tradition les assimile. » (*La Femme dans l'Inde antique, par* Mlle Clarisse Bader, in-8°, 1867, p. 157.)

(2) En Malaisie, on désigne sous le nom de *Roum* toute terre inconnue, mystérieuse.

Mais le Batin Méragalang vengea plus tard ses frères massacrés (1).

Ces peuples primitifs, qui n'ont pas encore pu parvenir à la civilisation, sont désignés à Java et à Bornéo sous le nom de Dayaks. Ces deux grandes îles, qui ont été probablement détachées du continent asiatique par une des révolutions du globe, devaient former, l'une la limite méridionale, l'autre le point central de ce continent. On ignore à quelle époque a eu lieu ce cataclysme et l'histoire se tait sur l'origine de leurs premiers habitants. Ces insulaires, que l'on croit à tort aborigènes, se sont fixés dans les terres de l'intérieur et tenus éloignés des côtes. Ils sont encore aujourd'hui dépourvus de l'art d'écrire, et ont des mœurs et des usages différents de ceux des peuples voisins (2).

Cependant les Dayaks se disent originaires du royaume de Madjapahit, sur la côte orientale de Java. Rien ne démontre l'exactitude de cette opinion répandue parmi eux, si ce n'est que leur vocabulaire est parsemé de beaucoup de mots javanais, et qu'une de leurs légendes se rapporte à l'est de Java où aurait été le théâtre des actions héroïques de leurs dieux.

Les Dayaks racontent en effet que Radja Pahit, un favori de Mahatara, était par le jeu devenu pauvre. Mahatara en fut attristé et lui envoya pour le consoler un dieu nommé Katjanggaboulan. Celui-ci épousa une de ses filles et lui vint en aide de cette manière : il se

(1) *Tydschrift voor Ind. taal*, 1861, p. 413.
(2) *Id.*, 1857, t. I, p. 220.

plaça sur une haute montagne qu'entouraient six petites collines, et prit une poignée de terre, de celle dont Mahatara avait pétri la lune. De cette terre, Katjanggaboulan fit des fascines et des kriss ou poignards et les déposa sur les sept montagnes. Il revint à sa femme et lui dit de faire en secret une alliance avec son père et d'enclore ces montagnes. Mais avant l'achèvement de la clôture, une dissension s'éleva parmi les travailleurs, et les fascines et les poignards, s'étant animés, prirent une forme humaine et s'enfuirent. De ces fugitifs sont issus les Dayaks de Bornéo.

Cette peuplade, ardente au combat, erre dans les bois et vit principalement de la chasse. Elle pratique le cannibalisme. Les têtes humaines qu'elle coupe sont pour elle des trophées de gloire, quoiqu'elle les ait souvent obtenues par la ruse et la trahison.

Il y a un siècle et demi environ, Tanah-Laut, à l'ouest et au sud de Java, était encore peuplé de Dayaks, qui furent plus tard refoulés dans l'intérieur (1).

Le Dayak de Bornéo, comme celui de Java, a la peau brune, que recouvre parfois une sorte d'écailles; mais sa race n'est pas restée pure. Dans les terres hautes de Bornéo, elle s'est mêlée aux Olo Ots, qui sont des sauvages vivant dans les bois, se nourrissant de serpents et d'autres animaux, friands aussi de chair humaine (2).

(1) *Tydschrift voor Ind. taal*, 1863, p. 381.
(2) *Id.*, p. 324.

On rencontre encore des Dayaks à Montrado, à Mampawa, à Pontianak et dans les montagnes des Kapouas, sur la côte occidentale de Bornéo. Sur la côte orientale, ils forment presque autant de groupes qu'ils habitent de rivières (1). A partir du nord, ils sont généralement nommés « Beroussous, Biad-« jous, Tidouangs, Pounangs ».

Les Beroussous habitent les rivières de l'intérieur; ils vivent séparés et sans institutions sociales. A la mort d'un riche Beroussou, on tue quelquefois un esclave pour que son âme accompagne celle du défunt. Les Biadjous forment une peuplade errante et se tatouent tout le corps. Ils sont venus de Djohor, à l'est de la péninsule de Malacca, à Bérou dans l'île de Bornéo. Les Tidouangs se distinguent à peine des Beroussous, et les Pounangs sont des sauvages qui occupent tout l'intérieur des terres de Tidoung à Mobakkam (2).

A Boulougan, baigné à l'est par la mer, au sud par la rivière Karan-Tigou, près le cap Djaroum, une tradition rappelle que le dieu du tonnerre, Belanijap, créa un homme, Alang-Biloung, et fit sortir d'un arbre un œuf qui renfermait une femme, Souri-Lemloi. Ces deux personnes donnèrent naissance à la race des Dayak-Kajan, que les Ségais attaquèrent et réduisirent sous la domination des chefs de Boulangan (3).

(1) *Tydschrift voor Ind. taal*, 1864, p. 457.
(2) *Id.*, 1855, t. I, p. 437.
(3) *Id.*, p. 75.

D'autres races de Dayaks habitent le royaume de Koutei sur la même côte de Bornéo. Elles se distinguent entre elles par des dialectes, des mœurs et des usages différents; ce sont les Kouteinais et les Bandjorais (1). Les populations dayakes de Poulo-Pitak se rapprochent beaucoup de celles de Doussoun-Illir et de Mengkatip (2).

Ce que sont les Battaks à Malacca et à Sumatra, les Dayaks à Java et à Bornéo, les Alfoures le sont aux Célèbes et aux Moluques, et dans les îles situées entre Java, l'Australie et la Nouvelle-Guinée.

En général les habitants des Célèbes sont de taille moyenne, fortement musclés et de couleur brune. Ils ont le nez aplati et leur peau qu'ils tatouent est souvent couverte d'écailles provenant d'une maladie qu'ils nomment « cascado ».

Quoique cannibales, ces insulaires cultivent la terre et sont contents de leur sort. Mais les Makassarais sont enclins à la guerre et ne veulent devoir la victoire qu'à leur courage, tandis que leurs voisins de Boni ont souvent recours à la trahison et à la duplicité (3).

Des Alfoures habitent encore, dans le nord des Célèbes, Menado et le pays de Bolaang-Mongoudouw. A Menado, qu'on appelle aussi Minahassa, les Alfoures

(1) *Tydschrift voor Ind. taal*, etc., 1866, t. II, p. 231.

(2) *Id.*, 1860, p. 93.

(3) *Verhandelingen van het batav. genoots*, 1786, p. 201, et t. XVII, p. 64.

sont devenus très-doux, et Théodore Bik les a entendus souvent chanter une chanson, où ils vantaient la liqueur hollandaise qu'ils nomment dans leur langue « zopi arak, » et que nous nommons dans la nôtre « genièvre ».

Ils chantaient ainsi :

« Zopi ha, hi, ja, jo, zopi hi, ja, jo.
« Zopi Kompania, ha, hi, ja, jo.
« Zopi, hi, ja, jo.
« Tondo y tondo, tondo y tondo
« Ari petto zopi, hi, ja, jo. »

Les Alfoures de Menado sont moins bruns que les autres. Cette différence de couleur est attribuée à un mélange de sang chinois (1).

Quant au pays de Bolaang-Mongoudouw, il est, dit Riedel, limité à l'est par la partie méridionale de Minahassa et au sud-ouest par les Woulour-Mahatous sur les rivières Poigar et Boujat; à l'ouest par le royaume de Bolaang-Itang et par celui de Gorontolo au sommet du Tandjong-Karbouw; au nord et au sud par la mer. Là, l'Alfoure, qui vit séparé des autres peuplades, est bon et adonné au travail; mais le Bolaanginais proprement dit est faux, paresseux et rusé. Il a les formes moins belles, il est petit et trapu, et le teint de sa peau est plus sombre (2).

De même, les habitants des îles Solo sont d'une couleur brune très-foncée. Ils ont les cheveux courts

(1) *Tydschrift voor Ind. taal*, 1863, p. 163.
(2) *Id.*, p. 267.

et crépus, les yeux placés comme chez les Chinois, la taille moyenne et la physionomie si peu expressive qu'on a de la peine à voir en eux des pirates redoutables (1). Dans quelques résidences de Ternate, les Alfoures des montagnes sont indépendants, sauvages et parfois cannibales. Ceux de Salvati obéissent au radja du pays. Les insulaires de Doreh sont de la famille méforique; ils habitent trois kampongs et dans des maisons que des poteaux soutiennent au-dessus de l'eau (2). Ceux de Gebeh et de Waigiou sont des Papous venus de la Nouvelle-Guinée. Les Alfoures de Halmahéra et les Tidorais ont, depuis les temps les plus reculés, visité ces îles sans y avoir séjourné longtemps. Ils se sont croisés avec les Papous; de là, une race de métis. Dans l'intérieur, quelques bourgs sont exclusivement habités par des Papous (3).

On sait peu de chose de l'origine des insulaires des Moluques. D'après le récit d'un prêtre de la côte de Hitou, Amboine aurait été peuplé par des fugitifs de Ceram, de Bourou, de Gilolo et de Goram; Banda l'aurait été par des bannis et des esclaves de Ceram, de Key, d'Arou, de Timor et de Solor; des Bandanais se seraient établis à Ternate. Mais dans toutes ces îles on a constaté la présence d'Alfoures (4).

(1) *Tydschrift voor Ind. taal*, 1857, t. II, p. 215.
(2) *Id.*, 1857, t. II, p. 205.
(3) *Id.*, 1863, p. 471.
(4) *Id.*, 1856, t. I, p. 57.

Lorsque les Hindous prirent possession de l'île de Bali, ils y trouvèrent, dit le Malais Abdullah-bin-Mohamed-el-Mazzie, une race qui n'appartenait pas à l'espèce humaine, mais aux Raksasas ou géants qui demeuraient sur la montagne de Sépang, près du village de Djembrana (1). Vanden Brock qui a visité Bali ajoute : « Les premiers habitants de cette île sont encore représentés en pierre dans les pièces de théâtre ou *Wayangs*, comme dans les palais des princes et dans la cour intérieure des temples, avec des têtes de tigre et de très-grosses dents saillantes; ils portent le nom de *Raksasas.* »

Th. Bik, que nous avons cité plus haut, nous apprend qu'il a vu une grande et forte race d'Alfoures dans la baie de Koupang et dans les petites îles de Kambing et de Poulo Semauw. Ils étaient presque entièrement nus et avaient seulement au milieu du corps une large bande d'écorce d'arbre; leur longue chevelure crépue était relevée et liée avec une feuille de lontar, de sorte qu'elle retombait comme une crinière (2).

Cette manière de porter les cheveux est aussi un caractère distinctif de la population de Florès, excepté chez les Malais d'Ende et les Bimanais. Ces naturels sont en général très-doux, ainsi que les Maugaraiens, à l'ouest de Florès, qui se nomment eux-mêmes « Ata Raja, » c'est-à-dire hommes du Roi. Ceux qui habitent les hautes montagnes demeurent réunis par

(1) *Moniteur des Indes-Orientales*, p. 170.
(2) *Tydschrift voor Ind. taal*, etc., 1863, p. 130.

petits groupes de quelques cabanes, et n'ont pas de kampongs. Ils sont élancés, bien bâtis et habiles à la course (1). Ces insulaires cultivent aussi la terre, mais ils la travaillent sans buffles ni charrue.

Ceux de Sumba ou de l'ile du bois de Sandal se trouvent placés à un degré encore plus bas de la civilisation. Craintifs, méfiants et sans désirs, ils vivent loin des côtes, dans de pauvres huttes, et évitent les étrangers. Le milieu de leur corps est entouré seulement d'une ceinture, à laquelle sont suspendues des cordes pour amortir les coups de lance, leur seule arme offensive (2).

Enfin, toujours en avançant vers l'est, nous rencontrons les Timorais, qui sont bien faits et fortement musclés. Quelques-uns sont noirs, d'autres le sont moins et beaucoup sont cuivrés. Ceux-ci ont les cheveux roux, mais ceux-là les ont noirs et très-crépus; chez la plupart le nez est aplati (3).

Telles sont les populations qui les premières ont habité l'Archipel indien. Leurs princes, surtout ceux des régions orientales, se disent nés d'un œuf, d'un serpent, d'un caïman ou d'un arbre. Ceux des régions occidentales, tels que les anciens rois de Java, de Sumatra et de Makassar, font remonter leur origine plus haut; ils descendent tous du ciel (4).

(1) *Tydschrift voor Ind. taal*, etc., 1863, p. 130.
(2) *Id.*, 1856, p. 362.
(3) *Id.*, 1853, t. I, p. 52.
(4) *Verhandelingen van het batav genootsch*, 1781, p. 273.

MALAIS ET JAVANAIS.

La différence des généalogies que nous venons d'indiquer accuse évidemment une différence de civilisation des races qui se sont répandues dans l'Archipel asiatique.

Dès les temps les plus reculés, diverses causes ont dû provoquer l'émigration de populations de l'occident de l'Inde et de l'Indo-Chine. Des révoltes, des guerres sanglantes où les vaincus n'avaient d'autre alternative que la mort ou l'esclavage, ont dû les forcer à chercher un refuge dans leurs pirogues et à gagner, soit comme envahisseurs, soit comme colons, ces îles fertiles de l'Orient dont les fruits, les pierres précieuses et l'or avaient maintes fois excité leur convoitise.

Marsden admet qu'une race étrangère aborda dans l'île de Sumatra et y fonda le royaume de Menangkabau. « Là, dit-il dans l'introduction à sa Grammaire malaise, il n'y a que des Malais; la langue malaise est la seule qui y soit parlée, et l'on ne trouve aucun vestige d'où l'on puisse induire qu'un autre peuple y ait jamais existé. La croyance parmi les Malais qu'ils sont originaires du pays même est si profonde, qu'ils font remonter leur histoire au déluge et qu'ils se disent les descendants de deux des quatre cents compagnons de Noé, dont l'arche se serait arrêtée entre les rivières de Djambi et de Palembang. »

D'après une autre légende, rapportée par Jonathan Rigg (1), ces deux compagnons de Noé auraient été Perapati-si-Ratang et Kei-Tommangongan; ils se seraient arrêtés d'abord dans une petite île nommée Langkapura, dirigés ensuite vers le mont Si-Gantang, et plus tard aux environs d'un grand volcan, vers Priangan qui a été considéré comme la capitale de Menangkabau.

Dans cette vaste plaine entourée de montagnes, la nation malaise aurait prospéré sous un gouvernement monarchique. En 1160, elle était devenue si populeuse, qu'elle s'est vue dans la nécessité de se séparer. Sous la conduite de leur prince Râdja Touri Bouwana, des Malais, voyant que le sol natal ne pouvait plus fournir à leurs besoins, l'abandonnèrent, traversèrent le détroit de Malacca et s'établirent comme colons sur la pointe sud-est de la presqu'île nommée *Houdjong tânah* (2). Ils portèrent d'abord le nom d'*orang di bâwah ângin* (peuple d'au-dessous du vent) nom dont on ignore encore la vraie signification, aussi bien que celle de *di âtas angin* (au-dessus du vent). On suppose que la première dénomination signifie « oriental, » et la seconde « occidental, » non pas dans un sens absolu, mais relatif; de sorte que la partie septentrionale de Sumatra pourrait bien être l'occident de la presqu'île de Malacca, et celle-ci l'o-

(1) *Tydschrift voor Nederlandish Indie*, 1841, t. I, p. 497.

(2) Langue de terre, extrémité du pays.

rient de Sumatra. Quoi qu'il en soit, les nouveaux colons prirent bientôt le nom de *Malais*, sur l'origine duquel diverses opinions ont été émises.

Nous venons de voir que, d'après une tradition, les ancêtres des Malais auraient peuplé ou colonisé une petite île nommée Langkapura. Or, « Langka » est l'ancien nom de l'île de Ceylan, et « pura » signifie ville. Sur ce nom, la mythologie indienne a brodé la fable de Rawana, qui, après avoir enlevé Cita, la femme du dieu Râma, s'enfuit à Langkapura, y soutient un siége et trouve la mort. Puis, une chronique manuscrite de Ceylan rapporte que Wyaya a été le premier de ses rois (543 ans avant J.-C.), et que le père de celui-ci régnait sur une des parties de Magadha, nom primitif de la province de Bahar que traverse le Gange : l'autre partie était sous la domination d'un Radja dont un des fils visita Ceylan jusqu'à trois fois pour y répandre la nouvelle doctrine religieuse. La langue de Magadha était le pâli, langue sacrée des Bouddhistes, avec un mélange de pracrit.

Les rois de Ceylan firent de longues et sanglantes guerres à leurs voisins de la côte opposée de l'Inde. Tantôt ils furent vaincus et chassés dans les montagnes de l'intérieur de l'île; tantôt ils furent vainqueurs et poursuivirent leurs ennemis jusque sur le continent. Fatiguées de ces luttes sans fin, des peuplades ont voulu échapper à de si cruels dangers et chercher un abri dans les îles voisines. Il est donc possible qu'elles aient été désignées ou qu'elles se soient désignées elles-mêmes dans leur nouvelle patrie, d'un nom emprunté à la langue du pays d'où elles étaient sorties.

En effet, *Mallé* signifie en tamil (tamul) une montagne, et *Mallayala* est une chaîne de montagnes; d'où le nom de Malabar, le pays de Mala ou des montagnes (1). On a souvent voulu faire dériver de là le nom *Malayu*, Malais. Contrairement au docteur Leyden qui admettait cette interprétation, Marsden la rejette (2) et soutient que le malais a emprunté peu de mots au tamil ou *telinga*. Mais lorsqu'on le compare à l'idiome de Ceylan, on voit que les mots indiqués par Marsden, dans son Dictionnaire malais, comme étant d'origine hindoustanique, se retrouvent, lettre pour lettre, dans le Dictionnaire cingalais de Clough; et Jonatan Rigg est d'avis que le cingalais est originaire du pays de Magadha.

Or, *Mala*, en cingalais, signifie « montagne; » les hautes montagnes de Ceylan ont été nommées *Malaya-Rata*, que Rigg traduit par « pays des montagnes, » et un habitant de ces montagnes *Malayura*. Il est donc possible que ces mots cingalais aient été empruntés par les Malabarais à leurs voisins de Ceylan et que le peuple qui a émigré des montagnes de cette île vers celles de Sumatra y ait importé son nom primitif.

En pénétrant dans l'Archipel, les Cingalais y intro-

(1) *Bar*, pays, est un mot d'origine persane.
(2) *History of Sumatra*, 3e édit., pp. 325, 326.

duisirent leurs idées religieuses qui étaient celles du Véda, et lorsque, après des siècles, le souvenir de leur émigration fut effacé, on se trouva en possession d'une légende qui assimilait le berceau des premiers habitants de Menangkabau au « Swarga, » le séjour céleste d'Indra. De là, l'origine du respect mystérieux des Malais pour la contrée dont ils se croyaient sortis; de là, ces fières paroles des plus petits radjas du pays : « Notre première demeure fut l'île fertile de Lang-« kapura, berceau du célèbre royaume de Menangka-« bau, qui restera renommé et puissant jusqu'à la fin « des siècles. »

Ces paroles sont, pour ainsi dire, confirmées par l'étymologie du nom même de Menangkabau. En effet, *man* ou *men* est la forme élu ou vieille cingalaise (1) du mot *manushya* qui signifie « homme, humanité, » et aussi « la tête, le cœur; » *angka* « emblème, image; » *bahu* « le bras, » au figuré « le pouvoir, l'autorité. » Donc, *Man-Angka-bahu* signifie « Le peuple qui est la figure de la puissance ». Cette explication n'est peut-être pas à dédaigner, car le langage commercial des Malais possède encore beaucoup de mots d'origine cingalaise, que Jonathan Rigg a réunis dans un tableau synoptique. Ce savant reconnait de plus une origine cingalaise au nom de la ville et du royaume de Malacca fondés par les Malais

(1) *Elou* de souche dravidienne, idiome primitif de Ceylan, auquel se sont mêlés des éléments sanscrits. — Alfred Maury, *la Terre et l'Homme*.

émigrés de Sumatra. Ce nom dériverait, selon lui, des mots élu ou vieux cingalais : *mali* ou *mal* qui signifie « frère, » et *laka* qui est la forme élu de *Langka* ou Ceylan. Malacca signifierait donc « Le frère de Ceylan, un autre Ceylan. » Dans cette presqu'île, les Malais avaient déjà élevé la ville de *Singa-Pura*, que leurs envieux voisins de Madjapahit détruisirent, et comme ceux-ci les inquiétaient toujours, ils reçurent souvent des secours de Ceylan. Le nom de la ville nouvelle fut donc à la fois le témoignage de la reconnaissance et de la protection accordée à des frères fugitifs. Peut-être aussi rappelait-il la patrie absente!

La fortune sourit aux nouveaux colons et leur puissance s'étendit à toute la presqu'île qui prit désormais le nom de *Tanah Malâjou*, la terre des Malais. Ce qui eut lieu vers la fin du treizième siècle de notre ère, sous le règne d'Iskander Sjâh. Ce prince étant mort, Magat monta sur le trône et fut le premier Malais qui reçut le titre de sultan. Son successeur fut Mohhamed Sjah. Ces qualifications indiquent que l'islamisme avait déjà pénétré dans la presqu'île, et le nom d'Iskander rappelle en toutes lettres celui d'Alexandre le Grand, resté populaire dans l'Archipel indien. A Mandaheling, on a recueilli sur ce personnage une légende qui a quelque ressemblance avec celle de Rig dans l'Edda scandinave :

« Là, vivait un héros dans la grande terre, au-delà des mers où le soleil se couche; son nom était

Sulthan Iskander; il régnait sur beaucoup de peuples et ses fils régnèrent après lui.

« Un d'eux nommé Radja Maharadja (roi grand roi) dévasta Menangkabau et établit son siége à Pagar Ouyong. Il devint père de Radja Iskander Mouda; celui-ci eut seulement des filles.

« Et il était prédit que les descendants du Sulthan Iskander devaient dominer sur tout Poulo Petja (Sumatra); c'est pourquoi Radja Iskander partit de son pays et chercha des femmes qui engendreraient des fils.

« A Sinkouang, allant vers le Batang-Gadis, au travers de sombres forêts hantées par des couleuvres, des rhinocéros et des bégous, il atteignit le séjour des terribles et invisibles Hallak-Bounian's.

« Ceux-ci étaient issus des esprits et habiles dans toutes sortes de sortiléges. Radja Iskander était ainsi au milieu d'eux et ne les voyait pas, car les Bounian's haïssent l'humanité et se tiennent dans les nues.

« Mais Radja Iskander avait une forte constitution et était beau de visage. Et une jeune fille des Bounian's l'aima et elle écarta le nuage de ses yeux, de manière qu'il la vit et la prit pour lui.

« En ce même jour, il nomma la place où il l'avait reçue *Si-Ambil*, et nomma sa femme *Boro Si-Ambil*, et il partit avec elle.

« Et les Bounian's devinrent furieux de colère et jurèrent que Boro-si-Ambil, parmi toutes les femmes de Radja Iskander, serait la dernière à engendrer, —

puis, qu'elle souffrirait et errerait jusqu'à ce que sa chute fût expiée. Ils jurèrent aussi que tous ses descendants détruiraient par le fer et le feu tout le pays où coule le Batang-Gadis.

« Radja Iskander vint à Atchin et épousa une noble fille du pays; mais dès qu'elle fut enceinte, il l'abandonna. Du fils qu'elle mit au monde, sont issus tous ceux qui depuis ont régné sur Atchin.

« Ensuite, il alla au Batangsessa à Tambousey. Et voyant qu'il ne vivait pas encore là des hommes, il planta un *tamoso* au bord du fleuve. Conjurant cet arbre de diriger ses branches vers le soleil levant, il marqua ainsi que sa progéniture régnerait un jour sur Kotta Radja, la ville des nobles, et sur tout le rivage alors inhabité. C'est pourquoi les tamosos montrent toujours l'orient.

« Radja Iskander partit de nouveau se dirigeant vers Rambah, aux rives du Batang-Loboh. Et il épousa une noble fille du pays; mais lorsqu'elle fut enceinte il l'abandonna aussi, après lui avoir dit que le fils à qui elle donnerait le jour porterait le titre de « *Jang di Pertouan* ». De ce fils sont sortis ceux qui régnèrent depuis sur Rambah.

« Ensuite Radja Iskander épousa une noble fille du pays; mais quand elle fut enceinte, il l'abandonna aussi. Du fils qu'elle engendra, naquirent tous ceux qui regnèrent sur Siak.

« Ensuite il réunit dans le pays de Kampar les grands du royaume de Siak et les grands du royaume de Menangkabau. Il traça une ligne de démarcation entre les deux royaumes et à chacune des extrémités de cette ligne il planta des arbres qu'il nomma, l'un « *Sialang blanta bessi* », et l'autre « *dourian di Saki* « *radja* ».

« Quand il eut accompli tout cela, et eut procréé des descendants dans beaucoup de pays, il retourna à Menangkabau et épousa une jeune fille de Pagarouijang. Il vécut là avec elle et avec Borohsi-Ambel et les deux femmes devinrent enceintes. Il les abandonna comme les autres, et cingla vers Java (1). »

Ainsi, cette légende fait remonter à Alexandre le Grand l'origine des princes de Sumatra et de Java, comme au moyen âge de l'Europe, les trouvères attribuaient des fondations de villes à des compagnons d'Enée.

En 1686, le sultan de Menangkabau évoqua encore le souvenir de ce conquérant pour exciter ses sujets à la révolte contre les Néerlandais : « Pourquoi », disait-il dans un manifeste au peuple de Rimbang, « pourquoi Alexandre le Grand a-t-il été surnommé « Dzulcarnajim (aux deux cornes)? » « Les savants « ont là-dessus différentes opinions. Quelques-uns « soutiennent qu'il avait pris ce titre parce qu'il « avait deux cornes; d'autres parce qu'il avait deux « royaumes, l'un provenant de son père, l'autre de « sa mère; d'autres encore, parce qu'il avait deux

(1) *Tydschrift voor Nederl. Ind.*, 1846, t. II, p. 405.

« missions à remplir, celle de roi et celle de pro-
« phète. Il était prophète, car il reçut de Dieu plu-
« sieurs révélations par l'intermédiaire de l'ange
« Gabriel; il était roi, car il fut le défenseur de Dieu
« en ce monde. Par lui a été érigée la tour d'Alexan-
« dre, laquelle est un temple des Idiates (1); l'entrée
« de ce temple signifie : « *Il n'y a pas de Dieu si ce*
« *n'est Dieu*, » « et l'arrière-porte de ce temple :
« *Mohammet est son prophète* ». Le parquet de ce lieu
« est couvert de *souassa souassa*, et le toit de pierre-
« ries. Ce roi a parcouru l'orient et l'occident en
« société du prophète Hidler Zalr. Il a parcouru toute
« la montagne de Caaf et décrit la situation de cette
« montagne qui a été percée par les peuples de Gog
« et de Magog, mais qui a été de nouveau fermée en
« une nuit par les anges. Il a aussi raconté la gran-
« deur de la terre qui se trouve derrière cette mon-
« tagne, et qui est sept mille fois plus grande que
« notre monde. Là, le sol est de musc et l'herbe de
« safran; les pierres sont des rubis et richement or-
« nées. Ce pays est peuplé d'anges qui demeurent là.
« Il a dit aussi la situation de la mer Rouge, dont les
« flots sont agités par un vent furieux, les soulevant
« jusqu'au ciel. Il a dit aussi que ce monde était comme
« une mousse aquatique, qui fut mise en mouvement
« par les flots de la mer Rouge. Il a dit aussi que le
« soleil était trois cents fois plus grand que l'univers

(1) Ce peuple est peut-être celui des *Siodbusin* dont le poëte persan Sjeich Saadi fait mention dans son *Jardin persan*.

« entier et qu'il se couche dans l'eau noire. Il a dit « aussi que la lune était vingt-six fois plus grande que « la terre. Il a voyagé vers l'orient pour voir le soleil « se lever et a raconté que dans l'orient les hommes « sont si nombreux que personne n'en sait le nombre, « excepté Dieu et son prophète. Pour ce qui est de « l'occident, une de ses oreilles lui sert de coussinet « pour dormir, et l'autre de couverture pour se « couvrir; de sorte que cette terre étant couverte « d'hommes, Alexandre Dzulcarnajim fut suivi d'une « grande armée, parcourant avec lui l'orient et l'oc- « cident (1) ».

Tel est le préambule du manifeste que le sultan de Menangkabau adressa à son peuple. Pour le soulever contre la puissance néerlandaise, il lui montra l'orient et l'occident marchant à la voix d'Alexandre. Ce nom, grandi par l'imagination orientale, y est resté comme celui d'un envoyé de Dieu, et le poëte persan Sjeich Saadi dit même qu'Iskander aurait pu ne pas mourir s'il avait voulu survivre à ses compagnons d'armes en buvant de l'eau de la vie; lui, le grand roi, ajoute-t-il dans son poëme du Jardin des Roses, lui qui n'a jamais nui à ses sujets et a toujours dit du bien de ses prédécesseurs.

A l'époque où florissait le royaume de Menangkabau, grandissait en face et à peu de distance de lui, un royaume rival, celui de Madjapahit dans l'île de Java.

Pour les insulaires de Sumatra les Javanais étaient

(1) Valentyn, *Oost-Indie*, t. I, p. 55.

des étrangers, et c'est par les mots « îles étrangères » que Rigg traduit les *Jabadii insulæ* de Ptolémée, parce qu'il a trouvé dans le Dictionnaire cingalais de Clough le mot *Yawana* interprété par celui « d'étranger » et que *Jawa* est le nom sous lequel tout Malais est aujourd'hui désigné dans l'île de Ceylan (1).

Or, il était de tradition parmi les Javanais que les premiers habitants de leur île avaient été des hommes doués de la faculté de voler dans les airs, et l'on insinuait qu'ils étaient venus d'au delà des mers. Une autre tradition a été conservée dans un manuscrit javanais et Roorda van Eysinga la rapporte en ces termes (2) :

« Ceci est le récit du temps où Java était encore désert et où il n'y avait pas encore des hommes qui y demeurassent, mais la population consistait en géants, monstres et esprits, et le culte de l'Être suprême n'y existait pas encore.

« Le prince de *Roum* résolut de peupler toutes les îles qui étaient encore dépeuplées et dit à son ministre : Où y a-t-il encore des îles qui soient inhabitées? » Le ministre lui répondit avec respect qu'il n'en savait rien. Le prince, à ces mots, le chargea de s'enquérir auprès des marchands qui étaient dans la ville. Le

(1) *Tydschrift voor Nederlands Ind.*, 1844, t. II, p. 222. — M. Dulaurier (*Journ. asiat.*, 1847, t. I, p. 244) fait dériver le nom de Java du sanscrit *Yava*, « orge », nom imposé à cette île, parce que ses habitants faisaient leur nourriture de ce grain, lorsque les premières colonies indiennes vinrent se fixer parmi eux.

(2) *Beschriving van Java*, t. III, part. I, p. 107.

ministre, les ayant interrogés, apprit d'eux qu'une île nommée Java n'était pas habitée; que cette île était si grande qu'il fallait quarante jours pour en faire le tour, et qu'il y avait là vingt grandes montagnes et un grand nombre de montagnes plus petites. Le ministre se présenta de nouveau devant le prince, se jeta à ses pieds et lui rapporta ce que lui avaient dit les marchands. Alors le prince lui ordonna de réunir deux fois dix mille hommes et deux fois dix mille femmes, de préparer tout ce qui était nécessaire à une expédition et de transporter le tout à Java. Arrivés là, ils furent frappés de maladies par les géants et les esprits, et anéantis en deux mois à l'exception de vingt couples qui retournèrent à Roum. Dès que le prince fut informé de cela, il consulta plusieurs savants sur les moyens de dompter les géants et les esprits. Ces savants lui conseillèrent d'avoir recours à la conjuration des sortiléges; le prince ayant approuvé ce conseil, en fit aussitôt usage et réussit. Par la puissance de l'incantation la terre trembla, les montagnes s'effondrèrent, la mer même fut troublée; les monstres et les esprits s'enfuirent. Java devenu habitable, de nouveau deux fois dix mille hommes et deux fois dix mille femmes y furent envoyés par le prince de Roum. Ils s'entendirent entre eux sur leur demeure et sur le partage des champs de riz; ceux qui choisirent les côtes devinrent des navigateurs marchands, et peu à peu cette île prospéra.

« Dans les trois premiers siècles, Java n'avait pas

de roi, mais alors l'Être suprême lui en donna un, dont la puissance fut très-grande. Cent ans après, Dieu établit un roi à Wiratha, et encore trois siècles après, il y eut des rois à Ngastina, Madura et Dwara-Wati. On parle aussi d'une époque où des cendres tombèrent du ciel. Cent ans après ce vieux âge, l'Être suprême établit encore un roi, originaire de Toulin. Ensuite les Brahmanes vinrent d'au delà des côtes à Java et propagèrent les vingt lettres « Aksaras » (1).

D'autres traditions consacrent encore cette origine étrangère attribuée aux Javanais. Raffles en fait mention dans son Histoire de Java ; l'une est relative à des colons venus de la Perse; une deuxième les fait sortir de Coromandel; une troisième, de l'Égypte. Sans doute ces récits n'ont aucune valeur historique; mais, à défaut de documents positifs, il sera permis de s'en servir pour expliquer l'influence d'une langue étrangère sur l'idiome des indigènes. Car, si ce conte du prince de Roum a un sens, il faut admettre que les colons envoyés par lui ont trouvé à Java une population qui leur opposa de la résistance, et que la terreur de la défaite qu'ils essuyèrent leur fit prendre les habitants de l'île pour des monstres et des géants. Ce qui a pu faire croire aussi que ces colons étaient sortis de la Perse ou de l'Égypte, c'est que le nom de « Roum » correspond en Orient à l'une ou l'autre de ces contrées. Dans le conte javanais, il ne peut

(1) Ce nom est d'origine sanscrite ; il dérive de *Akchara*, lettre, syllabe. *Aksara* se dit dans le langage javanais élevé.

être que le synonyme d'un pays lointain, idéal, semblable à ces noms de lieux imaginaires dont parlent les poëtes du moyen-âge de l'Europe. Quant à la tradition qui fait venir à Java des colons de Kling ou Coromandel, et des Brahmanes d'au delà des côtes, elle peut servir à expliquer comment le langage kawi et l'écriture javanaise auraient été introduits dans cette île. Or, Guillaume de Humboldt et Bopp ont démontré combien le kawi et le javanais sont imprégnés de sanscrit; on peut donc conclure de là que des rapports fréquents ont existé, dès les temps les plus reculés, entre Java et le continent indien.

Jusqu'où se sont étendus ces rapports, quand ont-ils commencé, à quelle époque ont-ils cessé? ce sont autant de questions pour la solution desquelles on ne possède que des données très-vagues. Roorda van Eysinga a consigné dans son Histoire de Java une tradition javanaise qui semble remonter au premier siècle du christianisme et qui est relative à la découverte de l'île et à l'introduction des caractères de l'écriture.

« Lorsqu'Adji Saka, dit l'auteur du récit javanais, se rendit à Java, il alla tout droit à la montagne Kendhang et là fit connaître la manière de compter les années ou le *Sengkala*, ce qui signifie : « J'anéantis le passé sans hommes. » Ensuite il dit à son serviteur Sembada : « Reste ici, toi, et garde ce couteau « qui est à moi; je vais au royaume Mendhang, et « si un autre que moi vient te demander ce couteau,

« tu ne le donneras pas. Je prends avec moi mon « fidèle Dora. » Alors Adji Saka alla au royaume de Mendhang et Sembada resta veiller sur le couteau. Lorsqu'Adji Saka vint à l'extrême limite du royaume Mendhang, il demanda aux gens du bourg, si c'était là le royaume de Mendhang. Ceux-ci répondirent affirmativement à sa question et lui demandèrent à leur tour d'où il venait. Adji Saka répondit qu'il venait d'au delà des côtes et voulait offrir ses services au prince de Mendhang. Alors le peuple du bourg lui dit : « Si vous voulez servir le prince de Mendhang, vous serez bien malheureux, car il est mangeur d'hommes, et beaucoup d'habitants de Mendhang s'en vont, parce que chaque jour un de leurs enfants doit être porté au prince pour sa nourriture, et lorsque des étrangers arrivent, ils sont aussitôt saisis. » Ces paroles n'effrayèrent point Adji Saka. Il prit aussitôt la forme d'un beau petit enfant, se rendit chez le Patih de Mendhang et l'engagea à le livrer, lui Adji, au prince pour en être mangé. Le Patih s'étonna de cette demande qui ressemblait à un désir d'être tué. Adji Saka insista, mais stipula pour lui une pièce de terre de la grandeur de son turban s'il revenait sain et sauf. Le Patih accéda à sa demande et le porta au palais du prince. Celui-ci rentrait au même instant et avait grand faim, et il se réjouissait de ce que le Patih lui donnait à manger un si bel enfant ; il saisit aussitôt Adji Saka et se mit sa tête dans la bouche. Mais Adji Saka prit alors les proportions d'un homme, et d'une main empoigna la lèvre supérieure du prince, de l'autre sa lèvre inférieure, et lui déchira la bouche de manière qu'il tomba mort sur-le-champ. Puis Adji Saka reprit ses formes enfantines, regagna la demeure du Patih et lui annonça la mort du roi. Le Patih fut très-étonné de ce qu'un enfant avait pu tuer le prince, mais intérieurement il était très-heureux de la paix dont le royaume allait jouir, si on avait soin de ne pas choisir un anthropophage pour successeur. Alors Adji Saka demanda la récompense promise, et le Patih lui dit : « Une pièce de terre de la grandeur de votre turban ne peut être mesurée, ce serait à peine assez grand pour y dormir; demandez plutôt un ou deux bourgs, je vous les donnerai. » Adji Saka étendit son turban et tout le royaume de Mendhang en fut couvert et le turban n'était pas entièrement déroulé; il enveloppa d'abord les bourgs et les environs, et enfin tout Java. Alors Adji Saka reprit sa forme naturelle, et le Patih, voyant sa puissance surhumaine, eut peur et se hâta de se désister en sa faveur de tout le royaume de Mendhang, qui devint prospère sous le règne d'Adji Saka.

« Quelque temps après, Adji Saka résolut de faire des lettres; il avait pour cela besoin du couteau qu'il avait laissé sur la montagne de Kendhang. Il envoya son serviteur Dora le chercher, et lui enjoignit de ne pas s'en retourner sans cet objet. Dora, arrivé au haut de la montagne, salua Sembada qui gardait le couteau; mais celui-ci refusa de le lui donner, parce que son maître lui avait dit de ne le rendre qu'à lui-même. Alors ces deux serviteurs se disputèrent, en vinrent aux mains et se tuèrent mutuellement. Adji Saka, inquiet de la longue absence de Dora, se rendit de sa personne à la montagne Kendhang, et trouva ses deux serviteurs morts. Il se ressouvint alors, mais trop tard, qu'il avait donné à chacun d'eux des ordres contradictoires et déplora amèrement son irréflexion. Cela fut cause qu'il fit vingt lettres javanaises, dont le sens est : « Il y avait des envoyés se disputant et obéissant mutuellement, » ou bien « il y avait lutte et combat ; égale était leur vaillance, de sorte qu'ils devinrent des cadavres (1) ».

On ne sait pas bien qui fut cet Adji Saka. D'après certaines traditions, il fut un prince indien ; selon d'autres un grand homme d'État ; selon d'autres, un saint doué de pouvoir surnaturel ; selon d'autres encore, une divinité. Quoi qu'il en soit, si l'on remarque que *saka* est un nom sanscrit qui signifie « prince, » et si l'on dégage de ces traditions ce qu'elles ont de fabuleux, il en résultera qu'un homme d'origine hindoue, soit par l'effet d'une puissance morale ou réelle, soit par ces deux puissances réunies, s'est rendu maître d'une partie de Java et y a établi des colons (2).

(1) Il paraît que les lettres de l'alphabet javanais, rangées selon l'ordre alphabétique, présentent ce sens.

(2) Crawurd, *Indian archipelago*, II, p. 226 etc. — Dr Ed. Selberg, *Reise nach Java, etc.* Oldenbourg, 1846.

Cette expédition, que l'on suppose être partie de Kling (Coromandel), fut suivie d'autres expéditions, qui eurent lieu de temps en temps pendant quatre siècles. Cependant on est peu renseigné sur ces migrations. Les premières notions que l'on possède sur l'extension de l'influence indienne à Java remontent au septième siècle de l'ère chrétienne et sont encore enveloppées d'obscurité.

Adji Saka avait laissé des notes manuscrites sur l'état où il avait trouvé Java et sur l'avenir de cette île. La découverte de ces documents fut connue dans l'Inde et détermina un prince de Ngastina, nommé Kousouma Tjitra, à envoyer à Java son fils Sawila Tjala. Kousouma, à qui il avait été prédit que son royaume périrait, fit équiper plus de six cents petits navires, et les charger de tout ce qui était nécessaire à des colons. De cette nouvelle expédition firent partie des agriculteurs, des artistes, des médecins, des écrivains et des hommes de guerre, tous au nombre de cinq mille, dit la tradition, et ces nouveaux colons furent suivis de deux mille autres. Avec eux, Sawila Tjala fonda le royaume Mendhang Kamoulan, dont la puissance s'accrut par l'arrivée à Java de nouveaux colons partis des Moluques, sous la conduite d'Arou Banda (1). Ceux-ci se placèrent sous la protection de

(1) Sous ce nom on personnifie le commerce des épices ou autres denrées de prix, car *aroum* signifie en malais « sentant bon » et *banda*, trésors, marchandises chères. V. W. de Humboldt, *Ueber die Kawi Sprach.* I, p. 12.

Sawila Tjala, parce qu'il comprenait mieux le sens des écrits d'Adji Saka.

On cite encore des noms de rois et de royaumes : Tempo et Radja Djiugollo, Rawes Rengo; mais de ces rois et de ces royaumes on ne sait absolument rien; on ignore même le lieu et l'époque où ils ont existé. Des drames javanais font aussi allusion à des guerres sous le règne d'un Tempo Kediri; mais ces indices sont encore très-vagues. Ces divers noms permettent seulement de supposer que Java a été divisé en plusieurs royaumes qui, selon une tradition moins variable, auraient été réunis sous le sceptre du dernier roi de Djengollo. Radiju Laléan fonda alors le royaume de Padjadjaran et régna sur l'île entière, ou fit tributaires les insulaires qu'il ne put réduire sous son obéissance.

Radijn Laléan eut pour successeur son fils, Mounding Sari, c'est-à-dire le buffle Sari dans la langue sondake, parce qu'il est considéré comme le premier qui ait apprivoisé cet animal et l'ait appliqué à l'agriculture. Mounding fut remplacé par Wangi qui eut de nombreux enfants. Mais la tradition n'a conservé que le nom d'une de ses filles Ratou-Loro-Kidol, et de deux de ses fils Tjong-Winoro et Djoko-Sesourou.

Ratou-Loro-Kidòl fut atteinte d'une si cruelle maladie que son père jugea prudent de l'éloigner de sa cour et de lui assigner pour résidence la montagne Kombang du côté du soleil. Là, elle implora les dieux de la délivrer de ses souffrances; mais les dieux l'avaient abandonnée, ils n'écoutèrent pas ses prières. Alors elle se tourna vers les mauvais génies et s'écria : « Épargnez-moi, puissances invisibles, les douleurs « sous lesquelles mon corps succombe et je serai à vous. « En retour, je serai entre vos mains un instrument « pour torturer l'humanité. Insensible et sans pitié, « comme la société qui m'a rejetée de son sein, je « briserai tous les liens de l'amour; je remplirai de « deuil le cœur du père; je broierai le cœur de la « mère, et alors rugissant de contentement et de « bonheur, je verrai éclater ma vengeance! »

A ces mots, hors d'elle-même, elle courut au loin et se précipita du roc dans la mer du Sud. Elle fut engloutie par les flots et recueillie par les esprits. Là, sur les bords de la mer, elle habite encore un brillant palais et règne comme reine des mauvais génies.

A chaque calamité qui afflige un Javanais ou le pays de Java, Ratou-Loro joue le principal rôle. Parfois on entend un bruit étrange dans les airs. Les Javanais le nomment Lampon et, quoiqu'il soit causé par des insectes, ils l'attribuent à une cause surnaturelle. C'est le signe d'une grande mortalité parmi les jeunes filles, car Ratou-Loro veut marier un de ses enfants et a besoin de jeunes vierges pour faire cortége aux fiancés, et alors voulant échapper à ce destin, tout Javanais s'empresse de marier sa fille (1).

On l'a déjà dit bien souvent, et Michelet l'a répété

(1) *Tydschrift voor nederl. Ind.*, 1836, t. II, p. 265 et suiv.

récemment (1), l'homme est partout le même et l'humanité est une. Les peuples ont entouré leur berceau de fables et de fictions créées par l'imagination, et celles relatives aux génies des eaux, des montagnes et des bois, que M. Leroux de Lincy croyait originaires du Nord (2), nous les retrouvons dans les îles lointaines de l'Orient, parmi des populations qui ne savent rien de l'Europe.

Les légendes javanaises connaissent un forgeron mythique aussi bien que l'Edda des Scandinaves et que les poëmes du moyen âge européen.

Un jour, le roi de Padjadjaran fut averti qu'une de ses femmes allait donner le jour à un fils qui le détrônerait. C'est pourquoi, le radja, lorsque cet enfant fut né, le fit déposer dans une caisse qu'il jeta dans la rivière. Un forgeron la recueillit, éleva l'enfant, et lui ayant donné le nom de Tjong-Winoro, il lui enseigna son art. Tjong-Winoro fit tant de progrès et fut si habile à forger des armes, qu'il fut appelé à la cour du roi son père, et chargé de faire des kriss ou couteaux de grand prix. Il réussit à satisfaire le prince et toutes les faveurs lui furent accordées. En peu de temps, il se vit élevé aux premières dignités de l'État et en possession de la plus haute considération. La prophétie devait s'accomplir; Tjong-Winoro crut le moment venu de réaliser ses projets ambitieux. Il in-

(1) *Bible de l'humanité.*
(2) *Livre des légendes.*

vita le roi à une fête et l'enferma dans une cage qu'il jeta dans le fleuve ; il fit ainsi subir à son père le même sort auquel lui-même avait été soumis. Les autres fils du roi disparurent aussi et Tjong-Winoro occupa le trône de Padjadjaran. Mais il n'en resta pas paisible possesseur.

Le fils aîné du roi détrôné, Djoko Sesourou, alla trouver un pieux solitaire et lui parla en ces termes :

« Mon père ! il ne sera pas nécessaire de vous dire qui je suis et ce qui m'amène près de vous. Vous savez tout et par conséquent comment il faut chasser l'usurpateur du royaume de mon père. — Je vous en prie, indiquez-moi le moyen de venger mon père et de recouvrer mes droits. »

— « Mon fils, fils de Mounding Wangi ! Par respect pour votre père qui a gouverné son royaume avec amour, je veux bien écouter votre prière. Partez et parcourez les bois, jusqu'à ce que vous trouviez un arbre, sur lequel croît le *modjo* amer (madja pahit) ; fondez là une ville, et je vous prédis que vous et vos descendants, vous aurez le bonheur, non-seulement de triompher de l'usurpateur de Padjadjaran et de régner sur toute cette île, mais encore d'étendre votre domination sur les îles voisines. »

Djoko Sesourou fit ce que lui conseilla l'ermite. Comme Hagen dans le *Gûdrûnlieder*, il parcourut longtemps les bois, souvent en vain, et plus d'une fois il fut sur le point d'être dévoré par les animaux sauges[1], mais chaque fois il fut délivré par une puissance surnaturelle. Enfin il eut la bonne fortune de trouver, dans la forêt de *Werosobo*, l'arbre si ardemment désiré, et dont les fruits étaient amers. Il fonda une ville sur cette même place et la nomma *Madja Pahit*, du nom de l'arbre, et prit pour lui-même le nom de Maharadja Bro Widjoijo. Il grandit bientôt en puissance, réussit à conquérir une partie de l'île et força Tjong Winoro à abandonner le trône de Padjadjaran. Le roi de Madja Pahit domina sur toute l'île de Java.

C'est encore par un conte de fée qu'on explique l'agrandissement de cette ville. Un des successeurs de Bro Widjoijo, étant à la chasse, errant solitaire dans le plus épais de la forêt, rencontra une jeune fille, dont la beauté rare le séduisit. Or, cette jeune fille était une géante qui avait allumé depuis longtemps un brûlant amour dans le cœur du roi; elle avait une forme humaine et s'était placée sur son chemin pour l'enchanter. Le roi répondit à son attente; elle fut conduite à sa cour et acceptée comme femme. Devenue enceinte, la princesse sentit son ancien naturel se réveiller en elle, et regrettant la chair crue des bêtes fauves, elle s'enfuit à la forêt et reprit son corps et ses habitudes de géante. Le temps de sa délivrance venu, elle donna le jour à un enfant mâle. Après l'avoir nourri une année, elle l'apporta mystérieusement à son père qui le reconnut pour son fils et le nomma Ario Damar.

Ario Damar devint un grand et beau jeune homme. Il visita souvent sa mère dans la forêt, et parcourut en société de géants les déserts et les lieux les plus sauvages. Aidé par eux, il ne trouva rien au-dessus de ses forces, et bientôt son pouvoir surnaturel lui permit de satisfaire à tous les désirs de son père. Si le roi désirait quelque animal des bois, son vœu était bientôt accompli, et s'il voulait se bâtir un nouveau *Kraton*, embellir et fortifier sa capitale qui était très-irrégulière et n'était pas encore entourée de fossés, son fils lui éleva un superbe palais de pierres cuites, avec des galeries couvertes, un rempart de pierres garni de portes sculptées et ciselées. Puis, il creusa un vivier au milieu de la ville, long de mille pieds, large de six cents et profond de quarante, et tout cela avec l'aide des géants de sa mère, en moins d'une nuit, et sans aucun ciment qui reliât les pierres entre elles. En récompense de ce service et de son dévouement, le roi l'éleva à la dignité de sultan de Palembang, tributaire de Madja-Pahit.

Ce fut sous Bro Widjoijo que l'islamisme fut introduit dans le royaume de Madja-Pahit. Jusque-là le culte de Brahmâ y avait été seul observé. Mais vers le treizième siècle de l'ère chrétienne, des Arabes firent le commerce avec Java, et leur nombre fut tellement accru dans l'île qu'un siècle après, la religion de Mahomet y remplaça celle de Brahmâ. Puis, des princes islamites allèrent guerroyer à Madja-Pahit, et le Babadh, une chronique javanaise, raconte qu'alors le peuple de Madja-Pahit fut enveloppé de millions d'abeilles. Il se fit un bruit comme si le ciel s'effondrait ;

une obscurité profonde, le vent, la pluie s'unirent aux orages; la terre trembla, le tonnerre fendit les nues, les volcans mugirent; de lourds arbres tombèrent écrasés; les animaux sauvages des forêts se groupèrent terrifiés les uns contre les autres; Madja-Pahit fut détruit.

Cette catastrophe arriva en 1430 ou 1403, date que rappelle ce chronogramme (*sangkolo*) :

SIRNO GOUNO KARTINING BOUMI

« anéanti est le salut de la paix de la terre (1). »

La tradition se tait sur le sort de Bro Widjoijo, le roi vaincu. Les uns disent qu'il se serait enseveli sous les ruines de son palais; d'autres qu'il aurait quitté sa capitale et l'île de Java, et aurait fondé *Singa Poura* (ville du lion), ainsi nommée du nom d'un lion qu'il aurait rencontré dans les champs.

Son fils, Radijn Gougôr, avant de quitter le pays de ses pères, voulut visiter une dernière fois la place où l'on avait bâti un palais pour lui. Le voyant dévoré par le feu et se rappelant la grandeur qu'il avait rêvée, maintenant évanouie à jamais; puis lançant sur la porte d'entrée des yeux enflammés de colère : « Maudite soit la place où tu es assis », s'écria-t-il; « et qu'il soit aussi errant et vagabond que le mien, le pied qui foulera cette terre! Ton nom sera désormais *Badjang*

(1) Roorda van Eysinga, *Java*, t. III, p. 293 et suiv.

Ratou (malheur), et les désirs de puissance et de grandeur de quiconque t'enviera ne réussiront pas plus que les miens. Maudite soit à jamais cette place, et à toujours soit malheureux comme moi quiconque te touchera! » dit-il encore, et aussitôt il se dirigea à pas précipités vers la montagne Bromo dans le Blambangan. Là, Radijn Gougòr mena une vie de solitaire.

Aujourd'hui rien n'est resté de la grandeur de Madja-Pahit. Déjà plus de quatre siècles ont passé sur ses ruines, et tandis que le temps rongeur efface de la surface de la terre tout ce que les efforts humains y ont élevé, le travail incessant de la nature l'ombrage d'arbres si grands et la couvre de gazons si touffus et si longs, que le voyageur ignorant de ce passé grandiose est étonné d'apprendre que son pied foule le sol où a été bâtie la capitale d'un royaume puissant et renommé. Mais le philosophe, le penseur qui remonte aux causes de ce qui est, se demande si Java et les Javanais ont gagné ou perdu à renoncer au culte de Brahmâ pour adopter l'islamisme.

Des populations javanaises, pour rester fidèles aux dieux du Véda que les brahmanes leur avaient enseigné, ont préféré se séparer de leurs anciens coreligionnaires et fuir dans les montagnes. Aujourd'hui, les Badouins à Bantam et les Tenggériens à Passarouan vivent depuis des siècles dans l'isolement, et sont retombés dans leur état primitif de sauvage barbarie. De même, il s'est établi une ligne de démarcation très-prononcée entre les Sondanais et les Javanais proprement dits. Les indigènes la reconnaissent et se nomment eux-mêmes *Djalma Sounda* et *Wong Java*, selon qu'ils habitent l'ouest ou l'est de l'île. Cette différence provient de ce que ces derniers se sont mêlés à des étrangers et que les premiers sont restés les vrais naturels du pays. Ceux-là, en perdant leur physionomie originelle, se sont créé une littérature; ceux-ci, en conservant leur caractère primitif, ont vieilli sans aucun développement intellectuel (1).

Aussi les naturalistes ont-ils observé chez les Sondanais des traits physionomiques qui les distinguent maintenant de la race malaise. Chez celle-ci le crâne est plus en arrière de la ligne verticale, qui part du trou extérieur de l'oreille au sommet de la tête. Chez les Sondanais au contraire, le crâne est posé plus verticalement sur le visage; l'arrière-tête est plus petite que chez le Malais et le sommet plus élevé.

Chez le Malais, le front est bombé, arrondi près des tempes et recourbé en arrière, avec la limite des cheveux très-éloignée des sourcils.

Chez le Sondanais au contraire, le front est moins large, anguleux aux tempes et plus vertical, ressemblant davantage à un profil européen, avec la limite des cheveux plus près des sourcils.

Les sourcils du Malais sont courbes : chez le Sondanais, ils sont presque droits, plus horizontaux, mais se dirigeant plus ou moins obliquement de la racine

(1) *Tydschrift voor Nederl. Ind.*, 1842, t. II, p. 132 et suiv.

du nez aux tempes; en un mot la forme du sourcil du Chinois.

Les yeux du Malais sont grands ouverts et saillants; chez le Sondanais, ils sont plus enfoncés, et suivent la direction des sourcils.

Les joues du Sondanais sont plus en saillie et plus larges que celles du Malais; l'ouverture de la bouche est plus petite, les lèvres plus épaisses et les narines plus larges. Enfin, la stature du Sondanais est plus robuste et plus élancée que celle du Malais (1).

Nous retrouvons les signes caractéristiques de la race malaise chez les populations d'Hog-Island ou Poulo Si-Malou, de Batou, Kesam, Semendo, Makakau et Blalau.

Suivant la tradition atchinaise de Troumon, les habitants de Si-Malou sont issus d'une femme malaise de Menangkabau qui avait été exilée dans cette île. Elle aurait pris avec elle un chien dont elle aurait eu des enfants, devenus plus tard les auteurs de la population de Si-Malou. Il est plus vraisemblable cependant qu'ils ont pour père le fils du roi de Menangkabau, marié à la fille d'un prince d'Acthin qui lui accorda l'île que les Anglais appelèrent Hog-Island (2).

Les insulaires de Batou disent qu'ils sont originaires des îles Poggy. Ils ont reçu une ancienne civilisation et ont quelque connaissance en architecture. Chez eux, il n'est pas une poutre ni une planche qui ne soit sculp-

(1) *Tydschrift voor Ned. Indie*, 1845, t. II, p. 398.

(2) *Tydschrift voor Ind. taal*, 1856, p. 398.

tée, et leurs maisons sont décorées de statuettes en bois et de figures en pierre simulant des oiseaux et des quadrupèdes. Ils sont très-doux, croient à une vie future et meilleure, et font des offrandes à des êtres surnaturels pour se les rendre favorables, parce qu'ils les supposent méchants et rusés (1).

Kesam touche à l'ouest au district de Benkoulen dans Sumatra. Ses habitants sont sortis de Pasoumah et ont conservé toutes les habitudes et le caractère de leurs ancêtres. Ils n'ont aucune idée religieuse; ils craignent seulement les poyangs ou les fantômes des parents décédés.

Les Kesammois abandonnèrent leur pays natal sous leur chef Pangeran Bala Saribou et s'établirent dans les terres où on les voit aujourd'hui et qui leur ont été concédées par le Pasirah du marga Bouni-Round-Joung. En souvenir de ce bienfait, un buffle est sacrifié tous les ans en l'honneur de Pangeran Raksa.

Les Kesammois forment quatre groupes distincts qui sont : Soumbai Besar, Soumbai Tandjong-Raja, Soumbai Oulou-Lourah et Soumbai Pendjalang. C'est dans le premier qu'ils choisissent leurs chefs. Ils pratiquent le djodjor, c'est-à-dire qu'ils achètent leurs femmes moyennant un prix assez élevé, mais ils se marient aussi à crédit. Toutefois il est à observer qu'un membre d'un Soumbai ne peut se marier qu'à un membre d'un autre Soumbai.

(1) *Tydschrift*, 1853, t. II, p. 95.

Le peuple de Kesam est fier de sa haute antiquité. Un vieux couteau (*sekin*), qui provient du Poyang Pasoumahsais Siding Brisi, emporté lors de l'émigration du pays natal est toujours un objet de vénération. C'est sur cette relique qu'il jure dans les circonstances solennelles, et si le serment n'est pas tenu, le transgresseur est jeté en pâture à un tigre. C'est sur ce même couteau que les chefs de Kesam ont juré fidélité au gouvernement néerlandais (1).

Comme les Kesammois, les Semendouais sont originaires de Pasoumah, où ils avaient formé par leurs mœurs et leurs principes sévères une caste particulière qui, relativement aux Pasoumahais, peut être comparée à celle des Lévites chez les juifs. On les nommait à cause de cela « Djagat sembayang, » c'est-à-dire, famille qui prie pour tout Pousamah.

Dans le Dousoun Perdipa, séjour primitif des Semendouais, il vit encore cinq familles qui observent religieusement les vieilles coutumes de leurs poyangs, et récitent les prières rédigées par un de leurs saints aïeux, Mas Panghoulou. A Semendo, l'assassin et l'incestueux sont enterrés vifs et il n'est pas permis au criminel de se racheter par une rançon. L'idée ne lui en vient même pas; car le Semendouais est tellement attaché aux prescriptions de ses ancêtres, qu'il dit que l'esprit du poyang, auteur de ces lois, domine le condamné au point de lui enlever la pensée de se sous-

(1) *Tydschrift*, 1866, t. II, p. 363.

traire à sa peine. Avant que celle-ci ne soit exécutée, chaque famille du dousoun tue une poule ou un coq et invite celui qui va mourir à venir en manger. Après ce régal, toute la population l'accompagne jusqu'à l'endroit où il sera mis en terre.

Les Semendouais comme ceux de Pasoumah ont des esclaves, mais qui ne cohabitent pas avec eux. L'esclave est relégué dans un talang voisin. Fait-il le commerce ou se loue-t-il comme ouvrier, le salaire provenant de son travail lui appartient et il peut se racheter; mais alors il doit aller habiter un autre dousoun.

A Semendo le mariage diffère de celui de Kesam et de Pasoumah, le djodjor n'y est pas pratiqué; le marié se donne lui-même en gage à la famille de sa femme et fait seulement présent à celle-ci de quelques pièces de monnaie comme *mas kawin* ou don nuptial. Mais le mari suit la femme, c'est-à-dire qu'il doit s'établir dans le dousoun où demeure sa femme, et en cas de séparation les enfants restent à la mère. Aussi, les familles qui suivent la coutume de Semendo prospèrent et se multiplient en grand nombre (1).

L'habitant du Makakau a la même origine que celui du Semendo; il a donc les mêmes mœurs, les mêmes lois, les mêmes usages. Mais il diffère de son voisin du Blalau sous le rapport du caractère, des habitudes et du développement intellectuel.

On ignore d'où est originaire la population d'un

(1) *Tydschrift*, 1866, t. II, p. 367.

des margas ou districts de cette dernière province, et l'on suppose que les aïeux des habitants de Batou-Brali sont issus d'étrangers qui sont venus d'au-delà des mers, ont pris terre sur la côte de Benkoulen près de Kroë, et de là traversant les montagnes se sont établis dans le pays de Blalau. Mais on sait que les habitants du marga Bouai-Beloüngou sont venus du Pager sous la conduite d'un de leurs ancêtres, le poyang Oumpou Beloungou, ont traversé la mer volcanique du Ranau en sortant de Palembang et se sont installés dans le Blalau. Toute cette population a un profond respect pour les sépultures, surtout pour celles des chefs et des jeunes gens. Elle est hospitalière et a l'esprit plus cultivé que celle des terres supérieures du Palembang; les femmes travaillent et les jeunes filles chantent avec goût le panton et le doudang-doudang (1).

Les insulaires de Banjak à l'ouest du cap de Singkel sont pour la plupart des Niassais et des Atchinais, qui sont eux-mêmes venus de Tampattouan et de Taroumon. Ils sont restés indépendants et fidèles à leurs mœurs primitives. Ils s'occupent de commerce et de la culture du poivre et du riz qu'ils exportent avec des cocos, du bois de charpente, du tripang et des volatiles. L'autre fraction de la population est composée d'étrangers qui, venus du continent ou d'autres îles, ont fini par se mélanger et former une race particulière, mais indolente et ignorante. Ses vêtements sont ceux du Ma-

(1) *Tydschrift*, 1866, t. II, p. 370 et suiv.

lais de Sumatra, et ses armes, celles de l'Atchinais et du Niassais (1). Ce mélange d'Atchinais, de Malais et de Niassais s'étend jusque dans le pays de Singkel, dont les habitants vivent dans de petits kampongs et ladangs sur les bords de la mer et des rivières. Du reste, les populations des côtes de Sumatra sont, à de rares exceptions près, toutes d'origine étrangère; ce sont des Malais venus de la terre ferme d'Asie, des Chinois, des Siamois et des Javanais (2). Les premiers Malais de Padang adoraient Brahma; ils ne renoncèrent à ce culte qu'à la fin du treizième siècle pour adopter l'islamisme qui leur fut enseigné par Abdoullah Arief (3). Ceux de Tapanouli sont venus du sud de l'île et se sont établis sur les côtes septentrionales, où ils se multiplièrent par le mariage avec des femmes du pays et chassèrent les populations primitives dans l'intérieur des terres. De là une race mêlée, mais où domine le sang battak (4).

Les habitants du Palembang descendent de Javanais qui ont conquis le pays au seizième siècle, sous leur roi Browijojo de Madjapahit, et qui attirèrent des Hindous, des étrangers de Malacca, des Arabes, des habitants de Malabar et de Ceylan. Aussi, à la cour du roi de Palembang se sert-on de la langue haut-javanaise et du malais avec les étrangers; mais entre particu-

(1) *Tydschrift voor Ind. taal*, t. II, p. 419.
(2) *Verhandelingen van het bataviaasch genootschap*, 1787, p. 7.
(3) *Tydschrift voor Ind. taal*, 1855, t. I, p. 1.
(4) *Id.*, 1857, t. I, p. 185.

liers le langage usuel est un mélange de malais et de javanais. Dans les correspondances privées on emploie les caractères malais, et les caractères javanais lorsqu'on s'adresse au prince (1).

En remontant vers l'Indo-Chine, au sud du royaume de Siam, on trouve, à l'ouest de la presqu'île, Queda que les Chinois nomment Quetta. En 1786, cette ville était régie par un prince malais qui faisait le commerce d'étain avec la compagnie néerlandaise des Indes. Dans la presqu'île, Malacca a été bâtie en 1253 par un roi malais, Siri Iskander Sjah, dont les descendants y ont régné jusqu'en 1511, époque de l'entrée des Portugais dans ses murs (2). Djohor tomba aussi en leur pouvoir, et les Malais qui l'avaient toujours occupé se retirèrent dans l'île de Lingga, située sous la ligne équinoxiale, entre Sumatra et Bornéo, baignée au nord-ouest par les eaux du détroit de Malacca et au sud-est par celles de Banka (3). Dans la traversée, quelques-uns s'arrêtèrent à Bintang, séparé de la presqu'île par le détroit de Singapour. Le *Sidjara Malaijou*, livre qui renferme l'histoire du peuple malais, nous apprend qu'il y avait là une princesse qui les reçut bien. Angelbeek croit qu'elle régnait sur un peuple hindou, sorti peut-être de Java qui était alors gouverné par des princes hindous et exerçait une grande

(1) *Verhandelingen*, 1787, p. 87. — *Tydschrift voor Ind. taal*, 1856, p. 448.

(2) *Verhandelingen*, 1786, p. 322.

(3) *Id.*, 1826, p. 5.

influence sur tout l'archipel en y répandant la civilisation et les arts, surtout l'architecture et la sculpture. L'installation des Hindous à Bintang se fit probablement à l'époque où Bitara, roi de Madjapahit, se rendit maître de Singapour et enleva cette ville aux Malais qui y avaient établi, depuis un siècle, le siége de leur gouvernement. Les vaincus se fixèrent partout sur les côtes et aux bords d'une rivière qu'ils nommèrent « Malacca » en souvenir de leur ancienne patrie.

Le langage des Malais de Lingga est doux et poli; ailleurs il l'est moins. Au reste, leur air doucereux est trompeur et cache souvent de mauvaises intentions. Cela provient de ce que l'usage exige chez eux de ne pas contredire une personne plus élevée que soi, et, de crainte de commettre une erreur, ils ont contracté l'habitude de déguiser leur pensée. Ils n'ont même pas dans leur propre langue un mot pour exprimer l'amitié; ils l'ont emprunté à l'arabe (1).

Les Malais, en parcourant la mer de Java, refoulèrent, il y a cent quarante ans, des Dayaks dans l'intérieur des terres de Tanah-Laut, où, selon une tradition, le mont Kraméan avait autrefois le pied baigné par les eaux de ce vaste détroit (2). De nos jours, un Bapa Jejout s'installa seul avec sa femme et deux petits enfants dans le pays de Djampang-Tengah, pays désert avant lui et le repaire de nombreux tigres qui disparurent bientôt. On dit que cet homme

(1) *Verhandelingen*, 1826, p. 5 et suiv.
(2) *Tydschrift voor Ind. taal*, 1863, p. 381.

avait le pouvoir de les chasser et de les dompter; aussi son nom est-il en vénération dans la régence de Préanger. A ce même pays de Djampang se rattachent encore des traditions que Hogevéen a constatées dans une petite île, située au milieu de la rivière de Tji-Bouni aux Célèbes. Les héros de ces légendes sont des bouddhistes qui ont fui de Java pour se soustraire aux persécutions de l'islamisme. Les habitants de cet îlot attribuent à leurs esprits une grande influence sur les événements de la vie, les considèrent comme des demi-dieux et leur accordent un culte (1). D'autres fugitifs de Java se fixèrent entre les rivières Mousie, Ogan et Lamatang, à Blida, où ils maintinrent intacts leur race, leurs mœurs et leurs usages et vécurent éloignés de leurs voisins les Mousiens, les Lamantageois et les Oganois (2). Mais dans les îles des Kokos ou de Keeling, les Javanais se sont mêlés aux Malais, Makassarais, Banjourais, Balinais et Bouginais (3). A Bali, ils ont continué l'influence hindoue du continent (4). A Ceram, les habitants des côtes et ceux des îles voisines se disent originaires de Banda; mais depuis deux siècles, ces insulaires se sont tellement croisés avec d'autres peuples que la race primitive s'est perdue (5). C'est aussi d'un mélange considérable de races diverses

(1) *Tydschrift voor Ind. taal*, 1857, t. II, p. 493.
(2) *Id.* 1863, p. 554.
(3) *Verhandelingen*, 1832, p. 295.
(4) *Moniteur des Indes orientales*, p. 170.
(5) *Tydschrift v. Ind. taal*, 1855, t. I, p. 34.

qu'est sortie la population de Bonerate et de Kalao. Les habitants de ces îles situées au nord de Florès et au sud de Makassar, sont des Makassarais, Bouginais, Saleyerais, Boutonnais, Endenais, Bimanais, Sumbawais, Timorais et Mangarais. Ceux qui y sont nés ont en général les cheveux plus ou moins crépus et la peau brune foncée; ils sont de stature moyenne et adonnés à la piraterie (1).

Van Spreeuwenberg a appris du radja Antou que les Badjorais sont originaires de Goa (Makassar) et que leur langue est apparentée à celle des Makassarais. Padbrugge, gouverneur des Moluques en 1677 et 1682, croyait au contraire qu'ils étaient issus de la Chine ou du Japon. Mais Van Spreeuwenberg ne leur a pas trouvé les traits caractéristiques de ces peuples. Les Badjorais ont la chevelure et la barbe longues (2).

Entre la province de Makassar et celle de Minahassa, s'étend, avons-nous dit, le pays de Bolaang-Mongondouw. Sa population est d'environ trente mille âmes et formée de cinq races qui reconnaissent pour fondateur un Boudo Langin que l'on croit être d'origine hindoue. La tradition locale rapporte qu'il épousa une belle jeune fille du nom de Sandilang et en eut deux enfants. L'aînée, une fille nommée Salamatiti, rêva cinq fois de suite qu'elle deviendrait mère, et en effet, un jour, elle accoucha, à son grand étonnement, d'un œuf magnifique qui répercutait toutes les couleurs de

(1) *Tydschrift voor Ind. taal*, 1862, t. I, p. 238.
(2) *Id.* 1846, t. I, p. 39.

l'arc-en-ciel. — Cet œuf fut caché tout près d'un clair et limpide ruisseau, et il en sortit un matin un jeune homme habile à fabriquer des armes et d'un esprit très-éveillé. On le nomma Mokodododoudout.

Vers ce même temps, un vieillard entendit un bruit singulier dans l'intérieur d'un bouloh-kouning; il le fendit et la belle Poutri Bonia en sortit. Mokodododoudout rencontra dans un bois cette jeune fille aux formes splendides et la choisit pour femme. De cette union naquit la race des *Orang Bolaang*, nom qui signifie « hommes d'au-delà des mers (1). »

Sont-ils venus de Java ou directement du continent? c'est ce que la tradition ne dit pas, de même qu'elle garde le silence sur les premiers habitants de Bezouki. Elle laisse seulement savoir que la mer baignait anciennement le pied des montagnes Arak-Arak au nord-ouest et celles de Koukousan à l'est de ce territoire (2). Mais l'histoire des rois de Java, *Sadjara Radja Djawa*, s'étend longuement sur l'origine fabuleuse de ces princes. Selon les croyances populaires, ils sont de race divine.

Sangiang Gourou eut cinq enfants, une fille et quatre fils, parmi lesquels Wisnou qui devint le premier roi de tous les Dewas ou saints. Le roi des hommes de Java était alors Watou Gounong qui tenait sa cour à Giening Wissie.

(1) *Tydschrift voor Ind. taal*, 1864, p. 267.
(2) *Id.*, 1857, t. I, p. 469.

Gourou s'éprit d'une femme nommée Poutrie Middang, la plus belle de l'univers, et voulut la faire entrer dans le ciel, mais il ne put y réussir parce que radja Middang l'ayant rencontrée la prit pour épouse. Sangiang Gourou en fut très-contrarié et chargea le dieu Narada de détrôner Wisnou. Narada obéit, et arrivé près de Wisnou, il lui dit : « O Wisnou, ton « père Gourou m'a envoyé ici pour te dire que tu ne « peux plus régner comme roi, parce que tu es marié « avec Poutrie Middang dont il est épris. »

A cette triste nouvelle, le roi fut hors de lui et ne put proférer une seule parole. Il alla s'asseoir sous les sept waringins ou tamariniers, croisa les bras sur sa poitrine et les jambes sous lui, et tint les yeux et les oreilles fermés. Effrayé de la colère de son père, il s'assit là pour lui demander pardon.

On parlait en ce temps avec beaucoup de vénération du radja Watou Gounong qui était un prince puissant. Il arriva que son royaume fut submergé. Des comètes apparurent et il y eut des éclipses du soleil et de la lune. Les montagnes s'agitèrent, et il tomba des cendres et des pierres, et la terre trembla sept fois par jour. Tout cela émut profondément le cœur de Watou Gounong et le fit réfléchir.

Un jour qu'il était étendu sur son lit, sa femme Derwie Zinta remarqua une cicatrice à son front et lui en demanda la cause. Il répondit que lorsqu'il était jeune sa mère l'avait frappé et blessé à la tête. La femme entendant ces paroles fut très-étonnée et pensa en elle-même : Mon mari est mon fils; cette pensée la troubla. Elle chercha alors à quitter Watou Gounong et lui dit que, vu son origine divine, il pouvait devenir l'époux d'une déesse. Gounong profita de ce conseil, réunit ses légions et assiégea le ciel avec elles. Les déesses furent épouvantées et Gourou fit promettre le pardon à son fils Wisnou s'il voulait venir à son secours et l'aider à combattre Watou. Wisnou accepta, la réconciliation se fit entre les Dewas, et l'enfant auquel Poutrie Middang donna le jour devint le chef de la dynastie royale de Java (1).

Au nord de cette île, dans le Japara dont la frontière méridionale touche au royaume de Sourakarta, s'est conservée une autre tradition relative aux géants de la montagne Patiajam. Elle a été recueillie à Pati, écrite en malais et traduite par Hageman en néerlandais. La voici en résumé : A Patiajam vivait un géant nommé Adjar Kourondojinie. Son fils, Gourowongso, était prince de Gouwo. Épris de Dewi Hongsowati, la femme de Basoudewo, souverain du royaume de Mandoura, il prit la forme de Basoudewo, son époux, et partagea sa couche.

Pendant sa grossesse, la princesse eut envie de manger toutes sortes de gibier. Son mari, voulant la satisfaire, alla au désert tendre des filets avec son frère Raden Hougroseno. Cependant nul gibier ne s'y laissa prendre, parce que l'entrée de ces filets était

(1) *Verhandelingen*, t. I, p. 139 et suiv.

gardée par un bouto ou géant nommé Kebogereng, compagnon de Gourowongso. Basoudewo et Hougroseno ignoraient cette circonstance et ils restèrent si longtemps à guetter le gibier qu'ils ressentirent les angoisses de la faim. Hougroseno fut chargé d'aller chercher de la nourriture. S'étant rendu au kraton, il y vit un homme sous les traits de Basoudewo; mais réfléchissant que son frère ne pouvait pas être rentré, il retourna au désert pour lui annoncer qu'il y avait dans le kraton un voleur dont la figure ressemblait à la sienne. Basoudewo dit alors à Hougroseno de se rendre à Ngastino-Wajo et de demander à Pandou-Dewonoto, prince de Ngastino, de venir au désert le remplacer auprès des filets pendant son absence. Ce prince était le beau-frère de Basoudewo; arrivé près des filets, il vit aussitôt qu'ils étaient gardés par le géant Kebogeren, et tua le monstre. Alors, Basoudewo et Pandou-Dewonoto partirent pour Mandoura et trouvèrent le voleur. Pandou-Dewonoto lui décocha une flèche qui lui fit reprendre à l'instant la forme d'un bouto et le chemin du bois, où il disparut.

Basoudewo voulut ensuite tuer sa femme, mais ses frères la conduisirent dans la forêt de Patiajam; elle y fut nourrie par l'Adjar-Kouroudoginie et accoucha d'un fils qui reçut le nom de Kongso. Parvenu à l'âge d'homme, Kongso devint sultan de Mandoura.

Ainsi est racontée, parmi des peuples encore enfants, l'origine des princes de l'île de Madura; mais Hageman affirme qu'on trouve encore des ossements gigantesques dans le bois de Grogolan et sur le mont Patiajam (1).

Ce savant jésuite nous a laissé encore des notions des plus intéressantes sur Bornéo, qui n'est connu que depuis 1526 (2). Les plus anciens écrivains arabes et javanais ne mentionnent pas cette île. A défaut de documents positifs sur l'origine de sa population, Hageman admet cependant qu'il y a eu une invasion hindoue et que les doctrines hindoues ont pris racine à Bornéo, sans pouvoir toutefois établir qu'elles y ont créé un régime social comme à Java. Dans le petit nombre des districts connus de l'intérieur, il a trouvé quelques vestiges de la civilisation hindoue, mais il ne croit pas qu'elle ait été générale dans l'île. Quoi qu'il en soit, cette civilisation n'est pas partie de la patrie primitive des Hindous, mais de Java.

L'influence islamite a été plus grande et elle a été exercée par des Malais et des Bouginais. On suppose que des Arabes y ont contribué aussi, et que des Chinois, d'après quelques-unes de leurs chroniques, ont habité le nord-est de Bornéo (3). Les Malais sont généralement établis sur les côtes, mais ils n'en sont pas originaires. Bien qu'ils se soient mêlés à tous les peuples de l'Archipel indien, dans le Landak, le

(1) *Tydschrift voor Ind. taal*, 1857, t. I, p. 275.

(2) M. Pauthier, dans son édition de Marco Polo, publiée par MM. Firmin-Didot, croit que Marc Pol a désigné l'île de Bornéo sous le nom de *Soucat*. V. p. 563, note (2).

(3) *Tydschrift voor Ind. taal*, 1857, t. I, p. 210. — *Tydschrift voor Nederl. Indie*, 1849, t. I, p. 189.

Tayang, le Sangouw et dans d'autres petits royaumes touchant aux monts Kapouas, ils sont restés sans contact avec l'étranger. Leur berceau est aux environs de Rio, peut-être à Rio même, sur les côtes de Malacca, de Pahang, de Kalantang, de Keda, de Sumatra, et principalement de Siak, de Menangkabau, d'Indragiri et de Palembang. Quelques Javanais, qui ont entièrement abandonné leur caractère national, ont adopté les habitudes et les mœurs des Malais et se sont confondus avec eux. Mais les Bouginais se maintiennent toujours isolés et indépendants. Dans ce mélange on voit aussi quelques Dayaks de la côte occidentale qui ont renoncé à leurs usages, ont embrassé l'islamisme et se sont rapprochés des Malais.

Toute cette population peut être classée en quatre catégories, les nobles, les prêtres, les hommes libres et les esclaves.

Les Malais sont très-superstitieux. Ils croient que les jours de la semaine influent en bien ou en mal sur les naissances et la végétation, et sur tout ce qui arrive en ce monde. Leur système cosmogonique est celui-ci :

Le dimanche est le jour du feu. Dieu créa ce jour-là les sept sphères dans le ciel et sous la terre et fit des esprits ayant la forme de serpents pour veiller sur ces sphères. Ce jour est impur à minuit, à cause de dix apparitions. C'est alors que le serpent dompte l'aigle. En ce jour il est défendu de manger du bétel, plante sarmenteuse que les Malais nomment sirih.

Le lundi est le jour des êtres fabuleux. Dieu créa le soleil, la lune et les étoiles, et fit des esprits sous la forme de cerfs pour veiller sur le soleil, la lune et les étoiles. Le jour est aussi impur à minuit, à cause de quatorze apparitions. C'est alors que le cerf dompte le tigre. Il est défendu en ce jour de manger quelque chose qui ait vécu.

Le mardi est le jour du padi. Dieu créa les esprits qui sont dans le ciel et sur la terre, et tout ce qui est et vit dans la mer. Il fit des esprits sous la forme d'éléphants pour veiller sur la terre. Le matin est impur par vingt apparitions. C'est alors que l'éléphant dompte le lion. Ce jour-là on doit jeûner.

Le mercredi est le jour de la fleur du cocotier. Dieu créa toutes les eaux, la mer, les rivières et les sources avec tout ce qui y croît; aussi les arbres de la terre. Il fit des esprits ayant la forme humaine pour veiller sur ce nouveau domaine. Quarante apparitions rendent ce jour impur à midi. Alors la lune dompte le soleil. Ce jour-là on ne boira pas d'eau.

Le jeudi est le jour des singes. Dieu créa le ciel et ses ornements, et l'enfer et le paradis, des esprits vengeurs et des esprits produisant des fruits. Il fit des esprits sous la forme de souris pour les garder. La troisième heure après midi est impure, à cause de douze apparitions. Alors la souris dompte le chat. On s'abstiendra ce jour-là de boire de l'eau.

Le vendredi est le jour de l'oiseau Peka. Dieu créa l'homme et la femme, les laissa errer dans le ciel et fit des esprits sous la forme de chamois pour les surveiller. La cinquième heure après midi est impure par trois apparitions. Alors le chamois dompte le chien. En ce jour, on ne mangera pas de riz.

Le samedi est le jour des sauterelles. Dieu a fini de créer en haut et au-dessous de la terre, mais il fit encore des esprits sous la forme de grenouilles pour veiller sur ses œuvres. Le matin à neuf heures est impur par douze apparitions, et alors la grenouille dompte le serpent. On ne dormira pas en ce jour (1).

Un philosophe a dit de l'homme qu'il est une intelligence servie par des organes. Il est curieux de voir de pauvres insulaires des tropiques étendre cette idée aux animaux et de les qualifier d'esprits sous forme de quadrupèdes, d'oiseaux et de reptiles, chargés de veiller à l'œuvre de la création. Après tout, cette croyance à l'âme des bêtes est vieille. L'Ecclésiaste ne s'est-il pas demandé : « Où va l'âme des animaux? » Platon vante dans un de ses dialogues la communication de l'homme avec les bêtes de l'âge d'or (2) ; Montaigne nous fait remarquer la parité qui est entre nous et les animaux « nos confrères et compaignons (3) », et de nos jours Cantagrel a écrit un livre charmant sur l'esprit des bêtes. Aussi la marquise de Blocqueville s'indigne-t-elle des offenses qui leur sont faites contre toute justice et sans utilité. « Pourquoi, dit-elle éloquemment,

(1) *Tydschrift*, 1853, t. II, p. 226 et suiv.

(2) Dialogue intitulé : *la Politique*.

(3) *Essais*, liv. II, ch. 12.

les bêtes périraient-elles? Pourquoi ne redeviendraient-elles pas les compagnons de l'homme régénéré? Puisqu'elles ont été au début, elles doivent être à la fin. Il est permis à notre aveuglement de soupçonner vaguement ce qu'il ne saurait approfondir. Ah! comment des créatures innocentes, si elles ne devaient point être récompensées un jour, seraient-elles condamnées à de si vives souffrances! Ce doute blesse la justice suprême. Dieu a mille façons d'arriver à son but, parce qu'il peut ce qu'il veut. Certes les bêtes les plus farouches redeviendront douces et bonnes quand l'homme cessera d'être pécheur et mauvais (1). »

Mais revenons aux populations de Bornéo. Les côtes occidentales de cette île sont le mieux connues. Depuis quatre siècles les Malais s'y sont établis lentement : on les distingue à leur stature moyenne, à leur couleur basanée, avec une teinte luisante qui leur donne une apparence de douceur, quoiqu'ils soient faux de caractère. Les traits sont réguliers; le front est rond, mais pas si large ni si plat que chez les Madurais. Les yeux sont clairs et le regard pénétrant, le nez bien découpé et les pommettes des joues moins saillantes que celles du Javanais; la bouche petite et garnie de dents, mais qui sont presque toutes gâtées par l'usage du bétel; le menton est le plus souvent épilé, mais on voit aussi chez quelques-uns la moustache et la barbe. En général, les Malais de l'ouest de Bornéo ont

(1) *Le Prisme de l'âme*, p. 552.

les membres du corps bien proportionnés; ils sont fortement musclés sans être charnus. Ils ont la démarche hautaine comme s'ils se sentaient supérieurs à ceux qui les entourent.

Chez eux, les hommes portent les cheveux courts, et plusieurs se rasent la tête. Les uns ont la chevelure lisse et plate; d'autres l'ont crépue; tous l'ont noire. Les femmes la portent aussi longue que possible, parce qu'elles la considèrent comme une de leurs beautés; après l'avoir enduite d'huile parfumée de coco et de fleurs pour la conserver brillante, elles la recueillent dans un filet qu'elles s'attachent derrière la tête. Quant aux enfants, depuis leur naissance jusqu'à l'âge de dix à douze ans, ils ont les cheveux entièrement rasés, à l'exception de la partie postérieure de la tête (1).

A Mampawa et Pontianak, les côtes sont habitées par des Bouginais et des Hindous (2). A Soukadana, s'il faut en croire des traditions locales, cet ancien royaume aurait eu pour fondateur Brawidjaja, prince de Madjapahit, qui serait arrivé à Bornéo par la rivière Pawan et aurait fait bâtir la ville de Kertapoura. Des descendants de sa famille auraient peuplé les îles Karimata, Melapis, Penebaugan, Maja, Padang Tikar, Bengkalang et Boumbounan. Leurs habitants ont reçu le nom de « orang siring (3) ».

(1) *Tydschrift*, etc., 1853, t. II, p. 226.
(2) *Id. voor Ind. taal*, 1855, t. II, p. 516.
(3) *Id.*, 1861, p. 466.

Un autre prince de Madjapahit aurait fondé, dans le sud-est de Bornéo, le royaume de Bandjermassin. D'après un manuscrit malais de l'Académie de Batavia, ce prince a été Maharadja Souria Nata, époux de la Poutrie Djoungdjoung Bouih qu'un prodige avait fait naître des flots. Il avait obtenu cette nymphe à la prière de Limbong Meng Kourat, dont le père, Ampou Djat Maka, avait établi, vers la fin du quatorzième siècle, une colonie hindoue sur la rivière de Negara ou Bahan (1).

Aux Célèbes, dans le Minahassa, Van Spreeuwenberg a recueilli des traditions communes aux Bantiks et aux Alfoures. Ce qui lui a fait croire que ces deux peuples sont de la même race. Il les regarde comme originaires des côtes de Bolang Mongoudo, parce que leur langue a de grandes analogies avec celle des anciennes peuplades de Menado-Toua, et parce qu'on a trouvé des Bantiks sur ces mêmes côtes de Bolang-Mongoudo. Il peut donc se faire que ces naturels aient été forcés par une cause quelconque à chercher un refuge dans un lieu sauvage pour y vivre en paix. La légende suivante, que Van Spreeuwenberg a entendu raconter par un chef des Bantiks, donne à cette peuplade une origine céleste :

Outabagi, une fille de Limoumou-out et de Toar, et six autres nymphes, qui étaient ses sœurs et aussi de belles femmes, descendirent du ciel pour se baigner dans une fontaine de Mandolang, qui se trouvait près

(1) *Tydschrift voor Ind. taal*, 1860, p. 93, et 1863, p. 501.

Tatelli et contenait de l'eau pure et très-claire. En ce temps, demeurait à Mandolang un certain Kasimbaha, né de Mainalo et de Linkanbene, lequel était fils de Limoumou-out et de Toar. Lorsque Kasimbaha aperçut les nymphes dans les airs, il crut d'abord que c'étaient de blanches colombes, mais lorsqu'elles se furent approchées de la fontaine et dépouillées de leurs vêtements, il vit, à son grand étonnement, qu'elles étaient des femmes. Pendant le temps que les nymphes étaient au bain, Kasimbaha prit un jonc, se cacha autant que possible auprès de la fontaine et attira à lui avec sa baguette la robe d'une des habitantes du ciel. Lorsqu'elles eurent achevé de se baigner, chacune reprit ses vêtements et s'envola au ciel; mais une d'elles dut rester, parce qu'elle ne trouvait pas les siens.

C'était Outahagi, ainsi nommée d'après un petit cheveu blanc qui croissait juste au sommet de sa tête, et avait une puissance particulière. Kasimbaha l'emporta dans sa demeure et en fit son épouse. De ce mariage est issu un fils, nommé Tambaga, qui épousa ensuite Matinimpang. Quelque temps après, Outahagi communiqua à son mari le mystère du petit cheveu blanc, qui était juste au sommet de sa tête, et lui enjoignit d'être prudent avec elle, parce que si elle le perdait par accident, il courrait un grand danger. Ne crut-il pas à ces paroles, ou fut-il distrait, on ne sait; mais il est certain que lorsqu'il eut arraché ce petit cheveu, il s'éleva une tempête furieuse, accompagnée de tonnerre et d'éclairs, et lorsque cet orage eut cessé, Outahagi avait disparu et regagné le ciel, abandonnant son époux et son fils Tambaga. Alors ce fils, privé du sein de sa mère, ne fit que pleurer, ce qui toucha vivement le cœur du père; et comme celui-ci prévoyait qu'il ne saurait jamais soigner son enfant, il chercha le moyen d'entrer aussi au ciel. Il voulut y arriver le long d'un rotin qui allait de la terre à la voûte céleste, mais qui était couvert d'épines. Comme il méditait sur les moyens d'exécuter son projet, il vint à lui un rat des champs qui rongea toutes les épines et lui rendit possible l'ascension du rotin.

Kasimbaha commença l'ascension avec son fils sur le dos; mais lorsqu'ils furent déjà bien haut, entre ciel et terre, il s'éleva de l'occident un fort orage qui les entraina vers le soleil. Comme il était encore trop chaud pour eux, ils attendirent le lever de la lune, et atteignirent alors le ciel. Là, un petit oiseau leur montra la maison d'Outahagi; Kasimbaha entra, mais le soir était venu et il ne put rien distinguer. Un kounang-kounang (mouche de feu ou ver luisant) vint à sa rencontre et dit : « Je vois que si je ne vous accompagne pas, vous ne trouverez jamais la résidence d'Outahagi, car dans cette maison sont sept chambres, toutes semblables, habitées par sept sœurs. Mais faites bien attention à la porte sur laquelle je m'assiérai; là sera la chambre de votre femme. » Suivant ce conseil, il pénétra aussitôt dans la chambre de sa femme, à qui il confia leur fils Tambaga. Il dut subir de sa part de vifs reproches et elle lui attribua toutes les contrariétés qu'elle a eues à supporter.

Le frère d'Outahagi, qui était aussi Impong, dit à ses compatriotes du ciel : « Comment cela se fait-il? Puisque le mari de ma sœur n'est pas Impong, il ne peut pas rester avec nous. Aussi, nous allons l'éprouver en lui donnant à porter neuf vases couverts, dont nous en remplirons huit avec du riz et un avec quelque autre chose; s'il ouvre celui-ci en premier lieu, il est un enfant de la femme, et non un Impong.

Mais une mouche vint de nouveau en aide à Kasimbaha et l'avertit de bien faire attention à sa marche, disant : « Les vases où j'entrerai et d'où je sortirai, vous pouvez les ouvrir sans crainte; mais celui dans lequel j'entrerai et dont je ne sortirai pas, vous n'y toucherez pas. » En conséquence, il ne toucha pas au vase impur. On ne le tint pas pour un enfant de la femme; il fut reconnu pour Impong, et demeura auprès de sa compagne dans le ciel. Cependant il fit descendre sur la terre son fils Tambaga le long d'une chaîne; et celui-ci regagna ainsi Mandolang, son lieu natal.

Là, Tambaga épousa Matinimpang dont naquit une fille, nommée Katimounia, qui, à son tour, épousa Makahoubi de Kema ou Toncea. Ils procréèrent quatre fils et deux filles, qui se propagèrent et donnèrent naissance aux Bantiks de Mandolang (1).

(1) *Tydschrift*, etc., 1846, t. I, p. 23.

Telles sont, pour autant qu'il nous a été possible de suivre leurs traces, les origines des populations de l'Archipel indien. La différence de leurs races se retrouve dans leurs langues et dans leurs idées religieuses.

LANGUES ET LITTÉRATURES.

Trois sortes de langues : Les isolantes, les agglutinantes, les flexionnelles. — Les langues de l'Archipel indien sont agglutinantes. — Langue Malaise. — Son étendue. — Haut et bas langage malais. — Radicaux. — Préfixes et suffixes. — Déclinaison. — Conjugaison. — Dialectes. — Arounais. — Alfoure. — Lettinais. — Batouais. — Méforique. — Formosan. — Littérature malaise. — Ancienne et moderne. — Romans. — Poëmes. — Le Sri Râma. — Le Panton. — Le Sjiar. — Le Sesamboh. — Bidasari. — Langue javanaise. — Sa grammaire. — Ses dialectes. — Littérature javanaise. — Œuvres imitées ou traduites du sanscrit en kawi. — Œuvres originales. — Poésie javanaise. — Musique javanaise. — Le poëme hanggit. — Pantons. — Poëmes mythiques. — Le Khanda. — Le Wiwoho. — Traités théologiques. — La guerre des Dieux. — *L'Ousana Bali*. — Le *Brata Joudha*. — Drames javanais. — Les traités de morale.

La science admet aujourd'hui trois catégories de langues : 1° les isolantes; 2° les agglutinantes; 3° les flexionnelles.

A la première catégorie appartiennent le chinois, le birman, le siamois, l'annamite, le tonkin, etc. Ces langues expriment toute la pensée, objet et forme, par des racines indépendantes ou isolées, monosyllabes qui sont employés comme mots et conservent une signification propre. A la seconde, appartiennent les idiomes dont les mots se forment par la juxtaposition de plusieurs racines. Alors l'une d'elles perd son indépendance en se joignant à l'autre, ou toutes se modifient en se fondant l'une dans l'autre. De cette catégorie sont l'égyptien et les langues africaines qui lui sont alliées, celles de la Polynésie et de l'Amérique; celles de l'Afrique méridionale, le kakongo, l'angola, le mandongo, le mantchou, le mongol, le turc, le finnois, le hongrois, le japonais, le sibérien, le tamul, le telinga, etc. Enfin la troisième comprend les langues qui désignent la forme grammaticale par un changement phonétique interne de la racine, ou construisent le mot par la réunion de deux ou plusieurs racines qui n'ont plus qu'une existence altérée. A cette catégorie appartiennent les langues sémitiques et indo-européennes. Elles passent pour être les plus parfaites, parce qu'au moyen de la flexion, elles sont parvenues à traduire les nuances les plus délicates de la pensée humaine.

Tous les idiomes ne parviennent pas à cette perfection. Il y en a qui ne dépassent pas la première période de leur formation, c'est-à-dire le monosyllabisme. D'autres se sont arrêtés à l'époque de l'agglutination. D'autres enfin ont atteint leur entier développement.

Cependant des savants du premier ordre, Humboldt, Steinthal, Renan, ne croient pas à cette transformation successive des langues, et n'admettent pas qu'une influence extérieure ou intérieure puisse changer les caractères propres à chaque famille, lorsqu'ils sont une fois déterminés. Mais Max Muller est convaincu que les langues flexionnelles ont traversé les deux âges qui ont précédé celui où elles se trouvent, et il a fait sur ce sujet une conférence très-intéressante à l'université de Cambridge, conférence que l'Ecole française des hautes études a recueillie et publiée dans sa collection philologique (1). Ainsi, même en français, il est encore possible de constater le passage de notre langue au travers des différentes époques linguistiques pour arriver à son état présent. Par exemple, dans les mots comme ceux-ci: *Instabilité, irréductible, irrespectueusement*, on voit encore très-clairement subsister les racines primitives qui leur ont donné naissance. Toutes les syllabes qui se sont groupées autour de ces racines *sta, duc, spec*, étaient, à l'origine, des mots indépendants et pleins; ils ont joué le rôle de préposition, adverbe, adjectif, substantif, et par le fait de l'agglutination et l'action du temps, ils se sont tellement resserrés qu'ils ont perdu leur signification propre et individuelle.

Quoi qu'il en soit de la diversité des opinions que nous venons de citer, nous classons dans la deuxième catégorie les langues de l'Archipel indien. Elles sont agglutinantes et se groupent sous les dénominations de langues malaise et javanaise.

LANGUE MALAISE.

D'après Valentyn (2), le malais est parlé depuis le

(1) Elle a été traduite par M. Havet et a pour titre : *La Stratification du langage*, Paris, in-8°, 1869.
(2) *Beschryving van Oost-Indien*, t. II, p. 244.

royaume de Pégou jusqu'à celui de Siam, au Cambodje, à Sumatra, à Java, à Bornéo, aux Célèbes, et même aux Philippines et à Formose. Il est le langage des affaires le long des côtes de la Chine et de la Cochinchine. C'est une des langues les plus répandues du globe, mais son origine est aussi obscure que celle du peuple malais lui-même. Qu'elle soit sortie de cette famille de langues qui sont parlées dans les îles habitées par des populations de race malaise et qu'on nomme aujourd'hui *malayo-polynésiennes*, c'est ce que de Humboldt et d'autres savants ont surabondamment démontré. Mais nous ignorons encore d'où est issue la branche même de ces langues polynésiennes; toujours est-il qu'elles ne tirent pas leur origine du sanscrit. Aussi, croyons-nous avec Max Muller (1) que Bopp s'est trompé lorsqu'il a voulu comparer les langues indo-européennes à celles de l'Archipel indien (2). Il est évident que ses moyens d'analyse, empruntés au sanscrit, ne pouvaient être appliqués au malais et à ses dialectes, parce que la construction de ces idiomes diffère totalement de celle de la langue des Aryas (3).

Admettons donc que la langue malaise, « bahâsa malâjou », objet de nos recherches, est un rameau de la famille polynésienne. Son origine se trahit, dit le Dr Hol-

(1) *La Stratification des langues.*

(2) *Abhandelungen des Kœnigsg., Academ. zu Berlin*, 1840.

(3) Cependant Von de Wall a prouvé (*Tydschrift voor indische taal* 1867, p. 381) qu'un certain nombre de mots d'origine sanscrite est entré dans le malais.

lander, non-seulement par son analogie, dans les sons et dans les mots, avec les autres langues de cette famille, mais surtout dans la manière de former les mots et dans toute sa constitution linguistique. Que dans son enfance elle ait été très-pauvre et qu'elle n'ait possédé que des mots exprimant uniquement des objets matériels, des sensations et des désirs, sans pouvoir rendre des idées abstraites, elle a eu cela de commun avec toute langue non encore développée. Cet état d'infériorité résultait de l'état primitif du peuple qui la parlait. D'ailleurs, on ne peut douter que le malais ne se soit insensiblement perfectionné, et enrichi même de mots sanscrits à une époque très-reculée. En effet, ces mots sanscrits remontent au premier âge de la civilisation, où la pensée humaine est encore obscure, et où le sentiment se distingue à peine de l'instinct. Il est probable qu'ils ont été mêlés directement au malais et sans l'intermédiaire d'aucune autre langue, parce que leur forme est restée assez pure.

La seconde langue qui n'a pas été sans influence sur le malais est l'hindoustani, dont un des dialectes, le telinga, parlé sur la côte de Koromandel, et le tamul paraissent avoir fourni les mots les plus usités dans le commerce. Cet emprunt de mots, fait aux peuples du continent indien, prouvent à l'évidence les relations suivies que les Malais ont eues avec eux. Friedrich Müller établit encore ce fait sur l'alphabet indien, en usage parmi ces derniers avant leur conversion à l'islamisme, car ce n'est que depuis le treizième siècle que les Malais se servent de l'écriture arabe (1). Enfin ils ont eu des rapports fréquents et ils continuent d'en avoir avec les Arabes, les Javanais, les Chinois, les Portugais et les Néerlandais, et ces peuples leur ont aussi prêté des mots qu'a adoptés le vocabulaire malais.

Dans l'Archipel d'Asie, le classement des personnes en plusieurs castes a fait que la langue malaise s'est divisée en *haut* et *bas* langage, pour s'adapter au rang des interlocuteurs.

Lorsqu'un inférieur s'adresse à un supérieur, il se sert du langage élevé, et si c'est un supérieur qui parle à un inférieur, il emploie la langue ordinaire et commune. Il y a aussi le langage dit *de la cour*, usité seulement lorsqu'on se trouve en présence des princes, et le langage *moyen*, usité journellement entre personnes du même rang. Toutefois cette distinction ne consiste que dans le choix d'expressions plus ou moins polies, plus ou moins humbles, et dans certaines tournures de phrases, comme les Européens en connaissent lors-

(1) *Uber der Ursprung der Schrift der malayschen Völker*, in-8°, Vienne, 1865.

On sait que depuis que le malais s'écrit avec des caractères arabes, il n'emploie pas de voyelles. Cependant il existe à la bibliothèque de l'Académie de Batavia une traduction malaise du Koran, dans laquelle entrent des signes-voyelles. Il est probable qu'elle est écrite dans le dialecte de Bantam, parce que le manuscrit provient de la cour du roi de cette île (*Tydschrift voor Ind. taal*, 1868, p. 189). En général, le Malais parle mieux qu'il n'écrit et a des mots qu'on ne trouve dans aucun dictionnaire (*Idem*, 1857, t. I, p. 543).

qu'ils parlent à des princes et à des supérieurs hiérarchiques. Cette distinction ne va donc pas jusqu'à constituer deux idiomes ou deux dialectes différents comme en javanais.

Ce qu'il y a de plus caractéristique dans la langue malaise, c'est l'invariabilité des mots. Le sens n'en est modifié qu'au moyen d'affixes ou de particules qui se placent au commencement ou à la fin, tandis que, dans les langues indo-européennes et sémitiques, le radical est modifié par la flexion. Ainsi dans le latin *amare*, *amo*, l'idée d'amour est particularisée par les flexions *are* et *o*, qui expriment le temps, la personne et le nombre. Le malais, au contraire, ne connait ni conjugaison, ni déclinaison; mais il a, comme toutes les langues, deux sortes de mots, les radicaux et les composés ou dérivés.

Le mots radicaux sont ceux qui se montrent dans leur état originel, primordial, sans préfixes ni suffixes qui se joignent à eux.

Les composés sont ceux qui se forment soit par la réunion de deux radicaux qui ont chacun un sens spécial, comme *diniharie*, aurore (de *dinie*, rosée, et *harie*, jour); soit au moyen de certains préfixes et suffixes, ou bien par le redoublement du radical avec adjonction d'un préfixe ou d'un suffixe, ou des deux réunis. Dans l'usage de ces particules se résume toute la grammaire malaise.

Le plus usité des préfixes est *me*, *meng* ou *mein*. Placé devant un radical, il en forme un verbe actif :

niagni, chant ; *meniagni*, chanter. *Pe* forme des substantifs : *menoum*, bu ; *pemenoum*, buveur, ivrogne. *Per* devant un nom de nombre indique la fraction de ce nombre. *Ber* forme des adjectifs et des verbes neutres ou d'état; *ter* des verbes passifs; *di* forme à la fois des verbes passifs et des adverbes de lieu sans mouvement. *Ka* sert à composer tantôt des noms dérivés dans un sens passif, tantôt des noms de nombre ordinaux lorsque cette particule est placée devant un nombre cardinal.

Tels sont les principaux préfixes malais; les suffixes sont moins nombreux. On n'en compte guère que trois : *Kan*, *i* et *an*. Le premier forme des verbes causatifs, c'est-à-dire qui font subir au régime l'action exprimée par le verbe même. Ainsi : *besar*, grand; *membesar*, grandir; *membesarkan*, faire devenir grand, faire grandir. Le deuxième forme des verbes transitifs, et enfin le troisième, des substantifs dans un sens passif, comme *la chose chassée* pour *la chasse*. Il y a bien encore les trois particules *lah*, *kah* et *tah*, qu'on ajoute quelquefois au radical; mais elles sont plus rarement usitées. La première exprime un ordre ou un désir et les deux autres, une interrogation.

Par ce système de formation des mots au moyen d'affixes, le malais tient le milieu entre les langues monosyllabiques qui n'ont pas de mots composés, et les langues flexionnelles qui peuvent, comme le latin, faire dériver d'un radical douze à quinze cents mots.

Les Alfoures, qui sont des montagnards sauvages de

l'Archipel indien, et dont le cercle des idées est par conséquent très-restreint et borné aux choses matérielles, distinguent aussi les diverses parties du discours par certains affixes. Avec *oun*, *ni*, *si* et *se*, ils forment des substantifs, des adjectifs et des adverbes. Les indigènes des îles d'Arou ont recours aux particules *sa*, *ta*, *na*, *ei*, *le*, etc., selon le besoin de l'harmonie du langage. Ils joignent aussi les pronoms démonstratifs à la suite du nom et disent, par exemple, *léfounon*, cette maison, au lieu de *léfou naijon*. Pour exprimer la personne et la troisième personne du pronom possessif, les Alfoures ne possèdent d'autre mot que *hawaq*, dont ils font, dans le premier cas, *nawak* et dans le second, *ounnawak*. Les insulaires de Letti font dériver les substantifs des verbes, au moyen des préfixes *nia*, *ni* et *i*, et quand ils veulent exprimer la possession d'un objet, ils ajoutent au nom de cet objet les suffixes *ni* et *ne*. Ces particules, dans le langage lettinais, en sont les fleurs et les ornements, et contribuent à l'harmonie de la phrase.

Le malais a l'article indéfini qu'il exprime par *sa*, abréviation ou contraction de *satou*, qui signifie un, certain; mais il ne connait pas l'article défini. Pour dire, par exemple : « Le très-honoré seigneur, » il a recours à une circonlocution, et il dit : « Lui qui est seigneur très-honoré, » en sous-entendant le verbe *être*, comme cela se pratique dans d'autres langues. Cependant il existe en malais deux particules *si* et *sang* qu'on emploie quelquefois comme articles, mais seulement devant des noms propres, ou devant des énonciations de dignités, ou autres qualifications indiquant des personnes. Ces particules ne précèdent jamais des noms de choses. Les Alfoures font aussi usage de *si* comme article, mais ils déterminent les noms de choses réelles ou morales par *oun* ou *oum* qu'ils placent devant ces noms. Chez les Arounais, l'article est tout à fait inconnu (1).

L'absence de l'article défini en malais fait que les substantifs, soit primitifs, soit dérivés, ne subissent aucun changement pour indiquer le genre, le nombre et le cas. Le sexe des personnes, des animaux et des végétaux est désigné par les mots *masculin* et *féminin*. Exemples : *anakh*, enfant; *anakh laki-laki*, enfant masculin, fils; *anakh parampouwan*, enfant féminin, fille. Cependant on ne se sert pas de l'une ou de l'autre de ces épithètes, lorsque le ton général de la phrase fait suffisamment comprendre le sexe de l'être dont on parle, ou que la qualité de la personne ne peut être attribuée qu'à l'homme ou à la femme, comme « un père, une nourrice ». Les Alfoures désignent le genre de la même manière, mais emploient d'autres mots. Pour eux *okki tou'ama* est un fils; *okki wewené*, une fille. Quant aux objets inanimés, ils n'ont pas de genre.

Comme les substantifs malais ont généralement un sens indéfini, ils expriment plutôt le pluriel que le sin-

(1) *Tydschrift voor Ned. Ind.*, 1844, t. II, p. 322.

gulier. Il s'ensuit qu'il est souvent nécessaire de préciser ce dernier nombre par le mot numéral *sa*, un, qu'on place devant le substantif; ce qui écarte alors toute idée de pluralité.

Le redoublement du substantif est aussi une manière de rendre le pluriel; il est inutile, si le substantif est accompagné d'un nom de nombre ou d'un adjectif ayant la valeur d'un nom de nombre. Dans les îles d'Arou, le pluriel est indiqué par *sinsilla* ou bien par *ra* ou *rara*.

La déclinaison étant inconnue dans la langue malaise, les cas sont indiqués par diverses prépositions ou par la place que les mots occupent entre eux. Chez les Lettinais, les cas sont indiqués par les particules *mâi* ou *ma*, *ti* et *la*. Celui qui correspond au génitif latin est aussi indiqué par le suffixe possessif *ni* ou *ne*, ou bien encore on ajoute au nom la particule *enne*, qui désigne spécialement le possesseur.

Les adjectifs sont comme les substantifs; ils sont primitifs ou dérivés, et comme eux, ils n'ont ni genre, ni nombre, ni cas. Les primitifs sont semblables à ceux du français; les dérivés correspondent à ceux qui, en français, dérivent de verbes, ou qui finissent en *able* et *ible*. Ce sont de vrais participes passés du passif; ils sont formés de verbes, soit avec le préfixe *ka* et le suffixe *an*, soit avec le préfixe *ter* seulement. Quelques-uns toutefois ne peuvent être traduits qu'au moyen d'une circonlocution. Ainsi *navigable*, *adorable* sont rendus en malais par « ce qui peut être navigué, ce qui doit être adoré ».

Les divers degrés de comparaison sont exprimés par *lebeh* pour le comparatif, par *tahalo'ous* chez les Alfoures; par *ietalie* et *lebeh* chez les Arounais, et par *rissi* chez les Lettinais (*rissi* signifie « dépasser »); pour le superlatif, par les préfixes *ter*, *bagna*, *amek* et *sakali*; par *moho* chez les Alfoures, *ickou* chez les Arounais; enfin par le redoublement de l'adjectif.

Au positif, l'adjectif reste invariable. Sa place en malais est presque toujours après le substantif qu'il qualifie; mais si on veut le rendre plus énergique, on le met devant.

Les pronoms malais sont peu nombreux. Les personnels, surtout ceux qui expriment la première personne, sont souvent remplacés par des noms qui indiquent le rang de la personne qui parle ou de celle à qui l'on parle, comme ceux qui correspondent aux qualifications de « monsieur, serviteur », etc. Même le pronom personnel proprement dit n'est usité qu'entre personnes du même rang, et les Malais de la basse classe l'empruntent tantôt au chinois, tantôt au japonais. Lorsqu'ils s'adressent à une femme, ils lui parlent toujours à la troisième personne et la qualifient de *nônjá*, madame, *nònâ*, demoiselle. Un vieillard est toujours appelé par le nom respectueux de « père », et quand on veut lui témoigner un très-grand respect on l'appelle « grand-père, grand-père princier ». La qualification d'*oncle* est aussi usitée, comme en Amérique où elle a été rendue célèbre de nos jours par le roman de « la Case de l'oncle Tom ».

Quoique le malais possède des mots particuliers pour exprimer les pronoms démonstratifs et relatifs, les pronoms personnels peuvent aussi en remplir le rôle. Ainsi au lieu de dire : « Si ce roi vient, » on dit : « Si lui roi vient. » Au lieu de « duquel, auquel, etc., » on dit : « lequel de lui, lequel à lui. » Mais le pronom possessif n'a pas d'expression spéciale. Le malais ne peut pas dire « ma maison », il dit : « la maison de moi. » Les mêmes locutions sont en usage parmi les Alfoures et aux îles d'Arou, mais avec une légère différence dans le choix des mots. Le Lettinais dit : « moi possédant maison. »

Les verbes, ainsi que nous l'avons dit plus haut, se forment au moyen d'affixes, qui se modifient selon la lettre initiale du radical auxquels ils s'attachent. Ils sont, comme les noms, primitifs ou dérivés.

Les verbes primitifs sont tous actifs ou neutres. Les dérivés sont formés soit de verbes primitifs, soit d'autres parties du discours.

Les verbes causatifs sont formés, en malais, au moyen du suffixe *kan* qui correspond au français *laisser*, *faire* ; et les verbes transitifs au moyen du suffixe *ie*. Ceux qui indiquent une action continuelle ou répétée redoublent le radical dont ils sont formés, et ce radical est placé tantôt avant, tantôt après le verbe. Pour exprimer la réciprocité, on répète aussi le verbe mais d'abord dans un sens passif, ensuite sous sa forme active. Ainsi pour rendre l'idée : « Ils s'aiment mutuellement, » on dit en malais : « l'aimant est aimé. »

De même que les noms en malais n'ont pas de déclinaison, de même les verbes n'ont pas de conjugaison, c'est-à-dire que la distinction des temps et des modes n'est pas rendue par des changements dans les terminaisons, mais par des mots spéciaux placés à côté du verbe.

Si le verbe est seul, il indique toujours le présent. Pour exprimer le passé, on y ajoute un mot qui signifie « accompli, fini, passé » ; le futur est indiqué par les mots « vouloir, désirer, avoir l'intention de, devoir, etc. » Une manière très-polie de parler en malais à l'impératif, est de dire : « qu'il soit fait par vous » et, pour défendre quelque chose, on ne dit pas « ne faites pas », mais « abstenez-vous de faire ». L'optatif et le subjonctif sont exprimés par des mots équivalant à ceux-ci : « puisse, afin que, etc. »

On donne à un verbe actif la forme passive en le faisant précéder de la particule *di*, qui n'a aucune signification en elle-même. Les temps et les modes sous cette forme se distinguent comme sous celle de l'actif, à la condition que la particule *di* soit placée immédiatement avant le verbe et celui-ci devant les mots auxiliaires *soudah*, *âkan*, etc. Cependant certains verbes ne peuvent rendre le futur et le passé du passif qu'au moyen de circonlocutions.

Aux îles d'Arou, le verbe n'a ni temps, ni mode ;

certaines particules indiquent seulement le passé et le futur, et elles sont aussi usitées au passif.

Chez les Alfoures, le verbe est également privé de mode et de temps; le passé et le futur sont seulement distingués par quelques signes ou particules qui expriment l'idée de ce qui sera ou de ce qui a été. Le passif est indiqué par *in* qu'on enchâsse entre les deux premières lettres du radical du verbe, comme *larang*, défendre; *linarang*, être défendu; ce qui correspond à la manière ordinaire de former le passif dans le Javanais. Au moyen de certains mots qu'ils placent devant le verbe, les Alfoures lui donnent encore le sens passif. Ainsi ils disent : « devenir donné » pour « être donné », et le verbe passif a souvent chez eux la valeur d'un substantif, comme dans cette phrase : « ce qui est devenu convenu » signifie aussi « convention, accord, traité ».

Chez les Lettinais, tous les verbes de leur langue peuvent être considérés aussi comme primitifs et ne changeant point de forme ni d'accent au moyen des affixes. Cependant ils subissent parfois une transformation remarquable dans la première syllabe, uniquement par l'intercalation des pronoms de la première et de la deuxième personne, soit au singulier, soit au pluriel. Si l'on ne tenait pas compte de cette insertion du pronom dans le verbe, il serait difficile de découvrir son radical.

Les verbes lettinais passifs se forment de diverses manières et ne suivent pas de règles fixes. Cela dépend surtout du sens attaché au sujet. Ainsi, le Lettinais ne dira pas : « Il deviendra leur roi, » mais : « Fera-t-il être roi sur eux. » Une autre différence entre le lettinais et le malais, c'est qu'à l'impératif, le verbe est toujours accompagné du sujet de l'action, et qu'en lettinais ce mode n'est pas une forme primitive. Mais il se sert aussi de certaines particules pour indiquer les temps des verbes.

De même que les verbes, les adverbes sont primitifs ou dérivés. Les prépositions et les conjonctions sont toutes primitives, et parmi ces dernières sont comptées aussi certaines locutions qui correspondent en français à celles-ci : « à cause de, par la raison que, afin de, parce que, etc. »

Dialectes.

La langue malaise des œuvres littéraires est écrite d'une manière assez uniforme. Cependant dans quelques îles de l'Archipel indien, la prononciation n'est pas tout à fait la même qu'à Malacca, dont le langage est généralement considéré comme étant le plus parfait.

En comparant la langue alfoure au malais, au javanais, au sondanais et au makassarais, on voit que dans la formation et la composition des mots, il y a entre ces idiomes une grande analogie. Les radicaux consistent pour la plupart en deux syllabes et la manière de former les substantifs dérivés est la même que celle du malais et du javanais. Il faut donc qu'il y ait eu primitivement entre ces langues une communauté très-étroite ou une origine commune, car il y a identité dans la place qu'y occupent l'adjectif et le pronom personnel, dans la manière de former le futur et le passif des verbes, dans la composition des mots et dans les noms de nombre qui paraissent empruntés à un peuple plus avancé dans l'art du calcul. L'alfoure a plus de voyelles que le malais et le javanais; cet idiome a par suite plus de douceur et de liquidité, mais aussi a moins de force et plus de monotonie.

Aux îles Batou, à l'est de Sumatra, les Niassais ont une langue remarquable par le petit nombre de consonnes. Presque tous les mots finissent par une voyelle, et beaucoup de mots sont formés seulement de voyelles. Ce qui imprime à cette langue un caractère de langueur.

D'un autre côté, il s'y trouve quelques consonnes très-dures, notamment un *ch* ou *g* fort prononcé avec le palais. Le *p* ne peut être prononcé par le Niassais, il est remplacé par *f* dans les mots d'origine malaise. Sans tenir compte de ces sons cérébro-gutturaux, nous classerons l'idiome niassais parmi les dialectes mous ou plats du malais. En général, ces dialectes sont parlés par les habitants de petites îles fertiles. Ces insulaires ont les mœurs plus ou moins douces et se procurent la nourriture avec facilité; les végétaux et les poissons la leur fournissent en abondance. Chez eux, l'organe de la voix ne se développe donc pas comme chez ceux qui doivent se livrer au rude métier de la chasse et parcourir des montagnes et de vastes forêts. Cependant le dialecte niassais est plus dur que le batouais répandu dans le groupe des ilots. Le batouais occupera donc une extrémité de l'échelle harmonique des langues de l'Archipel, et le dayak de Bornéo l'autre point extrême.

Nonobstant ce caractère de mollesse dont est affecté le dialecte niassais, il n'en possède pas moins des mots communs à la famille malayo-polynésienne. Ce sont ceux qui expriment les nombres et désignent quelques plantes utiles, des animaux domestiques, certaines couleurs et des qualités générales. Marsden et Crawfurd ont conclu de là (1), qu'ils sont dérivés d'une même langue aujourd'hui éteinte, et nommée par eux *grande langue polynésienne*. L. Horner a essayé de démontrer ce fait en fournissant une liste de six cents mots niassais que possèdent aussi les Malais, les Javanais et deux peuplades de l'île de Bornéo, les Dayaks-Beadjous et les Dayaks-Doussous.

Aux îles d'Arou, la langue usuelle est un dialecte du malais. Mais elle ne s'applique, pour ainsi dire, qu'aux choses du monde réel, et encore en partie, car pour désigner les objets de commerce, elle a recours à des noms malais purs. S'il est des mots qui lui soient propres, ils diffèrent entièrement de leurs correspondants en langue malaise. L'arounais fait aussi usage de plus de voyelles que celle-ci, et est à cause de cela plus

(1) *History of the Indian Archipelago*, vol. II, ch. 5.

flasque, et en même temps plus pauvre. Pour exprimer certaines idées, il doit se servir de périphrases ou de circonlocutions, et renoncer à traduire toute conception religieuse ou morale.

Des mots recueillis par le missionnaire Luyke dans les îles du sud-ouest et à Roumakay sur la côte méridionale de Ceram, ceux rassemblés à Ceram par le docteur Robinow, et la connaissance que l'on a de la langue tanah dans l'île d'Amboine, permettent de supposer qu'il a existé primitivement un lien étroit entre les langues de ces îles et celle d'Arou. Elles sont toutes vocales et ont plusieurs mots communs qui ne sont pas connus dans d'autres langues. La multiplicité des voyelles n'empêche pas l'Arounais de colorer sa parole et d'exprimer sa pensée avec une certaine énergie, lorsqu'il est préoccupé d'affaires importantes, comme celles qui touchent aux intérêts du pays. Pour rendre sa langue plus harmonieuse, il a recours à l'élision et à la contraction (1).

A Minahassa, les Bantiks ont de nombreux rapports avec les Alfoures; ils semblent être de leur race et ont les mêmes traditions qu'eux. Leur langue a beaucoup de similitude avec celle de Menado-Toua, et Spreeuwenberg a cherché leur origine à Bolang-Mongoudo (2).

Dans l'île de Letti et dans les îles du sud-ouest, les

(1) *Tydschrift*, etc., t. II, 1844, p. 320.
(2) *Id.*, 1846, t. I, p. 23.

noms d'objets inanimés n'ont pas de genre et restent invariables, mais le sexe des personnes et des animaux est distingué, comme en malais, au moyen d'un mot indiquant l'espèce ou le genre, comme *moxini*, homme; *pouáta*, femme. A l'exception de l'étalon, du verrat, du matou, dont le genre est aussi indiqué par le mot *moxini*, celui des quadrupèdes l'est communément par *dealou* pour les mâles, *téi* pour les femelles qui ont des petits, et *rara* pour celles qui n'en ont pas encore eu. *Kokoïaan* désigne un enfant de l'un ou l'autre sexe; *sararira*, une jeune fille, et *trapi*, un jeune homme.

Le pluriel est exprimé par un nom de nombre, ou par des mots qui signifient « tout, tous, chaque, chacun, beaucoup, etc. » Le Lettinais exprime aussi le pluriel par la répétition du mot, et le nombre compris entre dix et vingt, en plaçant l'unité après la dizaine. Il dit : dix et un (onze), dix et deux (douze), etc. Il en est de même pour les autres dizaines; elles s'énoncent au moyen d'un mot qui correspond à la terminaison française *ante*, dans « quarante, cinquante ».

Bien que les substantifs lettinais ne changent point lorsqu'ils sont accompagnés de mots indiquant le genre et le nombre, il y a cependant des cas où ils ne conservent pas toujours leur forme primitive. Cette transformation a lieu surtout dans les substantifs dérivés. Beaucoup de verbes subissent aussi parfois, par l'adjonction de pronoms personnels, des changements tels qu'ils deviennent, pour ainsi dire, méconnaissables, quoique l'accent tonique et les voyelles du radi cal restent invariables. Enfin la langue lettinaise a de nombreuses analogies avec celle des Alfoures, et ce qu'il y a de remarquable, c'est que les habitants des côtes de Letti se nomment eux-mêmes Alfoures, c'est-à-dire, montagnards, et qu'ils n'ont pas de mots pour désigner des objets d'un usage journalier et domestique, comme cuillers, couteaux, vases, cuves, jupons, ni des ustensiles de charpentier ou de forgeron (1).

Les Loubous, qui habitent les montagnes à l'est de la vallée de Mandheling dans l'île de Sumatra, parlent la langue malaise, mais avec une variété dialectale. Ainsi, au lieu de dire *orang*, homme, le Loubou prononce *obang*, et quand un mot finit en malais en *ng*, cette terminaison devient *k* en oulou, idiome des voisins des Loubous. Différente de celle des insulaires du sud, la langue de ces montagnards n'a pas été mélangée d'arabe, ni d'hindou ni de persan. Est-ce à dire pour cela qu'elle est le malais pur? c'est ce qui serait assez difficile à soutenir (2). Cette langue, depuis le siècle dernier, est devenue celle de Banda. Mais avant cette époque, les Bandanais en avaient une qui leur était propre. Valentyn (3) qui nous apprend ce fait, ne la nomme pas. C'est encore le malais que parlent les Orang-Lom, mais en

(1) *Tydschrift*, etc., 1846, t. III, p. 1.

(2) T. J. Willer et Netscher, *Bydragen van het k. Instit. van Neerlandsch-Indie*, part. II, n°s 2 et 3.

(3) *Oost-Indie*, t. III, part. 2, p. 37.

changeant les préfixes *ing*, *i* et *ou* en *ik* (1). Les montagnards de Sumatra, connus sous le nom de Battaks, ont une langue où il n'entre que quelques mots malais. Ils écrivent de gauche à droite sur des écorces d'arbres ou sur des bambous. Leurs livres sacrés et leurs fables se sont ainsi conservés (2). Les insulaires de Banjak ont un idiome qui leur est particulier. Cependant quelques-uns parlent le niassais, l'atchinais vers l'est, et le plus grand nombre, le malais (3).

Aux îles Poggi, la langue est tout à fait différente de celle des Malais, des Javanais, des Lampongeois, des Battaks, etc., et ressemble à celle des îles voisines de Pora (4). A Engano, la langue est pauvre et rude et il y entre des mots d'origine bouginaise. La lettre *f* y conserve sa prononciation naturelle, tandis qu'à Nias elle est prononcée comme *p*. Par suite de la division des castes, il y a plusieurs langages usités parmi la population (5). Il y en a un entre autres que Vanderstraaten et Severyn ont comparé à un jappement de chiens (6). Dans le pays de Toba, les Pak-Paks ont des livres écrits sur des écorces d'arbres et qui ne traitent que des moyens de guérir les sortiléges et les maladies. Leur langue est la même que celle de Daieri et

(1) *Tydschrift voor Ind. taal*, 1862, t. I, p. 393.
(2) *Verhandelingen*, 1787, p. 23.
(3) *Tydschrift voor Ind. taal*, 1855, t. II, p. 432.
(4) *Id.*, 1855, t. II, p. 335.
(5) *Id.*, 1863, p. 115.
(6) *Id.*, 1855, t. II, p. 362

diffère de celle des Tobaks dont Von Rosenberg et Van der Tuuck ont publié des vocabulaires (1). A Bonerate et à Kalao, on parle divers idiomes; mais le malais, le bouginais et le makassarais y dominent. Celui de Kalao est un dialecte de Bonerate, et l'on se sert pour écrire dans ces îles de caractères bouginais (2). A Sumbawa, la langue a des rapports intimes avec celle de Lassakh et l'écriture est la makassaraise (3). A l'ouest de Kéo jusqu'à Kliting, on entend une langue qui concorde en grande partie avec celle des Endenais, tandis qu'au nord de Sika, les habitants de Larentouka en parlent une toute différente (4). Les Mantras en ont aussi une qui leur est particulière. Simple dans sa construction, elle est souvent difficile à prononcer par la raison qu'elle n'a pas de sons pleins comme le malais. Assez obscure, cette langue exprime difficilement des idées exactes. Un Dayak ne comprend pas un Mantra et un Mantra ne comprend pas un Besisi. L'idiome des Mantras est un mélange de sanscrit, d'arabe et de malais. Mais les mots mantras purs qui s'y trouvent, d'où viennent-ils? Appartiennent-ils à la langue polynésienne, que l'on suppose avoir été parlée autrefois dans l'Archipel indien et dont on trouve encore des vestiges dans toute la Po-

(1) *Tydschrift voor Ind. taal*, 1855, t. II, p. 459. — *Id.*, 1856, p. 315.
(2) *Id.*, 1862, t. II, p. 238.
(3) *Id.*, 1853, t. II, p. 125.
(4) *Id.*, 1860, p. 525.

lynésie (1), et surtout à Bima, dont l'idiome diffère du malais? Le bimanais a le son *f* et rejette la consonne finale avec la médiale, ayant la facilité de lier des voyelles sans intercalation de consonnes. On ne possède pas de manuscrits dans ce dialecte (2).

A Pontianak, les Dayaks de cette résidence ont une langue différente de celle de Sidin, qui emploie peu de mots malais et a souvent recours à des mots javanais (3). Les Dayaks de Kahajan ont plusieurs langues qui diffèrent entre elles; celle des terres basses et centrales n'est pas la même que celle des terres hautes (4). Aux îles Solo, on parle le bala-ngi-ngique et un peu de malais (5). Dans celles de Key et d'Arou, il y avait d'abord une langue primitive commune, mais qui s'est divisée en deux dialectes principaux par l'introduction de mots étrangers. Ces dialectes sont l'oursiwa et l'ourlima, très-distincts l'un de l'autre. L'écriture est inconnue dans ces îles, et Van Eybergen, pour composer son vocabulaire, a dû recueillir les mots de la bouche même des chefs du pays et a eu beaucoup de difficultés dans l'exécution de ce travail, à cause de la permutation incessante des consonnes, comme *r* en *l*, *w* en *f*, et aussi à cause de la variabilité de l'accent (6).

(1) *Tydschrift voor indische taal*, 1861, p. 428.
(2) *Id.*, 1853, t. I, p. 131.
(3) *Id.*, 1867, p. 187.
(4) *Id.*, 1863, p. 183.
(5) *Id.*, 1857, t. II, p. 212.
(6) *Id.*, 1863, p. 557.

Dorei et à Mansinama, on se sert du méforique, qui appartient à la famille des langues polynésiennes. Cet idiome est très-pauvre en mots, mais son étymologie et sa syntaxe dérivent du malais. Une simple lettre en méforique modifie souvent le verbe et exprime à la fois le temps, le mode et la personne. Ainsi : *mnaf*, entendre, et *imnaf*, il entend ; en makassarais, *battou*, venir, et *battoui*, il vient. La langue de Tidor a fourni aux Papous les mots *wassa*, lire, et *faus*, écrire, quoiqu'ils ne sachent ni l'un ni l'autre (1).

Si de la Nouvelle-Guinée nous traversons les Moluques et les Philippines pour arriver à Formose dans le voisinage des côtes japonaises et chinoises, nous voyons que les Néerlandais ont occupé pendant 37 ans, de 1624 à 1661, cette île partagée en deux districts principaux, Sakam et Favorlang. Ce dernier a un dialecte qui lui est propre, et dont l'Académie de Batavia a publié un vocabulaire dans le dix-huitième volume de ses mémoires. Mais la langue la plus commune dans l'île appartient à des idiomes asiatiques qui sont encore peu connus. Robert Le Jeune, qui y demeura de 1629 à 1641, a publié un dictionnaire en dialecte de Sakam avec la traduction des mots en malais, en portugais et en hollandais, et Klaproth, un traité de la langue formosane. Non-seulement les verbes, mais aussi les adjectifs, commencent pour la plupart avec la lettre *m*, comme les verbes neutres

(1) *Tydschrift voor indisch taal*, 1867, p. 398.

malais et javanais. Aussi la concordance, sous plusieurs rapports, entre les langues formosane, malaise et javanaise est-elle visible. Ainsi, en formosan, comme en malais et en javanais, le pronom possessif est toujours placé après le substantif. Le substantif reste indéclinable, et ses relations avec un autre mot sont désignées par des particules placées devant le nom, excepté toutefois au génitif malais et javanais. Le pluriel est formé dans les trois langues, soit par la répétition du mot, soit par la répétition de la deuxième ou dernière syllabe du mot, laquelle, si elle est fermée au singulier, devient ouverte au pluriel. Les verbes ne paraissent pas subir de changement par la conjugaison, qu'il s'agisse des personnes ou des temps. Enfin beaucoup de mots sont identiques en formosan, en malais et en javanais. De cette similitude relative des trois langues, Klaproth a conclu que la population de Formose est de la même race que celle qui s'est répandue dans tout l'Archipel indien (1).

LITTÉRATURE MALAISE.

La langue malaise a donné naissance à une littérature dont M. Dulaurier a, le premier en France, fait connaître quelques fragments. Mais, comme il l'a dit lui-même en 1843, on était encore loin, à cette époque, de posséder en Europe tout ce qu'elle a produit de

(1) *Verhandelingen*, etc., 1842, t. XVIII, p. 437.

remarquable ou de curieux. Aujourd'hui, on en sait un peu plus, grâce aux importants travaux de l'Académie de Batavia.

Le professeur Roorda van Eysinga distingue la littérature malaise ancienne de la moderne. Celle-là est pour nous d'un plus grand intérêt que celle-ci; elle comprend les poëmes et les romans traduits du sanscrit en malais, et dans lesquels la mythologie hindoue joue le principal rôle. Ces manuscrits sont antérieurs à l'introduction de l'islamisme. Depuis lors, la littérature malaise, convertie à la doctrine de Mahomet et du Koran, semble s'être donné la mission de vulgariser tout ce que les disciples du Prophète ont écrit dans les diverses langues de l'Orient.

Ainsi, les ouvrages sur le dogme et l'enseignement religieux sont généralement traduits de l'arabe, et certains recueils de lois, nommés *Hhoukom*, sont empruntés aux peuples de cette langue. D'autres, connus sous le nom de *Oudang-oudang*, sont propres aux Malais; c'est l'ensemble de leurs coutumes qui se transmettaient primitivement de bouche en bouche et du père au fils. Le droit de chasse et de pêche est encore régi par ces coutumes, dont les prescriptions n'ont pas dévié du droit naturel. Mais les lois sur la navigation, le mariage, la propriété et l'application des peines, paraissent appartenir à une civilisation plus avancée.

Presque tous les traités de philosophie et de morale sont des compilations d'auteurs hindous, arabes, persans, javanais et siamois. Le plus remarquable de ces livres est le *Tâdjou's Salathina* ou la *Couronne des rois*, dont nous parlerons plus loin. Quant aux œuvres historiques des Malais, elles n'ont de l'histoire que le nom. Elles sont, pour la plupart, des fictions ou des récits fabuleux, qui se rapportent rarement au personnage dont le nom leur sert de titre. De plus, les dates y sont toujours erronées. A peine peut-on ajouter foi à quelques chroniques modernes, comme à celle des rois de Java, que M. Dulaurier a vue à Londres dans la bibliothèque de Raffles. La partie la plus considérable de la littérature malaise comprend donc les romans et les poëmes, et encore les romans ne sont-ils souvent que des contes, dont le seul but est de distraire le lecteur. Un de ces récits qui a obtenu le plus de vogue parmi les populations de l'Archipel d'Asie est l'histoire de *Sri Râma*, d'origine hindoue, et qui n'est autre qu'une traduction en prose du fameux poëme sanscrit, le *Ramayana*. Michelet a dit de lui : « L'année où j'ai pu lire le grand poëme sacré de « l'Inde, le divin Ramayana, me restera chère et « bénie (1). » La Néerlande l'a lu vingt ans avant la France dans sa langue nationale (2), et W. Carrey et J. Marshman l'avaient déjà traduit en anglais au commencement de ce siècle.

Mais là où la langue malaise a produit des œuvres

(1) *Bible de l'humanité*, 1864.
(2) Traduit par *Roorda van Eysinga*, Amsterdam, 1843.

vraiment originales, quoique en petit nombre, c'est dans la poésie.

Les poëmes malais sont de trois sortes : le *Panton* ou *Selôka*, le *Sjiàr* et le *Sesamboh*.

Le *Panton* est composé de stances récitées alternativement par deux personnes ou davantage, et qui présentent cette particularité, que le sens de la première strophe se continue toujours dans la seconde, au moyen d'un mot de celle-là répété dans celle-ci. Il est surtout usité dans l'improvisation et dans les luttes poétiques, et celui des interlocuteurs qui fait les reparties les plus spirituelles et tient le plus longtemps la parole est récompensé par les applaudissements de ses auditeurs. Mais ces impromptus qui durent souvent de longues heures sont rarement recueillis. Cependant quelques-uns de ces petits poëmes nous sont parvenus. J. J. de Hollander cite entre autres celui intitulé *la Jeune Chinoise*, et nous avons traduit ceux que le Bulletin académique de Batavia a conservés :

SUR L'AMITIÉ.

« Mon fils, te choisis-tu un ami, vois d'abord, avant que
« tu t'attaches à lui, si son cœur ne bat point pour le mal, —
« de peur que sa fréquentation ne te nuise ;
« Un ami qui partage tout avec toi, qui ne te dérobe pas
« ton nom respecté, que tu puisses recevoir avec confiance
« dans ta maison, et à la parole duquel tu puisses te fier;
« Cherche un tel ami pour frère et pour compagnon dans
« les bons et les mauvais jours! — ni la joie, ni la douleur,
« rien ne peut rompre ce lien.

« Si tu as seulement des amis de table, cette amitié du-
« rera peu de temps ; — si tu te fies à un tel ami, je ne te
« nommerai jamais un sage (1). »

UNE FEMME ACCOMPLIE.

« Mon fils, avant de t'attacher à une jeune fille, il est né-
« cessaire que tu fasses attention à quatre choses, afin que tu
« aies bonheur et paix dans ta maison, et que tu ne sois pas
« délaissé de tes amis. D'abord, que ta femme soit de noble
« extraction et qu'elle ait en outre une tonne d'or ; ensuite,
« ami, qu'elle soit aimable et belle entre toutes les belles.
« Ne choisis pas pour compagne une jeune fille qui man-
« que d'une de ces choses ; autrement tu verras tous tes amis
« te fuir, et toute ta vie tu seras seul à soupirer et à pleu-
« rer (2). »

Ce conseil d'un insulaire de l'Océan indien ressemble assez aux conseils que des pères prudents de l'Europe donnent de nos jours à leurs enfants. C'est que le Malais est aujourd'hui un homme d'affaires, aussi versé dans l'art de grouper les chiffres qu'un marchand de Londres ou de Paris.

Mais le jeune homme à qui s'adressent ces instructions paternelles, les observe-t-il toujours ? On peut en douter en lisant les vers qui suivent :

« Écoute, amie, ma chanson, mes doux chants ; tu es la
« plus belle fleur de tout le jardin ; quand je te contemple,

(1) *Tydschrift, etc.*, 1842, t. I, p. 496.
(2) *Id.*, p. 579.

« quand je vois ta tendre bouche, tes joues, ton sein palpi-
« tant, mes désirs me rendent haletant; prête-moi donc ton
« oreille, amie; — ton amant chante ta beauté.

« Mais mon chant qui gazouille doit te confier un profond
« secret — allons donc ensemble vers cet endroit écarté, là
« je me jetterai à tes pieds, ô la plus chère des femmes! LÀ
« je reposerai sur ton sein — aucun regard ne pourra nous
« surprendre — mon cœur brûle et me consume — vite éloi-
« gnons-nous d'ici.

« Tu es belle, vierge chérie, et sur tes membres délicats
« s'étend un riche vêtement de soie brillante; comme tes
« traits rayonnent, riches de grâces, — je me consacre éter-
« nellement à toi pour ne plus te quitter jamais! Car jamais
« on n'a vu une vierge aussi divinement belle que toi.

« La joie fouette mon sang, fait tressaillir mon âme et mes
« sens; mon cœur bondit de bonheur quand mon œil te re-
« garde, — tu es une merveille sur la terre, un génie descendu
« des hauteurs du ciel, — je veux toujours t'aimer! viens,
« repose sur mon sein — ne tarde pas plus longtemps, amie!

« Ne tarde pas plus longtemps, amie! exauce mes tendres
« soupirs. — C'est vrai, loin de toi, je te possède encore, je
« vois ton image dans mes rêves; elle adoucit toutes mes
« peines et me soulage, mais pourtant..... Ah! ne tarde pas
« plus longtemps, viens avec moi — ou je meurs de langueur
« et de chagrin (1). »

Un petit poëme en dialecte bouginais traduit aussi les mêmes sentiments de tendresse d'un jeune homme pour une jeune fille :

LUI.

« Ne crains pas, ô la perle des belles, que mon cœur se ré-

(1) *Tydschrift, etc.* 1842, t. I, p. 575.

« vèle devant toi; non, au plus profond de mon être ton image
« est gravée.

ELLE.

« Ah! lorsque je me vois délaissée, est-ce parce que tu
« m'oublies? Qui donc guérira mon cœur? qui me consolera
« dans ma douleur?

LUI.

« Prends, ô belle, dans mon cœur ce que tu lis dans mes
« yeux; là-dedans, le feu de l'amour brûle pur et puissant,
« que crains-tu? Laisse cette flamme aussi te consumer! Oh!
« ne t'oppose pas au désir qui pousse ton cœur vers le mien,
« et qui me montre le ciel!

ELLE.

« Beaucoup se fient à des liens en apparence indissolu-
« bles; maint cœur auquel on se livrait faiblit comme le faible
« roseau.

LUI.

« Ah! ne récompense pas par cette froideur l'amour qui
« brûle en moi. Mais montre-moi aussi que ton amour dé-
« daigne crainte et frayeur (1). »

Telle est cette forme particulière de poëme, dont Marsden (2) et Crawfurd (3) ont décrit le caractère prosodique :

« Le *panton* ou *seloka*, divisé en strophes de quatre vers à rimes alternées, est sententieux et énergique;

(1) *Tydschrift, etc.*, 1844, t. IV, p. 207.
(2) Introduct. à la gramm. malaise.
(3) *Indian Archipelago*, t. II, p. 47.

mais son plus grand mérite consiste à laisser deviner plus qu'il n'exprime. En général, les deux premiers vers sont symboliques ; il s'y trouve une ou deux images principales. Les deux derniers doivent exprimer une idée morale, sentimentale ou d'amour, se rapportant toujours à l'allégorie contenue dans les premiers vers. Telle est la règle ordinaire, mais elle n'est pas toujours suivie dans la pratique. Il arrive même souvent qu'on ne reconnait aucun lien entre le commencement et la fin de la strophe. Cependant les Malais prétendent que la conclusion du panton est toujours juste, lorsque le poëme a toujours tenu en éveil l'attention de l'auditeur et obtenu ses applaudissements. »

Le vers malais, qui se contente parfois d'une rime apparente, est ordinairement de six à douze syllabes, quelquefois il en possède treize ; mais celui-ci est peu agréable à l'oreille. La longueur ou la brièveté des syllabes est, dans la plupart des cas, déterminée par l'accent tonique. Mais la pénultième d'un mot, lorsqu'elle n'est pas formée par une consonne, est toujours longue, et chaque syllabe qui finit en *e* muet est toujours brève (1). Il faut encore remarquer, dans le panton et les autres poésies malaises, une particularité de leur forme extérieure, laquelle consiste à écrire le deuxième vers non au-dessous, mais à côté du premier, le quatrième à côté du troisième ; et ainsi de suite.

(1) Marsden's, *Mal. Spraakkunst, vertaald door* Elout. — Wendly, *Mal. spraak.* Amsterdam, 1736.

Les vers sont seulement séparés par un astérisque ou par un trait vertical.

Le poëme nommé *sjiar* diffère totalement du panton. C'est le poëme épique, dont le sujet, historique ou héroïque, ou purement romanesque, a reçu un certain développement. La plupart des vers en ont la même mesure que ceux du panton, mais il faut qu'ils riment quatre par quatre.

Le *sjiar* jouit d'une considération poétique supérieure à celle du panton, et on retrouverait dans ce genre de poésie les beautés d'Homère, si l'on ne tenait compte de trop nombreuses répétitions. On y remarque aussi une naïveté enfantine, une grande simplicité dans l'exposition des faits, une expression naturelle du sentiment et des mouvements de l'âme, quelque chose d'émouvant et d'entrainant; mais aussi bien des longueurs et des mots inutiles dont on ne peut expliquer la présence que par la nécessité de la rime et de la mesure.

Outre les poëmes de longue haleine, le *sjiar* en comprend aussi de moindre étendue. Ces derniers contiennent les hymnes à la divinité ou les louanges des hommes, des théories de morale, des élégies sur la vanité ou l'inconstance du monde, et sur l'injustice du sort, des chants d'amour. Les vers de ces petits poëmes ont la même mesure que ceux des grands, mais ils riment différemment, tantôt deux à deux, tantôt quatre à quatre, et tantôt alternativement deux à deux et quatre à quatre.

Parmi les grands *sjiars* les plus célèbres, on cite *Raden Mantri et Kin Tambouhan.* C'est l'histoire des amours du prince royal de Poura Negara et d'une dame de la cour de sa mère, prisonnière de guerre et qu'il avait secrètement épousée. La reine, qui avait destiné à son fils une princesse de Bandjar Koulon, fut très-irritée de voir ses projets contrariés et résolut de faire mourir Kin Tambouhan. En outre, son fils devait être enlevé pendant une partie de chasse, et en même temps Kin Tambouhan devait périr de la main d'un de ses serviteurs. Mais celui-ci hésite à obéir à sa souveraine et lui fait observer que Kin est la femme de Raden Mantri. Alors la reine lui répond d'un ton menaçant : « Si tu n'accomplis pas ma vo-« lonté, c'est toi qui périras. »

— « Bien que cet ordre cruel dût troubler son âme, » continue le poëte, « le serviteur accomplit sa mission tout en sentant son cœur défaillir ». Il rencontra Kin Tambouhan et, se prosternant avec respect, il lui dit : « Princesse, pardonnez-moi, votre époux « vous appelle. » A cette voix, elle pâlit et trembla et de ses yeux jaillit un torrent de larmes brûlantes. L'épouvante pénétra sa chair jusqu'à la moelle des os. Cependant elle fit ses préparatifs de départ et d'un pas chancelant accompagna le serviteur de la reine. Toutes ses femmes la suivirent ; toutes celles qui l'aimaient et la voyaient en larmes, lui prodiguèrent des consolations et lui firent cortége jusqu'à la porte du palais. Là elle dut se séparer de ceux qui lui étaient chers. Craignant que ce fût pour toujours, elle se tordait de douleur : « Adieu! » s'écria-t-elle à ses femmes, et celles-ci ne purent proférer une seule parole, affligées qu'elles étaient de l'affliction de la princesse. Elle les pressa sur son cœur : « Adieu, » murmura-t-elle encore, « ô mes amies fidèles! » Elle les embrassa et, s'arrachant à leurs bras, alla rejoindre son époux dans la forêt.

« Quel pénible trajet! ses larmes coulaient dans un morne silence. Les oiseaux regardaient l'infortunée avec pitié et chantaient, dans le vert feuillage des arbres, un chant si triste et si plaintif. Les fleurs brillantes semblaient pleurer sur elle et fermaient leur corolle odorante. Et elle, elle marchait pouvant à peine diriger ses pas. Deux de ses nourrices la suivaient et l'encourageaient. Mais elle était exténuée de crainte et d'épouvante. Le sang se figea dans son cœur et dans ses veines, lorsqu'elle se vit près de la forêt. Et se heurtant contre un roc caché dans l'obscurité, au milieu des branches enlacées, sous une voûte sombre de feuilles vertes, elle tomba épuisée. « Déjà « la nuit vient, » murmura-t-elle : « elle m'enveloppe. — « Ah! Raden Mantri, écoute ma plainte, tu es mon « époux, mon soutien, mon ami, protége-moi contre « ta mère! »

« Le serviteur qui l'avait conduite dans ce lieu solitaire et sauvage ne peut retenir ses larmes. Il s'approche d'elle : « Je vous ai trompée, princesse. La « plus puissante des femmes, à qui appartiennent ce

« peuple et ces terres, ma souveraine, m'a ordonné « de vous conduire dans cette noire solitude et de « vous tuer. Je dois accomplir ses ordres, princesse, « hélas! je suis son esclave; qui me protégerait contre « elle? » Kin Tamboulian se jeta dans les bras de ses nourrices, en entendant la sentence de la reine qui la condamne à mourir. C'est comme si le glaive lui avait percé le cœur. — Elle tremble d'angoisse, ses larmes coulent à flots quand sa pensée se reporte vers Raden Mantri et lui retrace son amour, sa fidélité sans bornes, son bonheur, ses doux rêves : « Hélas! tout « est fini, tout est passé! » s'écrie-t-elle dans sa douleur et dans ses angoisses mortelles. — Mais bientôt elle se dresse : « Eh bien, accomplis ta mission, trans- « perce mon cœur! Si je ne puis échapper à mon « sort, — le ciel voit ses actions criminelles, elles ne « resteront pas impunies. Mais laisse-moi, avant que « ton glaive me frappe, écrire un dernier adieu à « mon époux. » Elle cueille une feuille de lontar, et elle y grave avec son ongle qui lui sert de stylet ces tendres paroles : « Adieu, adieu, mon époux, je me « tiens au rivage de la mort, le kriss de la vengeance « va me tuer. Puisse le ciel nous accorder de nous re- « voir là-haut! Reste obéissant à ta mère, fais ce que « la reine ordonne. Veut-elle te donner une autre « femme, fais sa volonté, ne lui résiste pas. Je meurs « pour toi; je ne puis dire combien, durant ma vie, je « t'ai aimé. Pour toi seul, mon unique ami, a respiré

« ma poitrine, a battu mon cœur; et dans la mort je « n'aurai que la douleur d'être privée de ta vue, — « car dans la tombe encore je te resterai fidèle. »

« Ainsi écrivit-elle sur une feuille de lontar. Elle laissa approcher le vieux serviteur et dit avec courage et dignité : « Fais ton devoir, je suis prête ! » Le vieillard trembla, une larme de commisération roula de sa paupière. C'est un esclave, il sait son devoir, il saisit son arme — mais s'il retire le fourreau, celui-ci retombe bientôt — il n'a pas la force de montrer le kriss nu. Enfin il fait un nouvel effort; le fer éclatant brille en haut, au bout de son bras; il descend et plonge dans le sein de Kin Tambouhan, qui tombe à terre en recevant le coup mortel. »

Le prince, en retournant de la chasse, aperçoit le cadavre de sa bien-aimée et se tue à ses côtés. Le roi, informé de la fin tragique de son fils et de celle qu'il aimait, courut éperdu vers la forêt où gisaient les deux cadavres et les fit enterrer avec la pompe due à leur rang. Mais la reine n'en voulait pas seulement à la vie de Kin Tambouhan; elle poursuivit encore sa victime dans la mort et s'opposa à l'inhumation de son corps. « Mais le roi, dit le poëte, répète son ordre « formel : « Enterrez Kin Tambouhan avec son amant; « ils furent unis dans la vie, ils ne seront pas séparés « dans la mort. » — « La reine se contient et se tait, mais il semble que la haine lui brûle le cœur. »

Ce poëme est vraiment beau, quoique le récit

en soit très-simple et sa forme défectueuse. Mais le caractère des personnages est bien exposé, et leur est maintenu jusqu'à la fin du récit.

On s'est demandé quel est l'auteur de cette œuvre remarquable. Roorda van Eysinga, dans la traduction qu'il en a donnée en 1838, l'attribue à Ali Musthathier. De plus il est porté à croire que le manuscrit malais serait une imitation du javanais, parce qu'il s'y trouve beaucoup de mots empruntés à cette langue. Cependant on les cherche en vain dans les fragments qu'en a publiés Marsden, et l'on constate au contraire une rédaction entièrement différente de celle du texte édité par le savant Hollandais (1).

Le roman de Floris et Blanchefleur, traduit au moyen âge dans presque toutes les langues de l'Europe, rappelle des aventures semblables à celles de Raden Mantri et de Kin Tambouhan. Aussi a-t-on dit que ce roman est d'origine orientale. Comme dans le *Sjiar* malais, une reine d'Espagne, au temps des Maures, avait destiné son fils à devenir l'époux d'une princesse royale. Mais Floris (c'est le nom du jeune prince) aimait, dès ses plus tendres années, Blanchefleur, la fille d'une chrétienne que le roi Maure, Fénus, avait faite prisonnière en France. « Tous les deux, dit Thierry d'Assenède, avaient la même beauté, la même pensée, le même cœur, la même âme. » Le roi et la reine résolurent donc de les séparer. Ils vendirent Blanchefleur comme esclave à

(1) *Letterkundige Leercursus door* J.-J. de Hollander.

des marchands de Nicle, qui la cédèrent à l'émir de Babylone. Celui-ci ressent pour elle la passion la plus vive et la fait enfermer dans une tour. Floris, à qui on avait persuadé que Blanchefleur était morte, parvient cependant, après bien des efforts, à découvrir sa retraite. Il en corrompt le gardien et s'y fait introduire. Tandis que les deux amants se livrent à la joie et au bonheur de s'être retrouvés, l'émir survient et les surprend dans leurs transports d'amour. Outré de colère, il s'apprête à les tuer. Alors Floris s'écrie : « — Seigneur, je ne suis pas venu ici d'après « les conseils de Blanchefleur; je le jure sur ce qu'il « y a de plus sacré. Blanchefleur est innocente, « laissez-lui la vie. C'est moi qui suis le coupable; « frappez le coupable. » — « Seigneur, » s'écrie à son tour Blanchefleur, « ne l'écoutez pas; c'est à cause « de moi qu'il se trouve ici, c'est ma faute. Ce serait « injustice de lui enlever la vie. Seigneur, laissez-le « vivre et frappez-moi. »

Thierry d'Assenède, comme Ali Musthathier, exprime avec un art charmant la vivacité des premières affections, l'enthousiasme né des premières émotions de l'âme humaine, tout ce qu'il y a de courage et de dévouement dans le cœur de la jeunesse qui aime avec candeur et pureté. Raden Mantri et Kin Tambouhan, Floris et Blanchefleur peuvent donc être cités parmi ces héros de romans, célèbres par de chastes et innocentes amours, et que la poésie nous a conservés sous les traits les plus gracieux.

Un poëme qui a des proportions plus grandes encore que le *Sjiar* Kin Tambouhan est celui de *Bidasari*. La conception en est plus riche, les personnages y sont plus nombreux et les événements plus compliqués. L'action se passe dans une période de plusieurs années et dans divers lieux. Ce poëme, divisé en six chants, est un drame complet avec des situations émouvantes, des caractères habilement tracés, une marche régulière et une péripétie naturelle. Van Hœuvel l'a publié, et voici l'analyse qu'il en a faite (1) :

« Dans le premier chant, le poëte introduit le lecteur dans la cour du sultan de Kembajat. Il dépeint le bonheur de ce prince aussi puissant que sage et juste. Mais tout à coup un terrible événement vient jeter le trouble et l'épouvante dans sa capitale. Un *garouda* (2) a déployé sur le palais du roi ses ailes comme un présage d'affreux malheurs. Son apparition a porté la crainte et la consternation dans tout le pays et contraint le sultan à abandonner avec sa femme le siége de son empire. Des mois entiers, ils errent tous deux dans les déserts. La princesse se trouve dans une situation où la fatigue et les privations augmentent encore sa faiblesse. Harassée, épuisée, elle se traîne sur les bords d'une rivière, et là elle devient mère d'une fille, le premier fruit de son hymen. Cet événement, qui, dans d'autres circons-

(1) T. II, p. 196 du *Moniteur des Indes néerlandaises*.
(2) Oiseau de mauvais augure.

lances, eût réjoui ces deux époux, aujourd'hui, à la pensée des souffrances et de la misère contre lesquelles ils ont à lutter, change cette joie en une douleur amère. Ce serait un acte de courage impossible, une affreuse cruauté que d'entraîner cette faible créature dans leur fuite, de lui faire partager les périls de leur marche à travers les forêts et les déserts et de l'exposer aux ardeurs d'un soleil brûlant, à la fureur des bêtes féroces, à la misère et aux privations de toute espèce. Ils déposent leur enfant sur les bords de la rivière. Rien de plus touchant que la scène où ces parents se séparent de cette innocente créature; rien de plus pathétique que l'expression de la douleur et du désespoir de cette mère qui aime mieux mourir que d'abandonner son enfant, et rien de mieux traité et avec plus d'art et d'intérêt, que la lutte intérieure du père entre le désir de rester auprès du tendre fruit de son amour, et sa conviction qu'il vaut mieux pour le bonheur de tous que l'enfant soit abandonné aux soins des autres. Il s'arrête à cette dernière pensée, arrache son épouse à cette scène de douleur, la soutient dans sa marche chancelante, et tous deux, la tête baissée et le cœur brisé, ils poursuivent leur longue route à travers le désert.

« Au deuxième chant, nous trouvons la description de la demeure et des propriétés considérables d'un riche marchand, nommé Lila Djouhara, qui habite la ville d'Indrapoura. Le luxe de sa maison est éblouissant; il jouit de l'estime et de la considération de tous les habitants de la ville; mais une chose manque à son bonheur, — il n'a pas d'enfants. Un matin, il se promène avec sa femme sur les bords de la rivière qui coule aux environs de la ville; ils entendent les cris d'un enfant nouveau-né; ils volent à lui, trouvent une petite fille jolie comme un ange et lui prodiguent tous leurs soins.

« Le roi d'Indrapoura avait épousé une belle et jeune femme. Le cœur de cette princesse était en proie aux passions les plus violentes. Fière de sa beauté, elle dominait le cœur de son mari, obéissant en esclave à ses moindres caprices. La crainte qu'il pût faire un jour choix d'une seconde épouse excitait en elle tous les tourments de la jalousie. La peinture du caractère de cette femme est pleine de chaleur, de force, et n'a rien d'exagéré. L'état social des femmes chez les Malais fait naître de tels caractères. Un jour elle essaie de pressentir son époux sur la pensée d'un second hymen et elle entend qu'il lui répond : « Si « je trouve une femme dont la naissance et la beauté « soient égales aux vôtres, je vous la donnerai pour « compagne. » A ces mots, la jalousie avec toutes ses fureurs pénètre dans le cœur de la princesse. »

Mme Fraissinet a traduit en vers français le passage où le poëte malais dépeint cette jalousie d'une reine asiatique :

En vain la nuit étend ses voiles sur la terre;
La princesse languit, pleure, se désespère,

Et ne peut du sommeil retrouver la douceur.
Pour elle désormais il n'est plus de bonheur.
La jalousie a pris sa brûlante pensée;
Elle se voit déjà bannie et délaissée
Pour une autre beauté, dont le regard vainqueur
A charmé son époux et lui perce le cœur.
— Une autre dans ses bras, dit-elle, et sur sa bouche
Trouvera le bonheur qui déserte ma couche,
Et moi, je languirai, gémissant nuit et jour,
Victime d'un ingrat, victime de l'amour! —
Vainement, vainement le prince la rassure :
— Est-il d'autre beauté que toi dans la nature?
Ton œil sait tout promettre et fait tout désirer,
Quelle autre mieux que toi, dit-il, peut m'attirer?
— Je suis reine, après tout. Eh bien! séchons nos larmes!
La vengeance en mes mains a de puissantes armes.
Je saurai bien trouver, dit-elle avec fureur,
L'insolente beauté qui cause ma douleur.

Et la reine donne ordre aussitôt à ses fidèles serviteurs de chercher dans toute la ville s'il existe une femme plus belle qu'elle. Après de longues et vaines recherches, ils découvrent enfin Bidasari, douée de toutes les séductions d'une beauté accomplie :

De la fille d'un roi son port a la noblesse,
Et dès qu'elle paraît, s'éloigne la tristesse.
Son sourire est plus doux que le miel, et sa voix
A celui qui l'entend pour la première fois,
Ordonne de l'aimer pour toujours, sans partage.
Semblables au bétel, ses beaux cheveux bouclés
Couronnent son front pur, de fleurs entremêlés;
Ses dents noires ont l'air d'attendre dans sa bouche
Les baisers de l'amour. Tout en elle vous touche,
Sa parole, son geste aimable et caressant,
De sa douce gaîté le charme intéressant;
Enfin, Bidasari porte en elle, Madame,
Tout ce qui peut charmer et conquérir une âme.

La reine attire Bidasari dans son palais, l'y fait mourir lentement dans les tortures et rendre ensuite sa dépouille à ses parents, dont la douleur s'exhale en cris de désespoir :

O comble de douleur, de peine et de misère!
Spectacle déchirant pour le cœur d'une mère!
Quoi! notre enfant chéri, notre enfant adoré,
Le voilà sous nos yeux, meurtri, défiguré!
Hélas! à mes soupirs son œil reste insensible;
Son cœur à mes tourments demeure inaccessible,
Et sa voix ne peut plus apaiser ma douleur...
D'un père qui t'adore, ah! connais le malheur!
O ma Bidasari! je te vois immolée
A la haine jalouse et trop dissimulée
D'une reine barbare, indigne de ma foi.
La parole donnée est pour tous une loi;
Elle a trahi pourtant la tendresse d'un père
Et, par un crime affreux, comblé notre misère.
O malheureux enfant! quoi, tu n'as pu toucher
Ce monstre qui te sut de mes bras arracher?
Hélas! ton doux regard, ton geste, ta parole,
Pour toujours sont perdus! Plus rien qui me conso
Pas un souffle de vie en ton sein n'est resté!
Où sont les temps heureux de ta folle gaîté,
Lorsque de mes vieux jours tu charmais la tristesse,
Et que sur mes genoux tu te jouais sans cesse?
C'en est fait! Ils ont fui pour ne plus revenir.
Et j'en aurai bientôt perdu le souvenir.
Tu ne me réponds pas! Bidasari! ma fille!
Eh quoi! tu n'entends plus les pleurs de ta famille?
Tu n'as point de pitié pour mes vives douleurs?
Eh bien, à tes côtés, Bidasari, je meurs!

« Mais, ô surprise! la victime n'est pas morte. Tous les secours lui sont aussitôt prodigués et Bidasari est rappelée à la vie.

« Ses parents cependant sont encore en proie à de

10.

mortelles angoisses. Que faire pour soustraire leur enfant aux persécutions d'une reine puissante? Ils s'arrêtent à l'idée de construire une demeure loin de la ville, dans une contrée déserte. Ils y conduisent Bidasari pour la dérober à tous les regards et viennent la visiter souvent. Mais ce n'est que la nuit que Bidasari a la connaissance d'elle-même; tout le long du jour, elle est sans mouvement et comme privée de la vie, car la reine lui a dérobé une amulette de laquelle dépend en quelque sorte son existence intellectuelle.

« Au troisième chant, on est dans le palais du roi d'Indrapoura. La cruelle reine se sent heureuse, car elle se croit délivrée pour jamais de sa rivale, et se réjouit de pouvoir enfin posséder son époux sans partage. Mais le crime est bientôt suivi de la peine. Un jour, le roi se rend à la chasse et le hasard le conduit dans la demeure de Bidasari. Elle était nouvelle pour lui, il n'avait pas encore vu d'habitation dans ces lieux déserts; il y entre et trouve couchée sur un magnifique lit de repos une jeune fille endormie, d'une rare beauté. Il veut l'arracher au sommeil, mais en vain. Déjà cette beauté l'a séduit, et de retour dans son palais, il est constamment poursuivi par cette ravissante image. Sous prétexte d'une seconde partie de chasse, il revient vers le soir et retrouve Bidasari encore endormie. Il croit d'abord qu'il est dans une demeure enchantée, que cette jeune fille est sous le charme d'une divinité; mais il s'aperçoit bientôt que Bidasari a quitté le sommeil depuis sa dernière visite. En effet, lorsque les ombres de la nuit succèdent à la lumière du jour, Bidasari sort de son sommeil; elle conte au prince, qu'elle ne connaît pas, sa triste existence; elle lui dit en même temps le mystère de sa destinée qui, seulement la nuit, lui donne la vie et le mouvement, et le jour la condamne à une complète inaction. Une juste colère s'empare du roi en apprenant cet acte de cruauté de la reine; il compare la douceur et la grâce enchanteresse de Bidasari à la fureur jalouse de sa femme. Aussitôt il se rend auprès d'elle et lui arrache l'amulette qui appartient à Bidasari; il rend ainsi cette jeune fille à son état normal. Il la demande en mariage; un nouveau palais s'élève pour elle somptueux, il l'y introduit. Que dira la reine en apprenant ce nouvel hymen? Elle accable le roi d'injures et de reproches amers; mais le roi se dérobe à sa fureur et va chercher auprès de Bidasari le calme, l'amour et le bonheur.

« Le quatrième chant nous ramène dans la ville de Kembajat où se sont passés les premiers événements du poëme. Après avoir erré plusieurs années dans les déserts, le roi est de retour dans son empire; il occupe de nouveau le trône de ses pères. Mais, nuit et jour, il déplore avec la reine la perte de leur fille qu'ils ont été forcés d'abandonner. Il est vrai qu'un fils leur est né, l'honneur et l'orgueil de ses parents, mais ce bonheur ne saurait leur faire oublier leur premier enfant Le jeune prince veut aller à la recherche de sa sœur et consulte à cet effet tous les marins et les étrangers de Kembajat. Parmi eux est un jeune homme nommé Sirapati qui a été le frère de lait de Bidasari. Tous les deux vont à Indrapoura, où le jeune prince voit sa sœur devenue l'épouse du roi. La joie de Bidasari est extrême et le roi et la reine lui témoignent une grande tendresse.

« Au cinquième chant, le prince annonce qu'il va retourner auprès de ses parents pour leur annoncer cette bonne nouvelle, mais le roi et Bidasari le retiennent et chargent Sirapati de cette mission.

« Au sixième chant, le roi et la reine de Kembajat sont au comble du bonheur en apprenant les hautes destinées de leur fille; ils partent sur-le-champ pour Indrapoura, et leur arrivée en cette ville est célébrée par des fêtes nombreuses et splendides. On fait voile vers l'île de *Nousa Antara* pour y jouir, pendant quelque temps, de nouveaux plaisirs. Un jour que le jeune prince de Kembajat est à la chasse, il s'égare dans la forêt, et trouve dans un palais enchanté la princesse Mandoudari que le génie malfaisant, Ifrid, y retient enfermée. Dans un combat qu'il lui livre, il est vainqueur d'Ifrid, et il ramène en triomphe la belle princesse qu'il a délivrée, et dont il devient l'époux. »

Tel est le résumé du sjaïr Bidasari qui tient, avec celui de Kin Tembouhan, le premier rang parmi les poëmes malais de longue haleine, connus sous les noms de sjaïr Ikan, sjaïr Anggrenei, sjaïr Adjar

Anakh, sjaïr Kerangan Bantan, sjaïr Selimbari et d'autres encore.

Le poëme de Bidasari est écrit en distiques de quatre vers qui riment entre eux. S'il en est qui ne sont que de deux vers, ce fait doit être imputé plutôt au copiste qu'au poëte lui-même, parce que les distiques de quatre vers sont la forme ordinaire dans laquelle les Malais écrivent leurs plus grands poëmes.

Quant au nom de l'auteur, au lieu et au temps où le Bidasari a été composé, on ne sait rien de précis. Les quatre premières lignes de ce roman nous apprennent seulement qu'un fakir, un moine mendiant ou un mendiant au service de Dieu, en a emprunté le sujet à un récit en prose, et qu'il l'a mis en vers malais. Aux huit dernières lignes de son œuvre, le poëte parle encore de lui, mais ce n'est que pour nous dire qu'il l'a écrite avec l'intention de se distraire et de se consoler de sa triste destinée.

Les noms des personnes et des lieux cités dans le poëme ne peuvent pas davantage faire connaître le temps et le pays où il a été composé. M. Jacquet est d'avis qu'il faut chercher dans le sanscrit le nom de l'héroïne *Bidasari*, qu'on devrait lire, dit-il, *Bida Sri* (1); mais Van Hoëvell persiste à croire que *Bidasari* est le vrai nom, parce qu'il concorde parfaitement avec le javanais Widhosari, qui signifie « fleur ou belle, aimable ». En javanais, beaucoup de noms

(1) *Journal asiatique*, mars 1832.

propres ressemblent à celui de Bidasari et tous signifient « fleur remarquable, étincelante ». On pourrait donc conclure de là que le poëme est d'origine javanaise. Mais quand on considère, d'un autre côté, qu'il s'y trouve aussi beaucoup de noms malais et que les scènes et les mœurs qui y sont décrites sont malaises; que les dénominations des rangs et des offices sont celles des Malais; que tout ce qui est javanais y passe pour être d'origine étrangère; qu'enfin, si on compare le manuscrit du poëme avec les manuscrits de Palembang, on pourra peut-être soutenir que cette contrée est la patrie de Bidasari et que l'épopée qui porte son nom est postérieure à l'arrivée des Européens dans l'Archipel indien.

Les poëmes moraux sont de moindre étendue; et s'ils ne sont pas ornés de toutes les grâces de la poésie, ils se font remarquer par la justesse des idées et la vérité des maximes. Voici un petit tableau des mœurs orientales; on dirait une photographie de celles de l'Europe :

Que les hommes aujourd'hui sont ingénieux !
Leurs talents sont nombreux, mais la saine raison leur manque.
Ils savent compter les étoiles du firmament,
Mais ils ne voient pas ce qui souille leur figure.
Ils calomnient et médisent les uns des autres,
Et babillent sans fin partout où ils se trouvent.
La conduite des jeunes filles est des plus inconvenantes;
Elles agacent les jeunes gens et folâtrent avec eux.
Ce n'était pas ainsi qu'agissaient autrefois les jeunes filles;
Elles étaient retenues et modestes.
Mais aujourd'hui les choses se passent autrement.
Elles savent tenir tous les langages;

Là où un grand nombre de jeunes gens sont réunis,
Vous y trouverez aussi les jeunes filles;
Leurs manières sont équivoques,
Et elles finissent toujours par s'oublier entièrement
Les enfants même, aujourd'hui,
Garçons et filles, sont également sans pudeur;
Partout, ils folâtrent entre eux,
Aussi familièrement que mari et femme;
Ne sont-ce pas là des signes certains que les derniers jours approchent?

Le troisième genre de poésie malaise dont j'ai parlé, est le *sesamboh*. Sous cette forme de poëme sont compris les chants populaires, les dictons, les énigmes, les éloges, les fables, même des chants d'amour et les contes de la vie de famille et des mers. C'est surtout aux îles de Sangi, que le sesamboh charme le travail et les loisirs des insulaires. On le chante avec accompagnement du tagonggoh et sur des rhythmes différents, dans les champs, dans les pirogues et dans les fêtes publiques. Quelquefois ces chants sont improvisés, et leurs strophes n'ont aucune relation entre elles, comme on le voit dans celles qui suivent (1) :

Sur le rivage on a battu le tifa pour pousser à la mer le navire de la Négory.

Allons aussi, l'un après l'autre. Nous aiderons aussi; encore un pas, nous sommes dans l'île.

Quand le désir peut être entendu, demande à retourner à la Négory.

L'oiseau Linggouh, devenu souverain, crie, mais n'a pas de sujets.

(1) *Tydschrift voor Indische taal*, 1869, p. 281.

Gandarangi, un prince des temps anciens, dit : « Dans le chemin, vous rencontrerez le bien ».

Quand je me trouve dans une île éloignée, je ne l'oublierai pas.

L'oiseau Tegih arrive là, il y restera un mois pour trafiquer.

Rester tout un mois en mer et pousser en avant le navire de Gongarang.

Gongarang est cru par chacun, même par les petits enfants.

Ne crois pas à Gongarang, combien de fois n'a-t-il pas occasionné de disputes?

Combattu sans raison, cherché querelle pour apaiser sa colère?

L'orage éclate partout pour chercher l'extrémité du vent.

Le pilote, celui qui tient le gouvernail réfléchit; l'orage nous atteindra-t-il?

Désire que cela arrive; oh! les pensées du cœur humain!

Quand cela arrive, c'est aussi beau en vérité.

Pense en toi-même : « C'est arrivé pour le bien ».

L'amour de la patrie et du prince a aussi parfois inspiré les poëtes de Sangi :

« Là vous voyez le waringin, l'arbre élevé, la place où l'on
« a trouvé d'anciennes histoires et des allégories de ceux
« qui ont vécu avant nous.

« Je ferai des contes et te les communiquerai, car j'ai trouvé
« les contes en route; ils m'ont été révélés dans la carrière
« parcourue depuis des siècles par les mortels.

« La nuit tombe, près la source de la rivière; il y fait som-
« bre, parce que le chemin se recourbe et ne peut approcher
« de là à notre demeure.

« Marchant le long du chemin vers le sommet des monta-

« gnes, nous trouvons de l'eau vive, une douce fontaine, où
« se baignent les filles du prince, où dona Katih purifie son
« corps.

« Ris donc d'un charmant sourire et lève ton front aimé :
« tes dents sont comme l'or; ouvre les yeux et chasse le
« sommeil.

« Mes désirs sont pour la fille du prince, faite et gardée prisonnière par Rawene; j'aspire après le moment où je pourrai arracher la chevelure de mon ennemi pour en orner mon bouclier. »

Dans le chant suivant respire la fierté nationale :

« Viens en haut et entre; mais fais cela avec les cérémonies ordinaires; entre avec respect, car les personnes honorables sont là, et toi, tu es de basse origine.

« Je suis un ambassadeur, quelqu'un qui est envoyé par son prince, par son seigneur, pour te demander du lirih (tabac sous forme de cigarettes) et une bouchée de pinang qui est peut-être préparée.

— « Il y a du lirih, j'ai aussi du pinang préparé, mais je n'ai pas l'intention de vous les donner; le lirih et le pinang préparé sont la propriété de mon frère.

« Retournez et dites cela à votre prince; à cette heure, je ne puis lui envoyer ni du lirih, ni du pinang préparé.

« Quel est celui qui se tient en bas, au pied de l'escalier? a-t-il quelque chose à me communiquer, mes oreilles entendront, mes yeux verront enfin les mouvements de l'ambassadeur?

— « Je suis revenu, envoyé de nouveau par mon prince; il te fait demander du lirih et du pinang préparé; à l'instant je dois lui apporter l'un et l'autre.

« Oh! donne-moi du lirih, tu peux bien faire cela en secret; enveloppe-le d'une feuille de pinang et serre le petit paquet avec des fils de kofo.

« Mon prince m'a ordonné d'entourer le paquet de patola de soie, de colliers et d'une ceinture d'or, afin qu'il ne pût être facilement ouvert. »

Riedel a recueilli dans ces mêmes îles de Sangi une chanson qui témoigne de l'aversion que leurs habitants éprouvent pour la domination étrangère :

« Je rêvais dans la nuit que l'inspecteur passait; c'est « vraiment comme si un glaive passait.

« L'épée obtient ce qu'on désire; elle fortifie et pénètre « dans la maison de pierre; elle est supérieure à la force « des Néerlandais et pénètre dans la maison de pierre des « blancs.

« Les Néerlandais en sont ébahis; les blancs étonnés par- « lent entre eux de cette conduite, conduite digne d'un fils de « prince (1). »

A Toou-oumbouloub, Riedel a encore découvert des fables qu'on retrouve aussi dans le Minahassa. En voici une qui est écrite dans le dialecte toou-oun-séake (2) :

Un héron était le confident du singe.

Un certain jour il lui dit : « Ami, viens; allons vers la « côte pêcher du poisson. »

Le singe répondit : « Bien. »

Et tous les deux allèrent vers la côte.

(1) *Tydschrift voor Ind. taal*, 1869, p. 281 et suiv.

(2) *Id.*, p. 302.

Lorsqu'ils y arrivèrent, la marée était encore haute.

Et le singe dit : « Ami, c'est encore marée haute ; cher-« chons ensemble des poux. »

Le héron répondit : « Bien; pendant ce temps la marée « sera basse et nous pourrons pêcher du poisson. »

Le héron alla alors becqueter le singe.

Les poux enlevés, le singe dit : « C'est maintenant mon « tour, ami, de chercher les tiens. »

Se mettant à la besogne, il arracha toutes les plumes du héron.

Le héron, voyant que l'eau était baissée, dit : « Viens, « nous allons pêcher. »

Et tous les deux se rendirent au bord de l'eau.

Venus sur le sable, le héron aperçut une huître entr'ouverte (*kima*), et dit : « Là, ami, tu auras du poisson, enlève-« le. »

Le singe, occupé à enlever le contenu des écailles, fut saisi par l'huître.

Et il dit au héron : « Ami, le kima m'a mordu la main. »

Le héron répondit : « Oh! enlève toujours ce qui est de-« dans. »

Et le singe fouilla avec les mains dans les écailles du kima, sans pouvoir les en dégager.

Dans l'intervalle, l'eau commença à monter.

L'eau devenue haute, le singe dit : « O ami, je n'en puis « plus, je vais mourir. »

Alors le héron, qui était irrité de ce que le singe lui avait arraché les plumes, dit : « A ta place, je prendrais une pierre « et briserais la maison du kima. »

Le singe répondit : « Si je ne meurs pas, j'y réfléchirai. »

Enfin, il se noya, tandis que le héron s'envola de là.

La Fontaine, dans sa fable *Le Rat et l'Huître* fait jouer au rongeur le rôle du singe dans la fable malaise. Le rat agit là par convoitise et par pure ignorance pour satisfaire sa gourmandise, tandis que le singe qui a trompé le héron est à son tour trompé par les conseils perfides du volatile et reçoit ainsi la peine du talion. Ce sont des conseils semblables qui faillirent causer, dans le *Roman du Renard*, la mort de l'ours Brun. Le renard lui avait persuadé de prendre des rayons de miel dans la fente d'un gros arbre, laquelle y avait été pratiquee au moyen d'un coin. Dès que l'ours y eut introduit le museau, le renard enleva le coin et son oncle Brun resta adhérent à l'arbre. Voilà certes un rapprochement curieux et qui montre combien est restreint le cercle des idées dans lequel se meut l'esprit humain. Des penseurs séparés par des siècles et des latitudes immenses, ne se connaissant ni les uns ni les autres, se sont rencontrés dans une même pensée pour moraliser leurs contemporains. C'est que partout l'homme a les mêmes instincts, les mêmes sentiments, les mêmes passions. Quand l'homme éprouve le besoin de se ressembler en beau, qu'il veut échapper aux misères qui l'entourent et à lui-même, il se réfugie dans son cœur pour y retrouver l'innocence et la simplicité primitives. Et si à cet instant de grâce, il rencontre le regard pur et suave d'une chaste et belle jeune fille, son cœur déborde en chants d'amour et de reconnaissance. Et ces accents sont toujours les mêmes, à tous les âges et dans tous les climats; que nous les retrouvions sous la plume de Théocrite ou dans la bouche des Alfoures de Menado.

De Lange a recueilli chez ces montagnards des Célèbes quatre chansons que les jeunes garçons et les jeunes filles chantent pendant la moisson. Anacréon, Virgile, Horace, Shakespeare ne chantent pas l'amour avec des paroles plus tendres que celles de ces pauvres enfants des forêts et des montagnes du Minahassa (1) :

I

LE JEUNE HOMME. — Lorsque nous étions tout petits, amie, nous nous sommes promis de ne pas dédaigner notre mutuel amour.

LA JEUNE FILLE. — Depuis que tu m'as déclaré ton amour, je ne me suis tournée vers aucune autre personne.

JEUNE HOMME. — Du jour que tu es venue au monde, tu m'as attiré à toi et ma pensée s'est fixée sur toi.

JEUNE FILLE. — Ne me trompes-tu pas, ami, car ma pensée n'est fixée que sur toi?

JEUNE HOMME. — Mon cœur est déjà plein de toi, et même j'aime déjà tes parents.

JEUNE FILLE. — Aussi mes pensées sont déjà à toi, et même tes parents, je les aime déjà.

JEUNE HOMME. — Sans doute, il est beau de nous voir l'un à côté de l'autre, car tu es belle, amie; combien davantage lorsque nous sommes l'un à côté de l'autre!

JEUNE FILLE. — Il est connu que nos cœurs sont unis, ami, et je suis observée pour cela.

JEUNE HOMME. — Déjà depuis un an, nous nous sommes promis dans notre jeunesse.

JEUNE FILLE. — En cette année, nous allons nous unir et je t'attends, ami, si tu ne m'as trompée.

(1) *Tydschrift voor Ind. taal*, 1857, t. I, p. 258.

JEUNE HOMME. — Quand je pense à toi, amie, je ne puis dormir, dès qu'il est minuit.

JEUNE FILLE. — Si je ne puis t'obtenir, ami, je resterai jeune fille et ne me marierai pas.

JEUNE HOMME. — Quand notre entretien sera fini, je te suivrai seule, car je t'aime.

JEUNE FILLE. — Si tes paroles sont sincères, ami, je te suivrai seul, car je t'aime.

II.

JEUNE HOMME. — Je veux renouveler le vieux souvenir de notre amour, car ceci tendra à nous réunir.

JEUNE FILLE. — Je n'ajoute plus aucune foi à ta voix trompeuse. Croirai-je encore ta voix trompeuse? Déjà un autre m'a parlé.

JEUNE HOMME. — Regarde le compagnon bien connu de tes jeux; si tu me préfères, certainement je t'aime.

JEUNE FILLE. — C'est triste de voir le compagnon bien connu de nos jeux; il est aimé, mais que faire quand il ne peut plus?

JEUNE HOMME. — Comment pourrais-je t'écarter de mes pensées et t'oublier? Je veux chasser ton souvenir, mais il revient toujours.

JEUNE FILLE. — Entends-toi avec celle à qui tu as parlé récemment, car moi aussi je me suis approchée de l'autre qui m'a parlé.

JEUNE HOMME. — Pense bien avant que tu oublies notre entretien du temps de notre jeunesse, afin que tu ne te repentes pas d'avoir donné ta parole à un autre.

JEUNE FILLE. — Tu me parles de nouveau, mais je ne pense plus à toi et ne veux plus renouveler l'ancienne promesse.

JEUNE HOMME. — Aussi ai-je pensé déjà que ce que nous nous sommes dit dans nos jeunes années ne peut plus se réaliser.

JEUNE FILLE. — De ce moment je ne veux plus rien croire, car tu ne fus qu'un menteur.

III.

JEUNE FILLE. — Quand je pense à notre bonheur passé, je suis triste.

JEUNE HOMME. — J'ai bien souvent reconnu mes torts envers toi. Si tu veux être consolée, accuses-en celui qui t'a trompée.

JEUNE FILLE. — Tu ne penses plus à notre bonheur passé. Ah ! je suis toujours triste quand je pense à toi.

JEUNE HOMME. — Parce que tu m'as maltraité dans nos jeunes années, dès à présent je ne veux plus songer à toi.

JEUNE FILLE. Quand tu reviens à tes premiers sentiments, alors je suis tout autre.

JEUNE HOMME. — L'amour renaît à tes paroles et par lui ma pensée revient à toi.

JEUNE FILLE. — Si tes paroles sont vérité, ami, mon cœur ne souffrira plus.

JEUNE HOMME. — Pleurant, tu coupes le pinang en deux ; ne pleure plus, car bientôt tu seras à moi.

JEUNE FILLE. — Je couperai en deux un jeune pinang pour toi, jeune ami. Je couperai le jeune pinang en deux, car je t'aime.

JEUNE HOMME. — Mets dans ma bouche un morceau du jeune pinang que tu as coupé en deux, et mes sentiments seront toujours bons pour toi.

Chant d'une jeune fille dont l'amant est dans une terre lointaine :

Que fait celui qui m'est promis ? Peut-être s'amuse-t-il ou reste-t-il assis.

Combien est loin l'objet de mes pensées, dans quel lointain pays? Reviens, afin que nous puissions nous revoir.

Si un homme passe comme le vent, j'humecte de mes lèvres un morceau de pinang et je le lui envoie.

Si j'étais un oiseau, je volerais sur la maison de l'objet de mes pensées.

Ah! puisse-t-il voir la chère compagne de ses jeux! Je suis trop triste, parce que je ne le vois pas.

Je vais pleurant par les chemins; mais je ne le vois pas.

Je ne puis plus dormir; même au milieu de la nuit, je pense à notre bonheur.

C'est le même soupir que, dans le *Cantique des cantiques*, la fiancée exhale après son bien-aimé : « Je « me lèverai, dit-elle; je chercherai celui que chérit « mon âme »; et Juliette et Graziella murmurent les mêmes plaintes lorsqu'elles se croient abandonnées de leurs amants. Leur langage ne diffère pas de celui de la jeune Alfoure.

LANGUE JAVANAISE.

La langue des Javanais appartient, comme celle des Malais, à la grande famille des langues agglutinantes. A l'origine, elle dut être très-pauvre et manquer de mots pour traduire les idées immatérielles et abstraites. Mais la terre fertile de Java attira bientôt des marchands hindous, et il s'établit de bonne heure des relations commerciales entre ses habitants et le continent indien. Ces relations, qui remontent à la plus haute antiquité, eurent une grande influence sur la langue primitive de l'île et la modifièrent. Les marchands hindous parlaient le sanscrit. Le javanais leur emprunta les mots qui désignent les objets et expriment les idées d'un peuple au début de sa civilisation. C'est ainsi que le sanscrit pénétra la langue javanaise et la compléta peu à peu. Plus tard, les brâhmanes vinrent aussi à Java et y importèrent leur culte avec leur doctrine religieuse. De cette époque, date l'introduction dans la langue javanaise des mots qui se rapportent à la religion et à la théodicée. Mais, de même que la grammaire de l'Angleterre resta saxonne après la conquête de ce pays par Guillaume de Normandie, c'est-à-dire après l'introduction du français; de même l'adoption des mots sanscrits n'altéra en rien la grammaire des Javanais, et ne fit qu'augmenter leur vocabulaire. Elle ne prouve pas non plus, comme le croit Valentyn (vol. IV, p. 65), que les Javanais les ont rapportés de Coromandel et de Malabar. L'intérêt, l'amour du gain, la crainte d'être trompés durent leur être des motifs suffisants pour apprendre la langue des Hindous et la parler avec eux. Aussi, les expressions sanscrites furent non-seulement usitées pour les objets qu'ils connaissaient déjà et pour lesquels ils avaient déjà des désignations; mais, par leurs rapports avec les étrangers venus de l'Inde, plus avancés qu'eux dans la civilisation, les Javanais connurent encore des objets nouveaux et pour lesquels ils n'avaient pas d'expressions. Il fallut donc, tout naturellement, emprunter à la langue de ces étrangers les mots propres à désigner ces objets. Dans la suite des temps, lorsque la puissance indienne eut pris plus d'extension à Java et que l'hindouisme y eut établi son empire, les brâhmanes ajoutèrent encore à ce que le javanais possédait déjà.

Du contact journalier des Javanais avec des populations parlant sanscrit, naquit, chez les premiers, un alphabet qui, bien qu'il ne fût pas celui du sanscrit lui-même, a néanmoins beaucoup de ressemblance avec lui et a été composé d'après les mêmes principes. Alors naquit aussi une littérature. Les prêtres hindous traduisirent des ouvrages sanscrits ou les imitèrent en javanais. Il va de soi que l'indigence de cette langue dut ici se faire remarquer et qu'il fallut y remédier par le sanscrit. Ainsi, se développa peu à peu la langue *kawi* ou *des poëtes*.

Cette langue n'est autre qu'un mélange de mots javanais et sanscrits en quantités à peu près égales, et où ces derniers figurent dépouillés de leurs désinences et de leurs flexions, comme le verbe français l'est de sa conjugaison dans la bouche des anciens esclaves de nos colonies (1). Mais les règles grammaticales, auxquelles le kawi a été soumis, sont celles du langage que les linguistes Marsden et Humboldt ont nommé le grand langage polynésien. Il fallait bien qu'il en fût ainsi, parce qu'une nation, aussi peu

(1) L'abbé Favre. *Grammaire javanaise*. Introd.

avancée en civilisation que l'était alors celle de Java, aurait éprouvé trop de difficulté à acquérir une connaissance entière de la grammaire sanscrite (1).

Cette vieille langue kawi a été témoin d'une antique et haute civilisation; mais, comme cette civilisation, elle s'est abâtardie et a dégénéré. La décadence même du peuple qui l'a parlée et les causes qui dans chaque nation où l'écriture ne fixe pas la langue la rendent incertaine, expliquent cet abâtardissement et ce dépérissement. A l'époque de la conquête de Java par les Néerlandais, le peuple javanais n'avait pas encore entièrement perdu le précieux dépôt du kawi, et il est regrettable qu'ils aient négligé cette mine d'or de la science, dont l'illustre de Humboldt et quelques Hollandais ont seuls aujourd'hui sauvé les derniers débris. Mais ce qu'ils ont arraché à l'oubli et fait remonter à la lumière ne peut pas donner une connaissance complète du kawi; ceux qui l'ont étudié ne sont pas d'accord sur l'interprétation des inscriptions conservées en cette langue. Les mots kawi sont restés comme les ruines de Prambanan et de Boro Boudor. Ces monuments ne parlent plus à l'imagination du Javanais, ignorant qu'il est du style, de la forme et de l'esprit qui les a élevés, et la vieille langue poétique de son pays est devenue inintelligible pour lui.

Après les Hindous, le deuxième peuple qui eut des

(1) *Journal of the Indian Archipelago*, fév. 1849, p. 125.

rapports avec les Javanais est le Chinois. Celui-ci ne leur a fourni que sept mots; ce qui prouve que la langue de Java avait déjà atteint un haut degré de perfection et qu'elle suffisait à toutes les exigences de la vie. D'ailleurs les Chinois ne se sont établis à Java que sur les côtes et postérieurement à l'arrivée des Européens; puis, il faut tenir compte de cette circonstance que les Javanais prononcent difficilement les mots chinois. Mais ce qui doit étonner, c'est la rareté des mots arabes. Depuis le quatorzième siècle, les Arabes ont exercé une grande influence sur les croyances religieuses de Java, en chassant les prêtres de Brâhma et en y propageant le Koran, et cependant leur langue y est restée étrangère. Roorda van Eysinga explique ce phénomène en disant qu'avant l'invasion de l'islamisme, la civilisation javanaise était parvenue à son apogée, et que depuis lors elle a perdu son éclat (1).

Les Javanais, en acceptant le Koran, ne répudièrent pas pour cela les mœurs antiques, et restèrent fidèles observateurs de la distinction des classes sociales que les Hindous leur avaient enseignée. Leur langue exprime encore cette distinction avec une grande précision dans toutes les relations de la vie. Chaque peuple a bien des formules particulières de politesse qui varient selon le rang des personnes à qui l'on parle; mais à Java il semble que chaque classe de la

(1) Roorda v. Eysinga, *Geschied. v. Java*, t. III, part. 1, p. 107.

société ait une langue qui lui soit propre. Ainsi, une personne âgée ou d'un rang élevé ne parle pas de la même manière qu'une personne moins âgée et moins élevée qu'elle. Si celle-ci s'adresse à la première, elle fera usage de la langue *kromo*, la langue polie; si c'est la première qui parle à l'autre, elle se servira de la langue *gnoko*, impolie ou qui ordonne. Dans l'aristocratie, ceux de même âge parleront quelquefois entre eux le kromo par excès de politesse, et ceux des basses classes, le gnoko par excès de familiarité (1). En prose, on écrit en kromo; en poésie, on se sert indistinctement du kromo et du gnoko, selon les exigences de la mesure et de la rime, et il arrive même qu'on joint des préfixes kromo à des mots gnoko, et réciproquement des préfixes gnoko à des mots de la langue kromo. Le nombre des mots sanscrits que cette dernière possède révèle en même temps son origine hindoue et une existence postérieure à la langue populaire.

Le *basa madja* ou langue moyenne ne signifie pas qu'elle est celle de la classe moyenne, mais qu'elle tient le milieu entre le kromo et le gnoko, c'est-à-dire, celle qui est plus polie que la dernière et plus impolie que la première. Elle est parlée entre personnes de même rang de la haute classe, ou entre un supérieur et son inférieur, lorsque celui-ci est plus âgé que l'autre, ou mérite une attention particulière pour une raison

(1) W. v. Humboldt, *Ueber die Kawi-sprache*, t. I, p. 57.

quelconque. Ce *madja* n'est en réalité qu'un mélange de gnoko et de kromo.

Ce qu'on appelle la *langue de la cour* est celle dont les ministres et les fonctionnaires font usage, en s'adressant au prince. Elle a trait principalement aux titres et qualifications qu'on lui donne et aux expressions qui marquent autant que possible la distance et l'obséquiosité.

Quant à la grammaire javanaise, elle diffère peu de celle des Malais; même manière de former les mots, même syntaxe et absence de déclinaisons et de conjugaisons.

En javanais, l'alphabet porte le nom de *tjarakan*, qui signifie « message », et il est composé de vingt lettres qu'on nomme *haksara* en gnoko et *sastro* en kromo. On le divise, comme en sanscrit, en gutturales, labiales, palatales, dentales, linguales et semi-voyelles.

Les mots javanais sont, comme ceux du malais, *radicaux* ou *dérivés*. Les radicaux sont pour la plupart de deux syllabes; il y en a aussi quelques-uns qui sont monosyllabiques; mais les Javanais ne recherchent pas ces mots et les réforment de manière à les rendre dissyllabiques, soit en ajoutant un suffixe, soit en les redoublant.

Pour déterminer en javanais une personne ou une chose, on se sert d'une circonlocution, comme celle-ci : « Celui qui est père », pour dire : « Le père. »

Les substantifs se forment par le redoublement du

radical, par la juxta-position de deux mots différents et par l'adjonction de préfixes ou suffixes. Le genre n'est indiqué que lorsqu'il s'agit d'êtres vivants; il n'est pas énoncé par des changements à la fin des mots, mais par l'adjonction de certains affixes qui expriment virtuellement le genre et ont la signification de *homme* ou *femme*. De même, le nombre ne se distingue pas par la forme des mots, il doit être le plus souvent compris par le sens de la phrase. Cependant, le singulier est quelquefois exprimé par un préfixe et le pluriel par le redoublement du mot. Au reste, un substantif ne diffère d'un verbe ou d'un adjectif, que par la place qu'il occupe dans la proposition. C'est pourquoi le javanais ne connait ni déclinaison ni conjugaison. Les degrés de comparaison sont exprimés par des mots signifiant supériorité, infériorité et égalité, ou, pour le superlatif, par le redoublement du positif. Lorsqu'on veut donner à un mot la valeur d'un verbe, on désigne les modes, les temps et les personnes à l'aide de pronoms et d'auxiliaires.

Contrairement au malais, on écrit les mots javanais de gauche à droite, suivant le cours naturel des idées et sans qu'ils soient séparés par aucun espace. A la lecture, on fait sentir la fin d'une phrase, en prononçant un peu plus lentement que les autres la syllabe sur laquelle tombe l'accent (1).

A Java, comme ailleurs, la différence de prononciation constitue la différence des dialectes.

(1) V. *Grammaire javanaise*, par l'abbé Favre.

DIALECTES.

Outre les principaux dialectes admis par Raffles, Crawfurd et l'abbé Favre, c'est-à-dire, le sondake, le madurais, le balinais et celui de Palembang, nous citerons, avec Roorda van Eysinga, le bantammais parlé à Bantam, dont le nom est une abréviation de *Bataham*. Ce dialecte est le javanais à l'ouest de l'ile, et le sondake dans la partie sud-orientale. Le son vocal qui accompagne la consonne est ici *a*, tandis qu'il est *ó* dans l'est de Java. A Bantam, les chefs parlent presque tous malais, mais d'une manière plate et défectueuse. Le malais, qui est mal parlé par les indigènes des côtes, est aussi adopté pour la correspondance entre la population et le gouvernement. L'écriture javanaise n'est pas en usage parmi les Bantammais; elle ne sert qu'à enregistrer les principaux événements de la cour.

Dans cette même ile de Bantam, au pied du mont Kandang, habite un petit groupe d'idolâtres; les uns sont nommés Badouins, les autres. *Orang-Kalouran*, c'est-à-dire hommes du dehors, soit parce qu'ils ont été chassés par les premiers, soit parce qu'ils ont quitté volontairement leur lieu natal pour jouir d'une plus grande liberté. La langue que parlent cette peuplade païenne est celle des montagnards, le dialecte sondake (1).

A Sumatra, où dom[illegible]e malais, il y a aussi une

(1) *Tydschrift*, *etc.*, 1838, t. II, p 297, art. *de Spanoghe*.

peuplade, celle des Battaks, qui parle un dialecte javanais, dans lequel sont entrés des mots d'origine sanscrite et relatifs à la supputation des temps (1).

Pour écrire, les Battaks se servent de bambou, d'écorce d'arbre ou de papier. Si c'est du bambou, ils y taillent leurs lettres dans une direction de bas en haut; si c'est d'écorce ou de papier, ils dirigent les lignes de gauche à droite. Mais peu de personnes savent lire couramment, parce que les mots ne sont pas séparés par des espaces, ni par des signes spéciaux. Aussi prennent-ils l'habitude de les épeler sur un ton monotone et en allongeant la voix jusqu'à ce que le mot soit exprimé (2).

Les *poustahas* ou livres d'écorce d'arbres, écrits en cette langue si peu connue, sont très-rares et recherchés des Européens. A Tobah et Silidong, à Pertebie et Mandheling, ils ont été brûlés par les Padris, comme la bibliothèque d'Alexandrie par Omar. Les Poustahas connus ne renferment rien autre chose que des formules pour conjurer le sort, éloigner les maladies, consulter les astres et diriger les combats.

Toutes les lettres de l'alphabet battak ne peuvent pas s'unir entre elles. Toutes les consonnes conservent le son *a*, aussi longtemps que ce son n'est pas anéanti par un autre qui le suit, ou modifié par un accent. L'accent peut donner à une lettre ou à une syllabe soit un son nasal, soit le son du français *ó*, soit celui du

(1) *Tydschrift, etc.*, 1835, t. I, p. 19, art. d'Osthoff.

(2) *Tydschrift, etc.*, par Willer, 1846, t. II, p. 389.

son *ou*, *i* ou *e*, soit un son muet. Il produit autant de modifications et de transpositions qu'il y a de dialectes ou d'écrivains.

Sur la côte septentrionale de Ceram et à Minahassa, règnent divers dialectes qui ne sont pas encore bien connus; ils sont propres à des populations d'origine alfoure (1).

Dans les Moluques, la langue des Badjorais est un mélange de javanais et de makassarais (2). Le madourais domine dans l'île de Bawean. Ce dialecte est un mélange de javanais, de balinais et d'autres langues polynésiennes, et les insulaires de Madoura ont une prononciation qui leur est particulière, tout en étant très-variable à l'ouest et à l'est de l'île. Ils font usage pour écrire des caractères de Java.

A Bornéo, 15,000 Dayaks parlent un dialecte particulier, connu sous le nom de « pouloupetak. » Les missionnaires Becker et Hardeland en ont publié un dictionnaire et traduit dans le langage de ces montagnards l'Évangile de saint Mathieu. Ce dictionnaire est assez riche en mots, puisque les Dayaks ont parfois plusieurs noms pour exprimer le même objet, mais leur grammaire est très-pauvre et porte le cachet du caractère barbare et grossier de ce peuple. Elle n'a ni conjonction, ni déclinaison, ni conjugaison (3).

(1) *Tydschrift*, 1845, t. II, p. 46. — 1845, t. IV, p. 304.
(2) *Id.*, 1846, t. I, p. 35, par Spreeuwenberg.
(3) *Verhandelingen van het bataviaasch genootschap*, t. XX.

Le dessa de Dipanga ne connait que le javanais (1). Ce dernier idiome avait aussi, dans des temps déjà éloignés, des rapports très-étroits avec la langue de Bali. Mais depuis quatre cents ans, celle-ci ayant suivi une autre voix, forme comme une langue distincte du javanais. Le balinais est resté moins altéré et s'est maintenu plus pur dans la prononciation. Ainsi, la voyelle n'y a pas le son creux et sourd du javanais, et les mots sanscrits y ont conservé en plus grand nombre leur physionomie et leur signification primitives.

Les lois euphoniques du sanscrit se sont même transmises au balinais, où deux *a* qui se suivent deviennent *a*; *a* et *i* forment *e*; *a* et *ou* font *o*; *ou* et *a* sont figurés par *w*.

L'alphabet balinais est le même qu'en javanais; toutefois on compte à peine dix-huit aksaras, parce que *da* et *ta* n'y sont pas compris comme lettres ou signes caractéristiques. Jusqu'à *la*, l'ordre des satras ou aksaras est le même qu'en javanais. On emploie aussi les *aksaras kembang*, que Cornets de Groot nomme lettres capitales, principalement pour désigner, par leurs noms sanscrits, les dieux et leurs résidences dans les différents cieux.

La plupart des verbes sont formés en balinais avec *ma*, et non avec *meng*, *mem*, *men*, comme en malais. Le reste des préfixes concorde presque toujours avec ceux du javanais, et, comme dans ce dernier idiome,

(1) *Tydschrift, etc.*, 1846, t. II, p. 305. Alting Siber.

quelques affixes sont insérés dans l'intérieur du mot.

A Bali, il y a aussi les langues des hautes et des basses classes : le *bitjara dalam*, langue de cour, et le *bitjara louar*, langue du peuple parlée aux inférieurs; enfin une langue moyenne. Mais le balinais possède une foule d'expressions qui ne dérivent pas du sanscrit et qui lui sont propres.

A Bali, le kawi n'est pas seulement une langue sacrée; elle est comprise du plus grand nombre des insulaires. Les Balinais lisent en effet leurs anciennes légendes en kawi, telles que le *Wajang koulit*, dont le sujet est emprunté au *Brata Youda*, et qui n'est autre que l'histoire de Râma d'après le Ramâyana sanscrit. Des pièces comiques en kawi, nommées *gambouh*, et dont le célèbre Pandji est le héros, leur sont aussi familières. Cependant il est un idiome littéraire que tous les Balinais ne comprennent pas indistinctement, c'est celui dans lequel a été écrit un exemplaire du Véda trouvé dans leur île. Les *Pandita* ou les savants seuls le comprennent, parce que, selon la croyance populaire, leur conduite est sans reproche et qu'ils sont purs de tout péché. D'ailleurs, il sera toujours bien difficile au peuple de lire le *Véda*, puisqu'il lui est interdit de le toucher.

Ce livre sacré tient donc le premier rang dans la littérature balinaise. Ensuite viennent l'épopée, le Wiwaka et principalement le Ramâyana ou le Brata Youda; puis toutes sortes de contes ou *geritas*, parmi lesquels ceux de Pandji et le *Ousana Bali*, ou l'histoire de Bali; enfin les lois dont Raffles a fait l'énumération. Friederich ajoute à cette série le livre de *Svara* (la voix, en sanscrit), donné par le dewa Agong, prince de Klongkong, et composé par les *Satryas* et *Wesjas* de Bali, et aussi par les *Eadjas* qui appartiennent ordinairement à l'une ou l'autre de ces deux castes. Le *Siva Sâsana*, ou le livre de la loi, est applicable seulement aux brahmanes. Ne passons pas non plus sous silence le *wriga* ou *ouriga*, un calendrier balinais où l'on voit que l'année balinaise est de quatre cent vingt jours et qu'elle se renouvelle tous les 210 jours. Les mois y sont au nombre de douze et chaque mois a trente-cinq jours, ce qui ne concorde pas avec le cours de la lune, ni avec celui du soleil. Sept jours forment la semaine (*saptavara*), et leurs noms, empruntés à un sanscrit un peu altéré, sont ceux du soleil, de la lune et de cinq étoiles mobiles ou errantes; mais il y a trente sortes de semaines de diverse durée et dont les jours ont des noms particuliers connus seulement des prêtres (1).

La langue de Bali est encore parlée à Lombòk avec celle des Sassaks. Cependant un Balinais ne comprend pas un Sassak, et celui-ci ne comprend pas celui-là. Mais les chefs sassaks parlent tous balinais. Les Européens, les Chinois et les Bouginais se servent du malais.

Les Sassaks ont beaucoup de mots communs aux

(1) *Tydschrift*, 1846, t. IV, p. 205.

Malais et aux Javanais, et leur écriture est la javanaise modifiée par des caractères balinais. Ils ont des tournures de phrases spéciales pour exprimer le respect et la soumission, sans qu'elles constituent pour cela deux langues distinctes comme dans le javanais et le balinais (1).

Deux millions de personnes parlent la langue sondake, qui s'étend dans les montagnes de Jaccatra, dans les Lampongs à Sumatra et sur la côte occidentale de Java, depuis Bantam jusqu'à la rivière de Samali (2). Cette langue est aussi sonore et aussi riche que la javanaise. Quoiqu'elle n'ait pas produit comme celle-ci une littérature, on entend cependant, lorsqu'on parcourt les dessas et les négorys, surtout aux jours de fêtes, des rapsodes chanter, à la manière des anciens bardes et des trouvères de l'Europe, l'histoire des ancêtres et la gloire de l'antique royaume de Padjadjaran. Ces chants, qui ne sont pas dépourvus de verve poétique, mériteraient d'être recueillis; ils projetteraient de la lumière sur l'origine des populations sondakes et de leurs rapports avec Java et les autres îles (3).

Cependant, il existe une plus grande différence entre les langues des petites îles de la Sonde, bien que quelques-uns de leurs mots puissent se rapporter au malais et au javanais, principalement les noms de nombre. C'est à Sumbawa qu'ils s'en éloignent le

(1) *Tydschrift*, 1847, t. II, p. 177.
(2) *Verhandelingen*, 1781, p. 39. — *Tydschrift*, 1847, t. I, p. 307.
(3) *Verhandelingen*, 1843, t. XIX, p. V.

moins, et le plus à Florès et à Bima. A Tambora, la ressemblance est presque ou entièrement nulle.

On croit que la langue de Timor dérive de deux langues qui ont quelque analogie avec celles de Gilolo et de Ceram. Les habitants de cette île ont, comme ceux de Rotti, les lettres *f* et *v*, qu'ils auront probablement transmises aux îles de la mer du Sud et à Madagascar. Mais comme les Chinois, ils n'emploient pas la lettre *r*. Les insulaires de Timor (*Poulou Timor*, île orientale), et leurs voisins de Rotti, de Koupang, de Solor, ne savent de leur origine que ce que leurs chants populaires ont conservé. Les uns disent qu'ils sont venus du ciel, d'autres de Ceram et de terres environnantes. Ce qui est certain, c'est que ces îles sont habitées par deux races d'hommes très-distinctes; l'une de couleur de tan avec une longue chevelure et des traits réguliers; l'autre noire, presque semblable au papou, avec des cheveux crépus. Les Rottinais se disent aussi originaires de Ceram et racontent qu'à leur arrivée à Rotti cette île était habitée, mais que les indigènes ont émigré à Timor et aux îles voisines. Jusqu'à la conquête de l'Archipel par les Portugais, ils étaient des hordes errantes, se couchant sous les arbres et dans le creux des rochers, et se servant de côtes d'animaux pour remuer la terre. Les Portugais furent les premiers qui leur apprirent l'usage du fer, l'art de construire des maisons et l'agriculture (1).

(1) *Tydschrift*, *etc.*, 1838, t. II, p. 25.

Comme la langue des îles de la Sonde, celle des Célèbes est peu connue. Toutefois de Humboldt dit qu'elle compose ses mots d'une manière très-simple et qu'elle a produit une littérature. D'après le même savant et Crawfurd, ils auraient deux langues, une usuelle et une autre très-ancienne que l'on pourrait comparer au kawi, et dans laquelle seraient entrés des mots sanscrits ; ce qui attesterait une influence hindoue. Mais de Humboldt ignore si cette influence a été exercée directement, ou seulement par l'intermédiaire des Javanais (1).

Les langues des Sangir ou du groupe sangi, dans la résidence de Ménado, sont les dialectes de Tabukan, Manganitu, Taruna et Kandahar. Ceux des îles Tagulandang et Siauw leur sont apparentés. Le dialecte le plus développé est celui de Tabukan. Tous paraissent dérivés d'une ancienne langue qui ne serait conservée que dans quelques familles, avec les anciens chants héroïques et les traditions des ancêtres. Riedel fait observer que son système grammatical est celui de la famille malayo-polynésienne (2). Enfin Valentyn nous apprend que, de son temps, les rois des Moluques avaient un langage qui leur était particulier et que l'idiome de l'île de Ternate était retentissant et sonore comme la langue espagnole (3).

(1) *Ueber die kawi Sprache.* — *Verhandelingen, etc.*, 1843, t. XIX, p. XXXVII.

(2) *Tydschrift voor Ind. taal*, 1861, p. 375.

(3) *Oost-Indie*, t. I, part. II, p. 130. — T. III, part. II, p. 37.

LITTÉRATURE JAVANAISE.

Cette littérature remonte à l'époque de l'invasion hindoue à Java et lui est redevable de sa richesse, non-seulement sous le rapport des œuvres traduites ou imitées du sanscrit en kawi, mais encore et surtout sous celui de la mythologie et des légendes hindoues.

Les œuvres originales, écrites en javanais, comprennent les chroniques des royaumes qui ont existé à Java, le recueil des lois, les traités de morale, de théologie, d'astronomie et d'astrologie. Dans ces écrits purement javanais, se trouvent aussi des mots kawi; mais ils ne figurent là que pour témoigner de l'érudition de l'auteur, ou pour fournir soit le nombre voulu de syllabes, soit la voyelle finale de chaque vers; car, à l'exception des lois et de certaines chroniques, les œuvres littéraires des Javanais sont des poëmes.

Mais pour ces insulaires, un poëme est un chant et chanter un poëme, c'est le lire; pour eux, la poésie se confond avec la musique. Il convient donc de dire quelques mots de l'art musical à Java avant de parler de la poésie de ce pays.

Le Javanais a deux sortes d'instruments de musique, nommés *gammelan*, qui sont deux grands et deux petits tambours de cuivre. Le son qu'ils rendent ressemble à celui d'une cloche lointaine, et la différence entre ces instruments consiste dans la différence des tons et dans celle de leur nombre. Les plus grands tambours ne peuvent produire qu'une octave incomplète de cinq notes; on la nomme *salendro*. Les plus petits en produisent une de sept, qui s'appelle *pelog*. Aussi, les notes de l'un de ces instruments ne correspondent-elles pas à celles de l'autre; on remarque entre elles une différence d'un quart de ton, souvent davantage, et Wilkens l'attribue à la différence de l'épaisseur du métal. Pour lui, le ton du *pelog* est mineur, celui du *salendro* est majeur; ou, comme le dit le Javanais, le *salendro* a quelque chose de plus mâle et le *pelog* quelque chose de plus tendre.

La manière de chanter des Javanais rappelle la mélodie de quelques chansons populaires de l'Écosse, et peut être facilement adaptée au gammelan. Mais il n'est pas d'usage de chanter la poésie écrite avec accompagnement d'instruments, si ce n'est à la danse des Bayadères et dans certaines autres circonstances. Toutefois c'est par le ton musical du débit du vers qu'il faut expliquer la prosodie et le rhythme de la poésie javanaise. Ainsi, par exemple, une syllabe brève dans la prononciation n'est pas exprimée dans le chant; dans un mot de trois syllabes, dont les voyelles des deux dernières ne sont pas suivies d'une consonne, la voyelle de la première est généralement brève dans la prononciation, mais dans le chant elle s'allonge quelquefois. D'autres licences, condamnées dans la prose, sont encore permises en poésie.

En javanais, comme dans toutes les langues, l'accent tonique sert aussi à donner à un mot toute sa valeur et à traduire toute la pensée de celui qui parle. Ainsi, le mot *boten*, qui signifie « non », recevra l'accent tantôt sur la première syllabe, tantôt sur la dernière, selon que la négation sera hautaine ou exprimera le regret.

D'après Winter, les Javanais ont trois manières de chanter leurs poëmes ; ces manières sont le *sekar ageng*, *sekar tengahhan* et *sekar alit*, c'est-à-dire la grande, la moyenne et la petite manière. On se sert des deux premières pour les poëmes kawi, et de la troisième pour ceux en javanais (1).

Souvent dans les îles de la Sonde, on entend, aux jours de fête, un vieillard chanter les actions héroïques des princes, et la grandeur et la chute du puissant royaume de Padjadjaran. Il emprunte ses chants aux *babads*, les traditions historiques du pays, et les accompagne du *ketjapé*, espèce d'instrument à cordes. Il dit combien rayonnait au loin la gloire de cette maison princière. Comment le gouverneur arabe Hasanoudin, après avoir fait embrasser au peuple de Bantam la religion de Mahomet, a été élevé à la dignité de sultan, comment il attaqua et saccagea la capitale avec une puissante armée, parce que le roi Prabou-Siliwangi, qui régnait alors, ne voulait pas renier le culte de ses pères, et comment le prince

(1) *Tydschrift, etc.*, 1830, t. II, p. 383.

de Padjadjaran s'enfuit avec huit cents hommes vers les bois impénétrables des monts Gedé, où ils furent tous changés en pierres à cause de leur opiniâtreté à rester fidèles à Bouddha (1).

Un poëme ou *hanggit* n'est pas toujours composé dans le même rhythme; il en varie selon le sujet qu'il traite. Le rhythme est nommé en javanais *pouh*, *poupouh* ou *kembang*. Cette dernière dénomination est donnée aussi à la poésie en général et signifie « fleur ». Elle dérive probablement de l'usage qu'ont les Javanais de marquer le changement d'un rhythme par certains petits ornements ou dessins imitant une fleur. Le nombre de strophes ou *pâdâgêdhè* qui doivent entrer dans un *kembang* n'est pas limité; il dépend de la fécondité du poëte. La rime n'est pas nécessaire, mais chaque strophe de rhythme différent doit avoir un nombre déterminé de vers ou *padas*, et chaque vers un nombre déterminé de syllabes, dans la dernière desquelles doit figurer une voyelle indiquée par la prosodie.

On remarque l'observation de ces prescriptions prosodiques dans les *pantons* et les énigmes recueillies par Holle aux îles de la Sonde (2), et par Van Hœuvel à Java (3). Voici comment un poëte de la Sonde chante l'amour dans les pantons suivants :

(1) *Tydschrift*, 1852, t. I, p. 285.
(2) *Tydschrift voor Ind. taal*, 1856, p. 114.
(3) *Id. voor nederland. Indie*, 1845, t. IV, p. 338.

I.

« Où se baignent les hirondelles? Elles se baignent dans le ruisseau. Que m'a promis la belle? Elle m'a promis de causer un peu avec moi.

« Les Tjinoussous cherchent de l'eau. S'asseoir sur un buffle avec un rayon de soleil. Tu ne dois pas te livrer à Si Boungsou, car il est un homme insensible.

« Je veux traverser un pont, fait d'un simple bambou, fortifié d'un arbre piit. J'aimerais aller chez les gens de l'autre bord.

« Une pluie fine tombe sur la terre avec le bruit d'une pluie de cuivre. Je vois une jeune fille; mais malheureux je ne possède rien.

« Un oiseau tjolektjak va se poser sur un salak abattu. Une amante aveugle est conduite par un amant qui ne peut pas voir.

« Chercher du bambou fendu à Tjinangka, et aussi du bambou avec des bourgeons. Il s'était engagé avec la fille et il épousa la mère.

« La racine du semboung est taillée. Le chaudron est lavé. Pourquoi suis-tu le méchant et ne fais-tu pas attention au bon?

« Chercher des branches de semboung et aussi du bois de Kekedjowan. Je ne sais pas encore si je vous dirai non et aussi si je vous aime.

« J'entends le bruit d'un kettouk et d'un kenning (instruments de musique). J'entends un tambour dans le chemin et aussi tousser et parler. C'est le jeune homme bien vêtu qui est récemment arrivé.

« Planter du tjarijouh dans un endroit ombreux. Les arbres d'areng qui se trouvent les uns à côté des autres poussent. J'aime à m'asseoir près de toi et à manger du sirih avec toi.

« Allons chercher à Limbangan un rengas chargé de fruits mûrs. Ne crains pas que je te délaisse; de loin ou de près, je pense toujours à toi (1). »

II.

« Tu vas vers le désert, tu vas vers le champ le plus élevé;
« vers le champ le plus élevé pour chercher du tjangkoudou;
« tu vas chez un autre et viens aussi à moi, mais à moi comme
« si tu ne connaissais pas un autre.

« Trois tourterelles sont l'une près de l'autre, donnez-leur
« un nid de paille. Trois jeunes filles sont l'une près de l'au-
« tre, dont les désirs sont pour mon ami.

« Est-ce une vierge noire, un bambou rouge, un roseau
« qui pleure? Je ne veux pas cesser de te réclamer, ni de
« penser à toi.

« Les tourterelles volent au ciel; l'*ampélas* est resté sus-
« pendu au toit; j'ai mal à la tête, mais non à tel point que
« je suis troublé; ma tristesse et mes soupirs me portent tou-
« jours vers toi.

« Je ramassais le moantjang dans l'alangalan et vingt-cinq
« épis de blé. Lorsque, moi qui ne suis pas marié, je me
« trouve auprès d'une belle, on entend le bruit de mes larmes
« qui tombent.

« Nous montons à l'Éla pour prendre un oiseau et une
« poule noire; je veux te suivre dans la mort, nous devons
« donc avoir le même amour l'un pour l'autre (2). »

Les insulaires de la Sonde, vieux et jeunes, sont grands amateurs d'énigmes. C'est un plaisir qu'ils se donnent le soir quand ils sont réunis en famille.

(1) *Tydschrift voor ind. taal*, 1856, p. 114.
(2) *Tydeshrift voor ned. Ind.*, 1845, t. IV, p. 388.

Quelques-unes de ces énigmes ne sont pas dénuées d'esprit, comme celles-ci :

« Plus haut que la montagne, plus bas que le genou. » — (*Chemin qui traverse la montagne.*)

« Ce qui enferme reste immobile, ce qui est enfermé re- « mue. » — (*Une maison avec ses habitants.*) (1)

Cette poésie est bien dans le caractère du Javanais. C'est la simplicité, l'enfantillage, l'indolence de l'homme de la nature ; il emprunte ses idées et ses images à tout ce qui l'entoure, aux arbres, aux fleurs, aux plantes, aux animaux, aux champs, aux fleuves, aux ruisseaux ; et ce qu'il éprouve, il le dit avec naïveté et avec une grande fraîcheur de sentiment.

Les poëmes écrits des Javanais, relatifs aux événements les plus anciens de leur île et de ses premiers habitants, sont, peut-être plus que ceux de tout autre peuple, surchargés de fables. Des dieux sous forme humaine, des hommes doués de puissance divine, des êtres surnaturels, sous des apparences de géants ou de monstres, sont les personnages qui y jouent les principaux rôles. L'histoire des hommes s'y mêle avec celle des dieux ; en d'autres termes, l'histoire ancienne s'y confond tellement avec le mythe, qu'on voit à peine un faible rayon de vérité historique illuminer ces scènes grandioses, créées par une puissante imagination de poëte.

Au premier rang de ces épopées religieuses, Raf-

(1) *Tydschrift voor Ind. taal*, 1869, p. 369.

fles, de Humboldt, Dulaurier placent le *Kanda*. C'est une traduction javanaise d'un ouvrage qui a été écrit primitivement en kawi et que l'on croit perdu. L'original doit avoir été composé peu après l'arrivée des premiers colons à Java. On y trouve en effet les plus anciennes idées qu'on ait eues dans l'Archipel sur le monde surnaturel, mêlées à la doctrine bouddhique des Hindous (1). « Le triomphe des idées hindoues sur la civilisation javanaise primitive, dit M. Dulaurier, explique pourquoi le *Kanda* nous montre sans cesse ces divinités indigènes dans un état de subordination et d'infériorité.

« Le dieu javanais Watou Gounong est la personnification la plus remarquable de cette lutte nationale contre un culte étranger. Sa légende, racontée dans le *Kanda*, est fondée sur un mythe tout astronomique, et se lie évidemment aux cycles usités dans l'ancien calendrier javanais (1). »

Voici la fin de cette légende :

« Batara Wisnou partit avec ses fils pour combattre Watou Gounong, qui trouva la mort dans cette lutte avec tous ses fils et les grands du royaume. Les dewis ou déesses Landep et Sinta pleurèrent amèrement la mort de leur mari et de leur fils.

« Puisqu'elles étaient filles du ciel, elles avaient une puissance surnaturelle et leurs sanglots faisaient un grand bruit dans le ciel.

(1) Raffles, *Hist. of Java*, t. I, p. 417. Humboldt, t. I, p. 191-200. *Ueber die kawi sprache*. Dulaurier, *Mémoires, rapports, etc.*, p. 27-29.

« Sang Yang Giri Nata l'entendit et envoya le dieu Sang Yang Arsi Narada demander quelle était la cause de leur douleur et leur dire que leurs vœux seraient exaucés. Alors les dewis exprimèrent le désir d'être reçues dans le ciel avec leur mari et leurs fils. Le dieu suprême les exauça et fit entrer chaque semaine un d'eux dans le séjour céleste, d'abord les dewis Sinta et Landep, ensuite leurs 27 fils, et enfin Watou Gounong. C'est là l'origine des trente semaines de l'année javanaise. »

Chacune des semaines a reçu son nom de celui de chacun de ces demi-dieux. Ces divinités exercent toutes une influence sur les événements et la température des jours de la semaine, à laquelle chacune d'elles préside.

« L'opposition entre la mythologie javanaise et celle de l'Inde, « continue M. Dulaurier, » disparait dans le *Manck Maya*, autre poëme cosmogonique qu'a produit la littérature kawi. L'ordonnance de ce poëme, à la fois simple et régulière, le goût épuré qui en a exclu les exagérations monstrueuses qui abondent dans le *Kanda*, et la prédominance des idées hindoues, attestent qu'il a été composé à une époque postérieure à celle où ce dernier vit le jour, et lorsque l'art d'écrire avait déjà fait des progrès. Le *Manek Maya* procède presque entièrement du dogme bouddhique. Il reproduit sans aucun doute les doctrines de ce système religieux, telles qu'elles étaient professées à Java dans les premiers siècles de notre ère.

« Mais celui de tous les ouvrages kawis qui est le mieux connu jusqu'ici, parce que Raffles en a donné une excellente analyse, c'est le poëme épique qui a pour titre *Brata Youdha*, c'est-à-dire la *Guerre Sainte* ou la *guerre du malheur*. Le sujet en est emprunté à l'une des plus célèbres épopées hindoues, le *Mahabharata*. Suivant le jugement de M. Crawfurd, qui s'est livré à une étude approfondie de ce poëme, c'est une imitation faite de verve et pleine de goût de l'original sanskrit, et qui n'a point ces longueurs fatigantes qui déparent l'œuvre de Vyasa. Le style de l'ouvrage kawi rappelle, dans certains passages, la simplicité sublime de la poésie homérique; ailleurs, il a l'énergie âpre de la poésie hébraïque, quelquefois aussi la douceur tendre et mélancolique qui caractérise la muse de Virgile. »

Le Javanais tient le Brata Youdha pour un de ses plus beaux poëmes; il ne le regarde pas comme une œuvre d'origine étrangère, parce que les héros qui y sont chantés ont vécu à Java, même Djaja Baja, le prince de Kediri, sous le règne duquel le Brata Youdha a été traduit, et qui prétendait être le descendant de Bimanjou, fils d'Ardjouna.

Cet Ardjouna est le principal héros du poëme kawi « *Wiwoho* » ou « *Minto-rogo*, » qui a été composé par Hempou Kauno et traduit en javanais à la fin du siècle dernier. L'auteur en a emprunté le sujet à la troisième partie du *Mahabharata*; il a retracé l'épisode du voyage d'Ardschuna au ciel d'Indra..

Raffles mentionne le *Wiwoho* kawi dans son histoire de Java (1); mais d'après l'extrait qu'il en donne, Gerick est porté à croire qu'il ne l'a pas compris, ou bien qu'il a vu un poëme différent de celui édité par le savant hollandais (2).

Guillaume de Humboldt cite aussi le *Wiwoho* dans son beau livre sur la langue kawi (3), et mentionne en même temps, comme un poëme distinct, le *Mintâ-râga* qui est, dit-il, en haute estime chez les Javanais. Or, le *Wiwoho* et le *Minto-rogo* ne sont pas deux ouvrages différents, mais un seul et même poëme. Toutefois, plusieurs savants javanais font une distinction entre les deux noms.

Le mot Wiwoho a, en kawi, la même signification qu'en sanscrit et peut être traduit aussi par « poëme nuptial, épithalame », bien que les Javanais désignent plus particulièrement par ce mot une fête nuptiale, et se servent du dérivé *Miwoho* dans le sens de « préparer une fête nuptiale. » Gerick n'admet pas non plus que le poëme a reçu son nom du mariage d'un Raksasa, un géant, avec une Widodari, dont il n'est pas une seule fois question dans tout le poëme. Mais il croit plutôt que ce nom fait allusion au mariage d'Ardjouna avec les sept Widodaris, après sa victoire sur Dewoto Kawotjo, le prince des géants. En outre

(1) *History of Java*, t. I, p. 383.

(2) *Verhandelingen van het batav. genoots*, t. XX.

(3) *Ueber die Kawi sprache auf der Insel Java*, t. I, p. 204, et t. II, p. 3.

Gerik dit qu'à l'égard des mots *Minto-rogo*, il existe des doutes chez Raffles, Crawfurd et de Humboldt. Le premier cherche à les expliquer par *penance*, expiation, action d'expier (1). Crawfurd affirme que c'est le nom d'une grotte, où Ardjouna a fait expiation, et Humboldt les traduit par « mener la vie d'un Pandit ». Il croit même que le premier mot est le même que le malais *minta*, demander, prier, qui a, il est vrai, la même signification en javanais, mais qui signifie aussi dans cet idiome « partager, diviser ». De Humboldt prend encore *Rogo* pour le sanscrit *râga* qui veut dire « un désir violent ». D'ailleurs l'illustre savant reconnait qu'il ne comprend pas bien le sens de ces deux mots réunis.

Les héros de l'ancienne mythologie hindoue-javanaise ou des anciennes épopées javanaises se présentent tous ayant plus d'un nom. Même quelques-uns sont désignés par plus de dix noms propres, qui sont presque tous des épithètes, et ont reçu ainsi leur signification de diverses circonstances, soit de leur naissance, soit d'événements advenus dans le cours de leur vie, soit de leur caractère ou d'autres causes connues ou inconnues. C'est pourquoi étant au-dessus de ses frères, le héros Ardjouna, troisième fils de Pandou, ou celui qui tient le milieu entre les cinq Pandowos, a reçu plusieurs noms, sous lesquels il est désigné dans le même poëme. Tantôt il est nommé Djannoko, tan-

(1) T. II, *App.*, p. CLXVIII.

tôt Parto ou Danandjojo, et dans notre poëme il reçoit, à cause de ses expiations à Hendro-Kilo, le surnom de *Minto-rogo* qui a servi de titre au poëme.

La signification de ce nom sera facilement trouvée par celui qui possède le javanais, où le mot *minto* a généralement le sens de « prier », et où *rogo* est traduit par « corps ». *Minto-rogo* signifie donc « un corps priant » ou « une personne qui prie », ce qui se rapporte entièrement à Ardjouna, dont la principale occupation a été de « prier » à Hendro Kilo.

Peut-être le kawi *rogo* pourrait-il avoir la signification sanscrite de « désir violent, » sous laquelle toutefois Gerick n'a pas encore rencontré ce mot? Peut-être pourrait-on encore le traduire par « désirs partagés », dont la cause se trouverait dans la discussion qui a existé, entre Ardjouna et Padijo, sur les aspirations à la fois vers les choses terrestres et célestes ou spirituelles, ce qui est un épisode du poëme?

D'après Raffles, le Wiwoho kawi consiste en trois cent cinquante *podos* ou stances métriques. Le poëte du kawi, Hempou-Kanno, est nommé au commencement du poëme. Les savants javanais disent qu'il vivait sous le règne de Djojo-Bojo, qui a tenu le sceptre de Kediri au neuvième siècle de l'ère javanaise. Mais on doit peu se fier aux dates des Javanais qui rapportent souvent des faits à des temps incertains. Toujours est-il que l'on peut admettre comme vérité, qu'à une époque très-reculée il a existé à Kediri un prince, nommé Djojo-Bojo, qui a cultivé les sciences et l'art de la poésie. On lui attribue les principaux ouvrages écrits en kawi, ou au moins on dit qu'ils lui ont appartenu et qu'ils ont été composés sous son règne par des savants et des poëtes. Espérons qu'on trouvera un jour des documents qui établiront l'époque où vécut Djojo-Bojo. En attendant nous dirons que Gerick possède de ce prince un certain nombre de pralembangs (énigmes ou prophéties), qui pourraient le faire surnommer prophète ou visionnaire de Java, bien que ses prophéties soient très-obscures, étant écrites dans un langage mystérieux, et puissent prêter à diverses interprétations ou n'offrent même pas de sens.

Le traducteur du *Wiwoho* kawi en javanais, est Sousouhounnan Pakou-Bouwono III. Il a été fait plusieurs copies de l'œuvre javanaise ; Gerick s'est servi, pour son édition de 1845, de celle que lui a donnée le Pangeran Sourjo-Broto et de celle qu'il a reçue du kraton de Sourakarta. Je traduis ici l'analyse sommaire que l'éditeur hollandais a placée dans son introduction au poëme du *Wiwoho* :

« Niwoto Kawotjo, un prince des géants, qui régna à Ngimohimotoko, aujourd'hui Nouso-Baroug, une île située au sud-est de Java, avait demandé à Batoro Hendro, souverain du Sourolojo, une Widodari nommée Souprobo ; elle lui fut refusée. Niwoto-Kawotjo, très-irrité de ce refus, résolut de lui déclarer la guerre dans le Sourolojo.

« Ce redouté prince des géants avait, à la suite d'expiations austères faites autrefois sur la montagne

Himawan, reçu une force surnaturelle de Batoro Roudro (*Siwah*); de sorte qu'il ne pouvait être tué ni par un Dewo, ni par Ressi, ni par un Bouto, et était invulnérable aux armes des hommes. Seul, le bout de la langue pouvait être blessé, et toute blessure faite à cet endroit pouvait lui être mortelle. Mais cette place vulnérable n'était connue de personne et était même restée un mystère pour les Dewos.

« Batoro Hendro, craignant la guerre que Niwoto-Kawotjo voulait lui déclarer, se souvint de la prophétie qui avait annoncé que Niwoto-Kawotjo, le prince des géants, serait tué par un homme doué d'une grande puissance. Il se rappela aussi qu'un homme de haute réputation, nommé Hardjouno, se livrait à des austérités expiatoires sur le mont Hendro-Kilo dans le Pasourouwang; il conçut l'espoir d'être, par ce pénitent, délivré de son redoutable ennemi.

« Hardjouno, le troisième fils que Pandou avait obtenu de la Dewi Kounti, était allé, sous le nom de Bagawan Mintorogo, à Hendro-Kilo, pour se rendre Batoro Siwah favorable par des prières et des mortifications, et obtenir de lui une grande puissance, surtout une arme céleste avec laquelle il résisterait aux prétentions de la famille des Pandowos, et ferait cesser l'usurpation de Dourjoudono ou Soujoudono, le chef des Kourouwos, ses neveux.

« Batoro Hendro a jeté les yeux sur cet Hardjouno ou Mintorogo; il veut le prendre pour son champion dans le combat qu'il va livrer à son ennemi, le terrible Niwoto-Kawotjo.

« Cependant Batoro Hendro ne sait pas encore si Hardjouno a anéanti en lui tout mouvement sensuel. Il a résolu de mettre Hardjouno à l'épreuve et lui envoie à cet effet, à Hendro Kilo, sept des plus belles Widodaris pour le tenter.

« Les sept Widodaris viennent à Hendro-Kilo et y trouvent le pénitent dans une méditation profonde, mort à toute sensualité. Pendant trois jours et trois nuits, les Widodaris mettent tout en œuvre pour arracher Hardjouno à ses pensées et l'induire en tentation; mais il reste inébranlable à toute suggestion des sens.

« Les sept Widodaris, au lieu de tenter Hardjouno, en deviennent elles-mêmes éprises. Ayant perdu leurs peines, elles retournent au Sourolojo et font part à Batoro Hendro de la résistance qu'Hardjouno a opposée à leurs séductions. Cette nouvelle réjouit fort Batoro Hendro et tous les Dewos du Sourolojo.

« Dans l'intervalle, il s'éleva un autre doute au cœur de Batoro Hendro. Il est encore incertain de l'excellence des expiations d'Hardjouno; il ne sait s'il est préoccupé de pensées terrestres ou célestes. Si le monde est le but de ses austérités, il le prendra pour champion; si au contraire c'est le ciel, Hardjouno ne pourra correspondre aux vues du Batoro.

« Pour s'en convaincre, celui-ci résolut de se rendre en personne à Hendro Kilo et de sonder Hardjouno sur ce point délicat. Il apparaît devant l'ermitage d'Hardjouno sous les dehors d'un vieux Pandit du nom de Padijo. Le solitaire, occupé en ce moment à prier, n'aperçoit le visiteur que lorsque Padijo le fait sortir de sa rêverie, et attire son attention en toussant et en poussant de petits cris. Ils s'entretiennent alors de beaucoup de choses mondaines et spirituelles, jusqu'à ce que Padijo, convaincu du but des expiations d'Hardjouno, se découvre à lui comme Batoro Hendro. Ensuite, le dieu avertit le pénitent de persévérer et lui annonce l'apparition prochaine de Batoro Siwah.

« Sur ces entrefaites, Niwoto-Kawotjo a appris que Batoro Hendro prendra le pénitent Hardjouno pour champion. Afin d'empêcher ce choix, il charge un chef renommé des géants, Momong-Mourko, d'aller à Hendro-Kilo tuer Hardjouno. Momong-Mourko paraît à Hendro-Kilo sous la forme d'un sanglier. En même temps Batoro Siwah, qui a abandonné Kiloso-Pourwo, sa capitale dans le Swargo, sous la figure de Kiroto-Roupo, un prince chasseur, vient à Hendro-Kilo pour bénir Hardjouno et lui offrir l'arme céleste qu'il désirait. Mais d'abord il éprouva sa bravoure.

« Hardjouno, ayant aperçu le sanglier, prend son arc et lui lance une flèche. Kiroto-Roupo envoie aussi au même instant une flèche à l'animal sauvage. Les deux flèches atteignent la bête au même endroit et la tuent. Par la puissance de Siwah, les deux flèches n'en firent qu'une. Hardjouno court au sanglier mort pour en extraire sa flèche. En même temps arrive aussi Kiro-Roupo qui se l'approprie. Ceci fut la cause d'une querelle et d'un combat entre eux. Ils luttèrent longtemps ensemble et avec des chances diverses, jusqu'à ce que Kiroto-Roupo se découvrît enfin comme Batoro Siwah et gratifiât Hardjouno de l'arme céleste Paso-Pati. Après qu'Hardjouno eut exprimé sa reconnaissance à Batoro Siwah, celui-ci revint à son palais céleste.

« Hardjouno croyait avoir atteint le but de ses désirs et pouvoir regagner sa patrie. Mais pendant ses préparatifs de départ, deux Widodaris, Bodjiro et Herowono, viennent de la part de Batoro Hendro l'inviter à se rendre au Sourolojo; elles lui remettent une lettre de Batoro Hendro, un petit tuyau, un chapeau et une couple de mulets. Il accepte cette invitation malgré lui, et n'ayant pu la refuser, il se rend au Sourolojo où les deux Widodaris lui servent de guides.

« Arrivé devant Batoro, celui-ci fait savoir à Hardjouno l'obligation, où se trouvent lui et les habitants du Sourolojo, de livrer bataille à Niwoto-Kawotjo, et que son espérance et celle de tous les Dewos sont placées en lui seul, Hardjouno.

« Hardjouno fait des difficultés pour aller se battre contre Niwoto-Kawotjo, parce qu'il s'en juge incapable. Mais ils tombent d'accord pour découvrir par ruse la place où Niwoto-Kawotjo était vulnérable. Souprobo est à cet effet envoyée à Ngimohimotoko pour s'offrir elle-même comme épouse à Niwoto-Kawotjo. Hardjouno est chargé de l'accompagner durant son voyage, et reçoit, outre le tuyau qui lui permet de voler à travers les airs, l'Hadji Hadreswo Sadono, un formulaire de sorcellerie, au moyen duquel il peut se rendre invisible.

« Arrivée à Ngimohimotoko et reçue avec bonheur par Niwoto Kawotjo, Souprobo cherche, par ses douces et caressantes paroles, à dérober au prince des géants son secret et à savoir de lui la place où il est vulnérable. Hardjouno, qui s'était rendu invisible par l'Hadji et avait entendu tous les entretiens de Niwoto-Kawotjo avec Souprobo, apprend enfin le mystère. Tous les deux retournent joyeux au Sourolojo et rapportent à Batoro Hendro l'heureuse issue de leur mission.

« Niwoto-Kawotjo, ayant découvert la ruse et compris trop tard que l'apparition de Souprobo avait été méchamment suscitée par Batoro Hendro, devient furieux. Il se prépare aussitôt à la guerre et se lance avec une armée innombrable de géants contre le Sourolojo.

« Au Sourolojo, Batoro Hendro et les Dewos délibèrent si l'on ira au-devant de l'ennemi, ou bien si l'on s'enfermera dans les murs de la capitale. Bien que Batoro Hendro tienne pour ce dernier parti, il consent pourtant à ce qu'on aille livrer bataille en rase campagne.

« Les armées ennemies sont en présence. Le combat est acharné. Des millions d'hommes tombent des deux côtés. Les géants sont à la fin victorieux et les bandes de Sourolojo sont mises en fuite. Hardjouno feint de s'enfuir avec elles. Les géants les poursuivent et leur lancent des flèches. Niwoto-Kawotjo frappe avec son tomoro, surtout sur Hardjouno. Celui-ci fait semblant d'avoir été atteint par le tomoro et d'être mort. Niwoto-Kawotjo, joyeux de son succès et riant à gorge déployée, tombe en arrière sur son char. Son rire lui élargit la bouche et Hardjouno profite de cette circonstance pour le percer, à l'extrémité de la langue, de l'arme céleste, le Paso-Pati qu'il avait obtenu de Batoro Siwah. Cette blessure entraîna la mort de Niwoto-Kawotjo.

« La victoire est alors décidée. Batoro Hendro et les Dewos sont délivrés de leur puissant ennemi. Batoro Hendro rappelle à la vie, par la vertu de l'eau Merto, tous les tués et blessés de l'armée du Sourolojo. Tous retournent au ciel pleins de joie et en triomphe, et l'on y donne des festins en l'honneur du héros Hardjouno.

« Hardjouno fut élevé pour le temps de sept mois à la dignité de souverain du Sourolojo, et marié aux sept Widodaris qui lui avaient été envoyées autrefois pour le tenter.

« Après l'expiration de ces sept mois, pendant lesquels il avait gouverné comme souverain le Sourolojo, Hardjouno retourna sur la terre à sa demeure Madoukoro, ou bien à Ngamerto, le séjour de son frère aîné Joudistiro; muni de l'arme céleste, le Paso-Pati, présent de Batoro Siwah, et enrichi des trésors que lui avait donnés Batoro Hendro. »

Ce poëme offre plusieurs scènes où les mœurs orientales sont dépeintes avec les plus vives couleurs, mais le mariage d'Hardjouno avec les Widodaris ne peut être décrit dans une langue européenne; la pudeur en serait blessée.

La littérature javanaise possède aussi une traduction d'un autre poëme kawi qui paraît avoir été emprunté au Ramayana. On y raconte les hauts faits du dieu Visnhou, au temps où il était sur la terre, incarné dans la personne de Rama, le plus ancien des fils de Dasa-Rata, prince de Ngajôdya. Le traducteur ou l'imitateur du poëme kawi est Empou-Poujwo, qui vivait au huitième ou neuvième siècle. Winter en a publié le texte javanais en le faisant précéder d'un résumé écrit en néerlandais (1).

Après ces poëmes de premier ordre, on peut citer encore d'autres ouvrages en kawi d'un mérite inférieur, tels que le *Maha Dewa Bouda* sur la divinité suprême de *Bathara Gourou*, durant son règne comme dieu sur la terre; le *Bouda Woukou* relatif au culte qu'on devait à *Bathara Gourou;* le *Maha Brama*, où il est traité du dieu *Brama* comme prince de la terre; le *Soumanantaka,* où il est de nouveau question du dieu Visnou, et le *Hardjouna Widjaja* ou Hardjouna

(1) *Verhandelingen van het batav. genoots*, t. XXI.

aux mille bras, poëme qui célèbre la guerre que ce prince soutint à Mahispati contre le prince des géants de Ngalengka (1).

L'Académie de Batavia a publié en 1847 un poëme sur la guerre que les dieux hindous se livrèrent pour dominer sur Bali. Après la bataille, Batàra Indra imposa des lois aux Balinais : « Bientôt, dit le poëte, le soleil baissa, et les batâras revinrent suivis du cortége des boudjanggas Resi, Sewa et Sagata, des devatas Gandarwa, Widadara et Warapsara, et des Poenggawas et des Patihs qui fermèrent la marche de l'armée des dieux. Tous traversèrent les airs et vinrent à Basoukih. Tous avaient le cœur joyeux. Bientôt la nuit tomba.....

« Au retour du soleil, batàra Indra dit aux Pounggawas des habitants de Bali : « Eh bien! assemblée « des Pounggawas qui demeurez ici à Bali, et vous « tous, gardiens des temples, je veux vous instruire; « ne soyez pas désobéissants aux dieux et ne vous « opposez pas à la puissance des batâras, ne faites « pas cela; si vous vous opposez à la volonté des « batâras, vous vous attirerez de grands malheurs et « ne renaîtrez plus parmi les humains, et si vous ne « priez dans le temple du batâra, vous n'aurez certainement pas de bonheur à Bali, et vous vivrez « en mésintelligence avec tous vos parents et vos « mandesas; si vous négligez les usages religieux dans

(1) Hollander. *Leer Cursus*, 1848, p. 193.

« les dessas, vous vous attirerez une lourde pesti-
« lence et n'aurez aucune part au bonheur. Cela sera « ainsi jusque dans les siècles les plus reculés, aussi « longtemps que durera la domination du roi; vous « ferez seulement attention à cela. » Tous répondirent d'une voix unanime : « Oui, oui, seigneur, les « esclaves du Batâra se soumettront à la volonté du « Batâra. »

« Ainsi parla le Batâra; puis il reprit : « Bien; « vous, Pounggawas, restez ici parmi les hommes de « Bali; je retournerai à la montagne Mahamerou. » Et il partit s'envolant par les routes éthérées, suivi de tous les dieux de Djampoudipa (1). »

Dans un autre poëme kawi, découvert par Friederich (2), les dieux sont en guerre contre les géants de Bali et l'*Ousana Bali* (3) a conservé le récit de cette lutte nouvelle. Ce livre est une histoire populaire de l'établissement de la religion hindoue à Bali et n'appartient pas à la collection des Écritures saintes de ce pays, parce que les brahmanes n'estiment que les écrits qui ont été importés de Kling ou de Java. Il est aussi inférieur sous le rapport du style à tout ce que Friederich connaît de la plupart des ouvrages kawi; cependant il le croit digne de l'attention de tous ceux qui s'occupent des anciennes doc-

(1) *Tydschrift voor nederl. Indie*, 1847, t. III, p. 318 à 329.

(2) *Id.*, p. 245.

(3) *Ousana* dérive probablement du sanscrit « *Vas* » et signifie « enseignement ».

trines religieuses sorties des îles les plus civilisées de l'Archipel indien.

Le livre de l'*Ousana-Bali* est écrit sur des feuilles de lontar comme les manuscrits des Sassaks, qui sont des chroniques en langue de Bali-Djawa et des romans traduits du malais ou de l'arabe. Le *Ringanis* est le plus grand et le plus répandu de ces ouvrages. Viennent ensuite le *Djabalkap*, le *Labonkara*, le *Souroutie*, le *Tapsir*, le *Djatie Sokara* et l'histoire de Ratou Moka. Ces livres sont rares et très-difficiles à se procurer, même en copie, parce que les Sassaks croient qu'ils en sont protégés contre les maladies et les calamités.

Les insulaires de Bali connaissent encore le Ramayana, le Brata Youda, l'Ardjouna, le Sastra Wiwaha et le Sastra Manouwa, le Semara Dahana et le Semara Sentaka, etc. Ils ont aussi des formulaires pour conjurer les mauvais esprits dans les malheurs publics. Enfin, il y a des ouvrages balinais sur le droit; d'autres traduits du malais, de l'arabe et du javanais. Ils sont historiques, dramatiques, épiques ou romanesques. On compte aussi deux calendriers intitulés: *Warigé* et *Tokouim*, qui indiquent les jours heureux et néfastes, les mois et les années (1).

A Bandjermassin, sur la côte sud-est de Bornéo, Cohen-Stuart a vu un manuscrit sur feuilles de lontar, où se trouve le conte de Mohammet et d'Achmet.

(1) *Tydschrift voor nederl. Indie*, 1847, t. II, p. 177.

Les principales scènes de ce récit merveilleux ont été gravées sur deux poutres de Martapoura, déposées aujourd'hui au musée de Batavia. Elles rappellent qu'une jeune et belle femme du pays de Sam, veuve d'un Pandit avait deux fils encore en bas âge et nommés Mohammet et Achmet. Ils étaient si beaux que leur vue seule guérissait les malades.

Devenus grands, leur mère les incitait toujours à s'instruire. Ils répondirent qu'ils le voulaient bien, mais à la condition d'avoir un bel oiseau pour récompense.

La mère se rendit aussitôt au marché et acheta un oiseau de la plus rare beauté.

Le conte nous apprend ensuite qu'un très-riche marchand de Perse rêva, une nuit, qu'il voyait un oiseau au plumage des plus variés, et qu'il entendait une voix lui dire :

« Celui qui mangera le cœur de cet oiseau sera
« élevé au rang suprême et aura un cortége de prin-
« ces sous ses ordres.

« Celui qui mangera la tête de cet oiseau sera un
« *mantri* distingué avec une puissance extraordinaire,
« et en grand honneur parmi les hommes; mais d'a-
« bord il souffrira la pauvreté pour briller plus
« tard. »

S'étant réveillé en sursaut, le marchand fut tout troublé et alla consulter un astronome. Le devin lui indiqua l'oiseau de Mohammet et d'Achmet, mais leur mère ne voulait pas s'en séparer moyennant de l'argent; alors le marchand lui promit de l'aimer et de l'épouser, et elle céda à l'amour qui la subjuguait.

Bientôt l'oiseau fut tué et rôti. Quand les enfants revinrent de l'école, ils demandèrent aussitôt leur petit ami. Apprenant sa mort, ils voulurent le voir une fois encore, et avant que le marchand pût les en détourner, Achmet saisit la tête et la mangea; Mohammet saisit et mangea le cœur (1).

Ainsi s'accomplirent les hautes destinées promises aux deux fils du Pandit de Sam.

Mais à Java les grands événements nationaux n'ont pas été confiés seulement à la mémoire populaire par la poésie écrite ou chantée, ils l'ont été encore par le drame. Parmi les délassements les plus agréables aux Javanais, la représentation théâtrale des mythes indiens et des faits d'armes des siècles bouddhiques tient le premier rang. Elle se fait soit par des figures en cuir ou en bois, soit par des images en papier, toutes nommées *wajang* (2), ou bien par personnages masqués.

Les pantins en cuir sont de deux sortes : le *pourwo*, commencement, et le *gédog*, mot kawi signifiant « cheval ». Il n'y a ordinairement pas de différence entre ces deux sortes de wajangs dans leurs traits généraux : le nez taillé comme des becs d'oiseaux, les bras longs, le corps en face, la tête en profil et couverte de capuchons avec des ornements particuliers. Tout cela

(1) *Tydschrift voor Ind taal*, 1869, p. 548.
(2) Ce mot signifie « ombre », dans le sens d'ombres chinoises.

fait songer aux marionnettes des Champs-Élysées de Paris.

Les pantins du *pourwo* sont pour la plupart figurés tête nue ou ornée d'une couronne, et ceux du *gêdog* portent communément des turbans et des kriss. Puis, la représentation du *pourwo* est accompagnée de la musique *salendhro*, et celle du *gênog* de celle du *pélog*, qu'on distingue seulement par certaines variantes. Les instruments consistent alors en un *rêbab* ou violon ; un gambang, un *gendhèr* qui est toujours touché par une femme, un *kendang* ou tambour, deux *sarous*, un *gong*, un *kêthouk*, un *kênong*, un *kempoul* et un *ketjer*. Quelquefois on y ajoute une flûte au gré d'une cantatrice. Enfin, le *pourwo* est consacré à la représentation des mythes indiens, et le *gêdog* à celle des faits d'armes du Pandji.

Le *wajang klithik* est en bois, dans le même genre que celui en cuir, mais sous le rapport du vêtement il ressemble davantage au *gêdog*. C'est par lui que sont représentées les aventures de Dhamarwouland avec Menak Djinggo, qui remontent à l'époque du royaume de Madjapahit.

Ces représentations ont lieu le jour, et celles du *pourwo* et du *gêdog* le plus souvent le soir devant un rideau de coton, derrière lequel les femmes jouent les rôles des principaux personnages jusqu'à six heures du matin. Ce spectacle, qui ressemble à celui des ombres chinoises, se termine par une danse de marionnettes nommées *gambjong*.

Dans le *wajang-beber*, les figures sont dessinées sur du papier javanais roulé en divers rouleaux. Le dalang les déroule au fur et à mesure de l'explication qu'il donne des images, et il fait accompagner son récit des sons d'un instrument à cordes. Les aventures de Pandji avec Klono sont représentées sous différents noms par ce wajang.

Quoique cette littérature dramatique soit bien modeste, elle est cependant en grand honneur chez les Javanais. Un drame surtout, le *wajang-pourwo*, excite leur fierté, à tel point que le sousouhounnan Pakobouwono IV ne dédaigna pas de remplir devant sa cour le rôle de dalang.

A toutes les fêtes javanaises, on joue un wajang. Chaque habitant doit alors recevoir chez lui des artistes ambulants, leur donner à boire et à manger, et laisser entrer les spectateurs s'il ne veut pas avoir sa maison assaillie par des pierres. C'est au milieu du vacarme des enfants et des cris des femmes, que le dalang débite imperturbablement sa leçon et fait manœuvrer ses marionnettes. Parfois aussi, on entend le soir, devant la maison d'un Européen, un jeune Javanais, pour charmer les loisirs que lui fait l'absence de son maître, déclamer, sous forme de dialogue, le wajang des héros de son pays, et ce Talma improvisé des tropiques indique le rôle de chaque personnage par une intonation différente.

Le drame le plus palpitant d'intérêt pour le peuple javanais, et qui l'impressionne le plus vivement, est le wajang de Kerno-Tandingan, que Philips a découvert et publié (1).

Le sujet de ce drame est emprunté à la mythologie et il est connu sous le nom de « la lutte fraternelle ». L'histoire de Java, comme celle de toutes les nations, s'ouvre par la haine et l'inimitié entre frères. Kerno, prince de Ngawongo, surnommé Sourjo Poutro, et son beau-frère Djanoko, prince de Madhoukoro, inaugurent par leurs querelles les commencements de l'empire javanais. Le premier a déclaré la guerre au second :

« Kerno tira sur son frère sa flèche redoutée; mais elle passa au-dessus de la tête de Djanoko par le mouvement que l'adipati Salijo imprima à son char. Éperdu de colère, Kerno décocha encore plusieurs flèches et toujours sans atteindre Djanoko. Un serpent, que les combattants n'apercevaient pas, les détournait sans cesse.

« Enfin tous les deux descendirent de leurs chars et luttèrent corps à corps, le kriss à la main. Kerno succomba sous les coups de Djanoko. Le serpent Hardho Walipo apparut alors, enveloppa Djanoko de ses replis tortueux, lui fit au flanc une large blessure et y déchargea tout son poison, espérant faire périr ainsi sa victime. Mais Djanoko recueillit ses forces surnaturelles, et changea la sueur, qui suintait

(1) *Tydschrift voor Ind. taal*, etc., 1857, t. II, p. 33.

goutte à goutte de son corps, en un poison mortel qui fit reculer le serpent (1). »

Dans ce drame de Java, les deux frères se disputent l'empire, comme, dans la légende du Talmud, Caïn et Abel se querellent pour la domination du monde. C'est toujours la convoitise des hommes excitée par les mêmes causes; ici un trône, là une femme.

Les œuvres théâtrales des Javanais, toutes dépourvues qu'elles soient d'intérêt dramatique, n'en sont pas moins des documents précieux où l'on apprendra à connaître le caractère et les habitudes de ce peuple, même d'une manière plus détaillée que dans ses chroniques et ses *Babads* ou écrits historiques proprement dits. Parmi ces derniers recueils, on peut citer le *Babad-Pourwo*, *Babad-Padjadjarran*, *Babad-Modjopahit*, *Babad-Demak*, *Babad-Materam*, *Babad-Kerlosouro*, *Babad-Mangkou-Boumi*. Ce sont les titres des manuscrits où sont consignés les principaux événements des royaumes et principautés de Java. Outre ces ouvrages, il se trouve encore des traités sur les mœurs et les coutumes, tels que le *Papali* de Kjahi-Hageng-Seselo, le *Sewoka* de Pakou-Bouwono, le *Woulang-Ngreh* de Pakou-Bouwono et le *Sono Sounou* de Raden Toumenggoung Sastro-Negoro. Les livres où est exposée la législation javanaise sont le *Nawolo-*

(1) *Tydschrift voor Ind. taal*, 1857, t. II, p. 33.

Pradoto, *Hangger-Sadoso*, *Hangger-hageng* et le *Hanggerrangerranning-Gounoung*, le dernier acte de Sousou-Houman qui administrait vers 1844.

Depuis l'introduction du mahométisme à Java, le Koran et les kitabs arabes ont fourni la matière de beaucoup de formulaires relatifs au culte divin, parmi lesquels l'*Anbyo*, le *Menak* et le *Tadjou* tiennent le premier rang. Enfin dans la littérature javanaise, il faut citer encore les traités de morale. M. Dulaurier, d'après Raffles et Humboldt, fait l'éloge du *Niti-Sastra*, « écrit, dit-il, en kawi et né de la même inspiration religieuse qui présida à l'érection du temple de Boro-Boudor. La pureté toute ascétique des préceptes enseignés dans le *Niti-Sastra* semble rappeler la pensée du fondateur du bouddhisme, avec la même fidélité que les bas-reliefs de Boro-Boudor reproduisent la représentation bien connue de ses traits et de son attitude contemplative (1) ». Enfin, de Hollander énumère encore seize autres livres qui renferment des leçons de morale à l'usage des personnes de tout rang, même des ministres et des rois, et dont les principes ont été puisés aux sources pures de la poésie sanscrite. Cette poésie, où abondent des modèles d'héroïsme, d'abnégation, de sacrifice, de dévouement, d'amour et de charité, a laissé croire un jour à de nobles esprits qu'une des racines du christianisme aurait végété dans les flancs de l'Himalaya.

(1) *Rapports*, *Mémoires*, *etc.*

RELIGIONS.

Prolégomènes. — Idée de Dieu. Étymologie et signification du mot « Dieu ». — Le Rig-Véda. — Fétichisme. — Chez les Papous. — A Amboine. — Culte de la pierre. — Songe de Tahitou. — Idées religieuses des Alfoures et des Bantiks. — Naturalisme et polythéisme. — Culte du ciel et de la terre. — Chez les Badouins. — Chez les Timorais. — Les Badjorais. — A Banka. — Brahmanisme. — Le *Djilapsoro*, traité de mythologie javanaise. — Cosmogonie des Battaks. — Prière battake. — La Trimourti de Malabar. — Cosmogonie des Pak-Paks et des Dayaks. — Des habitants de Sumatra. — La Trimourti de Bali. — L'*ousana Bali*. — Croyances religieuses des montagnards du Tinger. — Bouddhisme. — Esprits. — Temples. — Culte. — Cérémonies religieuses. — Division du temps à Java et à Bali.

PROLÉGOMÈNES.

Des langues aux religions la transition est naturelle. En effet, « l'histoire de la religion est en un « sens l'histoire du langage », a dit Max Müller, et longtemps avant lui, au dix-septième siècle, Locke avait déjà écrit : « Une chose qui peut nous approcher un peu plus de l'origine de toutes nos notions et connaissances, c'est d'observer combien les mots dont nous nous servons dépendent des idées sensibles; et comment ceux qu'on emploie pour signifier des actions et des notions tout à fait éloignées des sens, tirent leur origine de ces mêmes idées sensibles, d'où ils sont transférés à des significations plus abstraites pour exprimer des idées qui ne tombent point sous les sens. Ainsi, les mots suivants : *imaginer*, *comprendre*, *s'attacher*, *concevoir*, *inculquer*, *dégoûter*, *trouble*, *tranquillité*, *etc.*, sont tous empruntés aux opérations de choses sensibles et appliqués à certains modes de penser. Le mot *esprit* dans sa première signification, c'est le souffle; et celui d'*ange* signifie messager. Et je ne doute point que, si nous pouvions conduire tous les mots jusqu'à leur source, nous ne trouvassions que dans toutes les langues, les mots qu'on emploie pour signifier des choses qui ne tombent pas sous les sens, ont tiré leur première origine d'idées sensibles. D'où nous pouvons conjecturer quelle sorte de notions avaient ceux qui les premiers parlèrent ces langues-là, d'où elles leur venaient dans l'esprit et comment la nature suggéra inopinément aux hommes l'origine et le principe de toutes leurs connaissances, par les noms mêmes qu'ils donnaient aux choses, puisque pour trouver des noms qui pussent faire connaître aux autres les opérations qu'ils sentaient en eux-mêmes, ou quelque autre idée qui ne tombât pas sous les sens, ils furent obligés d'emprunter des mots aux idées de sensation les plus connues, afin de faire concevoir par là plus aisément les opérations qu'ils éprouvaient en eux-mêmes, et qui ne pouvaient être représentées par des apparences sensibles et extérieures (1). »

(1) *De l'entendement humain*, traduction de Coste, 1787, t. III, p. 62 et suiv.

La science de la philologie comparée a confirmé aujourd'hui la théorie du célèbre philosophe anglais. Et si Locke avait eu à sa disposition toutes les ressources de cette science nouvelle, il aurait pu ajouter que l'idée même de *Dieu*, pur esprit, être incréé, invisible quoique présent partout, éternel, immense, infini en durée comme en étendue, cause première de tout; que cette idée, dis-je, est exprimée dans les langues indo-européennes par un mot qui a sa racine dans une idée sensible. C'est que l'homme, être créé et borné, ne peut pas se représenter à lui-même et représenter à ceux avec qui il est en communication, l'être invisible, immense, infini, éternel, que par des signes et des images, sonores ou tangibles, limités dans le temps et l'espace. Ce qui ne veut pas dire que l'idée de Dieu soit une idée sensible ou qui a sa source dans la sensation. Non, son origine est plus haute; elle est née de la perception des opérations de notre âme sur les idées reçues par les sens, en d'autres termes, de la réflexion.

Lorsque l'homme, distinguant son existence de celle du monde extérieur, se fit un jour cette question : « Que suis-je? » et qu'il compara la faiblesse de son être aux forces supérieures de la nature; lorsque pour la première fois il entendit, le soir, le roulement du tonnerre, et qu'il vit le ciel tout en feu, et la grêle dévaster les campagnes et le vent déraciner des arbres séculaires; lorsqu'après ces scènes de désolation, il vit la lune et les étoiles lui sourire, et le lendemain, l'aurore répandre ses rayons joyeux dans les plaines et sur les flancs des collines où il menait paître ses troupeaux, mille pensées confuses ont dû traverser son âme. Il a voulu se rendre compte de ces phénomènes, dont il était le spectateur effrayé et ravi à la fois. Il s'est interrogé et il n'a pas trouvé en lui la cause de ces scènes grandioses, tour à tour terribles et charmantes. Il a regardé le ciel, et il a pensé que là où se mouvaient ces puissances inconnues qui le faisaient passer de la crainte à l'espérance, là devait résider l'auteur ou la cause de ce qui le faisait heureux ou malheureux. Ce qui l'avait surtout frappé dans la contemplation du ciel, c'étaient toutes ses parties lumineuses, brillantes. Et lorsque nous remontons aux livres sacrés de l'Inde où apparaît le langage primitif de l'Indo-Européen, nous voyons que le ciel a été nommé *Dyu* ou *Dyaus*, le brillant. Ce nom exprime ici une idée sensible, car c'est par les sens que l'Arya a connu l'éclat du ciel. Mais plus tard, lorsque notre ancêtre de l'Himalaya a voulu scruter davantage cette idée de cause première, qu'il a *réfléchi* en un mot sur ce qui fait produire la rosée et dirige les tempêtes, il a dégagé le mot *Dyu* ou *Dyaus* de l'idée sensible qu'il y avait d'abord attachée, et s'en est servi ensuite pour exprimer l'idée nouvelle de cause première, née de la réflexion. Dans ce dernier cas, *Dyu* ou *Dyaus* est une métaphore et est devenue dans la suite des temps la racine du grec *Zeus*, du latin *Deus* et *Jovis*, de l'ombrien *Juvi*, de l'osque *Juveis*, de l'anglo-saxon

Tiw, de l'ancien haut-allemand *Zio*, du lithuanien *Diwas*, du celtique *Dews* et de l'ancien norrois *Ty-r*.

Voilà pourquoi, dans les religions primitives, Dieu et Ciel sont souvent confondus et que le ciel est invoqué dans les prières à la place de Dieu. Mais lorsque le travail de la réflexion eut fait apparaître plus clairement la personnalité divine, cette confusion cessa et le ciel ne fut plus que le séjour de la divinité.

Ainsi, le mot *Dyaus* et ses dérivés signifient aujourd'hui « Dieu » ou « cause première de tout ce qui est ». Il est remarquable qu'il n'existe pas de mot sanscrit pour désigner la pluralité des dieux. Le polythéisme et la mythologie sont nés seulement d'un langage puissamment figuré, qui a personnifié les éléments ou les forces de la nature, lesquelles sont devenues dans le cours des siècles et aux yeux de la multitude, des dieux ayant une existence personnelle et indépendante de la divinité.

Ce développement successif des idées religieuses chez les Aryas est clairement indiqué dans le Rig-Véda. Le sacrificateur y invoque le ciel et la terre, comme des dieux intelligents et tout-puissants. « Qu'il soit doux le ciel notre père ! (sect. I, lect. VI, hymn. 10). » — « Que le grand ciel et la terre agréent notre « sacrifice, et qu'en récompense ils nous comblent « de leurs biens ! (sect. I, lect. II, hymne 3). » — « Par leurs prières, les sages, dans ce lieu où siége « Gandharoa, recueillent le lait du ciel et de la terre « (sect. I, lect. II, hymn. 3, v. 14). » Aussi, Langlois en traduisant ces hymnes antiques, les a-t-il fait précéder de ces réflexions : « L'homme qui a la conscience de sa faiblesse cherche un appui autour de lui, et dans les diverses parties de cette nature qui touche ses sens, il reconnait l'action de l'être invisible dont le secours lui est nécessaire. Il l'invoque dans la lumière qui l'éclaire, dans le feu qui l'échauffe, dans l'air qui le rafraîchit, dans le ciel et la terre, dans le jour et la nuit. Partout où il voit un rayon de cette clarté, de cette force, de cette abondance, de cette charité dont il a besoin, il adore Dieu. Il n'adore pas l'élément qui semble le recéler en son sein ; mais cet élément devient pour lui une chose sacrée, il reçoit le nom de *Déva*, qui se traduit par le mot « Dieu », mais qui n'a point cependant l'acception métaphysique de cette expression. » Ce culte du ciel et de la terre n'était pas ce qu'on appelle aujourd'hui le panthéisme. Dans le Rig-Véda, l'idée de Dieu ne se confond pas avec celle d'une nature supposée éternelle, à ce point que la nature ne serait que la forme apparente de Dieu. Non, l'esprit de l'Arya, vivant dans la nature, mais se sentant indépendant d'elle, s'était déjà élevé jusqu'à la croyance à un être distinct et au-dessus d'elle. Pour lui, l'univers n'était pas Dieu et Dieu n'était pas l'univers. L'Arya, sans être monothéiste comme le Sémite, avait déjà le pressentiment de l'unité divine.

Mais après la séparation de sa race, après des guerres et des révolutions, lorsque son intelligence se fut obscurcie à la suite d'événements qui le forcèrent de vivre dans la solitude et dans l'éloignement de ses semblables, il supplia comme des divinités réelles l'aube naissante du jour de lui être propice, ou les vents impétueux de détourner de lui leur courroux; il adora même les choses inanimées et insensibles, telles que les montagnes, les torrents, les plantes, et les objets les plus insignifiants que sa propre main avait façonnés.

Encore aujourd'hui, on l'a déjà remarqué, il est, dans l'Archipel indien, des peuplades incapables de concevoir des *idées abstraites* et dont toute la pensée religieuse se résume dans le fétichisme. Mais après les invasions hindoues, la plupart de ces insulaires adoptèrent les croyances des brahmanes et des bouddhistes, et les observèrent jusqu'au jour où ils furent convertis à l'islamisme ou au christianisme. Nous essayerons d'exposer toutes ces idées confuses que les populations primitives des îles de l'Océan indien se sont faites ou ont reçues sur Dieu, sur l'origine du monde et sur l'immortalité de l'âme. Nos renseignements seront empruntés aux récits de personnes qui ont vécu au milieu de ces peuples et les ont interrogés. Puissent-ils un jour servir de matériaux à la science des religions! « Toute religion, comme l'a dit le savant Max Müller, même la plus imparfaite, la plus dégradée, ne contient-elle pas des éléments qui doivent être sacrés pour nous, car toutes les religions soupirent après le vrai Dieu, encore qu'elles ne le connaissent pas (1)? »

FÉTICHISME

Les Papous n'ont d'autre religion que le fétichisme; ils n'adorent pas les éléments de la nature, mais des images que leurs propres mains ont fabriquées. Ainsi, ils vénèrent un *Karowar*, qui est une statuette de bois, à figure humaine, ayant trente à quarante centimètres de hauteur, une grosse tête, de petites jambes, une large bouche et les yeux enchâssés de coraux coloriés. Cette idole est ordinairement représentée levant le bras droit et laissant tomber celui de gauche; ou bien portant un bouclier sur lequel on a dessiné tantôt une tête d'enfant, tantôt un serpent.

A Amboine, les insulaires vénèrent les grands arbres, les tamariniers, et ceux de Waye adorent le Dieu Créateur sous les traits d'un Priape. Sa statue existait encore en 1656; elle était cachée dans un lieu écarté, entourée de quelques arbres nommés *pissang*, et d'un accès très-difficile. L'artiste lui avait donné des moustaches pointues et un développement excessif à ce qui atteste la virilité. A Coracora de Soya, les indigènes avaient une idole qu'ils nommaient *Boutoh Oulisiwa*, c'est-à-dire la virilité des Oulisiwa, et qu'ils invo-

(1) *Essais sur l'histoire des religions*, Didier, 1872, p. XXXIX.

quaient pour triompher de la mort et obtenir la victoire sur leurs ennemis. A Ema, un Dieu était adoré sous la figure d'un porc, à Titaway, sous celle d'un serpent. A Siri-Sorri, les habitants vénéraient les cinq statues des cinq fondateurs de leur race et leur demandaient d'abondantes récoltes. A Amet, une autre statue en bois était invoquée dans les calamités publiques. Cette divinité était nommée *Tachinat*, c'est-à-dire la vieille femme, en souvenir d'une vieille femme qui avait été aimée de tout le village. A Noussa Laout, les Apoupouwas adressaient leurs prières au dieu Hayacka qui n'avait aucune forme humaine ou animale, et qui consistait en trois pièces de bois liées ensemble. On dit qu'un certain Laheou, un des ancêtres de la race des Apoupouwas, avait acheté ce dieu à un marchand de Solor ou de Java. Le vendeur lui avait affirmé que s'il vénérait pieusement ces trois pièces de bois, lui et sa race en recevraient toutes sortes de bénédictions. La femme surtout en travail d'enfantement aurait une heureuse délivrance, si ce trésor divin était placé dans sa chambre. Une autre pièce de bois était aussi l'objet d'un culte de la part des habitants de Sila, dans l'île de Noussa Laout. Ceux-ci la vénéraient sous le nom de *Morie*. Elle avait abordé à Sila; puis elle apparut en songe à un des indigènes et lui enjoignit d'ordonner à tous ceux de Sila d'élever un autel à Morie et de l'invoquer à certaines époques de l'année. A Titaway, il y avait le serpent Riama-Atou auquel on rendait les honneurs divins. A Macassar, Bornéo et

Bali, des pierres ont reçu les hommages de la vénération des indigènes.

« La pierre, qui ne vit pas, apte à recevoir toutes les formes, a été le fétiche de tous les peuples enfants, » dit M. Renan. « Le *monument* de l'âge patriarcal n'était qu'un tas de pierres. Pausanias vit encore debout les trente pierres carrées de Pharœ, portant chacune le nom d'une divinité. Le *men-ihr*, qui se rencontre sur toute la surface de l'ancien monde, depuis la Chine jusqu'à l'ile d'Ouessant, qu'est-ce autre chose si ce n'est le symbole de l'humanité primitive, un vivant témoignage de sa foi au ciel (1)? » A Minahassa les Alfoures vénèrent deux pierres portant, l'une le signe du sexe masculin, l'autre celui du sexe féminin. La première est nommée *Tambarouka* ; la seconde *Parong seraya*. Ils les honorent comme des divinités et célèbrent devant elles de grandes fêtes, surtout en temps de mortalité. Au besoin, on leur offre des têtes humaines (2). A Nallahia, un habitant, nommé Tahitou, étant allé un jour vers le rivage de la mer, aperçut aux environs d'une petite baie, une pierre qui voltigeait dans les airs et l'entendit chanter comme un joueur de flûte. Il se mit alors à danser, saisit cette pierre et vit qu'elle était entourée de nombreux petits poissons. Il la déposa sur d'autres pierres du rivage et la nomma Alaléa.

(1) *La poésie des races celtiques.*

(2) Van Spreeuwemberg. *Tydschrift, voor neerl. Ind.* 1845, t. IV, p. 304.

Tahitou, rentré dans son kampong, eut la nuit un songe, pendant lequel lui apparut un génie qui lui dit : « Tu as pris naguère une pierre qu'enveloppaient « toutes sortes de poissons : du kabalinjo, des sardines « de Malak, des djoulong-djoulong et des lompa. C'é- « tait moi-même et mon nom est Alaléa. Tu poseras « cette pierre légère sur d'autres grandes pierres, et « là tu m'invoqueras et m'honoreras avec quelques « aliments afin que je puisse te bénir. Et quand tu pê- « cheras dans cette baie, tu dois avec tous ceux de « Nallahia réunir les poissons par espèces comme ils « l'étaient sur la pierre, et les déposer au sommet de « cette haute colline ; alors je ferai que beaucoup de « poissons soient chassés dans la baie et que ceux de « Nallahia en pêchent beaucoup afin que leurs veuves, « leurs orphelins et leurs pauvres en puissent vivre « et me remercier et m'honorer. »

Tahitou fit connaître ce songe à ses enfants et à ses descendants en leur ordonnant d'y penser toujours, et depuis ce temps toute sa postérité a vénéré cet *Alaléa* et l'a invoqué (1).

Aux îles de Saparoua et d'Haroukou, et sur une partie des côtes orientales de Ceram, les indigènes avaient anciennement l'habitude de faire, en souvenir de leurs ancêtres décédés, des images d'or, d'argent, de cuivre, de fer, de bois, de pierre ou de terre, et les plaçaient sous les toits de leurs demeures (2). A Bornéo, les

(1) *Tydschrift*, etc., 1843, t. II, p. 491.
(2) Valentyn, *Oost-Indie*, t. III, p. 2 et suiv.

Dayaks ne s'adressaient à leurs divinités que par l'intermédiaire des *hampatongs*. Ces idoles, qu'ils considéraient comme tout-puissants auprès des dieux, consistaient en morceaux de bois ou de pierre, ou de dents de crocodiles creuses nommées *pinjangs*, ou en figurines peintes sur des bâtons, ou en statuettes humaines taillées dans le liége. Ces fétiches étaient presque toujours fabriqués à la suite de rêves, pendant lesquels un Dayak avait vu apparaître un kambi gigantesque ou un antang chevelu et terrible (1).

Les Bantiks ont aussi des idées religieuses très-confuses et qui se rapprochent assez de celles des Alfoures. Ainsi, ils croient que leur dieu *Limounou-out*, — nommé chez eux Roumou, et Loumou chez les Alfoures, — est issu de la mousse qui avait poussé sur une pierre, et que *Karema* a tiré son origine d'une autre pierre (2). Enfin, des traditions recueillies par Riedel nous apprennent qu'ils se prosternent encore devant une pierre nommée *Madengke*.

Certes, les traditions relatives aux idées religieuses des habitants de l'Archipel indien sont un des moyens d'information pour apprécier le développement intellectuel et la vie morale et sociale de ces populations. Mais cette enquête n'est pas toujours facile; les difficultés proviennent d'un côté du silence que les indigènes gardent sur leurs croyances, et d'un autre côté

(1) Valentyn, *Oost-Indie*, 1846, t. III, p. 127 et suiv.
(2) *Tydschrift voor nederl. Indie*, 1846, t. I, p. 28.

de l'ignorance des langues ou des dialectes chez ceux qui se livrent à ces recherches. Quoi qu'il en soit, nous reproduisons ici la légende que Riedel a communiquée à l'Académie de Batavia :

« L'opo Rongkouno habitait primitivement sur la montagne Bantik. Son occupation consistait à prendre des coqs de bruyères. Étant une fois à la chasse, il rencontra une pierre nommée « Madengke ». Il pria cette pierre de lui être favorable dans la chasse aux coqs de bruyères, et il fut exaucé. Le jour suivant, il la pria de nouveau et rencontra une laie sauvage avec de longues défenses; le jour suivant, il la pria de nouveau et rencontra une antilope; le jour suivant, il la pria de nouveau et rencontra un jeune adolescent; le jour suivant, il la pria de nouveau et rencontra une jeune fille nubile; le jour suivant, il la pria de nouveau et rencontra un homme d'un certain âge. Par ces motifs, nous, peuple de Bantik, nous ajoutons foi à cette pierre. — Cette pierre possède des propriétés particulières. — Et nous célébrons des fêtes en l'honneur de cette pierre. — Par ces fêtes nous montrons notre foi à cette pierre. — Nous avons emporté cette pierre de la montagne à Minanga, et jusqu'à ce jour nous célébrons des fêtes pour manifester la foi de tout Bantik. — Ainsi est-il arrivé que le peuple de Bantik jusqu'à présent croit en cette pierre (1). »

(1) *Tydschrift voor Ind. taal*, 1869, p. 265.

NATURALISME ET POLYTHÉISME.

A côté de ces adorateurs de fétiches, il y eut des indigènes dont l'intelligence éprouvait le besoin de s'élever plus haut, ou qu'une nécessité impérieuse força de substituer au culte des choses matérielles et tangibles l'adoration des astres ou des éléments.

Valentyn (1) nous apprend en effet que les Amboinais, les Ternatais, les insulaires de Bornéo et de Bali (2), invoquaient comme divinités suprêmes le ciel et la terre, et dans le ciel, le soleil, la lune et les étoiles. C'était déjà un perfectionnement du sentiment religieux, qui tend toujours vers l'idée de l'infini et de l'immensité. Dans ces flambeaux du ciel, au sein des nuages, par delà les montagnes, dans les profondeurs mystérieuses de la terre et dans l'abime insondable de la mer, l'homme a vu des forces inconnues qu'il a voulu se rendre favorables. Mais les Amboinais n'invoquaient pas directement ces puissances; ils chargeaient de leurs vœux soit des génies familiers nommés *Nitous*, soit les âmes de leurs ancêtres décédés, qu'ils croyaient voir souvent apparaître comme des fantômes, autour de pierres ou d'arbres consacrés.

Ces divinités inférieures sont spéciales à chacune des bourgades et ont reçu des noms différents. Ici, on

(1) *Oost-Indie*, t. III, p. 2 et suiv.
(2) *Id.*, partie II, p. 105.

les nomme Moutouwa Paunoussa Nitou Amahouti, c'est-à-dire le vieil homme, l'ombre du sauveur, le génie protecteur de la bourgade; là, Nitou Labba, le génie du vin, le roi Saniane ou l'ancien héros de la guerre, le génie du Pinang, le génie du rocher, des jeunes filles ou de la nouvelle bourgade (1).

A Titaway, il y avait un dieu Riama Atou; à Peléria et Abobo, un autre nommé Rou-Oumou-Ohouwo; aux îles de Key, il y en avait un du nom d'Ornousa (2). A Bali, il y a le Dewa Dalam, le dieu de la mort, Dewa Gedé Gounong Agong, le dieu de la montagne sainte; Dewa Gedé Segara, le dieu de la mer; Dewa Gedé Bali Agong, le dieu du grand Bali. Mais cette diversité de dieux inférieurs engendrait souvent des inimitiés entre des peuplades voisines. Ainsi, un étranger à la race des Apoupouwas craignait de fréquenter ces adorateurs de Hayacka, parce qu'il leur attribuait le pouvoir de faire dessécher les plantations. Pour prévenir ce malheur, ceux qui avaient un tel voisin près de leur kampong versaient de l'eau dans un bambou, le recouvraient d'une feuille de *moléléou*, et aspergeaient ensuite leur enclos de ce liquide, afin de détourner la sécheresse.

Valentyn rapporte encore qu'à Soya un dieu se tenait sur une colline située à une demi-lieue de là, et qu'on avait placé devant lui un vieux martavan ou

(1) Valentyn, t. III, p. 2 et suiv.
(2) *Tydschrift, etc.*, 1855, t. I, p. 27.

grand vase de verre de Siam. Une forêt de roseaux de *Boulou-Sowanggi* ou de bambous jaunes était au pied de cette colline. Les habitants de Soya croyaient que si, après le sacrifice d'un coq blanc, on remuait ce vase avec un bambou coupé dans la forêt, Dieu leur accordait aussitôt la pluie. De là, parmi eux ce proverbe : « Radja Soya remue son vase, » lorsqu'ils voient les nuages s'amonceler du côté de leur montagne. A Nallahia, un dieu invisible est adoré sous le nom de *Kae-le*. Quand on demande aux indigènes comment ils l'ont connu, ils répondent qu'un des leurs, étant allé à la forêt, rencontra un jour un génie sous une forme humaine, et qu'il lui demanda d'où et qui il était. A quoi le génie répondit : « Mon nom est *Kae-*
« *le* et je suis le roi de cette montagne. Cette nuit, je
« viendrai vers toi, je t'apparaîtrai et te parlerai. » Et la nuit même, ainsi qu'il l'avait dit, Kae-le apparut en songe au Nallahianais et l'avertit que s'il voulait vivre heureux, il devait ordonner aux habitants de son kampong d'élever un autel au dieu *Kae-le* et de l'adorer. Depuis lors les honneurs divins sont rendus à cet être mystérieux. Rademacker a constaté aussi que les Dayaks de Bornéo reconnaissent un être suprême invisible, qu'ils nomment *Dewatta*. Ce Dieu habite dans le ciel et il a été le créateur de la terre ; il la gouverne et veille sur elle. C'est pourquoi ces indigènes lui demandent bonheur et prospérité (1). Les Ba-

(1) *Verhandelingen van het bataviasch genootschap*, t. II, p. 135.

douins de Java reconnaissent *Batara Toungal* comme Dieu unique; mais dans chaque kampong, il y a un dieu protecteur et une déesse protectrice qui sont plus honorés que lui. La divinité *Sangiang Padagang* est chargée de veiller sur la fertilité des champs, et *Sangiang Djara Anakh* sur la fécondité des femmes. *Sangiang Pakambouang* est le génie de l'eau (1). Les Badouins de Bantam croient de même à un Dieu suprême et invisible. Ils le nomment *Poun,* mais ils ne l'adorent pas, parce qu'ils sont, à leurs propres yeux, trop au-dessous de lui pour être exaucés. Leurs prières lui sont transmises seulement par l'intermédiaire d'une divinité spéciale, protectrice de chacun de leurs kampongs, et dont le nom varie selon qu'il s'applique à un dieu ou à une déesse; tantôt on la nomme *Dalain Balibat Djaija,* dieu protecteur, tantôt *Poua Poutrie Tjepat Manik,* déesse protectrice. Ces dénominations diffèrent encore parmi les Badouins des kampongs des *Orang-Kalouaran,* situés au pied de la montagne de Kandang (2).

Les Timorais, au contraire, invoquent le Soleil comme un dieu suprême et le nomment *Oussenenou*, mais ils n'en attendent ni bien ni mal, prétextant qu'il est trop haut pour s'occuper du sort des mortels, et trop bon pour leur faire du mal (3). *Oussenenou* n'est

(1) *Tydschrift, etc.*, 1845, t. IV, p. 388.

(2) Spanoghe, *Tydschrift, etc.*, 1838, t. II, p. 297. — 1838, t. I, p. 399.

(3) *Verhandelingen*, 1784, p. 72.

connu des Tidorais que de nom (1). A Banka, bien que les habitants paraissent être mahométans, ils ont conservé néanmoins beaucoup de leurs superstitions locales. Ainsi, ils ont une vénération particulière pour les forêts qui couvrent leur île; elles sont pour eux la source d'où ils tirent leur principale nourriture. Ils croient que chaque bois est sous la protection d'un esprit ou d'une divinité inférieure, et ils n'abattent jamais un arbre sans avoir au préalable consulté la divinité spéciale qui veille sur lui. S'ils négligent ce devoir, ils se persuadent qu'ils seront atteints d'un malheur. Lorsque le temps approche où des champs nouveaux doivent être entamés dans la forêt, ils brûlent du benjoin (2) auprès d'un des plus grands arbres de la pièce de terre qu'ils ont choisie, et au pied duquel ils prononcent des formules de prières et de conjuration. La réponse de l'esprit leur est notifiée dans la nuit. Certaines images apparues en songe dans les trois premières nuits la font considérer comme favorable; d'autres, au contraire, la font envisager comme hostile. Dans les calamités publiques, ils invoquent le secours d'un *hantou* ou *dewa*, nommé *Akke Timbang*, qu'ils supposent avoir son siége dans une des grandes rivières de l'île. Des *hantous* particuliers

(1) Roorda van Eysinga, *Beschriving van Java*, t. II, p. 70.

(2) Gomme aromatique, dont le nom est d'origine arabe. En arabe cette plante était nommée *louban djawi*, et *bandjawi* par la chute de la première syllabe; *bendjawi*, dans la prononciation africaine et par corruption *benzoïn*; en portugais, *beijoim*.

veillent sur les montagnes, les rochers, les pierres et même sur les humains (1).

Les *Orangs lom* de Banka connaissent aussi un esprit nommé *Aké Antak*, dont ils prétendent descendre, et un autre nommé *Mambang*, qui est pour eux l'Être suprême, le maître de la vie et de la mort, et vers qui s'en vont les âmes en quittant le corps de l'homme. Ces insulaires honorent encore les montagnes, les pierres et les arbres, comme l'œuvre de cette divinité supérieure, et tous les lieux qu'ils supposent habités ou fréquentés par le grand Esprit (2).

Quant aux Badjorais, c'est de deux divinités de la mer qu'ils attendent et espèrent tout : *Touwan Santri Mouda Laut* et *Touwan Toliman Laut*. L'une est de sexe masculin, l'autre de sexe féminin. Cependant, ils ont aussi une idée, mais bien confuse, d'un Être suprême, qu'ils invoquent dans les malheurs et les maladies (3).

BRAHMANISME.

Les idées religieuses des Hindous ont été importées dans l'Archipel par eux et leurs prêtres, les brahmanes, à la suite des commotions sociales qui agitèrent le continent indien. Lorsque ces révolutions éclatèrent, les croyances nées du naturalisme védique étaient déjà

(1) Horsfield, *The Journal of the Indian archipelago*, 1848.
(2) *Tydschrift voor Ind. taal*, 1862, t. I, p. 388.
(3) *Tydschrift*, 1846, t. I, p. 39.

bien altérées, et l'esprit et le sens du Rig-Véda, qui en avait été l'expression la plus éloquente et la plus sainte, étaient modifiés ou changés. Le brahmanisme était né, et « le brahmanisme, a dit M. Maury, c'est le védisme altéré, défiguré par les prêtres ».

Le théologien ou le philosophe hindou, après avoir contemplé le ciel et la terre, interrogé les vents, la lumière et les ténèbres, après leur avoir donné des noms et les avoir déifiés, reporte sa pensée sur lui-même. Il découvre dans son âme, dans son propre être, une puissance qui semble veiller sur lui, qui l'inspire et le dirige, qui lui permet de réagir contre des influences contraires, et cette faculté mystérieuse, il l'a nommée « Brahman, » d'un mot sanscrit qui signifie d'abord « volonté, désir », ensuite « prière ». Puis, il a déifié à son tour cette puissance intérieure et il a considéré cette divinité nouvelle comme supérieure à toutes les divinités connues. Elle devient Brahma, le dieu suprême. Dans les livres théologiques de l'Inde, ce dieu est appelé le premier-né, celui qui existe par lui-même (*Satapatha-Brâhmana,* VIII, 4, 9, 3), et ceux qui le connaissent, connaissent le plus haut des dieux (*Atharva-Véda,* X, 7, 17). Dans le *Gôpatha-Brâhmana,* Brahma est le dieu créateur; il ne communique avec la créature que par l'intermédiaire de Vichnou et de Çiva, deux divinités hostiles l'une à l'autre, mais qui forment avec lui la triade ou la trimourti indienne. Suivant ce même livre du *Gopatha,* Brahma a créé l'univers; de son pied est sortie la terre et le ciel, de son crâne; des divinités également créées par lui ont été préposées à la garde de leurs éléments. L'idée cosmogonique du védisme a été enoncée dans un des chants du Rig : « Rien n'existait alors, ni l'être « ni le non-être; le ciel brillant n'était pas encore, « ni la large toile du firmament étendue au-dessus.

« Il n'y avait point de mort, ni d'immortalité; pas « de distinction entre le jour et la nuit. L'être unique « respirait seul, ne poussant aucun souffle, et depuis « il n'y a eu rien autre que lui.

« Alors furent semées les semences de la vie et les « grandes forces apparurent, la nature au-dessous, la « puissance et la volonté au-dessus (1). »

Cette théorie a été adoptée par le brahmanisme et nous la retrouvons dans un manuscrit javanais de Kartasoura. Sans pouvoir affirmer à quelles sources a puisé l'auteur, qui se nommait Kyahi Karto Moosodho et qui vivait au commencement du siècle dernier, on croit cependant qu'il s'est servi, pour composer son ouvrage, d'un livre kawi très-ancien et intitulé « Djitapsoro ». Ce livre a beaucoup de rapports avec le *Maneh Maija padalangngan,* dont Raffles a donné un extrait dans son histoire de Java (2) et que M. Dulaurier a analysé dans son Mémoire sur les langues malaie

(1) Max Muller. *Essai sur l'histoire des religions,* trad. par Harris, p. 114. — *Rig-Véda,* sect. VIII, lect. 7, h. 2.
(2) T. II, p. CCIV.

et javanaise (1). Voici ce poëme de Kyahi Karto Moosodho (2) :

« Au temps où tout était désert et vide et que le ciel et la terre n'existaient pas, il est fait mention de Sang Iwang Wiséso (3), comme du premier être. Celui-ci se tenait tranquille et immobile au milieu de tout. Il observa attentivement ses pensées, afin de prendre une bonne résolution. Ceci est le commencement de l'histoire.

« Ce que Sang Iwang Wiséso méditait était que rien n'existait, si ce n'est sa propre substance. A peine fut-il plongé dans cette méditation qu'il entendit un bruit sonore, un son aigu comme celui d'une clochette. En ignorant la cause, il fut troublé ; il ouvrit les yeux et vit un œuf suspendu dans les airs. Par la puissance de sa volonté, il produisit de cet œuf trois choses : d'abord, le ciel et la terre, ensuite le soleil et la lune et enfin Manik et Moijo. Ces deux personnes se prosternèrent aux pieds de Sang Mohomouni (4).

« Sang Iwang Wiséso dit à Sans Iwang Gourou (5) :

— « Écoutez-moi, Manik ; vous devez savoir que vous participez de ma nature comme moi de la vôtre.

(1) Paris, 1848, in-8°, p. 29.

(2) *Tydschrift voor nederl. Indie*, t. I, p. 1.

(3) Maître suprême, élevé, tout-puissant.

(4) Autre surnom de Sang Iwang Wiséso, signifiant « source artérielle de la vie ». — Tous les noms des divinités dans la mythologie javanaise ont une signification et sont plutôt des qualifications que des noms propres.

(5) Surnom de Manik.

Je vous donne la plénitude (la totalité) du monde; vous posséderez la puissance de tout produire. » Bathoro Moijo prit alors la parole et dit : — « Seigneur, artère première de la vie, quelle a été votre volonté en créant vos serviteurs si différents par les formes? La forme de Manik est extraordinairement belle et sa couleur est brillante; tandis que je suis de forme repoussante et que ma couleur ressemble à de l'indigo. »

« Sang Iwang répondit : « Sachez, que telle est la volonté de Sang Moorbeng Pesthi (procurateur de la nécessité); ne vous en affligez pas. Voyez, je vous fais présent d'un diamant des plus beaux, nommé Retno Dhoumilah; on ne connait pas son pareil, et par lui tous vos vœux pourront être exaucés. » Il posa cette pierre sur sa houppe. — « Qu'importe, continua-t-il, que votre teint ressemble à de l'indigo et vous fasse paraître noir (1)? Ceci est certainement une vérité immuable : Si la lune emmène et ramène chaque jour, le soleil au contraire reste constamment le même, immuable et invariable. »

« Iwang Moijo se prosterna le visage contre terre, aux pieds de Sang Iwang Wiséso, et lui rendit hommage. Celui-ci parla de nouveau : — « Le noir sera désormais le symbole de la nuit. Cela pourtant, ce qui est réel, est supposé ne pas être ou n'être pas vrai, et ce qui n'est pas vrai est tenu pour réel. L'intrépide de cœur perd son intrépidité, s'il craint de manquer le

(1) Le Javanais considère le *bleu-sombre*, comme une nuance du noir, et nomme l'indigo noir.

but. Vous pouvez par conséquent porter le nom de Bathoro Semar, comme tenant le monde en équilibre.» Bathoro Moijo répondit avec respect et se rendit à la cour dans la septième terre (septième région souterraine).

« On rapporte que Sang Iwang Wiséso instruisit Bathoro Gourou, lui révéla toutes les choses cachées et lui enseigna l'art de gouverner toutes les créatures. Lorsqu'il eut achevé son enseignement, il disparut de la présence de Sang Iwang Pramesthi (1), qui seul demeura.

« On dit encore que le ciel et la terre se séparèrent l'un de l'autre à une grande distance, celle-ci en bas, celui-là en haut; mais on ne peut déterminer la distance qui les sépare.

« La terre était triste et se trouvait dans les larmes et les gémissements, parce qu'elle était ballottée continuellement sur la mer et qu'elle était poussée çà et là par le vent. Aussi le ciel était-il très-affligé de ce spectacle. Lorsque la terre était chassée de l'occident par le vent, elle se portait vers l'est. Quand le vent sortait de l'est, elle allait vers l'ouest, et de même du sud au nord, et du nord au sud. Quand tous les vents soufflaient ensemble, elle était ballottée en haut et en bas et demeurait engloutie dans les flots de la mer. C'était la raison pour laquelle le gémissement de la terre et du ciel fût très-violent.

(1) Surnom de Bathoro Gourou, signifiant « qui partage la destinée ».

« Alors s'élevèrent deux vents qui vinrent de la terre et du ciel. Celui qui vint du ciel fut nommé *Siendoong haliwawar*, vent mêlé d'obscurité; celui qui vint de la terre fut nommé *Siendoong baijou bodjro*, vent violent mêlé d'obscurité, qui embrassa l'étendue d'un demi-monde. Lorsque le vent qui venait d'en bas rencontra celui d'en haut, les deux se réunirent, puisqu'ils avaient le même but et attaquèrent la mer. La mer fut toute troublée et ne put s'apaiser; les eaux flottaient continuellement en haut et en bas. Ceci fit que l'eau de la mer fut ce jour-là chargée de sel. Le mouvement de la terre devint plus fort en haut et en bas, le soleil et la lune restèrent immobiles, et il n'y eut par conséquent ni jour ni nuit. Bathoro Gourou dit : — « Écoutez, vous, soleil brillant et lune! Recevez maintenant l'ordre d'Iwang Tan-hono (le suprême invisible ou qui n'a pas été vu); il veut que vous éclairiez le monde. Votre course sera alternée; mais toi, lune, tu perdras et recevras. D'abord, tu recevras jusqu'au quinzième jour, et quand tu auras atteint ta plénitude, tu perdras jusqu'au quinzième jour; l'époque de ta croissance et de ton déclin comprendra ainsi trente jours; alors tu te cacheras dans l'eau. — Toi, soleil, tu marcheras le jour, et ta résidence sera dans le feu. »

« Sang Iwang Girinoto (1) créa ensuite neuf dieux.

(1) Surnom de Bathoro signifiant « roi de la *montagne*, » comme ayant son siége dans l'olympe des Javanais.

Celui qui fut placé à l'est du monde reçut le nom de Bathoro Moho Dhéwo; son épouse, celui de Moho Dhéwie; son jour de fête, celui de *Legie*. Il avait une forteresse d'argent, l'oiseau *kóntól*, une mer de lait de coco, — et les lettres qui lui étaient tombées en partage étaient : *ho, no, tjo, ro, ko.*

« Celui qui fut placé au sud du monde était Sang Iwang Sambou; sa femme s'appelait Swak Njono; son jour de fête était Pahing; sa forteresse était de cuivre rouge, sa mer de sang, son oiseau un *houlóng*, et ses lettres : *dho, to, so, wo, lo.*

« Celui qui fut placé à l'ouest du monde était Iwang Komo Djoijo; sa femme était Pratih; son jour *Pon;* sa forteresse d'or brillant, sa mer de miel, son oiseau *Kapodang*, et ses lettres : *po, do, djo, ijo, njo.*

« Celui qui fut placé au nord du monde était Bathoro Wisnou; sa femme était Srie; sa forteresse de fer, sa mer d'indigo, son jour *Wagé*, son oiseau un corbeau, et ses lettres : *mo, go, bo, tho, ngo.*

« Celui qui trouva sa place au milieu du monde fut Bathoro Baijou; sa femme était Soumie; sa forteresse de métal, sa mer d'eau chaude, son jour *Kliwon*, son oiseau un *gogik*, et les lettres, qui lui étaient attribuées, étaient au nombre de dix : *go, le, ngio, mo, mokouroong, é, lo, po, ijo, go.*

« Prit Handjolo garda le nord-est de la terre, et ses lettres furent *hebijo hebijak.*

« Le sud-est du monde fut gardé par Kouwéro, et les lettres qui lui sont attribuées sont *no eo soonjo.*

« Bathoro Moho Ijekti fut placé au sud-ouest du monde et les lettres à lui attribuées sont *gan, dé, jo.*

« Celui qui fut placé au nord-ouest du monde était Bathoro, Siwah l'accompli, et les lettres conservées par lui sont *noor wi ti.* Ces huit divinités sont les grands dieux et Baijou est le neuvième (1).

« On raconte que les limites de l'île de Java étaient encore cachées sous l'eau. Sang Iwang Pramesthi se dressa, réfléchit, regarda en haut, et le ciel s'éleva. Il regarda en bas, et la terre devint solide et divisée en sept régions.

« La première fut gardée par une belle femme, nommée Hibou Pratiwie.

« La seconde fut gardée par un pénitent, Iwang Kousiko.

« La troisième fut gardée par Sang Iwang Ganggang.

« La quatrième, par Sang Iwang Siendoulo.

« La cinquième, par Darampallan qui avait beaucoup d'enfants, de trois formes différentes. Les premiers avaient la forme d'un *kowan-ngan ;* les seconds, celle d'un *garang ngan*, et les plus jeunes, celle d'un serpent. Tous les serpents de la terre sont issus de Darampallan. Aussi souvent que celui-ci porte ailleurs son attention, les serpents sont anéantis par leurs frères aînés. Mais lorsqu'Iwang Darampallan remarqua qu'ils anéantissaient leurs sœurs, il entra dans

(1) C'est sur les propriétés et les attributs des dieux que repose le système suivant lequel les Javanais comptent leurs jours fastes et néfastes, et prédisent l'avenir.

une telle colère qu'il chassa ses enfants, les deux plus âgés et les deux plus jeunes. Ceux-ci partirent, mais en emportant cette malédiction : « Vous, serpents, vous êtes destinés à nous nourrir. » De là vient que jusqu'à ce jour les *Kowang-Ngan* se nourrissent de serpents.

« La sixième terre fut gardée par le pénitent Manik Horo.

« La septième terre fut gardée par Sang Iwang Honto Boogo. Il régna comme roi sur tous les dieux et sur la septième terre, et fut exclusivement chargé de la surveillance de tout ce qui s'y trouvait.

« Le vœu de Bathoro Gourou était, ainsi qu'on le rapporte, de rendre fixe l'île de Java, afin qu'elle ne pût plus se mouvoir. Il donna suite à cette idée et purifia ses pensées. Alors se dressa à l'ouest du monde une haute montagne, à laquelle il donna le nom de *Djamor Dhipo* (champignon royal). Les limites de l'île de Java furent aussi tracées ; elle ne fut plus agitée par le mouvement de l'eau ; toutefois elle penchait encore excessivement d'un côté, de sorte que le bord oriental était presque à la hauteur du firmament.

« Sang Iwang Pramesthi demanda d'une douce voix à tous les dieux, quelle était la cause de la pente de la terre. Les dieux répondirent : — « Oui, Hauts adorables, on a ordonné des recherches à l'extrémité de la terre ; la cause de cette pente est qu'une montagne très-élevée se trouve à l'ouest de la terre, tout près de la mer. » Bathoro Gourou dit : — « Je désire que vous démolissiez cette montagne et la transportiez à l'est; allez et exécutez mes ordres sans délai. »

« Un dieu, nommé Hempou Romadhi, en fut spécialement chargé, et Bathoro Gourou lui dit : — « Vous ne prendrez point part à la transplantation de la montagne Djamor Dhipo; je vous chargerai d'une autre besogne; vous façonnerez des armes. » La réponse de celui à qui l'on venait de parler fut : — « Je me sou-« mettrai à vos ordres. » Aussitôt tous les dieux se hâtèrent de partir.

« On rapporte d'Iwang Dhermo Djoko, qu'à sa prière il obtint un fils et qu'il le nomma Tjator Kenoko. Celui-ci, ayant achevé son expiation, dédaigna l'approbation des dieux. Tous ses vœux étaient accomplis, et toute la puissance surnaturelle d'Iwang Dhermo Djoko fut par lui égalée. Il pria, et il obtint un fils qui fut beau de corps et nommé Kanéko Poutro. Il avait été décidé que ce fils, dès sa naissance jusqu'à la fin de ses jours, recevrait le don des sciences sans aucun enseignement préalable. Son père lui ordonna de faire des expiations. Il obéit à cet ordre; aussi son père lui donna-t-il en présent une pierre précieuse rare, nommée Retno Dhoumilah, qu'il jeta avec lui dans la mer où il se tint en *Tepakór* (1), et fit expiation pour perfectionner son être. Toutes les fois qu'il voulait manger ou boire, il baisait le Retno Doumilah et

(1) Position d'un pénitent, les bras croisés contre la poitrine, les jambes repliées sous lui.

l'escarboucle le préservait de la faim et du sommeil. De même que dans l'eau il n'était pas mouillé, de même il n'aurait pas été brûlé, s'il avait été dans le feu. Son expiation au milieu de la mer consistait à garder le silence. A la fin, il changea de forme et obtint les facultés d'un esprit.

« On a dit que les dieux, sans changer de place, gagnèrent la montagne Djammor Dhipo. Les dieux et les déesses, *Bathoros* et *Batharis*, se réunirent pour délibérer. Bathoro Bromo prit la parole et dit : — « Quelle est votre volonté, je serai le *salang* (1). Disposez tout sous la montagne; Wisnou la renversera. »

« L'incomparable Wisnou dit ensuite sa prière, et sa taille grandit tellement qu'elle égala celle de la montagne. Iwang Baijou fut le bâton à porteur, et Iwang Héndhro le filet. Alors, la chaise à porteur fut enlevée par tous les dieux.

« A cause des rayons éclatants de Sang Iwang Sôorijo (2), les dieux et les déesses commencèrent à être saisis par la chaleur et eurent un violent désir de boire. Ayant aperçu de l'eau qui jaillissait du côté de la montagne, ils en burent, pas un excepté, avec délices. En buvant cette eau, ils tombèrent tous morts; pas un ne resta en vie. Iwang Gourou but aussi avec eux; mais à peine eut-il pris quelques gouttes, qu'il les rejeta en disant : « Cette eau est un violent poison. »

(1) Cette expression désigne un cadre auquel sont attachées des cordes qui se croisent et sur lesquelles on place les objets à transporter.

(2) Le Phébus indien.

Depuis lors, Iwang Pramesthi Gourou porta le nom de Nilo Kouthо, parce que son cou avait une tache blanche de la couleur de ce liquide. Cette eau d'ailleurs n'était pas de la vraie eau, mais un poison mortel; elle fut nommée Iwang Tjolo Kouthо.

« Iwang Pramesthi vit ensuite une eau plus claire sur le sommet de la montagne, qui répandait une odeur douce et agréable. Lorsqu'il en aspira l'arome, son corps en fut tellement retrempé qu'il se dit en lui-même : « Cette eau bénigne et bienfaisante pourrait bien porter le nom d'*Iwang Kamendalou.* »

« Sang Iwang Wiséso descendit et dit à Sang Iwang Pramesthi : — « Oui, c'est ici l'eau qui fut nommée *Marto Kamendalou*, et qui a sa source dans Iwang Tanhono. C'est sans contredit l'eau de la vie, qui tend à la propagation de tout ce qui vit, et l'arbre noir, qui se trouve là aussi, se nomme Sandhi Loto; il rappelle de même les morts à la vie. Tout ce qui lui appartient est un moyen infaillible d'attirer à la vie dieux, déesses, rois, princes, *Boupaties* et tous les hommes, même les géants, les serpents, les oiseaux et les esprits. Tout ce qui existe dans le monde reçoit la vie de cet arbre, car il existait avant les dieux. La raison pour laquelle les dieux sont assujettis aux maladies et à la mort, c'est qu'ils n'ont pas dégusté l'eau de la vie. Ils sont peu nombreux ceux qui ont bu de cette eau, et dès que les dieux en auront bu, ils ne seront plus longtemps sujets à la mort, ni accessibles aux maladies. »

« Bathoro Gourou but à satiété de l'eau de la vie; il

en prit aussi une provision et la déposa dans un vase fermé qui fut nommé « Manik Hasto Gino ». Le goût de cette eau était délicieux, et Iwang Pramesthi en fut ravi.

« Alors Bathoro Gourou partit et parvint auprès des dieux morts. Il ouvrit le vase Manik où se trouvait l'eau de la vie et en humecta leurs lèvres; ils revinrent à la vie, et, sans plus éprouver d'accidents fâcheux, ils reprirent leur ancien état et se sentirent disposés à continuer leur travail.

« La montagne Djamor Dhipo fut alors, par les efforts des dieux, soulevée de sa place. La terre qui en restait, de la circonférence d'une *génitrie* (1), forma la montagne Temporo.

« Il en tomba ensuite un morceau de la grandeur d'une *kemirie* (2), qui forma la montagne Tjaringin. A Banta, il en tomba encore un morceau de la grandeur d'un œuf, qui forma la grande et haute montagne Wolo Houlou; son pied devint le pays de Padjadjarran.

« Les dieux se rendirent plus avant vers l'est, et il tomba encore un morceau de la grandeur d'une *kemirie*, qui forma la montagne Tjirebah. Tandis que les dieux continuaient leur route, il tomba une grande quantité de terre, qui forma beaucoup d'autres hautes montagnes sans nom. Une partie devint la monta-

(1) Certain petit fruit de Java dont on fait des rosaires.
(2) Noix qui fait partie des épices de Java.

gne Tegal, nommée Pragôto. Le long du chemin, des morceaux détachés formèrent la montagne de Kending qui s'étend vers l'est. Il tomba encore deux morceaux de la grandeur d'un poing, qui devinrent les montagnes Soumbing et Sendhoro.

« A Kedou, les dieux s'arrêtèrent. Leur sueur jaillissait et les porteurs étaient exténués. Ils ne se sentaient point la force de porter la montagne plus loin, parce qu'ils se trouvaient au-dessus de l'atelier d'Hempou Romadhi; ce qui les énerva totalement. Celui-ci avait sa forge dans les airs, son poing lui servait de marteau, son genou d'enclume; le feu sortait de sa bouche lorsqu'il parlait; ses narines lui servaient de soufflet; et sa salive faisait durcir le fer. Il forgeait le fer incorruptible de l'Occident, dont il a fabriqué plusieurs sortes d'armes pour le séjour céleste : flèches, massues, lances, dards, épées, sabres, kriss. Toutes les armes destinées aux habitants du ciel étaient préparées par Hempou Romadhi. Il y en avait un grand nombre lorsque toutes étaient réunies.

« Les dieux avaient alors aperçu Hempou Romadhi. Un d'eux dit : — « Il n'a point pris part au transport de la montagne; il s'en est débarrassé dans la pensée de vanter son propre ouvrage; qui l'a autorisé à cela? Or, chacun doit être égal devant le roi, et exalter son propre travail est défendu. N'aurait-il pas su que nous dussions transporter une si haute montagne? C'est inouï qu'il se plaise à forger. Sa conduite est celle de quelqu'un qui veut se soustraire à toute autorité, son orgueil est insupportable; c'est comme s'il était le seul homme au monde. »

« Bathoro Tjoudhro dit d'une voix douce : — « Il sera jugé selon le droit, quand il devra s'expier. » Bathoro Baijou reprit : — « C'est intolérable, frère; pillons plutôt tout ce qu'il a, et s'il s'y oppose, lions-le. S'il est plus fort que nous, nous saurons bien nous débarrasser de lui; qui s'occupera de lui? »

« Bathoro Tjoudhro partit précipitamment, se plaça devant Hempou Romadhi et demeura immobile, les lèvres tremblantes de colère. Le montrant du doigt, il lui demanda du ton le plus irrité : — « Tes oreilles n'ont-elles pas entendu, et tes yeux qui brillent toujours n'ont-ils pas vu qu'il y a un pénible labeur à faire? Il n'est pas permis de continuer pour quelque cause que ce soit. Tu t'occupes inutilement et tu t'amuses toujours à forger. »

« Bathoro Tjokro vint, accompagné d'Iwang Tjitro Gotro, qui attaqua malgré lui Hempou Romadhi. Bathoro Tambourou se jeta sur lui et le frappa à la poitrine. Hempou Romadhi se dressa enflammé de colère. Hempou Romadhi possédait une puissance surnaturelle; il étendit alors son bras gauche; la sueur jaillit de sa peau et son corps fut enveloppé de vapeur comme l'eau qui bout dans une chaudière. Il devint gluant comme l'huile, et la main qui le saisit glissait sur lui comme sur une anguille. Les dieux tombèrent loin de lui, les uns sur le ventre, les autres sur le dos; ce qui fit qu'étant terrifiés, ils prirent la fuite.

« Bathoro Sakri était noir de colère; il se lança sur Hempou Romadhi. Ils se frappèrent mutuellement à coups de poing et se donnèrent des coups de pied. Personne ne succomba; tous les deux étaient de force égale. Enfin, Bathoro Sakri fut renversé, saisi à la hanche, soulevé et lancé dans les airs. Les dieux coururent tous à son secours et le délivrèrent; mais ses forces étaient épuisées et tous les dieux furent saisis de crainte.

« Bathoro Baijou, éclatant de colère, apparut. Tous les deux se rencontrèrent et s'attaquèrent mutellement avec toutes leurs forces; mais leurs forces étaient égales. Hempou Romadhi le prit à l'improviste par sa ceinture, et Iwang Baijou le saisit aussi à la sienne, et tous les deux se soulevèrent l'un l'autre, et se terrassèrent. Hempou Romadhi reçut un choc qui le fit bondir; l'attaque recommença. Ils se donnèrent mutuellement des coups de poing et se déchirèrent le visage. Ils étaient de même force et nul des deux ne succomba.

« Quand le combat eut duré quelque temps, Bathoro Baijou fut épuisé, et pris par les deux bras, il fut vaincu. Ses pieds descendirent dans la terre jusqu'aux genoux, il ne put se mouvoir. Il fut alors aidé et secouru par tous les dieux. Hempou Romadhi, se trouvant trop faible, ne put renverser Bathoro Baijou et n'en fut que plus irrité.

« Bathoro Bromo dit : « Puisqu'il en est ainsi, unissons nos forces pour vaincre les forces d'Hempou Romadhi; mais qu'aucun de nous ne se sauve; qu'est donc la force d'une seule personne? Hempou Romadhi entendant que tous les dieux réunis allaient l'attaquer, saisit aussitôt ses armes, et dit d'un ton menaçant : « C'est bien, attaquez-moi; mais quand vous serez percés de mes flèches, vous périrez infailliblement et retournerez en eau. Sachez que je n'ai pas préparé ces armes de ma propre volonté; ça a été la volonté d'Iwang Pramesthi; et quand elles seront achevées, vous saurez ce qu'elles valent. »

« Tous les dieux entendirent ces paroles, et Bathoro Wisnou dit alors : « Pour sûr, compagnons, vous n'avez pas bien réfléchi, et vous subirez les effets de la colère d'Iwang Pramesthi. »

« Peu après, survint Iwang Djagadnoto (1) assis sur une vache. Il était brillant comme l'éclair; il parla ainsi : « Cessez de vous disputer et allez déplacer cette montagne. Quand le monde sera replacé dans son équilibre, je vous récompenserai avec l'eau de la vie, qui vous préservera des maladies et de la mort. » Les dieux firent aussitôt leurs préparatifs pour entreprendre cet ouvrage, prirent le bâton à porteur et allèrent au lieu indiqué.

« Lorsque la montagne Djamor Dhipo fut soulevée, il en tomba sur la forge d'Hempou Romadhi

(1) Roi suprême du monde, surnom de Bathoro Gourou.

deux blocs de terre, chacun de la grandeur d'un poing, lesquels formèrent aussitôt les montagnes Mérapi et Merhabou, situées l'une à côté de l'autre. De là, il est arrivé que jusqu'à ce jour ces deux montagnes vomissent du feu. Hempou Romadhi fut contrarié de voir sa forge changée en deux montagnes.

« Hempou Romadhi mélangea alors de l'acier Pamor (1) et du cuivre rouge dont il fit un homme. Celui-ci fut nommé Bromo Kedali et élevé dans l'art de forger; il y devint très-habile. Il se servit de son genou pour enclume, de ses doigts pour tenailles et de sa salive empoisonnée pour durcir le fer.

« Hempou Bromo Kedali obtint un fils qu'il nomma Hempou Honggo Djali. Celui-ci eut aussi un fils qu'il nomma Hempou Songko Hadhi. Celui-ci se fit islamite et devint disciple du Prophète. Il inventa aussi les lettres javanaises (2).

« L'expédition des dieux vers l'Orient fut dès lors décidée. Il tomba un autre bloc de terre qui forma la montagne Lawou. Les dieux s'avançaient lentement, et il tomba un autre morceau de la grandeur d'un kadeli (3), qui fit le mont Kadiri. Le reste de la terre reçut alors ses limites; une part égale s'étendit à l'est,

(1) Sorte de fer qui sert aux armes javanaises et leur fait produire des éclats de lumière blanchâtre.

(2) D'autres disent qu'elles furent inventées par Hadji Soko, que les Javanais confondent d'ailleurs avec Hempou Soko.

(3) Sorte de petit champ qui produit un fruit noir, dont les Javanais font des friandises.

et une part égale au nord, dont sont sorties les montagnes Mòrijo, Pandan, Bantjak, Sòkorini, Doulang-ngan et Kellòd. Le sommet de Djamor Dhipo fit le mont Samirou. De là, cette montagne est d'une hauteur extraordinaire et se dresse jusque dans les cieux.

« Lorsque les dieux reparurent devant Iwang Pramesthi, celui-ci leur dit : « Partez tous et cherchez du bois, de la pierre et de la terre ; tout doit être de la meilleure qualité. Je veux faire un ciel, le plus beau de tous. »

« Le Dieu très-haut a créé le Balé Ngaras qui est son trône ; Bathoro Gourou fit en opposition le Balé Martjoukoundo. Dieu a créé le paradis ; Bathoro Gourou a fait le Swargo lòko. Dieu a créé le Yomani ; Iwang Djagadnoto a fait le Kakawah. Dieu a créé l'enfer Wahélool ; Iwang Gourou a fait le marais Blekgedobo ; Dieu a fait le pont Sirat almòstakim ; Bathoro Gourou a fait le pont Hogal lagik. Dieu a créé les anges ; Bathoro Gourou a fait les *Dhewos* (dieux). Pour tout ce dont il est parlé dans le *Kitab*, il fit quelque chose qui y correspondit.

« Le Balé Martjoukoundo était achevé et tout était régulier. Il y avait aussi des *Widhodharies* (déesses de rang inférieur) ; il y en eut bien cent mille, et une d'elles se nommait Bathari Ratih.

« Celle qu'Iwang Gourou prit pour femme était nommée Iwang Bathari Houmo. Lorsque le ciel fut achevé dans toute sa splendeur, tous les dieux et leurs déesses se rassemblèrent devant le Balé Martjoukoundo, tous pourvus de gobelets pour boire l'eau Kamindalou. Ensuite, ils se versèrent de cette eau et burent avec bonheur et des cris de joie.

« Un interrupteur de la paix du monde, lequel avait la forme d'un géant, et était nommé Rembou Tjoulong, fit naître un incident. Lorsque celui-ci vit que les dieux buvaient de l'eau de la vie, il descendit incontinent des nuées pour boire avec eux de cette eau. Il porta sans honte le vase à la bouche et voulut se verser l'eau dans le gosier. Bathoro Tjoudhro, le remarqua, fit un signe à Bathoro Wisnou, et dit : « Frère Wisnou, voilà un géant qui boit avec nous l'eau de la vie. S'il devient immortel, qui pourra s'opposer à lui? » Bathoro Wisnou visa Tjokro avec sa flèche meurtrière. La flèche partit, atteignit Rembou Tjoulòng juste au cou et sépara la tête du corps. Il avait à peine l'eau dans la bouche, mais elle n'alla pas plus loin, la flèche était partie à temps. Le géant mourut; sa tête retourna dans les airs, auprès du géant Karawou qui dévora le soleil et la lune; ce qui produisit, au dire des bouddhistes, une éclipse.

« On raconte en outre que Bathoro Gourou, s'asseyant un jour auprès de Bathari Houmo, lui dit : « Jeune sœur, vous savez que tout ce qui vit a un penchant irrésistible à propager sa race. » Il saisit ensuite sa main et l'embrassa avec amour. Elle s'humilia devant lui et répondit : « Frère aîné, pardonnez-moi;

j'ignore encore les devoirs de la femme ». Bathoro Gourou dit : « Objet de mon adoration, ma perle, précieux bijou, je vous en prie, guérissez-moi ». Bathari Houmo fut très-attristée de cette déclaration d'amour et voulut se retirer. Bathoro Gourou la retint, et vainement elle s'opposa à sa volonté.....

« Le trouble de la nature fut grand et toute la mer était tourmentée. Ce trouble se communiqua au ciel, où frémit même le Balé Martjoukoundo.

« Iwang Gourou, d'un ton aimable, demanda alors aux dieux : « Quelle est la cause de cette tourmente dans le ciel? » Ils lui répondirent : « Nous venons de rechercher la cause de ce bouleversement qui fait trembler la terre. Nous avons aperçu une apparition, mais nous ne saurions lui donner un nom. » Iwan Djagadnoto dit : « Oui, je sais le nom de cette apparition, qui a causé ce grand trouble dans la nature, elle s'appelle Komo Salah. » A ces paroles correspondit un nouveau bruit inconnu. Iwang Pramesthi Gourou dit ensuite d'une douce voix : « Mon désir est que tous mes serviteurs marchent à l'instant contre Komo Salah. Celui qui se dégagera de ce devoir, je ne le reconnaîtrai pas pour mon serviteur. »

« Les dieux firent un sumbah et partirent aussitôt avec leurs armes. A leur arrivée au bord de la mer, ils tirèrent leurs flèches sur Komo Salah qui tomba comme de la pluie. Komo Salah prit peu à peu des formes extraordinaires. La flèche Tjokro Dhaksono se changea en une figure humaine; les flèches Liempóng et Nenggolo devinrent ses deux bras et la massue Godho son dos. La figure s'assit, et les dieux la voyant en furent tout ébahis.

« Bathoro Bromo dit d'une douce voix : « Avez-vous encore des facultés surnaturelles? Comment vous comporterez-vous, quand vous aurez devant vous un ennemi qui sache diriger une flèche ou une lance? »

« Iwang Kolo (le même que Komo Salah) s'approcha des dieux qui s'enfuirent en désordre pour chercher un refuge auprès d'Iwang Gourou ; celui-ci était alors dans son palais.

« En présence d'Iwang Pramesthi, ce dernier leur demanda doucement : « Que vous est-il arrivé qui vous fasse ainsi courir? Les dieux firent un sumbah et répondirent : « La raison de notre fuite précipitée est que Komo Salah a atteint la taille d'un terrible géant; bientôt il sera ici. Il y a peu d'instants, il nous appelait avec une voix de Stentor, mais nous évitâmes de le regarder. Il demanda qui était son père ».

« Iwang Gourou sourit et dit doucement : « Où est-il celui qui ressemble à un géant? » A peine Iwang Pramesthi eut-il prononcé ces paroles, qu'il se fit au dehors un grand bruit. Les dieux saisis de frayeur cherchèrent à se cacher dans le ciel élevé.

« Komo Salah s'était alors approché de Batho Gourou. Les cheveux de sa tête, qui collaient les uns contre les autres comme la laine des moutons, étaient si épais qu'un kisi (1) et pendaient jusqu'à ses genoux; ses dents étaient si longues qu'un tjarak (2); ses yeux brillaient comme le soleil; sa figure était semblable à un rocher et ses narines étaient comme deux cavernes; ses moustaches couvraient sa bouche; les poils de sa poitrine égalaient la chevelure de sa tête, et son dos était couvert de longs poils qui bruissaient bruyamment lorsqu'ils étaient agités par le vent.

« Il vint, et se mit en présence d'Iwang Pramesthi. Gourou demanda d'une voix enrouée : « Dites-moi, quel est votre nom? » Iwang Djagadnoto répondit doucement : « Je suis le roi de toutes les créatures. » Komo Salah reprit avec une voix sévère : « Puisque vous êtes réellement le roi de toutes choses, vous saurez me répondre quand je vous demanderai de m'indiquer la place où se tient mon père. » Iwang Pramesthi répondit doucement : « Certainement, je puis vous dire où se trouve votre père, si vous vous soumettez aussitôt à ma volonté. » Romo Salah répondit : « Oui, je m'y soumettrai; que voulez-vous? » Iwang Gourou reprit doucement : « Vous devez savoir que quiconque se soumet à mes volontés doit les accomplir toutes. Votre maintien laisse voir que vous estimez peu quelqu'un qui vous commande. Si vous voulez connaître votre père, donnez-moi votre appui, et je vous l'indiquerai. » Komo Salah dit : « Eh bien! je

(1) Le pivot en bois d'un rouet javanais.
(2) La corne creuse d'un taureau sauvage.

vous donnerai mon concours; mais si je ne découvre pas mon père, il vous arrivera malheur. Je vous pulvériserai et déchirerai vos os à belles dents. » Iwang Gourou dit : « Vous êtes libre de me tuer, si je ne vous dis pas la vérité. »

« Komo Salah s'inclina ensuite devant lui et fit un sumbah. Iwang Djagadnoto enleva mystérieusement deux cheveux de la tête de Komo Salah. Celui-ci surpris saisit Bathoro Gourou par deux de ses dents et les arracha. Ensuite il le saisit par les lèvres et en pressa le venin qu'elles contenaient; il l'enferma dans le petit vase *hastogino* et le mêla au *tjolo koutho*. Une de ses dents servit à faire une flèche *liempong*, et l'autre à une *nenggolo*. Les deux flèches pesaient chacune sept cents *keprings* (environ trois livres). Les deux cheveux servirent de corde à l'arc, avec lequel devait être lancée la précieuse flèche *pontjo wédho*.

« Iwang Gourou dit alors : « Komo Salah, je vous donne le nom d'Iwang Kolo. » Celui-ci honoré de ce titre fit un sumbah.

« Après que Bathoro Gourou eut dit ces mots, il entra dans une grande colère contre sa femme Bathari Houmo. Il la prit par les pieds et la tint la tête en bas. Elle pleura amèrement et sa voix ressembla à une *soundhari* (1). Par la volonté d'Iwang Tan Hono, et aux cris de Bathari Houmo, il survint une géante qui fut donnée pour femme à Iwan Kolo. Puis, Houso

(1) Bâton de bambou frappant la corde tendue d'un arc.

Kambangongan lui fut assigné pour demeure, où ils vécurent en s'aimant mutuellement.

« De plus on raconte que Iwang Gourou chargea Iwang Bromo et Wisnou de chasser tous les géants, enfants de Rembou Tjoulòng, qui troublaient la terre. Tous furent anéantis, excepté un seul nommé Pouthòt Djantoko, qui fut épargné parce qu'il faisait expiation et menait une vie humaine.

« Le récit en kawi rapporte de plus que Bathoro Gourou remarqua un rayon lumineux dans la mer et demanda : « Qu'est-ce qui est cause de ce rayonnement? » Les dieux firent un sumbah et répondirent : « Vos serviteurs ne savent pas comment se nomme ce rayon, ni à quoi l'attribuer? » Iwang Djagadnoto reprit : « Ce rayon se nomme Soubo Sito, parce qu'il se trouve dans l'eau. »

« Iwang Tembourou fut chargé de rechercher la cause de ce rayon. Iwang fit un sumbah. On ignore ce qui lui est arrivé en chemin. Il vint au lieu indiqué et vit une personne assise. Alors il retourna aussitôt, et arrivé en la présence de Bathoro Gourou, il fit un sumbah et dit : « Seigneur, j'ai fait des recherches; celui qui produit ce rayon est une personne qui se livre à des expiations. Il est assis dans la position d'un pénitent, et bien qu'il se trouve au milieu de l'eau, il n'est pas mouillé. »

« Iwang Pramesthi dit : « Eh bien! hâtez-vous tous de découvrir le pénitent et partez sans retard. » Les dieux firent un sumbah et partirent ensemble, accompagnés de Widhodharies, pour accomplir leur mission. Ils allèrent à la découverte, marchant l'un après l'autre, et atteignirent la place où le rayon lumineux avait été aperçu. Ils virent là le pénitent; il ne remuait point, et son expiation consistait à se tenir muet.

« Les dieux se rangèrent devant le pénitent qui restait fermement silencieux. Alors Bathoro Bromo dit d'un ton calme : « Voyez, comme il est fier; à l'honorable visite des dieux, il ne fait même pas attention. C'est pourtant l'usage, quand on reçoit une visite, bien qu'on ne veuille pas communiquer avec ses hôtes, qu'on leur offre au moins le *kinang* (1). Non-seulement il ne nous offre pas cela, mais il ne daigne pas même nous parler. Il s'appuie sur ceci, qu'il est saint; c'est pourquoi il est orgueilleux et peu aimable pour ses visiteurs ». Bathoro Siwah prit alors la parole et dit : « En vérité, je suis envoyé par Iwang Djagadnoto pour vous demander les moyens de guérir Bathari Houmo qui est malade; donnez-moi ces moyens. »

« Iwang Kanéko Poutro resta toujours immobile; les dieux lui renouvelèrent leurs questions et lui, il garda toujours le même silence. Iwang Bromo se fâcha à la fin et lui dit d'un ton de dépit : « Un homme comme toi, je le nomme un dédaigneux du bonheur. Quel est le terrain sur lequel tu te trouves, sans te

(1) La feuille de sirie avec les quatre ingrédients, *gambir, chaux, pinang* et *tabac*.

préoccuper du propriétaire? Sans son approbation, ton expiation est inutile et tu es un faux saint? » Iwang Sambou apporta une cruche pleine d'eau; il en aspergea le saint et celui-ci ne fut pas mouillé.

« Iwang Tjondhro devint furieux, saisit un saloukou (sorte de massue) et en frappa à coups redoublés le pénitent; mais pas un cheveu de sa tête ne fut touché. Bathoro Baijou prit le pénitent et le frappa contre le rocher. Le rocher se brisa en sept morceaux, sans que le pénitent éprouvât la moindre souffrance. Iwang Bromo fit, par son désir, allumer un feu ardent qui s'éleva jusqu'au ciel. Le pénitent fut jeté dans les flammes, et tous les dieux crurent que Kanéko Poutro perdrait ainsi la vie. Les flammes s'éteignirent peu à peu et le pénitent apparut comme de l'or brillant. Les dieux virent ceci avec étonnement. Ils prirent leurs armes; leurs flèches tombaient comme la pluie aux pieds du pénitent, sans atteindre son corps.

« Les dieux furent stupéfaits, s'avouèrent vaincus et partirent. Il n'est pas fait mention de ce qui leur arriva en route.

« Revenu devant Bathoro Gourou, Bromo fit un sumbah et dit : « J'ai accompli la mission dont vous m'avez chargé pour découvrir le pénitent, mais il possède une puissance surnaturelle; tous les dieux ont soulevé toutes les difficultés, et nous avons épuisé toutes les ruses sans pouvoir le déplacer de son siége ». Iwang Bathoro Gourou dit doucement : « Eh bien, je m'en chargerai moi-même. »

« Iwang Gourou partit sans se douter de ce qui lui arriverait en route. Il se présenta au pénitent. Iwang Gourou lui dit : « Quel est le but de ton expiation? réponds; j'accomplirai tes désirs. Si tu désires te marier, je suis riche en jeunes filles, je suis beau et sensible. Viens les voir et choisis à ton gré ». Le pénitent resta immobile. Iwang Djagadnoto reprit : « Je sais bien ce que tu désires; en vain je porterais le nom de Gourou, le roi du ciel, .i je ne savais ce qui est caché. La raison pour laquelle tu te livres à des expiations, c'est que tu veux devenir mon égal; mais il est impossible que tu m'approches, moi, le Seigneur, lors même que tu te livrerais à des expiations pendant mille ans. Je n'ai rien à expier, moi. Le sort m'a destiné à être roi du ciel. Personne n'est plus âgé que moi. Ce qui a été avant moi est l'éclatant soleil et la lune, et ceux-ci sont dépassés en antiquité par le ciel et la terre, qui à leur tour le sont par Sang-Iwang Wenang Wiséso, au delà duquel il n'y a rien.»

« Le pénitent Kanéko Poutro se dressa incontinent et éclatant de rire, il dit : « Je suis Kanéko Poutro, et sachez que vous vous nommez Pramesthi Gourou, le plus grand des dieux. Eh bien! si votre science s'étend si loin, vous n'avez pas encore une idée juste de la vraie union de l'âme avec Dieu. Vous croyez qu'Iwang Wiséso est le plus ancien, vous êtes dans l'erreur; et parce que vous êtes dans l'erreur, vous avez péché, et par là vous vous êtes attiré la colère d'Iwang Wiséso. Au temps où tout était encore désert et inhabité, et que le ciel et la terre n'existaient pas encore, qu'est-ce qui existait alors et causait un bruit semblable au son d'une sonnette qui fut entendu d'Iwang Wiséso? La raison pour laquelle ce bruit s'est fait entendre était qu'il annonçât un Être Tout-Puissant, et quel est ce souverain dominateur? »

« Iwang Pramesthi Gourou Noto, garda un instant le silence. Il exprima ensuite le désir d'être éclairé par le pénitent relativement à cet Être. « Frère aîné, dit-il, je vous prie de m'instruire dans ce que j'ignore encore. Désormais je vous emporte dans le beau ciel, et vous commanderez à tous les dieux. Celui qui désobéira aux ordres de Kanéko Poutro sera exclu du nombre de mes créatures. » Tous les dieux acquiescèrent à ces paroles.

« Kanéko Poutro dit d'une douce voix : « Ce qui fut entendu par Sang Iwang Wiséso était la volonté d'Iwang Tan Hono. Chaque chose a son antipode. Ce qui est bas est l'opposé de la hauteur; l'homme, l'opposé de la femme ; le père est l'opposé de la mère; la grand'mère, l'opposé du grand-père; la tante, l'opposé de l'oncle; le malheur, l'opposé du bonheur; l'avarice, l'opposé de la générosité; mais le vieil oncle n'a pas d'opposé. A l'opposite d'ici-bas est l'étoile. Tout est combiné et fixé avant de paraître aux yeux. Voyez, ceux qui entourent Iwang Pramesthi sont à peine de nouveaux venus ».

« Il n'est rien dit de plus de leur ascension; ils entrèrent dans le céleste séjour et s'assirent à la place qui leur fut assignée, devant le Balé Martjoukoundo. Quelque temps après, Iwang Giri Noto remarqua que le pénitent Kanéko Poutro tenait la main fermée. Iwang Gourou dit alors : « Frère aîné, Kanéko Poutro, quelle est la raison pour laquelle vous tenez votre main fermée, sans l'ouvrir une seule fois? » Le pénitent Kanéko répondit : « Ceci est le *Retno Dhoumilah*, la plus précieuse des pierres précieuses, qui possède la puissance surnaturelle de soustraire quelqu'un au sommeil et à la faim, de le tenir dans l'eau sans qu'elle le mouille, et même dans le feu sans qu'il soit touché par les flammes. »

« Iwang Gourou reprit : « Frère aîné, je désire le voir. » Iwang Kanéko Poutro répondit : « Je me soumets à votre volonté; mais, frère cadet, c'est une chose si fine que la main ne peut la saisir. Si elle ne se dérobe pas, elle pénétrera votre main, et si elle tombe, sa chute sera très-rapide. » Iwang Gourou dit : « Eh bien! frère aîné, donnez-la-moi; les dieux et moi nous la recueillerons. » Kanéko Poutro répondit : « Je me soumets à votre volonté, seigneur, mais faites attention à vous. »

« Il jeta le Retno Dhoumilah en l'air, et Iwang Djagadnoto voulut le saisir avec ses deux mains. Le Retno Dhoumilah descendit plus bas et fut recueilli dans les mains d'Iwang Pramesthi, mais il leur échappa. Iwang Moho Dhéwo le saisit aussitôt, mais la pierre continua de tomber. Bathoro Sambo la trouva, elle tombait toujours. Iwang Komo Djoijo la saisit, mais elle ne cessa de tomber. Iwang Wisnou la reçut dans ses mains, mais elle leur échappa. Iwang Baijou essaya de la prendre, mais vainement. Iwang Bromo se précipita sur elle, elle tombait toujours. Iwang Tjitro Gôtro, Iwang Sakri, Tambourou, Iwang Kouwero et Prithandjolo s'emparèrent du Retno Dhoumilah, mais sans arrêter sa chute. La pierre descendait toujours et gagnait la première terre. Iwang Pratiwi s'en aperçut et recueillit le Retno Dhoumilah; mais il ne fut point arrêté et descendit dans la seconde terre. Le pénitent Kousiko saisit aussitôt le Retno Dhoumilah, mais il ne sut le garder et celui-ci continua de descendre jusque dans la troisième terre. Iwang Ganggang le vit et lui tendit les mains, mais il gagna la quatrième terre. Iwang Siendoulo le vit et voulut s'en emparer, mais la pierre se déroba à sa poursuite. Iwang Darampallan courut après elle et elle s'enfonça dans la sixième terre. Iwang Manik Horo lui tendit les mains, mais elle continua de tomber et disparut dans la septième terre.

« On dit qu'Iwang Honto Bôgo (le serpent qui porte la terre sur son dos), en voulant saisir le Retno Dhoumilah, ouvrit la bouche, et qu'il en sortit une odeur agréable qui monta jusque dans le ciel, où elle se répandit. Qu'est-il advenu maintenant du Retno Dhoumilah? Il ne cessa pas de tomber et entra tout droit dans la bouche d'Iwang Honto, et sa chute était semblable à celle de l'eau dans l'eau. Iwang Honto Bôgo plaça la pierre dans le petit vase Hasto Gino et ferma bien la bouche. Le serpent divin se mit à dormir.

« On dit qu'Iwang Pramesthi, après la disparition du Retno Dhoumilah, parla d'un ton sévère à Iwang Kanéko Poutro : « Eh bien, frère aîné, que voulez-vous maintenant? Le bien qui vous a été prêté est disparu; où faut-il le chercher? » Le pénitent Kanéko Poutro répondit à Sang Winegang (1) : « Si vous le permettez, je suivrai la pierre, aussi loin qu'elle puisse se trouver. Fût-elle descendue dans la septième terre, votre serviteur ne reviendra pas avant d'avoir retrouvé le bien perdu. » Iwang Gourou répondit : « Faites comme vous dites, frère aîné; mais faites en sorte de la retrouver. Tous les dieux vous accompagneront. »

« Ceux qui reçurent cet ordre firent un sumbah et s'éloignèrent. Leur marche fut semblable à l'éclair; ils atteignirent la première terre et interrogèrent Hibou Pratiwi, qui leur apprit que le Retno Dhoumilah avait dépassé sa demeure. La deuxième, la troisième, la quatrième, la cinquème et la sixème terre lui répondirent toutes que la pierre avait atteint la septième terre.

« Les dieux continuèrent leur course et atteignirent la septième terre. Lorsque Iwang Kanéko Poutro aperçut Iwang Honto Bôgo, celui-ci lui dit : « Salut, frère aîné! La visite de tous les dieux à la septième terre

(1) Doué de force, surnom de Bathoro Gourou.

remplit mon cœur de joie; serait-ce aussi la volonté de Sang Winegang de rendre ma mort nécessaire ou de me punir? » Kanéko Poutro répondit : « Frère cadet, ma visite à la septième terre est la conséquence de la mission qui m'a été confiée, de rechercher le Retno Dhoumilah appartenant à Iwang Pramesthi Gourou; c'est bien, jeune frère, s'il est chez vous. Grande sera la récompense de celui qui le retrouvera. Il sera le chef de tous les dieux qui habitent la septième terre. »

« Iwang Honto Bògo répondit : « Bien, le Retno Dhoumilah est ici. » Il dit en lui-même : « Je mettrai à l'épreuve la force surnaturelle des dieux ». Puis, il ajouta : « Mais, frère aîné, le Retno Dhoumilah est enfermé dans le vase de pierre précieuse, et de ce vase, je ne puis me séparer. Si le Retno Dhoumilah est exigé de moi, prenez-moi avec vous, en même temps que lui, car je ne puis aller au céleste séjour. »

« Kanéko Poutro répondit incontinent : « Vos paroles n'inspirent nulle confiance; qui pourrait nous en faire accroire? C'est comme si l'on voulait déplacer le monde entier. Mon désir est que vous alliez vous-même. » Le serpent divin ne donna point de réponse, il se roula sur lui-même et dormit comme s'il était mort; le battement du cœur était le seul signe de vie. Toutes ses pensées de crainte et d'inquiétude avaient disparu. »

« Kanéko Poutro dit : « Comment, jeune frère, vous allez dormir? » Iwang Wisnou, témoin de ce qui se passait, dit à Kanéko Poutro : « Je vois que Iwang Honto Bògo joue de ruse, il veut se mesurer avec vous. »

« Iwang Kanéko Poutro se leva aussitôt et se dit : « C'est là son but. Il veut se mesurer avec moi. » Alors il dit à haute voix à tous les dieux : « Vous tous qui êtes dans la force de l'âge, ne restez pas oisifs. Allons, parcourez le corps de Honto Bògo; qui est en état de le remuer? »

« De la longueur de Honto Bògo, il est raconté que lorsqu'il s'enroule autour du monde, la tête joint la queue. Ses narines sont au nombre de quarante et chacune a la largeur de deux corbeilles. Les dieux se mirent à l'œuvre. Ils retournèrent Honto Bògo, explorèrent tout son corps de la queue à la tête, partout où ils croyaient que le Retno Dhoumilah était caché; cependant la pierre ne fut pas retrouvée.

« Le serpent divin fit par son vœu que tous les dieux furent dans un état de trouble et de confusion. Ils en vinrent aux mains et luttèrent d'une façon étrange.

« Bathoro Wisnou dit : « N'avez-vous pas honte, mes amis? Vous ne savez pas que par la force surnaturelle de Honto Bògo vous avez dû céder? » Alors tous les dieux se mirent à rire; mais intérieurement ils avaient une honte mortelle.

« Iwang Kanéko Poutro répondit « : Honto Bògo se figure donc qu'il n'y a que lui, cette charogne, qui possède une force surnaturelle; il ose la mettre à prix auprès de ses propres compagnons. Allons, amis, hâtez-vous, enlevez Honto Bôgo et portez-le dans le céleste séjour, de la même manière que vous avez transporté la montagne Djamôr Dhipo. »

« Iwang Bromo fut le filet à porteur ; Iwang Hendhro servit de corde et Bathoro Baijou fut le bâton. Iwang Wisnou souleva Honto Bôgo ; il fit cela à lui seul. Il le plaça sur le filet, qui fut enlevé par tous les dieux. Ils le poussèrent en haut et le transportèrent jusqu'au septième ciel. Leur ascension fut semblable à l'éclair.

« Iwang Honto Bôgo, ainsi porté, devint insensiblement plus petit. Il décroissait à proportion de sa taille ; il se rendit ensuite invisible et disparut du filet.

« Alors Iwang Kanéko Poutro, furieux et terrible, dit : « La puissance surnaturelle de Honto Bôgo est grande ; il est en état d'humilier tout ce qui vit. Je ne le souffrirai pas. Il s'est moqué de nous tous ; j'en donnerai avis à Iwang Pramesthi, et je ferai d'un corbeau un oiseau blanc de la famille des cigognes.

« Les dieux continuèrent leur route, il n'est pas fait mention de ce qui leur arriva pendant le trajet. Ils vinrent en présence d'Iwang Djagadnoto.

« Kanéko Poutro voulut alors entretenir Iwang Djagadnoto de Honto Bôgo, lorsqu'il remarqua que le serpent divin en personne était présent, et qu'Iwang Gourou était assis sur sa tête. Kanéko Poutro montra l'animal du doigt et dit : « C'est juste ; ce n'est pas un homme qui possède une puissance surnaturelle pareille à la tienne. Grand est ton dédain des autres. »

« Iwang Djagadnoto dit : « Frère aîné, ne soyez pas en colère ; Honto Bôgo a en effet grand tort et vous demande pardon, à vous et à tous les dieux. » Le pénitent Kanéko Poutro renonça à répondre et resta silencieux.

« Iwang Djagadnoto reprit la parole et dit d'un ton amical à Honto Bôgo : « Eh bien! apportez à l'instant le Retno Dhoumilah. » Honto Bôgo donna aussitôt à Iwang Giri Rodjo le petit vase Hasto Gino. Celui-ci voulut l'ouvrir incontinent, mais il fit d'inutiles efforts. Il le remit ensuite à Iwang Kanéko Poutro, en disant : « Frère aîné, ouvrez-le aussitôt. » Il essaya deux fois de l'ouvrir, mais en vain. Épuisé de fatigue, il le confia à Iwang Wisnou. Celui-ci essaya aussi inutilement de l'ouvrir. Tous les deux, l'un après l'autre, tentèrent les mêmes efforts sans plus de succès ; le vase Manik Hasto Gino résistait toujours.

« Alors Iwang Pramesthi dit à Kanéko Poutro : « Que voulez-vous maintenant, frère aîné? » Iwang Kanéko répondit d'une douce voix : « Que le vase appartienne à Honto Bôgo; personne ne peut l'ouvrir, puisqu'il ne le veut pas. »

« Iwang Gourou chargea alors Iwang Honto Bôgo d'ouvrir le vase Manik Hasto Gino. Iwang Honto Bôgo répondit : « Je suis à peine gardien du vase; comment on l'ouvre ou on le ferme, je l'ignore. »

« Iwang Gourou resta silencieux et ne put répondre ; il scruta en lui-même la volonté du créateur de la terre. Suivant une révélation, il souleva le vase avec les mains et le jeta à terre, de manière qu'il se brisa sans qu'on en vit les morceaux. Le Retno Dhoumilah prit la forme d'un enfant, d'une petite fille extrêmement belle et de cet âge qui peut faire périr un jardin (1).

« Après la disparition du vase Manik Hasto Gino, le Balé Moro Kotho se trouvait dans le séjour céleste. Iwang Pramesthi donna à la petite fille le nom de Kin Tisno Wati; et son bonheur de chaque jour consistait uniquement à se tenir sous le Balé Moro Kotho.

« On raconta plus tard que, lorsque la belle Tisno Wati eut atteint l'âge où une jeune fille commence à s'occuper de ses vêtements, et que sa beauté allait s'épanouir, elle éprouvait des désirs inconnus. Son visage était comme la lune. Elle mérita d'avoir pour servantes les Widhodharies célestes, Dhévie Houmo, Ratih et Srie, afin de porter son lantjang (la boîte qui contient le bétel).

« Quand elle eut atteint quatorze ans, Iwang Djagadnoto s'en éprit d'amour. Il oublia Dhèwie Houmo et s'attacha à Tisno Wati seule. Elle partageait tous ses sentiments et était toute en lui (2). Il la prit pour sa deuxième épouse.

(1) Expression familière des Javanais, qui signifie un enfant en qui la pensée du mal ne s'est pas éveillée.

(2) Le texte porte littéralement : « Elle était enfermée dans ses rognons. »

« Iwang Gourou voulut connaître sa femme, et la regardant il lui dit d'une voix aimable : « Ah ! mon rubis, mon joyau ! Quel amour m'inspires-tu ! » Elle fit un sumbah devant lui et dit : « Je vous suis reconnaissante, seigneur ; si toutefois vous, roi des dieux, trouvez réellement plaisir en moi, j'ai une chose à vous demander. » Iwang Gourou lui demanda d'un ton doux : « Que désires-tu ? » Elle répondit en faisant un sumbah : « Je ne vous demande rien de coûteux ni de rare. Ce que je désire, seigneur, est un vêtement inusable, une nourriture qui, lorsqu'on en a mangé une fois, suffise pour toute la vie ; de plus, l'instrument de musique *kathoprak*. Iwang Gourou répondit : « Oui, ma chère, je t'accorderai ce que tu désires, pourvu que toi, mon rubis, tu m'accordes tout ton amour. »

« Iwang Gourou appela alors Iwang Tjitro Gòtro, et lui donna l'ordre de faire venir Iwang Kolo qui se tenait à Nouso Kambangngan. Tjitro Gòtro quitta aussitôt Iwang Gourou et se rendit à Nouso Kambangngan où il trouva Iwang Kolo. Il lui dit : « Je suis venu, envoyé par Iwang Gourou, pour vous chercher. »

« Iwang Kolo partit aussitôt, se présenta devant Iwang Djagadnoto et fit devant lui un sumbah en se baissant. Iwang Pramesthi lui dit : « Mon ami, je t'ai appelé pour avoir de toi ton fils, Kolo Goumarang ; je le charge d'aller à la découverte d'un vêtement qu'on puisse porter toute une vie sans qu'il soit usé, d'une nourriture qui, lorsqu'on en a une fois mangé, assouvisse la faim pour le reste de nos jours, et enfin le *katho-prak*. » Iwang Kolo fit un sumbah et dit : « Je vous l'accorde de mes deux mains, selon vos désirs ».

« Kolo Goumarang, étant appelé, parut devant Iwang Pramesthi, et fit un sumbah. Celui-ci dit : « Kolo Goumarang, je te charge de descendre vers la terre et d'aller à la découverte d'un vêtement inusable, d'un instrument de musique et d'une nourriture qui rassasie pour toujours dès qu'on en a une fois mangé; si tu réussis, je t'attacherai à ma cour. » Kolo Goumarang fit un sumbah et s'éloigna de la présence d'Iwang Djagadnoto.

« Une fois sorti, il courut avec ses mains, la tête en bas, et éclata de rire. « Vous, dieux du Souro Loijo, dit-il, évitez de vous opposer à moi; je suis attaché à la cour. »

« Les dieux en le rencontrant le frappèrent et le griffèrent au visage. Quelques-uns lui déchirèrent les vêtements et d'autres crachèrent sur lui. Tous les dieux étaient irrités contre lui et lui lançaient des malédictions : « Nous souhaitons qu'il change de forme, qu'il ne puisse retourner au céleste séjour et qu'il change en bête ». A ces paroles, répondit, dans l'air, un bruit épouvantable.

« On raconte du voyageur Kolo Goumarang, qu'il atteignit l'enclos Bandjaran Sarie. Dhèwie Srie se baignait justement dans la brillante mer d'indigo; Kolo Goumarang l'aperçut. Alors son cœur s'enflamma d'amour et il s'approcha de la divine Srie. Celle-ci quitta l'eau et s'enfuit sans prendre ses vêtements. Arrivée devant Iwang Wisnou, elle se jeta à ses genoux et pleura.

« Iwang Wisnou lui demanda d'une douce voix : « Que vous est-il arrivé, belle dame? dites-le-moi. »

« Elle répondit à son époux : « Je me baignais dans la mer d'indigo. Survint Kolo Goumarang; il s'approcha de moi et je me suis enfuie. Je crois qu'il me poursuit. »

« A peine ces paroles furent-elles prononcées qu'il accourut et cria à haute voix : « A qui appartient cette maison? » Dhèwie Srie prit la fuite et eut une peur mortelle. Kolo Goumarang se présenta devant le sage Wisnou et dit : « A qui est cette femme qui vient de se baigner dans l'enclos? Bathoro Wisnou répondit doucement : « C'est ma femme ». Kolo Goumarang reprit : « Alors, je veux votre femme. » Bathoro Wisnou répondit : « C'est bien, si elle y consent. » Kolo Goumarang dit de nouveau d'un ton doux : « Faites en sorte que je puisse la recevoir aussitôt. »

« A ces mots, Bathoro Wisnou appela Dhèwie Srie et lui dit : « Venez ici, ma jeune sœur Srie. » Dhèwie Srie aurait refusé d'obéir, si elle n'avait pas craint son mari. Elle s'assit derrière lui, et Bathoro Wisnou lui dit d'une douce voix : « Ma chérie, il faut te marier; Kolo Goumarang te demande en mariage. Il est craint de tout le monde et personne n'ose lui résister parce qu'il appartient à la cour d'Iwang Djagadnoto ».

« Dhèwie Srie répondit à son époux : « Divin prince, prenez-moi d'abord la vie, et quand je serai morte, vous ferez de mon corps ce que vous voudrez. » Bathoro Wisnou dit : « Vous l'avez entendu, j'ai transmis votre demande et elle ne consent pas à vous épouser. » Kolo Goumarang répondit : « Aucune femme, à qui on propose un mariage, n'accorde de suite son consentement, mais prend toujours des détours. C'est l'habitude des femmes ; qu'elle veuille ou non, je désire posséder votre femme. »

« Iwang Wisnou souffla à l'oreille de la dhèwie qu'elle devait fuir à Mendang Kamolan, et prendre la forme humaine de l'épouse du roi. Elle fit un sumbah et sortit ; Bathoro Wisnou disparut aussi de la présence de Kolo Goumarang.

« Kolo Goumarang était on ne peut plus irrité ; il poursuivit Dhèwie Srie, lui coupa le chemin et suivit partout ses traces. Enfin, parvenu dans un bois inextricable, il l'y arrêta après des jours et des nuits de fatigue ; épuisée de force, elle tomba en sa puissance. Alors Bathoro Wisnou tira sa flèche ; elle se changea en racines de rotin et entortilla tellement les jambes de Kolo Goumarang qu'il tomba et courut à quatre pattes. Dhèwie Srie dit alors d'une douce voix : « Kolo Goumarang, tu te comportes comme un porc. » Et il fut métamorphosé et devint comme un porc. Lorsqu'il vit son image dans l'eau, il poussa un soupir et dit : « Me trouvant maintenant dans cet état, je prendrai la résolution de ne plus jamais me vanter, bien que vous preniez votre refuge dans le gosier du serpent Honto Bôgo ».

« Dhèwie Srie fuyait toujours jusqu'à ce qu'elle parvint à Mendang Kamolan, où elle se déguisa dans le corps de l'épouse du roi, nommé Dharmo Nastiti; cette reine était très-belle.

« Kolo Goumarang entra alors dans le corps du roi de Mendang Kamolan, nommé Mengou Kouhhan, qui était le premier roi de Java.

« Le récit revient ici à Bathoro Gourou. Lorsque le temps fut venu, il ne put réfréner plus longtemps ses désirs, et embrassa la belle Tisno Wati. Son amour pour elle devint de plus en plus brûlant. Elle fit un sumbah et dit : « Grand roi des dieux, calmez vos désirs jusqu'à ce que mes vœux soient exaucés; alors je serai entièrement à vous. » Iwang Gourou chercha à la persuader par des mots flatteurs; il prit sa main et l'embrassa plusieurs fois. La belle Tisno Wati fit un sumbah et exhala le dernier soupir dans les bras d'Iwang Gourou. »

« Iwang Gourou en fut très-affligé. Il fit venir le pénitent Kanéko Poutro et lui dit : « Frère aîné, voyez le cadavre de votre jeune sœur Tisno Wati; portez-le en terre, dans le beau pays de Mendang Kamolan, où le roi Mengoukouhhan a établi son siége. Là est un bois, nommé Kentring Kendoijono, dont les contours sont préparés pour la culture, et où l'on trouve beaucoup d'arbres de sowo que vous ferez abattre. Laissez Iwang Sòrijo (le soleil) briller dessus, jusqu'à ce que ce bois soit devenu sec. Laissez-le consumer ensuite par Iwang Bromo, et après vous inhumerez le cadavre. »

« Alors Iwang Kanéko Poutro le quitta, emportant le cadavre de Tisno Wati, et arriva bientôt à Mendang Kamolan. Le bois Kentring Kendoijono fut abattu, et lorsqu'on eut purifié la place, le cadavre de Tisno Wati fut déposé en terre, et sa sépulture entourée d'une haie de fleurs.

« Au temps où la semence commence à poindre, il sortit de la tête de Tisno Wati un cocotier; des parties sexuelles, du *padie* (riz); des paumes de ses mains, un *pissang* et de ses dents, un *djagóng*. Il s'éleva encore quantité de plantes qu'on ne saurait dénommer.

« On ne raconte pas en combien de temps se fit la croissance de ces plantes. Elles se propagèrent toujours de plus en plus. Le padie devint abondant. Les agriculteurs furent Kie Bouijòt, Kie Touwo et Poutjakôt, dont le chef était Radhèn Djoko Pouring, frère cadet du roi. Tout se propagea et se multiplia avec le temps. L'arbre de *harèn* grandit aussi.

« On rapporte que le dieu qui veille sur la partie septentrionale du monde, nommé Prit Handjolo, se dit en lui-même : « Où se trouverait donc notre frère aîné Kanéko Poutro? Notre frère aîné Wisnou est aussi depuis longtemps absent; où seraient-ils allés? »

« A ces mots, il disparut et, se trouvant dans les airs, il remarqua que Mendang Kamolan était couvert de verdure. Il en sentit les parfums odorants qui se répandaient au loin. Il descendit aussitôt du côté des arbres. Le padie lui plut surtout, et par la puissance de sa volonté il se changea en un hemprit (1), et mangea du padie qui avait un excellent goût. Quelque temps après, cet hemprit fut découvert par Radhèn Djoko Pouring qui lui jeta un morceau de bois; mais l'oiseau se cacha entre les dhangous (2).

« Dhèwie Srie s'était entièrement unie à Dhèvi Tisno Wati.

« A ce Kalo Goumarang qui était changé en porc, il n'était pas inconnu que Dhèwie Srie se trouvait à Mendang Kamolan. Il continua donc son chemin et parvint aux champs de riz, où il n'hésita pas à mordre et à piétiner le padie; il remua le sol et s'y vautra.

« Iwang Wisnou lui décocha une flèche qui changea en une tige noueuse de wouloh (sorte de bambou, qui n'atteint pas la hauteur du bambou ordinaire), et resta fixée dans le sol. Kolo Goumarang, qui continuait de piétiner le padie, vint se heurter contre elle; la flèche lui traversa le corps. Le sang qui en jaillissait fit sortir diverses sortes de mauvaises herbes, tandis que son âme, chargée de la malédiction des dieux, passa dans le corps de tous les enfants de Djantoko.

« On dit qu'Iwang Prit Handjolo fut très-heureux de parcourir les champs de riz où il mangeait toujours du padie. Aussi souvent que les gardiens des champs

(1) Petit oiseau noir, avec une poitrine blanche, qui attaque les champs de riz.

(2) Plante fixée à l'arbre de harèn.

l'aperçurent, ils lui jetèrent un morceau de bois; mais lui, il se cacha dans les dhangous du Barèn jusqu'à ce que les gardiens fussent passés.

« Kie Bouijot rapporta ceci à Radhèn Djoko Pouring en disant : « Il y a quelque chose qui persiste à ronger notre padie; cela a la forme d'un petit oiseau noir. » Djoko Pouring répondit : « J'irai voir et m'en assurerai par moi-même. »

« Tous les trois partirent ensemble et vinrent aux champs de riz. Les oiseaux qui s'étaient multipliés furent épouvantés à la vue de ces personnes. Celles-ci leur jetèrent un morceau de bois, et les oiseaux assis sur les kolang-haling (1) s'y cachèrent.

« Kie Bouijot dit : « C'est leur habitude de se cacher dans les dhangous quand ils sont pourchassés. » Djoko Pouring dit d'une voix douce : « Puisque cet arbre sert de refuge, je lui donne le nom de *harèn*, qui veut dire lieu de repos. Il portera ce nom parce que, aussi souvent que nous poursuivons ces oiseaux, cet arbre nous est un obstacle. Abattez le dhangou, car s'il sert encore longtemps de refuge à cette gent ailée, il y aura pour nous un grand dommage. »

« Une échelle fut aussitôt placée au pied de l'arbre, et lorsqu'on coupa le dhangou, il en jaillit une liqueur. Kie Bouijot en goûta et trouva qu'elle avait une saveur très-agréable. « Frère aîné, dit-il alors à Kijahi Touwo, recueillez cela. »

(1) Les fleurs de l'arbre de harèn.

« Kie Touwo coupa aussitôt un morceau de bambou et y recueillit la liqueur. Il laissa le bambou debout pendant une nuit, et lorsqu'il le chercha le lendemain au pied de l'arbre, il vit que la liqueur avait débordé. Il en fit part à Radhèn Djoko Pouring. Celui-ci dit : « Qu'est-ce, frère aîné? laissez-moi voir cela. » Le bouchon du bambou fut enlevé et l'eau répandit un agréable parfum. Radhèn Djoko Pouring dit : « Cela est digne d'être offert au roi, mais non d'être bu par moi. »

« Radhèn Djoko Pouring prit la liqueur avec lui et revint à la maison. Il se rendit aussitôt chez le roi, devant qui il fit un sumbah et dit : « Permettez-moi de vous offrir le produit de votre grand arbre. » Le roi l'accepta et enleva le bouchon du bambou. La liqueur exhala une douce odeur, et le roi dit à Iwang Kanéko Poutro : « Portez cette liqueur au céleste séjour et offrez-la au Tout-Puissant. »

Kanéko Poutro obéit aux ordres du roi et se présenta devant Iwang Gourou, qui le changea en un animal à quatre pattes. D'après la tradition javanaise, ce fut là l'origine des bêtes; elles trouvèrent leur nourriture dans le Mendang Komolan, le jardin enchanté; les dewas voulurent les en chasser. Un combat s'engagea entre elles et le roi de Mengoukoulnan. Enfin, la terre fut délivrée des monstres et Java vit fleurir la civilisation et les arts qu'elle engendre.

C'est un système cosmogonique à peu près semblable qu'ont adopté les Battaks. Pour eux, le monde céleste est composé de sept régions. Dans la septième, qui est la plus élevée, trône Diebata, l'Être éternel et suprême, auquel ils attribuent une double puissance, d'abord celle de tout savoir, et ils lui donnent alors le nom de *Diebata manoungal;* ensuite celle de créer et d'entretenir ce qui a été créé, et alors il est honoré sous le nom de *Diebata manganaön.*

Dans le sixième ciel demeure *Si-Dayang marnjalanjala di langit*, la puissance enflammée. Elle est la fille de *Diebata*, domine sur la lumière et sert à son père de messagère. Près d'elle se tient *Touan Dang Batari*, le juge des hommes.

Dans le cinquième habite *Touan Roumbio Kayo*, qui protège les récoltes, le bétail et les mines, et qui transmet les ordres du septième ciel, sous la direction de la fille de Diebata.

Dans le quatrième ciel est *Si-Dayang-Bientang-brayon;* il veille sur les plantes, et surtout sur les racines utiles à la médecine et propres à l'empoisonnement des hommes.

Le troisième ciel est habité par *Dato Obal Baloutan* et *Dato Sioubang Hossa*, qui décident de la vie des hommes et surtout de l'issue des batailles. *Dato Obal Baloutan* protège ses favoris, avec un bouclier invisible, contre les balles, les flèches, les haches et les lances. *Dato Sioubang Hossa* prolonge la respiration du mourant ou la lui enlève.

Le deuxième ciel est le domaine de *Namora Setan*, le plus grand des esprits méchants. Il vit enchaîné dans sa demeure *aijora djoumba horang*, jusqu'à ce que la corruption des hommes soulève la colère de *Diebata;* alors il est délivré et répand sur toute la terre les dissensions, la haine, l'effusion du sang et les maladies. Il est reconnaissable à ses dents qui ressemblent à des coutelas ou des poignards; ensuite au grand oiseau *Amporik Garoudon* qui l'accompagne le plus souvent et favorise ses œuvres impies.

Le premier ciel est le séjour de *Borou Bangapourie Batoutong*, la compagne du démon qui inspire l'impureté et la médisance; elle sert les mauvais désirs de son époux. Là, aussi se trouve *Namora si Dangbella,* qui provoque les actions violentes du démon.

Enfin le gardien du monde céleste est *Ompong Randong Namonor*. C'est lui qui reçoit à l'entrée les morts et les conduit à *Touan Dang Batari*. Il est principalement chargé de prendre connaissance des serments prêtés par les mortels et de les faire connaître à Diebata.

Avant de juger l'âme d'un défunt, *Touan Dang Batari* doit se faire éclairer sur son passé par *Si Daijang Mernjala Njala*, et demander l'avis de *Diebata* relativement à la décision à rendre. Le jugement est-il favorable, le défunt reste habiter le ciel, auprès de *Touan Dang Batari* si, sur la terre, il appartenait à la noblesse, ou bien auprès de *Dato Obal Baloutan* s'il était de moindre rang. Le jugement est-il défavorable, le défunt est renvoyé sur la terre. Il y reste errer invisible autour de son tombeau et de ses dernières habitations, souffre des tourments sans fin et répand malheur et tristesse partout où il s'attache.

Meurtres, empoisonnements, suppressions de mineurs, mensonges, haine, indifférence à Diebata, sont autant de causes par lesquelles le sort de l'homme lui devient fatal; s'abstenir de tout cela, honorer Diebata par des offrandes et des prières, honorer ses parents, vivre en paix avec ses semblables et amoindrir son bien, sont autant de raisons pour attirer sur l'homme un jugement favorable.

Les Battaks des quatre principaux margas ont une croyance religieuse qui a quelque analogie avec celle des populations de Mandaheling et d'Ankola. Ils se considèrent eux-mêmes comme étant d'origine divine, et se disent issus d'un fils de Batara Gourou, *Touan Sorba Si Banoua*, qui, après s'être uni à la princesse celeste *Si Bourou Baso Pait*, quitta avec elle le monde supérieur et vint sur la terre fonder au nord-est de la mer de Toba, le bourg de Lobou Sihalaman. Ce fut là le berceau de la race battake.

Batara Gourou est le créateur du ciel et fils de *Moula Djadi Nabolan*, auteur et principe de toutes choses. Sa fille *Si-Deak Paroudjar* a créé la terre et fixé sa résidence dans la lune, où elle s'occupe à filer sans cesse. Un autre de ses fils est chargé de protéger les humains. Il se nomme *Inda-Inda* et transmet leurs désirs à son frère *Mengala Boulan*, qui les fait parvenir à son autre frère *Saripada*, lequel les fait connaître à Batara Gourou, qui les dépose enfin aux pieds de Moula Djadi Nabolan (1).

M. Henny a recueilli chez les Battaks une prière, que leur radja adresse au ciel avec accompagnement d'instruments de musique : « O ancêtres! vous dieux « qui êtes trois, Batara Gourou qui trônez en haut, « Saripada qui vous trouvez au milieu, et Mengala « Boulan qui avez choisi pour votre représentant « Radja Inda-Inda! Ne vous épouvantez pas lorsque « notre musique parviendra à vos oreilles. Les inspec- « teurs sont venus de leur propre mouvement pour « connaître nos affaires, et nous voulons leur témoi- « gner notre respect dans notre kampong en dansant « et en faisant de la musique. O ancêtres qui êtes trois, « recevez de nous cette nourriture et cette boisson! « Accordez le bonheur aux inspecteurs, accordez le « bonheur aux chefs qui les accompagnent! Accor- « dez-nous le bonheur à nous, à nos maisons et à nos « champs! »

En prononçant ces paroles, le radja répand quelques graines de riz, verse quelques gouttes de tanak ou vin de palmier et répète encore ces mots : « Bon- « heur à nous tous (2)! »

Les populations de Malabar connaissent aussi une Trimourti ou trinité divine : Brama ou Bramara,

(1) *Tydschrift voor Ind. taal*, 1869, t. XVII, p. 12.
(2) *Id. ib.*

Vischnou et Isnor ou Rudra. Ces dieux sont nés d'une femme nommée *Para Sacti*, ou la force productrice primitive. Elles croient encore à un Dieu suprême, *Para Braman*, et à l'existence de trente-trois mille demi-dieux qui sont soumis à un chef spécial, nommé Indra ou Devindra. Elles ont des arbres et des viviers sacrés et vénèrent la vache (1).

Pour les Pak-Paks, le monde se divise en supérieur, central et inférieur. Le monde supérieur ou le ciel se subdivise en trois parties, où habitent les trois grandes divinités : Batara Gourou Dolie, ou le dieu de la justice; Saripada, le dieu de la grâce, et Mengala Boulan, le dieu du mal. Ces divinités peuvent être comparées aux dieux hindous, Brahma, Vischnou et Çiva.

Le monde central, la terre, est peuplé de dieux protecteurs résidant dans les arbres et sur les montagnes; et dans le monde inférieur siége Radja Patoka, qui porte la terre et en cause les tremblements (2).

Dans la cosmogonie des Dayaks, la terre est représentée par le *Nagapousai* ou serpent de terre qui se tient au milieu de l'eau, et dont la tête est aussi grande qu'une ile, quoique le corps soit très-petit. Cette disproportion fit que la tête fut sans cesse ballottée au gré des vents. Le *naga* s'en plaignit. Le dieu suprême, *Hat-alla* (3), envoya son serviteur *Praman* s'informer

(1) *Verhandelingen, etc.*, 1787, p. 311.

(2) *Tydschrift voor Ind. taal*, 1855, t. II, p. 459.

(3) A Bornéo, il est nommé *Dewatta* par les Biadjos ou Dayaks de ce pays. *Verhandelingen*, 1784, p. 130.

de la cause de ces plaintes; l'ayant connue, il descendit lui-même du ciel et plaça la tête du *naga* sur un tronc plus grand. Il la couvrit ensuite de terre pour l'abriter contre les rayons brûlants du soleil.

Puis, Batou-Djompa, fils de Hat-Alla, aperçut sur le naga deux œufs terrestres. Il descendit à son tour du haut du ciel et les brisa; un homme et une femme en sortirent. Ceux-ci se marièrent et procréèrent sept garçons et sept filles, mais tous encore dépourvus d'âme et de vie. Le fils de Dieu descendit de nouveau et nomma l'homme *Soupou*, et le chargea d'aller chercher chez le *naga* les quatorze âmes de ses enfants. Avant de partir, l'homme ordonna à sa femme de se tenir constamment derrière le rideau de son lit, aussi longtemps que durerait son absence. Mais il y faisait si chaud qu'elle désira prendre un bain. Dès qu'elle eut soulevé le rideau, il survint aussitôt un vent d'orage si violent que les enfants vécurent et pleurèrent. C'est pourquoi l'âme humaine est provenue du vent et que les hommes sont mortels. Alors le père fut tellement irrité contre les petits innocents qu'il les jeta par couples loin de lui. Un couple tomba à l'eau, et de lui est né le dieu aquatique *Djata*. Les autres peuplèrent les champs et les airs (1).

C'est de la même manière que les insulaires de Sumatra expliquent la création du monde. Dès le commencement, la terre était portée sur la tête d'un *Nagapadoha*, qui, se trouvant fatigué de ce

(1) *Tydschrift*, etc., 1846, t. III, p. 133.

fardeau, le rejeta. La terre s'effondra et fut remplacée par de l'eau. Mais les Sumatrais ne savent pas d'où sont venues cette première terre et cette eau. Cependant ils disent qu'au temps où il n'y avait rien autre chose que de l'eau, le plus renommé de leurs dieux, Batara Gourou, avait une fille, nommée Pouta Orla Boulang, qui désirait descendre du ciel. Elle descendit en effet sur un hibou blanc, avec un chien à ses côtés, et comme l'eau l'empêchait de prendre pied, son père fit tomber sur la terre de Bata la montagne Bakarra qui était très-haute, afin que sa fille pût s'y reposer et y fixer sa demeure. Le reste de la terre adhéra peu à peu à cette montagne, et Batara Gourou envoya du ciel son fils Layand Mandi, qui savait voler, afin de lier les pieds et les mains du Nagapadoha, et de l'empêcher de secouer désormais la terre et de la faire disparaître.

Quelque temps après, Pouta Orla Boulang donna le jour à trois fils et à trois filles, d'où naquit toute la race humaine.

Pour les Sumatrais, Batara Gourou est donc le dieu suprême et le père du genre humain ; il tient par conséquent le premier rang parmi les trois divinités qui composent leur Trimourti. Le deuxième dieu est Sorie Pada ; celui-là est chargé de la direction de l'air entre le ciel et la terre, et le troisième, de celle de la terre proprement dite. Cependant les deux dernières divinités sont considérées comme indépendantes de la première.

Les Sumatrais reconnaissent encore un grand nombre de divinités auxquelles sont soumis les mers, les rivières, les bois, les guerres et tous les accidents de la vie humaine. Ils disent que lorsqu'il y a tremblement de terre, c'est le Nagapadoha qui se remue (1).

Chez les Balinais, les personnages qui entrent dans la trinité divine, sont Brahma, Vischnou et Segara. Brahma est le dieu du feu et son nom n'est prononcé qu'avec le plus profond respect; Vischnou est le dieu des rivières, et Segara celui des mers. Les habitants de Bali reconnaissent encore le dieu Ram, qui sortit d'une île produite par la réunion de deux fleuves, le Jumna et le Gange. Dans un de leurs temples, on a vu les statues du dieu Ganesa avec la tête et la trompe d'un éléphant, et du dieu Dourga assis sur une vache, l'animal sacré du Rig-Véda. Dans un autre temple, on a vu même la figure d'une vache, au milieu de débris d'offrandes de fleurs et de fruits. Non loin du petit bourg de Tjibadok, près de Bandjaran, se trouvaient aussi des pierres représentant un taureau et une vache (2). Or, dans le sabéisme védique, c'est sous cette dernière figure qu'on symbolisait les rayons lumineux du soleil et les nuages, qu'invoquait à chaque instant le laboureur hindou (3).

Cependant, d'après l'*Ousana Bali*, manuscrit découvert par Friederich, le troisième dieu de la Tri-

(1) *Verhandelingen, etc.*, 1787, p. 15.
(2) *Id.*, 1836, t. XVI, p. 105.
(3) *Tydschrift, etc.*, 1858, t. I, p. 215.

mourti balinaise aurait été Çiva, le maître du bétail (ce que signifie son surnom *Pasoupati*). Il aurait été une divinité supérieure à Brahma, car, dans les croyances balinaises, le ciel habité par Çiva est le plus élevé et le plus saint, et les castes inférieures le considèrent comme impossible à atteindre.

Il existait donc à Bali une religion que j'appellerai çivaïte et qui était différente de celle de Brahma. La fête de Çiva avait lieu le quinzième jour du septième mois de l'année balinaise, ou du *kalima*. Alors le Pasoupati fendit le Mahamerou, qu'il habitait dans le *Djamboudwipa* ou l'Inde. Il porta les deux fragments de la montagne à Bali; celui qu'il tenait dans la main droite fut nommé *Gounong Agoung* et devint le siége du dieu suprême *Batâra Maha Dewa*; celui de la main gauche fut le *Gounong Batour*, un volcan peu élevé, situé au milieu des grandes chaînes de montagnes qui traversent le nord de Bali. *Dewi Danouh* y fixa sa résidence.

Un sloka ou hymne de l'*Ousana Bali* indique encore le siége d'autres divinités :

« A l'est est le dieu Isvara,
« Au sud-est Mahasora;
« Au sud Batâra Brahma,
« Au sud-ouest demeure Roudra.
« Vers l'ouest est Mahadeva;
« Au nord-ouest est le siége de Sangkara;
« Au nord demeure Vischnou,
« Au nord-est Sambou.
« Au milieu est l'homme-femme Çivadewi,

« Plus loin que Sadda-Civa
« Et que la vieille Parma-Çiva. »

Telles sont les divinités balinaises qui se partagent l'univers. Mais au-dessous d'elles, il y a le *Batâra Gni Djaja* qui demeure sur le mont Lampoujang, à l'est de la chaîne des montagnes Lokapala. A l'ouest, le mont Baratan est le siége de *Batâra Watoukarou;* au nord, le mont *Mangou*, celui de *Hjang Danawa;* au sud, la montagne Andakasa, celui de *Hjanging Tougou.* Ce dernier est invoqué de préférence par ceux qui sont animés de l'esprit divin, comme les gardiens des temples.

Ce dieu, au temps où il vint à Bali, fit d'abord des expiations sur le mont Andakasa; mais n'ayant pas obtenu la récompense qui y est attachée, il partit invisible pour le mont Lampoujang à l'est de Bali et se livra là à de nouvelles expiations. Elles furent très-austères et durèrent quatre mois. Ce fut alors qu'il obtint le don de la divinité. Il se rendit ensuite à Basoukih; il y bâtit un temple où tous les Pounggawas de Bali célébrèrent son culte, et près duquel coulait un ruisseau du nom de *Sindou.* On se sert de son eau dans les sacrifices et pour laver les morts. Par elle, on est préservé de tout malheur.

La doctrine de l'*Ousana Bali* fut propagée à Bali par Sang Koulpoutih. Cet homme au cœur pur enseigna toujours le droit et le juste pour arriver au salut; il savait bien les lois divines et humaines et la manière de faire des offrandes agréables aux dieux. Ce qu'il offrait était de l'encens, des parfums et du bois de sandal, et l'odeur de ce sacrifice se transformait en divinité. L'encens devenait le corps de Batàra Çiva, les parfums celui de Sada-Çiva, et le bois de sandal celui de Prama-Çiva. Parfois la divinité prenait la forme humaine et était alors nommée *Deva Kaparagan*, c'est-à-dire ayant pris un corps, ou dieu incorporé. Cet être, sous forme humaine, est *Outama*, c'est-à-dire parfait et doué d'une âme pure. En témoignage de l'essence divine condensée en lui, il a un pouvoir surnaturel et apporte le bonheur au monde; tous ceux qui le voient sont heureux.

Selon l'*Ousana Bali*, la divinité peut aussi résider dans une *artja* ou statue, ou bien dans un temple, et alors on accourt de tous côtés honorer cette image divine, ou ce lieu trois fois saint.

Près du temple baigné par le ruisseau de Sindou, Koulpoutih avait planté des arbustes et les avait ornés de guirlandes et de fleurs. Ces arbustes attiraient les oiseaux et surtout deux *mrédanga* (en balinais *titiran*), une sorte de petits pigeons dont le roucoulement est des plus doux. Sous la forme de ces *mrédanga*, le Balinais vénère *Malsa Deva* et *Devi Danouh*, qui, pour entrer dans le temple, reprennent leur figure de jeune homme et de jeune fille. Ils paraissent alors tous les deux sous les traits les plus gracieux et les plus séduisants. Les parfums qui s'exhalent de leur corps se mêlent à l'encens et montent au ciel avec lui. Alors on entend clairement dans les airs *l'ong* sacré (1), avec les hymnes ou *slokas*, le murmure des prières, le son des cloches et le bruit du tonnerre, qui célèbrent ensemble le triomphe et les amours des deux divinités. Les grands phénomènes de la nature, provoqués par les neuf dieux, les Boudjanggas, les Résis, Çiva et Logata, prennent part à cette fête qui est une des plus importantes du culte çivaïte.

Pour les montagnards du Tinger, originaires de Mataram et établis dans le Pasarouang, Çiva personnifiait la destruction. Cette divinité représentait avec Brahma et Vischnou les trois éléments, qui ont été le principe de la mythologie hindoue, c'est-à-dire, la terre, l'eau et le feu. Mais les habitants du Tinger reconnaissent, au-dessus de ces trois dieux, une puissance qu'ils honorent sous le nom de Pradou Gourou Inglouhour. Ils la considèrent comme le commencement et la fin de toute chose, et lui attribuent tous les événements heureux.

Ces montagnards n'ont pas de temples ni de prêtres; toutes les cérémonies religieuses se passent dans l'intérieur des maisons, et consistent principalement dans l'entretien du feu, par respect pour cet élément. C'est devant lui qu'ils prient, la face tournée vers le volcan Brahma, qui est dans le voisinage du Tinger.

(1) Expression sainte prononcée ou écrite au début de toute cérémonie religieuse, ou au commencement d'un livre sacré. On dit aussi *Triaksara*, les trois lettres, signifiant la *Trimourti* indienne.

Mais au mois de Kesodo, correspondant à celui d'avril et précédant le renouvellement de l'année, ils se rendent par groupes à cette montagne volcanique pour demander les bénédictions de l'Être Suprême, et là ils l'invoquent avec des prières et des hymnes. Les prières sont écrites sur des feuilles de lontar, feuilles oblongues, reliées au moyen d'une corde et serrées entre deux planchettes de bambou (1).

Dans le culte védique, l'Être Suprême, le Dieu des dieux, portait le nom d'Indra, d'où est venu celui d'Indragiri, district de la côte orientale de Sumatra. Ce dieu était aussi en grande vénération à Siak, et Gramberg a surnommé cette dernière ville, située à l'est de la même île, *la ville sainte d'Indra* (2). Enfin, le brahmanisme a pénétré avec les Hindous jusque dans les îles Solo, car on y a trouvé, au milieu de ruines de temples, des statues à figures humaines avec des nez qui s'allongent en trompes d'éléphant (des *ganésas*) (3).

Ainsi, les populations les plus civilisées de l'Archipel adoptèrent la religion des brahmanes. Mais quelques-unes ont altéré les noms des divinités qu'ils leur avaient fait connaître. Au fond, les croyances étaient les mêmes. On admettait la même hiérarchie céleste, la transmigration des âmes, l'expiation des fautes, et ces croyances religieuses avaient présidé à l'organisa-

(1) *Verhandelingen, etc.*, 1832, p. 325.
(2) *Tydsch. voor Ind. taal*, 1864, p. 513.
(3) *Tydsch., voor nederl. Ind.*, t. II, p. 65.

tion sociale des insulaires, comme à celles des habitants du continent.

De même qu'il y avait plusieurs cieux et des dieux de qualités différentes, de même dans l'Inde la loi de Manou distinguait plusieurs classes de personnes : « Parmi tous les êtres, dit-elle, les premiers sont les « hommes, et parmi les hommes, les Brahmanes sont « au premier rang...... » « Le Seigneur des créatures, « après avoir produit les animaux utiles, en confia « le soin au Vaycia et plaça toute la race humaine « sous la tutelle du Brahmane et du Kchatrya...... » « Le souverain Maître n'assigna au Çoudra qu'un « seul office, celui de servir les classes précédentes « sans déprécier leur mérite. Un Çoudra, pur d'esprit « et de corps, soumis aux volontés des classes supé- « rieures, doux en son langage, exempt d'arrogance, « et s'attachant principalement aux Brahmanes, ob- « tient une naissance plus relevée...... » Enfin « le « monde, privé de rois, étant de tous côtés boule- « versé par la crainte, pour la conservation de tous les « êtres, le Seigneur créa un roi. Il le forma de parti- « cules de la substance de huit dieux Lokapalas, et « c'est pour cela que le roi surpasse en éclat tous les « mortels. De même que le soleil, il brûle les yeux « et les cœurs, et personne ne peut le regarder en « face. On ne doit pas mépriser un monarque, même « encore dans l'enfance, car c'est une grande divinité « qui réside sous cette forme humaine ».

Par cette loi implacable qui méconnaissait la liberté

humaine, l'homme était fatalement enchaîné à sa caste et son âme ne pouvait pas, après sa mort, entrer dans le ciel de ces dieux qu'elle avait adorés. Cependant la religion et les institutions brahmaniques avaient été un progrès dans l'histoire de l'humanité; elles avaient réuni et organisé en tribus les familles primitives et indépendantes des pasteurs aryas, où tout père de famille était à la fois prêtre et roi. Mais lorsque le pouvoir sacerdotal et royal fut remis entre les mains de quelques privilégiés et rendu héréditaire dans leurs familles, qui formèrent dans la suite des temps deux castes, ce pouvoir devint abusif et despotique. La vie de l'Hindou des castes inférieures ne fut plus qu'une longue douleur morale, sans espoir d'une existence meilleure au delà du tombeau. « Nous avons « peine à comprendre, dirons-nous avec Max Muller, « comment un peuple pouvait vivre sous une domi- « nation telle que celle des Brahmanes, sans lesquels « on ne pouvait accomplir aucun acte important de « la vie publique ou privée, et qui eussent rendu la « vie insupportable à tout homme dédaigneux de « leurs bonnes grâces. »

Il fallut donc qu'il vînt un jour où un homme de génie pût réformer la société hindoue et déchirer le réseau dans lequel les brahmanes l'avaient enveloppée. Cet homme fut Çakya-Mouni ou le Bouddha.

BOUDDHISME.

Le bouddhisme a eu sur les Hindous une influence considérable. De l'Inde, il a pénétré dans le Népal, dans les royaumes des Birmans, d'Annam et de Siam, en Cochinchine, au Japon, au Thibet, dans une grande partie de la Chine et de la Tartarie, à Ceylan et dans l'Archipel indien. Il fut un progrès sur le brahmanisme. Il compte encore aujourd'hui quatre cent cinquante-cinq millions d'adhérents. Son enseignement nia la séparation immuable des castes et affranchit l'âme de la domination des dieux et de la fatalité. Dès lors, l'Hindou entrevit des horizons nouveaux; des voies nouvelles s'ouvrirent devant lui. Il y marcha et une révolution religieuse et sociale fut accomplie.

Le fils du roi de Kapilavastu en fut l'auteur. « Sa doctrine semble avoir été d'abord toute pratique, dit M. Théodore Pavie, à la différence de celle qu'avaient préconisée les brahmanes avant lui. Laissant de côté la création, ne s'occupant ni de la théogonie établie, ni de la rivalité des sectes, il s'inquiète de l'homme qui souffre sur cette terre et aspire sans cesse à un monde meilleur. Vaincre la douleur et dompter la mort, tels sont les deux grands problèmes dont la solution le préoccupe. La douleur, dira-t-il, est produite par les mauvais penchants, par les passions, par les vices qui troublent nos cœurs; à force de veiller sur ses sens, on en détruira la cause. La mort est de sa nature un mal inévitable; mais si vous l'appelez un mal, c'est que vous avez pris la vie au sérieux. Or, la vie et tout ce qui la compose n'étant qu'illusion et mirage, pourquoi s'y attacher? Ne vaut-il pas mieux s'efforcer d'atteindre, dès ce monde, ce qui échappe au temps, s'associer, s'unir par une méditation intense à ce qui ne finira jamais? »

Après avoir renoncé au trône de son père et à la main d'une ravissante jeune fille de sang royal, après avoir distribué ses biens à ses serviteurs, le doux et beau jeune homme, au regard mélancolique, Çakya-Mouni alla vivre dans la solitude, se livrant à la plus austère pénitence. Il passa ainsi plus de six années de son existence dans de longues méditations et eut de fréquentes extases. Lorsqu'il crut avoir compris le principe et la fin de toute chose et être en possession de la vérité, il prit le titre de *Bouddha*, c'est-à-dire l'Éclairé, et se mit à prêcher. Ce fut à partir de ce moment, pouvons-nous dire encore avec Max Muller, que ce jour décida de la destinée de milliards d'hommes. Le succès fut immense; tous les déshérités de la terre accoururent à la voix du maître, du saint, du sauveur, et quand, parvenu à un âge avancé, il rendit le dernier soupir dans une forêt, son enseignement fit encore de nombreux prosélytes.

L'imagination populaire exalta ses vertus et la légende entoura son front d'une auréole divine. Le Bouddha fut vénéré et adoré comme Dieu.

La poésie orientale a célébré avec les accents les plus enthousiastes et les plus mélodieux la naissance de celui qui venait porter le salut au monde. Il faut lire dans le poëme tibétain, *Gya-Tcher-Rol-Pa*, la description de la désolation qui régnait sur la terre avant la venue du Bouddha, et de la joie qui a éclaté dans la nature entière à l'heure où sa mère l'enfanta. Nous empruntons à M. Foucaux la traduction du passage qui contient toutes ces merveilles :

Avant la naissance : « Toutes les fleurs prêtes à s'ou« vrir ne s'épanouissaient pas. — Dans les réservoirs, « les lotus bleus, jaunes, rouges et blancs ne fleuris« saient pas. — Les jeunes arbres à fleurs et à fruits « qui s'étaient élevés sur le sol entr'ouvraient leurs « boutons qui ne s'épanouissaient pas. »

Mais « au temps où apparut Chang-Tchub-Sem« Pa (1) dans cette dernière naissance, revêtu com« plétement et parfaitement de la plus pure qualité « de saint, c'est alors que ces transformations miracu« leuses s'accomplirent.

« Alors aussi, tous les êtres pleins de joie sentirent « leurs pores frissonner de plaisir. Dans le monde, la « grande terre fut ébranlée et la même émotion fut « ressentie. La musique des hommes et des dieux, et « les concerts qui avaient cessé, recommencèrent. « Au même instant, dans les trois mille grands mil« liers de régions du monde, tous les arbres de la

(1) C'est le nom tibétain de Çakya-Mouni.

« saison se couvrirent d'une profusion de fleurs et de
« fruits mûrs. On entendit dans les cieux le bruit des
« nuages. Puis le ciel s'étant peu à peu dégagé des
« nuages, les dieux laissèrent tomber des fleurs aux
« couleurs divines, des vêtements, des parures, im-
« prégnés d'une poussière odorante, et firent souffler
« des brises caressantes parfumées des plus suaves
« odeurs. Tous les horizons se dégageant des ténè-
« bres, du brouillard et de la poussière, prirent un
« aspect riant et lumineux. »

Après avoir dépeint, avec des couleurs si brillantes, le bien-être matériel qui se répandit dans le monde hindou par la réforme du Bouddha, le poëte parle du changement qui se fit dans les mœurs :

« Toute passion, la tristesse, l'ignorance, l'or-
« gueil, la mélancolie, l'abattement, la crainte, la
« convoitise, l'envie, la jalousie, tous les actes qui
« ne viennent pas de la vertu, furent effacés. La
« souffrance des malades fut calmée. Des êtres pres-
« sés par la faim et la soif, la faim et la soif furent
« apaisées. La folie, l'ivresse, cessèrent en ceux
« qu'elles égaraient. La mémoire fut retrouvée par
« les insensés; la vue recouvrée par les aveugles;
« l'ouïe recouvrée par les sourds. Les infirmes, ceux
« dont les sens étaient imparfaits, virent ces imper-
« fections effacées. Les pauvres acquirent des riches-
« ses. Les prisonniers furent délivrés de leurs liens et
« mis en liberté. Rendant tous les êtres divers, plon-
« gés dans l'enfer, exempts de souffrance, toute mi-

« sère en ce moment fut détruite pour jamais. La mi-
« sère des êtres demeurant dans la condition des
« bêtes, et se dévorant les uns les autres, fut adoucie.
« La faim, la soif, et les autres souffrances des êtres
« du royaume des morts, furent apaisées. »

Cependant on a reproché à la doctrine bouddhique d'être athée et d'aboutir au néant, quoiqu'elle préconisât toutes les vertus et combattit les mauvais penchants du cœur humain. MM. Foucaux (1) et Max Müller (2) ont répondu à ces objections par des considérations et des citations de textes qui prouvent combien ces reproches sont mal fondés. Le livre sanscrit, *Lankâvatâra soûtra,* c'est-à-dire « l'enseignement donné à Lanka ou Ceylan », livre estimé chez tous les peuples qui ont reçu le bouddhisme du nord de l'Inde, et l'*Abhidarma kôca*, livre cité par Eugène Burnouf dans son introduction à l'histoire du bouddhisme, mentionnent clairement le « Dieu créateur ». D'ailleurs tous les philosophes indiens étaient athées, en ce sens qu'ils n'admettaient pas que les dieux du vulgaire eussent la toute puissance de l'Être Suprême. Quant au néant, le *Nirvâna* que l'homme devait, selon la croyance bouddhique, trouver au terme de sa carrière, ce mot, dit le savant indianiste qui a traduit en anglais le *Lalita-vistâra*, ce mot a été interprété dans des sens divers et « il est

(1) *Doctrine des bouddhistes sur le Nirvana*, 1864, in-8°.
(2) *Essais sur l'histoire des religions*, Didier.

« invariablement employé pour indiquer la dernière « récompense que tous les systèmes indiens promet- « tent à leurs sectateurs, que ce soit le néant absolu, « le repos éternel ou la jouissance des sphères su- « périeures ». M. Vassilief, de Saint-Pétersbourg, nous apprend aussi que le « Nirvâna » est tantôt le simple affranchissement des chaînes de la souffrance ou le détachement du monde, tantôt la communication avec tous les mondes et la continuation de la personnalité après la mort, selon que les docteurs ou les commentateurs appartiennent à l'école du khinaiana ou à celle du makhaiana, c'est-à-dire du « petit ou du grand véhicule (1) ».

Enfin Overbeck, auteur hollandais d'une étude sur Bouddha, prétend que dans sa doctrine il y a plusieurs degrés de félicité, qui sont la récompense d'œuvres méritoires, et qu'on peut arriver même à l'état de demi-dieu et à la plénitude de la divinité (2).

D'ailleurs, si la doctrine bouddhique ne devait avoir pour conséquence que le nihilisme, est-ce que tant de milliers d'hommes, tant de religieux se seraient livrés à la pratique des vertus les plus austères, aux mortifications, aux tortures, au sacrifice, à la mort? Est-ce que les passions mauvaises qui tourmentent la vie humaine auraient été domptées, si au bout d'une vie d'abnégation et de dévouement, l'âme eût dû disparaître dans l'abîme sans fond du néant?

(1) *Le bouddhisme, ses dogmes, etc.*, 1865, in-8°.
(2) *Verhandelingen, etc.*, 1826, p. 293 et suiv.

Quoi qu'il en soit, Bouddha, qui ne fut déifié que longtemps après sa mort, obtint un culte public. Dans l'Archipel indien, les vestiges de ce culte se confondent souvent avec ceux de la religion brahmanique, et il est parfois difficile de les distinguer. Ainsi à Ampat Lawang, dans l'intérieur de Sumatra, le colonel de Brauw a trouvé en 1854 un kriss ou poignard, dont le poignet représente une figure humaine semble à celle que l'on voit sur les bâtons magiques des Battaks. Le personnage est assis sur une couche de feuilles de lotus; ce qui fait supposer que cet objet d'art est l'image du Bouddha, et que par conséquent le bouddhisme serait parvenu jusqu'au cœur de Sumatra. A Kali-Klaga, dans la résidence de Bagelen (peut-être Bencoulen), on a trouvé une statuette attribuée par M. Kinder à Çiva, et par M. Netscher à Bouddha, parce qu'elle représente un homme debout sur un lit de lotus. Or, on sait que cette plante aquatique, de la famille du nénuphar, est l'emblème qui accompagne presque toujours la figure du saint réformateur (1).

Mais c'est surtout dans l'île de Java, que les monuments du bouddhisme sont les plus nombreux. Un de ses adeptes les plus fervents aurait contribué à y propager la doctrine du maître. Wilsen a découvert en effet à Telaga une statuette en cuivre. La position du corps assis, les jambes croisées, les mains sur la

(1) *Tydschrift voor Ind. taal*, 1855, t. II, p. 563.

poitrine ont fait croire que cette figurine rappelle les traits de Bouddha. Mais il lui manque les cheveux frisés, les yeux baissés et les longues oreilles. Elle a au contraire les yeux grands ouverts et porte au front des ornements formant deux cercles qui tombent en arrière dans le cou; ce que l'on ne voit jamais aux vraies statues de Bouddha.

Des recherches plus étendues ont fait reconnaître à Wilsen que ce petit monument est la statuette de Radhen Pangloura de Telaga. Ce prince, durant le règne de son père, avait mené une vie obscure. Après la mort du roi, il refusa la couronne et alla se retirer dans un endroit solitaire de la montagne, où il vécut en pénitent, à l'exemple de Çakya-Mouni, et entouré de nombreux disciples C'était un séjour enchanteur, au pied du mont Tjiremai et près d'un petit lac, entouré d'un rideau épais d'arbres gigantesques. On dit que dans cette eau toujours limpide, il ne tombe jamais une feuille, parce que le *gourou* (Pangloura) y a baigné un jour son corps sacré (1).

Mais dans une maison de ce même bourg de Telaga, dans la régence de Madjalengka, Wilsen a vu trois autres statuettes en cuivre jaune, qu'il n'hésite pas à attribuer à Bouddha. La première est assise; la chevelure est frisée, les oreilles sont longues, les yeux baissés. Le maintien du corps est comme celui des Bouddhas du Boro-Boudor, et rappelle surtout les

(1) *Tydschrift voor ind. taal*, 1857, t. II, p. 49.

bas-reliefs du côté méridional de ce monument. Cette statuette a quinze pouces de haut. La seconde en cuivre rouge est plus grande. Couronnée et nue, elle porte le nom de *Sousouhounan Tlaga Manggoung*. Les longues oreilles pendantes et la pose des mains font penser à Bouddha. Enfin, la troisième statuette a un nimbe derrière la tête et est assise sur des fleurs de lotus qui ne sont pas encore écloses. On la nomme dans le pays *Sang Hjang Sri*, c'est-à-dire « le saint de race royale ». Ce ne peut être, selon Wilsen, que Çakya-Mouni, le vertueux fils de roi.

Ce nom de *Sang Hjang* est gravé en caractères de l'ancien kawi, sur une pierre qui a la forme d'un lingam, et se trouve à Kawali dans la résidence de Chéribon. Le culte du Lingam est très-ancien dans l'Inde, et M. Stevenson (1) dit qu'il était répandu dans la péninsule gangétique, longtemps avant l'arrivée des Aryas. En effet, le mystère de la création et de la reproduction a dû attirer, dès l'époque la plus reculée, l'attention de l'homme; il était donc bien naturel qu'il représentât cette force ou cette puissance par l'organe générateur. De plus, la puissance créatrice par excellence est attribuée à l'Être-Suprême, et l'on comprend encore qu'un peuple primitif pouvait, dans sa naïveté, représenter la divinité elle-même sous une telle figure. Aussi sur la pierre de Kawali dont

(1) *The ante-brahmanical religion of the Hindus*, cité par M. Alfred Maury : *Croyances et légendes de l'antiquité* Didier, p. 7.

nous venons de parler, lit-on l'inscription suivante :

Sang hjang lingga hjang,

ce qui signifie « le Dieu Lingam Dieu ». Il est certain que, dans le principe, aucune idée obscène ne s'attachait à cette image, et ce n'est que beaucoup plus tard que les brahmanes ont donné aux adorateurs de cette idole le nom de *Pakhandi*, disciples d'une fausse religion (1). Il est probable que les bouddhistes ont représenté aussi sous cette forme la personnalité divine, car Friederich a trouvé encore, à Kawali, une autre inscription en caractères kawi et composée seulement de trois syllabes : *Angkana*, « la moelle de lui ».

Ce mot est gravé au côté gauche d'une pierre plate, divisée en carreaux du diamètre d'un pied de Bouddha. On n'y voit aucune figure ni symbole, si ce n'est l'empreinte de deux pieds et d'une main. Là, le dévot, qui venait prier, posait les deux pieds et la main gauche sur chacune de ces images taillées dans la pierre, mais en dehors des carreaux (2).

Enfin une troisième inscription en kawi, relevée par Friederich à Kawali, semble résumer en quelques lignes toute la doctrine de Bouddha, et fournit, ce nous semble, un argument contre l'opinion de M. Barthélemy Saint-Hilaire, qui prétend que le *nir-*

(1) *The ante-brahmanical religion, etc.*

(2) *Tydschrift voor Ind. taal*, 1855, t. II, p. 149. Voir, sur le pied de Bouddha, un dessin dans *Asiatic Researches*, t. XVI. — *Notice of the three tracts received from Nepal*, by Horace Hayman Wilson.

vâna ou le néant est la seule expectative du bouddhisme.

L'inscription, qui est surmontée d'une roue garnie de trois pointes en haut, en bas, à gauche et à droite, c'est-à-dire du *tjakra* ou la roue de Bouddha, orné du *trisoula* de Çiva, est conçue en ces termes (1) :

1 « Nihan tapa kata
2 « Manousiya moungi atapa Bhagya
3 « parebou radja wastou
4 « Mangadeg di Kouta Kawa
5 « Li nou mahajou na kadatouan
6 « Sara Wisesa nou marigi sakoulili
7 « dajeh nou nadjou sakala
8 « Desa aja-ma paderi pakena
9 « Gawe rahhajou paken hebeng dja
10 « ja di na bouana. »

Traduction d'après *Friederich*. — « Ceci est le placard sur les amendes (c'est-à-dire sur les expiations, ou plutôt sur les devoirs religieux).

« L'humanité n'a rien à attendre que des peines.

« Le roi Bhagyaprabou règne réellement dans la ville forte de Kawali.

« Celui qui orne ce temple, la moëlle de la perfection, qui pose des statues de divinités autour de la capitale, qui fournit de temples domestiques tous les desas, est aussi celui qui, accablé, tend à la fin vers le

(1) *Tydschrift voor Ind. taal*, 1853, t. II, p. 149.

bien, pour obtenir la certitude du bonheur en ce monde. »

Cette ville de Kawali, qui a été primitivement la capitale du royaume de Padjadjaran, paraît aussi avoir été un lieu spécialement consacré au culte bouddhique, car Wilsen y a découvert différents objets qui rappellent Bouddha et sa religion, entre autres une lampe en cuivre figurant un coq frappé au marteau, et dont le bec tient un lézard; puis une clochette de la forme d'un fruit de l'arbre à pain. Dans les montagnes de Djandana, il a vu, au pied du pasir Illah, des cloches qui avaient été suspendues dans les temples et appelé les bouddhistes à la prière. Les bas-reliefs qui les recouvrent sont dans le style de l'époque. On y remarque les fleurs de lotus, le tjakra et le trisoula (1). Sur le chemin qui mène à ces mêmes montagnes de Djandana, il y avait plusieurs lingams qu'on nommait Sang Hjang Batous et qu'on avait placés là pour inspirer la crainte aux voleurs (2). A deux milles de Kawali, Wilsen a vu encore une pierre avec l'empreinte de deux pieds, placée devant la statue d'une personne assise et les mains jointes sur la poitrine. Les indigènes nomment ces deux monuments, l'un *Sang hjang Poutri*, l'autre *Sang hjang Dampal*.

Tout près de là, dans la forêt du mont Sawal, sont deux autres pierres sculptées nommées Linga-Seeng,

(1) *Tydschrift voor Ind. taal*, 1855, t. I, p. 488.
(2) *Id.*, 1857, t. II, p. 379.

qui representent les organes sexuels de l'homme et de la femme. (*Sceng* en sondanais, comme *dandang* et *djoni* en javanais, signifie « un vase ».) Il y avait aussi un lingam sur le plateau de Rantja, près de Tjitapen, à un endroit nommé *Lowong Gedé*, c'est-à-dire le grand bois, quoique le sol soit aujourd'hui livré à la culture. Ce lingam est connu dans le pays sous le nom de *Batou Bantal*, oreiller de pierre.

Un jour la hache, qui abattait un des vieux arbres de cette ancienne forêt, mit à découvert plusieurs statuettes des temps bouddhiques. L'une est en cuivre rouge et représente Bouddha debout sur un coussin de lotus, la tête entourée d'un nimbe et surmontée d'un dais que supportait une tringle. L'autre représentait une femme foulant aussi des lotus, et exécutée dans le style des figurines du Boro-Boudor. Elle tient dans la main gauche une fleur de lotus, est habillée d'un sarong, a des bracelets aux bras, des colliers autour du cou, la ceinture de Brahma et des pendants d'oreilles. La tête, coiffée de la tiare, est entourée d'un serpent qui monte des épaules au front. Peut-être dans cette statuette faut-il voir la déesse du temps? car le serpent est l'emblème du temps qui naît de lui-même et retourne à lui. Peut-être est-ce Parvati, la Sakti de Çiva, le dieu destructeur, mais de qui sort une vie nouvelle, symbolisée par la fleur de lotus aux mille graines? Continuant son exploration, Wilsen a vu, au sommet du Pasir Lomong-Gede, des pierres frustes, nommées *Batou-Lawang*, « pierres de la porte », placées sous un tamarinier, qu'on appelle dans le pays *Kawoung Hadji*, l'arbre du prêtre. Il est probable qu'un solitaire, attaché au culte antique de Bouddha, aura vécu là sous son ombre, et que c'est lui qui aura fait enterrer en cet endroit les saintes reliques que nous venons de décrire. Enfin, le savant archéologue hollandais a constaté dans le desa Radja, à cinq milles de Kawali, la présence de plusieurs vases en terre cuite et émaillée, semblables à ceux sculptés parmi les bas-reliefs du Boro-Boudor. Ces vases, dont un figurait un taureau couché, servaient sans doute aux cérémonies religieuses (1).

A Chéribon et principalement à Kouningan, il y avait aussi des pierres frustes, qui ressemblaient à des quilles ou des pyramides tronquées. Le Sondanais, dans sa simplicité superstitieuse, ne s'en approchait qu'avec respect et leur faisait des offrandes de fleurs pour en obtenir aide et protection. Il est certain que ces petits monuments brisés étaient des restes de lingam et de djoni, comme il y en avait à Bantam, au desa Legok-herang, au pied du mont Rubouk (2), et sur les confins du Serang-Leno et du Tjermei. Entre ces monts gigantesques, au milieu d'un petit tertre carré, entouré d'une haie d'arbustes handjouhan (*dracæna ferrea*), se dresse encore un vieil arbre *djambou* qui ombrage de ses feuilles touffues un lingam et un djoni.

(1) *Tydschrift voor Ind. taal*, 1867, t. I, p. 57 et suiv.
(2) *Id.*, 1856, t. I, p. 76.

Le dévot, pour avoir ses vœux exaucés, récite non-seulement des prières, mais il dépose encore quelques ingrédients dans le djoni, prend le lingam qui se détache de son support, le fait entrer dans le djoni et broie avec cet outil les ingrédients jusqu'à ce qu'ils soient suffisamment pulvérisés. Il en extrait alors délicatement cette poudre et la rapporte chez lui, pour s'en servir soit comme parfum, soit comme remède interne ou externe. Puis il attend avec confiance l'accomplissement de ses prières.

Ce pauvre insulaire, qui a déjà gravi les hauteurs du pasir Sang Hjang pour implorer le dieu caché sous la forme du lingam, sait monter plus haut encore; il monte au pasir Aki-Aki où, sous de vieux caféiers, ne paraît jamais un rayon de soleil. Là, il croit être mieux entendu de la divinité, et de nombreux fragments d'ex-voto attestent ses nombreux pèlerinages qui s'adressaient tous à Bouddha; car Wilsen a vu, parmi ces objets, des statues de pierre, plus ou moins détériorées, de Çakya-Mouni dans l'attitude de la méditation. Là, le Sondanais invoque la divinité protectrice, non-seulement pour obtenir la santé et une longue vie, mais encore la richesse, le bonheur et une postérité (1).

Cependant Vandervlis prétend que le culte du lingam et du djoni à Soukou, sur le flanc de la montagne Lawou, au centre de Java et à vingt-six milles de

(1) *Tydschrift voor Ind. taal*, 1853, t. I, p. 146 et suiv.

Sourakarta, était un culte purement çivaïte, parce qu'on y a trouvé des statues attribuées à Çiva, à Ganesa, à Vichnou et à Mahadêva, au milieu de figures de tigres, d'aigles, de vaches, de tortues, de porcs et d'éléphants (1). Mais la qualification de çivaïte, donnée à Bouddha lui-même par le savant indianiste Friederich, a lieu de nous surprendre. Ce linguiste « a vu, dit-il, dans les montagnes, entre Djambou et le Poulasari, des traces du pied de Bouddha-Çivaïte, semblables à celles qu'on a constatées sur les pierres de Bogor et de Kawali. » Elles se trouvaient sur une pierre qui portait en même temps une inscription sanscrite, mais très-incomplète. Friederich l'a publiée sous le titre « d'inscription de Djambou. » Quoique M. Foucaux, à qui nous l'avons communiquée, la trouve fautive, nous la reproduisons ici avec la traduction du savant professeur du collége de France :

« Om dharma tarkana djn jâna
« Râsi bhoumadye çri pourra...
« ... dhasya, mûrdhana om bhû...
« .. nagare (1). »

Traduction. — « Salut ! au milieu de la terre, amas de science dans l'appréciation de la loi... Ville sainte... avec la tête, salut !... à la ville... terre. »

(1) *Verhandelingen*, 1843, t. XIX, p. 8.

(2) Voici la transcription selon M. Foucaux : « Om dharmatarkanad-« jânarâçi bhûmadhyê çripoura..... dhasya mûrdhnâ ôm bhû.... na-« garê. »

Friederich croit que cette inscription remonte à dix siècles avant l'ère chrétienne ; elle serait antérieure à l'existence du royaume de Padjadjaran. Le même érudit a relevé encore à Java beaucoup d'autres inscriptions sanscrites, telles que celle de la colonne trouvée dans les ruines de Madjapahit (1), et celles gravées sur des pierres fines et des anneaux d'or (2). Il les analyse et les traduit ; il démontre que la plupart d'entre elles se rapportent à des observances religieuses et il termine son intéressante notice par ces mots : « Si nous considérons les inscriptions sanscrites de Djambou, les belles statues de Tjiringin ou mieux du Poulasari, les antiquités de Tjandi et tous les noms sanscrits usités dans le même district, il sera évident qu'une grande et ancienne influence hindoue a régné non-seulement dans l'antique royaume de Bantam, mais aussi dans la régence de Préanger, à Krawang et à Chéribon (3). »

Ce qui vient corroborer cette opinion, c'est qu'on a trouvé, entre cette dernière ville et Soumedang, sur un monticule de pierres, au nord du cratère Kawagédé (4), des vases avec des restes d'offrandes, et au sommet du mont Loumboung, dans la régence de Préanger, une statuette de pierre représentant un homme assis, qui presse contre sa poitrine un petit enfant à

(1) *Tijdschrift voor Ind. taal*, 1857, t. I, p. 507.
(2) *Id. id.*, 1856, p. 471, *Id.*, *id.*, 1857, t. II, p. 131.
(3) *Id.*, 1857, t. II, p. 183.
(4) *Id. Id.*, 1857, t. II, p. 47.

tête d'oiseau. Une pierre d'environ un mètre de hauteur, peut-être un lingam, est placée derrière ce gracieux monument, que les habitants du pays nomment *Artja*, et auquel ils offrent de l'encens pour obtenir le succès de leurs entreprises (1).

Il est difficile de dire si ces vases et cette statuette se rapportent au culte brahmanique ou à celui de Bouddha; mais il est certain qu'aujourd'hui encore le plus grand nombre des Chinois, établis à Java, professent un bouddhisme dégénéré. Ils ne l'ont pas adopté à leur arrivée à Java, mais ils y sont venus avec cette doctrine, qui avait été importée dans le Céleste Empire en l'an 66 après J.-C., sous la dynastie des Han.

Les Chinois bouddhistes doivent mépriser les grandeurs terrestres, les richesses et l'orgueil, dompter les mouvements déréglés du cœur par le jeûne et les mortifications de la chair, pour être transfigurés un jour en Bouddhas et obtenir une vie de bonheur éternel. Ils doivent en outre ne pas tuer, mais faire de bonnes œuvres, construire des chemins et des pagodes, réparer les ponts et réciter des chants funèbres. Celui qui a observé ces règles est reçu dans le ciel; celui qui n'est pas encore parvenu à ce degré de perfection est condamné par le juge du monde souterrain à reparaître sur la terre, soit comme enfant d'une famille élevée et riche, soit comme enfant d'une famille pauvre ou sous la forme de bête. Si, durant cette seconde existence,

(1) *Verhandelingen*, etc., 1836, t. XVI, p. 105.

il ne s'est pas amendé et amélioré, il est condamné aux enfers, torturé, grillé, scié, moulu ou traîné sur un monceau de poignards. Le prêtre bouddhiste entretient surtout cette crainte du juge souterrain, en faisant accroire à ses coreligionnaires, qu'ils ne peuvent surmonter les difficultés de la vie qu'avec leur concours et par leur intervention. Une femme qui meurt en couches est plongée dans le vivier de sang, mais elle peut en être sauvée par les prières du prêtre de Bouddha. Pour lui, le septième mois de l'année est celui qui lui rapporte le plus. On voit alors, au milieu des habitations chinoises, des représentations théâtrales au profit des âmes des défunts qui n'ont pas laissé de familles chargées de prier pour elles, et on leur offre des mets qui sont ensuite distribués aux pauvres.

Parmi les Chinois bouddhistes, il y a une organisation sacerdotale très-complète, des prêtres séculiers, des moines et des religieuses. Tous doivent vivre dans le célibat, s'abstenir de manger de la viande et avoir la tête rasée. On dit que cette dernière règle est seule observée. Le matin et le soir, ils récitent, dans leurs temples ou dans leurs cloîtres, des prières auxquelles les appelle une cloche de bois. Ces prières ne sont pas écrites en chinois, mais en sanscrit avec des caractères chinois; ce qui fait que peu d'entre eux comprennent ce qu'ils murmurent, si ce n'est cette invocation continuelle à Bouddha : « *O mi to hout!* »

Les religieuses bouddhistes, qui habitent des cloîtres particuliers, suivent les mêmes règles que les prêtres et les moines, et vivent de legs faits à leurs temples, de présents et d'aumônes, du produit de la vente de petits bâtons pour offrandes et de celle du papier doré et argenté que l'on brûle pour conjurer les esprits (1). Madame Mary Summer a tracé de la religieuse bouddhiste un tableau si gracieux, que je lui demande la permission de le reproduire ici : « Le jour vient de paraître. Déjà la religieuse est debout, se préparant à quêter le repas quotidien. Elle tient à la main la sébile destinée à recevoir les offrandes; le chapelet de cent huit grains pend à sa ceinture, et l'outtara fixé sur son épaule traîne jusqu'à terre en plis flottants. Elle s'en va pas à pas, pour ne point écraser les insectes du chemin, la tête nue, ne portant pas le regard plus loin que la longueur d'un joug (2). En vain tout s'éveille avec des grâces nouvelles; les dattiers balancent leurs grappes tentatrices; le fruit rouge du vimba réjouit les yeux par sa couleur vermeille; l'asoka entr'ouvre ses fleurs empourprées qu'une nuit a fait éclore, et le manguier déploie, comme un parasol, ses rameaux odorants. La religieuse ne voit rien. Pour elle le monde extérieur n'existe pas; elle entre dans la ville; point d'empressement; de l'humilité et du calme; elle tend la main en silence; lui donnera qui voudra. Personne ne se fait prier; c'est à qui remplira de riz bouilli la sébile aux

(1) *Tydschrift voor Ind. taal*, 1863, p. 38.
(2) Formule des livres sacrés.

aumônes. La sainte femme mange, sans avidité, juste la portion qui lui est nécessaire, et, sitôt son frugal repas terminé, elle s'achemine vers le monastère. L'heure de la classe est arrivée; les enfants prennent place sur les bancs de l'école; les voici groupés autour de leur institutrice, tels que nous le représente un bas-relief des caves d'Ajounta. L'enseignement roule d'ordinaire sur la doctrine du maître et sur ses miracles. Les élèves apprennent par cœur ces légendes merveilleuses, qui décideront un jour leur vocation. Après avoir pourvu aux besoins de son corps et à la nourriture spirituelle de ses écolières, la religieuse est libre de songer à son salut. Le soir la surprend absorbée encore dans la prière et la méditation; c'est pour elle le point capital, le plus sûr moyen d'atteindre la délivrance. »

Et la délivrance pour le bouddhiste, c'est l'anéantissement de toutes les facultés actives de l'âme. Le bouddhisme ne sut former que des fakirs et des ascètes, et leur donner la force de vivre dans l'isolement, sans passions et sans désirs.

LES ESPRITS.

L'espace qui sépare l'homme de la divinité est occupé, dans la théogonie de l'Archipel indien, par des êtres intermédiaires, invisibles en général, mais qui apparaissent quelquefois dans les rêves sous une forme humaine. Ce sont eux qui se chargent de porter les vœux des mortels auprès du dieu suprême.

Les Amboinais vénéraient des esprits sous le nom de *Nitous* et croyaient non-seulement que les âmes de leurs parents défunts survivaient à leurs corps, mais encore qu'elles visitaient souvent leurs sépultures et qu'elles savaient tout ce qui se passait sur la terre. Aussi, pour se rendre les esprits favorables, leur apportaient-ils des mets, de la boisson et des flambeaux.

A Amboine, chaque bourg se compose le plus souvent de quatre kampongs. Chaque kampong a un orangcay particulier, et aussi un baléou spécial ou maison de conseil. Ordinairement, il y a autant d'esprits qu'il y a de baléous dans les bourgs, car chaque kampong a son esprit honoré et respecté par tous les habitants, qui l'invoquent dans toutes leurs entreprises.

L'esprit, en tant qu'esprit, reçoit, avons-nous dit, le nom générique de Nitou; mais chaque esprit a un nom particulier d'après son séjour ou sa forme : comme *Lanita*, qui est l'air; *Leyntila*, qui est l'air supérieur; *Houwaya*, un crocodile; *Taulay*, un grand démon; *Pessynousytoury*, *Rysseporcaman*, *Lehila*, *Sackinahou*, *Geuan*, *Assoulacka*, *Mortyla*, *Lassytoune*, *Lassyhietto*, *Sahouwarala*.

Les habitants d'Alang et de Wackesieuw attribuent à leur esprit tous les phénomènes de la nature, surtout les orages. Ils lui apportent de la nourriture sur les bords d'une certaine rivière, où se trouve une cabane appropriée aux sacrifices. On voit d'ailleurs de pareilles cabanes sur toute la côte. A Bagwale, les insulaires ont un si grand respect pour les crocodiles, qu'ils ont supplié, au dix-septième siècle, le gouverneur Block de ne pas tuer ces animaux, parce qu'ils leur attribuaient l'abondance du poisson dans leurs parages.

Souvent on demande l'apparition de l'esprit sous une forme humaine, afin de pouvoir le consulter sur l'avenir. Cette apparition a lieu quelquefois au bruit de tambours, de gongs et au milieu d'un tintamarre infernal. Alors l'esprit parle par la bouche d'un prêtre ou de quelqu'un de sa famille.

Lorsque les Amboinais ont terminé les travaux des champs et des jardins, ils se réunissent en un banquet au baléou, et leurs femmes dansent à l'entour de a salle du festin. Puis, pour protéger les semences et les fruits, ils plantent, en guise d'épouvantail, au milieu des parterres, une pièce de bois ou une pierre qui figure un crocodile. La crédulité publique craint et révère cet objet comme sacré.

Les Amboinais pensent aussi que, par des conjurations, ils peuvent devenir invulnérables. Ils appellent cela *kabbal*. Comme les Malais, ils croient qu'il y a un dieu créateur du ciel et de la terre et qu'il est bon. C'est pourquoi ils ne le prient, ne le craignent et ne le vénèrent pas.

Ils ne croient pas à la résurrection du corps, mais ils affirment qu'après leur mort ils vont dans un autre monde où ils seront mieux que dans celui-ci, et où chacun sera honoré et récompensé selon ses mérites. Cependant, ils reconnaissent à leur grand-prêtre de Bouckit la puissance de ressusciter les morts. Aussi le regardent-ils comme un demi-dieu qui a leur vie entre les mains (1).

A Banjermassin (2), les habitants croient à un Être Suprême sans le définir. Ils disent seulement qu'il est trop grand pour s'abaisser jusqu'aux hommes, qu'il leur a laissé toute liberté de faire le bien ou le mal, et avec elle, les moyens de tout découvrir. Parmi ces moyens sont les oiseaux, dont le vol révèle ce qui doit arriver. Aussi ces insulaires n'entreprennent-ils rien d'important sans les consulter, soit sur la construction d'une maison, soit sur la plantation d'un champ de riz, soit sur l'issue d'un voyage ou d'une guerre. Pour observer le passage des volatiles, ils se rendent à une place silencieuse près de la rivière, répandent du riz et crient constamment : *alang hou! ho! ho!* Si un oiseau apparait de l'autre côté de la rivière ou du côté gauche du bois, ils s'en réjouissent et donnent suite à leur entreprise. Arrive-t-il que l'oiseau ne paraisse pas ou qu'il prenne son vol du côté opposé à la rivière ou à la forêt, ils abandonnent leur projet et attendent le jour suivant.

Les Banjermassinais attribuent les maladies à l'influence d'un mauvais génie et s'imaginent qu'ils les éloi-

(1) *Kroniek van het historisch genootschap te Utrecht*, p. 359 et suiv., année 1872.

(2) *Id.*, année 1865, p. 383 et suiv.

gnent; en ayant recours à des cérémonies superstitieuses des plus étranges.

En cas de décès, ils enferment le cadavre dans un grand vase et lui donnent la position d'une personne assise. Le mort reste là jusqu'à ce qu'on ait tué un esclave chargé de le servir au delà du tombeau.

Avant de couper la tête de l'esclave, on lui recommande de donner tous ses soins au maître qu'il doit accompagner dans l'autre monde. Ensuite on brûle les deux cadavres et leurs cendres sont recueillies dans le même vase.

Desansl croyances des naturels de Banjermassin, les âmes des défunts se réunissent auprès de leur radja, sur une haute montagne nommée Lombo, et continuent d'y vivre dans le même état qu'elles avaient sur la terre. Là, la femme attend son mari et le mari sa femme.

Les insulaires de Key et les Battaks de Sumatra croient aussi aux bons et mauvais esprits (1), et les Badjorais, qui paraissent avoir une idée confuse de l'Être-Suprême, invoquent cependant dans les maladies et autres calamités deux esprits invisibles : *Touwan Santri Mouda Laut* et *Touwan Toliman Laut*, deux divinités marines de sexe différent (2).

Parmi les Alfoures, les esprits avaient des prêtres et des temples nommés *Toutou-W'o*. Ces temples étaient faits

(1) *Tydschrift*, 1855, t. I, p. 23. — 1845, t. I, p. 19.
(2) *Id.*, 1846, t. I, p. 39.

de *gabagaba* et situés au milieu de bois épais et des plus obscurs. Les parents confiaient aux prêtres leurs enfants avant l'âge de douze ans, pour être initiés au culte du génie particulier de l'endroit. Aussitôt, l'initiation commençait par des hurlements épouvantables et des cris de désespoir; des lances dégouttantes de sang traversaient le toit, et les parents restés en dehors du temple tremblaient pour les jours de leurs enfants. Mais, après trois mois d'absence, ceux-ci, enduits d'une couleur jaune parfumée, leur étaient rendus avec un roseau blanc couvert d'emblèmes taillés au couteau, et auquel étaient suspendus des rubans et quelques monnaies. Ces petits malheureux, tenus dans un silence absolu, avaient oublié leur langue maternelle et, rentrés dans leur famille, ils ne pouvaient rien rapporter de ce qu'ils avaient vu. Ensuite, ils parcouraient le village pour se montrer et mendier des vêtements, qu'ils partageaient avec le *maouwen* ou le grand-prêtre (1).

A Manipa, dans l'île d'Amboine, il y avait un autre temple démoniaque. Une femme, nommée Houwanoé, qui était sortie de la mer et avait apparu aux Manipais, près de Toumawarou, leur ordonna de le construire et de le faire desservir par quarante bayadères. C'est là que la divinité devait transmettre ses oracles par l'intermédiaire de l'esprit (2).

(1) Valentyn, t. III, p. 2 et suiv.

(2) *Id.*, *Id.*

Aux îles de Saparoua, d'Haroukou, de Noussa-Laut et sur une partie des côtes orientales de Ceram, chaque négory avait son esprit familier, désigné par un nom qui lui était propre. A son service étaient attachés un grand-prêtre et des prêtrés inférieurs. L'image de cet esprit était, selon la richesse de la négory, d'or, de fer ou de pierre, et était gardée dans une grotte, auprès de laquelle était un grand bâtiment. Le peuple pourvoyait à l'entretien de cet esprit par les mains des prêtres. Les femmes leur apportaient les aliments destinés à l'idole et qui consistaient en cœurs, poumons et rognons de porc, en langues de chien, en mets bouillis et en fruits du pissang. Outre cet esprit supérieur, qui apparaissait souvent sous une forme humaine ou sous celle d'un monstre, chaque *soa* ou hameau de la négory avait son esprit particulier, servi aussi par des prêtres de moindre rang et qui avaient tous leur résidence dans le bois. La plus jolie fille de la négory était ordinairement consacrée au service de l'esprit supérieur; elle devait pour cela renoncer au mariage, vivre et dormir seule; mais les dons qu'elle recevait pour lui étaient gardés par les prêtres dans le temple (1).

A l'est de Sumatra, les habitants de Nias, dans les îles Batou, attribuent à des êtres surnaturels, d'un caractère à la fois bon et mauvais, une influence sur les

(1) *Tydschrift*, 1843, t. II, p. 491.

éléments et sur les accidents de la vie humaine. Ils ont pour eux un certain culte et croient qu'en leur faisant des offrandes, ils se rendront ces esprits favorables ou détourneront leur action funeste. Il en est surtout six qu'ils connaissent mieux que les autres. C'est d'abord *Adjou Nowo*, qui gouverne les hommes et dispose de leur sort. Près de lui, demeurent les âmes des défunts. Son image est attachée à la muraille de chaque maison. A la mort d'un père, le fils place auprès de cette image celle du défunt. La statuette d'Adjou-Nowo a environ un pied de hauteur et représente un homme assis; avec un diadème au front et un lourd anneau à l'oreille droite.

Le second esprit que vénèrent les Niassais est *Lawolo*, qui protége les maisons et les bourgs. Sa statue, de bois et de trois pieds de hauteur, est grossière ; elle est placée au milieu du kampong. Un troisième esprit protecteur est *Siraha*. Sa statue est de même une pièce de bois grossièrement taillée. Ce sont là les trois bons génies de l'île; mais il en existe aussi trois mauvais, qui sont *Léwaka, Saho* et *Toukeh*. Le premier demeure dans les bois et a une forme humaine, mais plus grande que celle de l'homme. Ceux qui le rencontrent tombent malades et il dévore leur âme. Les cadavres des morts conservent les traces de ses doigts. *Saho* a également sa résidence dans les bois. Il a la peau noire, enlève aussi les âmes et les donne parfois à garder à *Léwaka*. Quant au troisième des mauvais esprits, comme les deux précédents, il dérobe les âmes. Il habite sous terre et prend tantôt la forme de l'homme ou du chien, tantôt celle d'un cerceau (1).

Chez les Dayaks de Bornéo, les esprits sont en plus grand nombre et ils diffèrent entre eux par le rang, la forme, la résidence et les attributs (2). Chez les Battaks, les génies sont les âmes d'anciens chefs renommés; ils errent sur une montagne bocageuse et veillent encore sur le pays. On les nomme *Bégos*. Cependant on les craint, plus qu'on ne compte sur leur aide et leur protection. Aussi les sont-ils Bégos invoqués dans tous les malheurs publics, et l'on cherche à éloigner par des offrandes les effets de leur colère. Ils sont consultés dans toutes les entreprises, et l'on suppose qu'ils fréquentent les hommes sous les traits d'un des anciens du kampong (*orang batouwa* ou *Sie Basso*). D'autres esprits, connus sous le nom de *Sambaous*, habitent les cavernes, les bois sombres, les ravins profonds et les hautes montagnes (3).

A Toba, un des cantons des Battaks, il y a un usage superstitieux, étrange. Un jeune homme, ordinairement âgé de treize à quatorze ans, est planté en terre jusqu'au cou; puis, il est accablé de mauvais traitements, et on le force par ces cruautés à promettre qu'après sa mort il préviendra la population de

(1) *Tydschrift*, 1840, t. I, p. 349 et suiv.
(2) *Id.*, *Ib.*
(3) *Tydschrift voor Ind. taal*, 1869, t. XVII, p. 12.

tout ce qui doit lui survenir. Il est ensuite tué, son corps brûlé, et ses cendres déposées dans un bambou sont suspendues dans le *Pondok*, la salle du conseil, de chaque kampong. Si les Battaks aperçoivent un mouvement imprimé à ce bambou ou qu'ils croient entendre des gémissements, ils s'imaginent qu'ils sont menacés de malheur. Lorsqu'ils font un serment, ils se tournent vers le Bégo, qui les punirait de mort s'ils le transgressaient (1).

Pour les Koubous du pays de Palembang, les esprits sont les âmes de leurs parents décédés. Aussi les survivants placent-ils à côté de la sépulture des morts, leurs vêtements, les armes et leurs vases dans lesquels ils avaient l'habitude de boire et de manger, afin que les esprits puissent continuer d'en faire usage. Si le dernier soupir du mourant est accompagné d'un doux bruit, les Koubous disent que le défunt est devenu un esprit heureux; s'ils n'ont pas entendu ce bruit, ils le considèrent comme malheureux. C'est une vague croyance à l'immortalité de l'âme (2).

De leur côté, les insulaires de Timor attribuent les maux de la terre à de mauvais esprits invisibles, et cherchent à les apaiser par des sacrifices d'animaux (3).

C'est aussi à certains esprits que les naturels de Ho-

(1) *Tydschrift*, 1839, t. I, p. 203.
(2) *Id.*, 1838, t. II, p. 286.
(3) *Id.*, *Ib.*, t. I, p. 216.

lontalo, comme les Alfoures du nord des Célèbes, font remonter tout le bien ou tout le mal qui arrive à l'homme. Ils ajoutent une grande foi à leur influence surnaturelle, et croient qu'ils résident dans les bois, les plaines, les marais et les rivières. Pour les habitants de Limo Lo Pahalaa, l'espace compris entre la terre et le firmament est peuplé de *lati lo oloto,* c'est-à-dire d'esprits malins qui servent de guides aux personnes, sous la figure de *pouggoh* ou papillons, et les excitent à déchirer ou percer le cœur du prochain. Une vieille légende du pays fera connaître leur action mystérieuse :

« Sept frères du nom d'Aiouhanasi, Kakasi, Angkanasi, Loungginasi, Maniahati, Bouioungi et Anggabia, demeuraient ensemble et en paix; mais un jour les six frères aînés résolurent de tuer le plus jeune des sept.

« Alors Anggabia fut tué et son cadavre partagé entre ses frères.

« Revenue des champs et ne voyant plus Anggabia, la mère demanda à Aiouhanasi où était le bien-aimé de son cœur.

« D'un ton irrité, Aiouhanasi répondit qu'il ne l'avait pas vu et qu'il n'était pas chargé de surveiller les pas de son frère.

« Le ton de cette réponse fit éclater la mère en sanglots; elle appela plusieurs fois Anggabia.

« Alors, Anggabia fit entendre, par un sifflement sorti du corps d'Aiouhanasi, que ses frères l'avaient tué.

« Vaincue par la douleur, la mère hors d'elle prit un soumara (une épée longue) et coupa le corps de son fils en deux tronçons.

« Tombé sous ce coup mortel, Aiouhanasi changea en une vapeur de couleur grise.

« Les gouttes de sang qui coulaient de la blessure prirent la forme de mouches et de punaises. »

Selon les croyances des insulaires de Limo Lo Pahalaa, cette vapeur grise erre encore dans l'espace et s'empare de la personne destinée à devenir *pouggoh* ou esprit de Holontalo (1).

Aux îles Poggi, les mauvais esprits ont reçu le nom de *Senetou*. Ils résident partout, dans les bois et les grottes, dans l'air et l'eau, et sous la terre. Ils provoquent le tonnerre et les éclairs, le vent, la pluie, les inondations et les tremblements de terre. Les habitants de ces îles sont très-superstitieux; ils n'entreprennent rien sans avoir consulté une sorte d'oracle, par exemple, l'estomac d'un volatile, et n'entrent jamais dans une maison nouvellement bâtie, sans y avoir porté, au préalable et en triomphe, la tête d'une personne tuée par eux dans une des îles voisines de Pora. Ils espèrent détourner ainsi les maux de cette demeure (2).

Comme les insulaires des Poggi, ceux d'Engano et les Loubous ne possèdent, non plus, aucune idée religieuse, si ce n'est une croyance à des esprits qu'ils croient voir quelquefois et nomment ici *Kou-é;* là, *Tinargassar* comme à Mandaheling (3).

(1) *Tydschrift voor Ind. taal*, 1869, p. 270.
(2) *Id.*, 1853, t. II, p. 329.
(3) *Id.*, *Id.*, p. 360.

Parmi les Bantiks, circule une légende sur Bararogodo, qui aimait sa sœur Ouhitinenden :

« Bararogodo voulut s'approcher de Ouhitinenden qui allait se baigner.

« Ouhitinenden lui dit : « J'ai peur, car nous sommes frère et sœur. »

« Bararogodo ne crut point à ces paroles, et tous deux ils entrèrent dans la pirogue.

« Ouhitinenden dit : « Écoutez, dieux, vous avez notre vie « dans les mains; laissez Rimpoudousou lancer la foudre et « le tonnerre, et précipitez au fond des flots la pirogue où « nous nous trouvons. »

« La pirogue tournoya et tous les deux furent jetés sur les rochers qui couvrent les côtes.

« Depuis lors, l'esprit de Bararogodo se montre sur le dos d'une tortue, qui se rend tous les soirs le long des côtes à Tandjong Palisan (1). »

Cet esprit n'est pas malfaisant; seulement les jeunes filles l'évitent lorsqu'il leur apparait sous les traits d'un beau jeune homme. Le *hantou mapor*, esprit des montagnes ou des bois, et le *hantou boujout*, esprit des eaux, sont plus redoutés des Orang lom, parce qu'ils les croient les auteurs des maladies qui leur arrivent. Si quelqu'un tombe malade, ils préparent un remède et le lui donnent pour chasser l'esprit. S'il est possédé d'un esprit des montagnes, ils offrent à cet être invisible et insaisissable du *ketoupat*, des œufs et

(1) *Tydschrift voor Ind. taal*, 1869, p. 265.

d'autres mets qu'ils déposent sur un arbre. Si c'est un esprit des eaux, on prépare une petite pirogue, on y met l'offrande et on la lance à la mer (1).

Les Battaks attribuent aussi à des esprits malfaisants l'origine des maladies et l'expliquent de même par une légende :

« Lorsque Si Anto Perbourou Bouro était encore homme, il déplorait la stérilité de sa femme Si Sonking. Celle-ci eut une vision pendant laquelle elle apprit qu'elle engendrerait, si elle pouvait manger de la chair d'un cerf mâle, plein d'un petit. Cette vision, si contraire aux lois éternelles de Diebata, était visiblement l'œuvre de mauvais esprits. Les époux anxieux crurent cependant à l'efficacité de ce songe, cessèrent d'invoquer Diebata, cherchèrent un cerf mâle plein et ne le trouvèrent pas. Dans leur désespoir, ils livrèrent leur âme au mauvais génie. Le démon les renvoya sur la terre comme fantômes invisibles, et leur donna puissance sur les maux et les maladies qui affligent l'humanité. »

Si de ces légendes, où la naïveté populaire a cru voir l'influence des Esprits sur les destinées humaines, nous passons aux régions où ils ont fixé leur demeure, Willer nous apprendra que chez les Battaks ils président à sept cieux.

Le ciel le plus haut est le septième. Là, trône Diebata, l'Être Suprême éternel et omnipotent, dans lequel ces montagnards, tout en maintenant son unité,

(1) *Tydschrift voor indische taal*, 1861, t. I, p. 388.

distinguent un dualisme : la volonté omnisciente, sous le nom de *Diebata Manoungal*, et la faculté de créer et d'entretenir.

Dans le sixième ciel réside *Si-Dayang Marnjalanjala di langit*, la puissance flamboyante du ciel. Elle est la fille de Diebata, domine sur la lumière et sert son père en qualité de messagère. Près d'elle demeure *Touang dang Batari*, le juge des hommes.

Dans le cinquième ciel se trouve *Touan Roumbio Kayo*, qui surveille les moissons, le bétail et les mines, et transporte au loin les ordres de la fille de Diebata.

Dans le quatrième ciel est *Si Dayang Bietang Brayon*. Il règne sur les végétaux et les herbes qui servent aux hommes de moyens curatifs ou de poisons.

Le troisième ciel est habité par *Dato Obal Baloutan* et *Dato Sioubong Hossa*, qui délimitent la vie humaine et dirigent surtout les combats. Dato Obal Baloutan protége ses fidèles avec un bouclier invisible, contre balles, flèches, piques, haches. Dato Sioubong Hossa prolonge la respiration du mourant ou la lui enlève. C'est là le séjour des bons génies; tous portent le nom de *Tinagasan*.

Le deuxième ciel est le domaine de *Namora Setan*, le chef des mauvais génies. Il demeure enchaîné dans sa retraite *aijora djoumba porang*, jusqu'à ce que la corruption humaine soulève la colère de Diebata; alors, on le rend libre et il répand par toute la terre les haines, les querelles, les luttes sanglantes et les maladies. On le reconnait à ses dents qui ressemblent à des crochets, et l'oiseau Amporik Garoudou, qui l'assiste dans son œuvre cruelle, ne le quitte jamais.

Le premier ciel est le séjour de *Bourou Rangapourie Batoutong*, la compagne inséparable du démon qui engendre l'impureté et la médisance, l'exécutrice des méchants desseins de son époux. Là aussi se trouve *Namora si Dangbella*, l'aide du démon dans les mauvaises actions, pour lesquelles il faut un certain courage.

L'entrée du ciel est gardée par *Ompong Eandong Namonor*, qui reçoit d'abord les morts et les conduit à *Touan dang Batari*. Celui-là est principalement chargé de prendre connaissance des serments faits par les hommes, et de les porter à la connaissance de Diebata.

Avant de décider du sort de l'âme du défunt, Touan dang Batari doit se faire éclairer par Si Daijang Mernjalanjala sur le passé du défunt, et obtenir l'approbation de Diebata. Le jugement est-il favorable, le mort reste habiter le ciel; auprès de Touan dang Batari, s'il était sur la terre de race noble; auprès de Dato Obal Baloutan, s'il appartenait à une classe inférieure. Le jugement est-il défavorable, le mort est renvoyé sur la terre, condamné à errer invisible et sans fin autour de sa tombe; il souffre des peines terribles et répand malheur et tristesse partout où il se trouve.

Meurtres, empoisonnements, suppressions de mineurs, mensonges, jalousies, indifférence pour Diebata, sont autant de causes qui rendent le jugement sévère pour l'homme. S'abstenir de tout cela, offrir des holocaustes à Diebata, honorer ses parents, vivre en paix avec ses semblables, faire le bien, sont autant de causes qui assurent à l'homme un jugement favorable (1).

Après les habitants célestes, viennent les esprits qui sont répandus par les monts, dans les bois, les cavernes, les bruyères et les eaux. Ils sont partagés en *begous* favorables ou hostiles aux hommes, obéissant, suivant leur destinée, aux divinités des cinq cieux les plus hauts ou des deux plus bas, et servent à parsemer la vie de l'homme de bonheur et de malheur. Toutefois par eux-mêmes, ils n'ont pas d'autre puissance que celle qui leur est octroyée par les maîtres des cieux.

La croyance à tous ces fantômes a dû vivement impressionner des peuples, à peine entrés dans la voie de la civilisation. Aussi, existe-t-il dans l'Archipel indien une foule de récits dont il nous serait impossible de présenter le résumé, tellement l'imagination populaire a été féconde en contes fantastiques! Nous nous bornerons à en traduire quelques-uns recueillis par des indigènes et transmis aux savants mythologues de Batavia. Le premier est emprunté à un manuscrit javanais de Sourakarta, en vers *tembang notjopat* ou petit rhythme, et édité par Winter, sous le titre de *Hangling Darmo* :

« Hangling Darmo, un descendant d'Hardjouno,

(1) *Tydschrift voor Indische taal*, 1846, t. II, p. 246.

troisième frère de Pandowo, régnait à Malowapati. Sa femme, Dewi Setio Wati, était la fille d'un pandito (docteur, savant), de la montagne Rosomolo. Elle, sachant que, par la vertu d'un sortilége, nommé *hadji dipo*, qu'il avait appris du serpent Nogopratolo, un dieu souterrain, son époux comprenait la langue des quadrupèdes, des oiseaux et des insectes, alla le trouver pour apprendre la même science. Le prince ne condescendit pas à son désir, parce que Nogopratolo lui avait défendu, sous peine de mort, de communiquer à d'autres son secret. Elle ne se contenta pas de cette réponse et ne cessa de lui réitérer sa demande; elle ajouta que s'il ne satisfaisait pas à sa prière, elle se brûlerait. Le prince, tout en résistant avec fermeté, s'efforça de la dissuader; mais elle exécuta sa menace, au grand chagrin de son époux.

Après la mort de la Dewi, Hangling Darmo se retira sur le Panggoung, non loin du bûcher où elle s'était brûlée, et y mena dans la pénitence une vie solitaire. Cette existence fut troublée par la déesse Houmo. Hangling Darmo en fut maudit, et, pendant huit ans, il ne put occuper le trône de ses pères en punition de sa faiblesse.

Après cette malédiction, il vit aussitôt son royaume changer en désert. Il descendit alors du Panggoung, erra jour et nuit, sans savoir où, jusqu'à ce qu'il vint à une demeure de géants.

Dans son égarement, il entra dans un palais habité par trois sœurs, filles d'un de leurs chefs. Il les prit pour femmes, mais celles-ci le métamorphosèrent plus tard, par leur puissance surnaturelle et pour se venger d'une ancienne injure, en un blanc *Mliwis*, une sorte de cercelle, oiseau aquatique.

Il s'envola sous cette forme et vint dans la principauté de Bodjonegoro. Il s'y tint dans un marais, où il fut pris dans un lacet par un certain Djoko. Celui-ci le porta à son père Demang Kloungsour, qui l'aima parce qu'il parlait comme un être humain.

Demang Kloungsour, qui était pauvre, devint peu à peu riche; il attribua cette amélioration de son sort à l'heureuse influence de son mliwis.

Un Gendrouwo, mauvais esprit du sexe masculin, s'amouracha de la femme d'un pandito, venu d'au delà des mers et qui s'était établi dans le domaine de Badjonegoro. Il prit la figure du pandito, et lui ressembla tellement qu'on ne put l'en distinguer. Il surgit de là des querelles. Le prince appelé à les trancher ne sut donner aucune décision.

Le mliwis blanc fit part de cette affaire à Demang Kloungsour, et lui indiqua le moyen de l'éclaircir. Le prince, ayant pu la débrouiller, le récompensa et fit de lui un premier ministre, sous le nom de Djeksonegoro.

Un jour, le blanc mliwis vola dans l'enclos du prince, où sa fille, la princesse Dewi Srenggoro Wati, l'aperçut. Elle s'efforça de le saisir, mais en vain. Elle fut si attristée de cet insuccès que le prince, pour la consoler, invita son ministre Djeksonegoro à s'en emparer. Le ministre saisit le mliwis et le donna au prince, qui le donna à sa fille.

La nuit, le blanc mliwis revêtit la figure d'un jeune homme, et le jour, celle d'un mliwis. La princesse s'éprit de lui. Son état de grossesse révéla ses relations d'amour, au grand étonnement de son père; et comme elle ne voulait pas les avouer, ni nommer celui avec qui elle en entretenait, Demang Kloungsour donna à Batik Madrim l'ordre de surveiller l'amant de la princesse.

Batik Madrim savait bien que celui-ci était logé dans le corps du mliwis, mais il ne reconnaissait pas en lui son prince légitime. Il mit tout en œuvre pour s'en rendre maître, de sorte qu'il y eut un combat furieux où Batik Madrim fut vainqueur. Hangling Darmo, qui venait de quitter la forme du mliwis, fut uni à la princesse.

Après un séjour de courte durée à Bodjonegoro, Hangling Darmo prit congé de son beau-père et continua sa vie vagabonde, parce que la malédiction de la déesse Houmo n'était pas accomplie. Il s'éloigna de Bodjenogoro, accompagné de Batik Madrim, sans savoir où il porterait ses pas, et gagna enfin la principauté de Kartonegoro.

Le prince de ce pays avait une fille remarquablement belle, qui, par la magie d'un chef de géants de Simbarmanjouro, ayant nom Pantjad Njono, était devenue muette. Cet ensorcellement était la conséquence d'un vœu de la princesse, lorsqu'elle fut demandée en mariage. — Le prince fit annoncer dans tout son domaine que celui qui guérirait sa fille obtiendrait sa main. Plusieurs radjas vinrent alors à Kartonegoro pour tenter cette fortune, mais sans succès. Seul Hangling Darmo put la guérir de son mutisme; elle lui fut accordée pour femme. Les autres princes, irrités de cette défaite, firent la guerre au souverain de Kartonegoro, mais ils furent battus par Hangling Darmo.

La guerre finie, Hangling Darmo prit congé de son beau-père pour continuer sa vie vagabonde. Sa femme voulut le suivre; il le lui permit et partit avec elle et Batik Madrim. Arrivée dans un bois touffu, la princesse eut envie de manger du *siwallan* (nom d'une espèce de fruit de palmier); elle pria son mari de le lui cueillir. Celui-ci fit part de ce désir à Batik Madrim qui refusa d'y accéder, sous prétexte qu'il ne pouvait grimper. Alors le prince prononça une formule d'ensorcellement, et en un clin d'œil son âme passa dans le corps d'un paon mort; l'oiseau prit aussitôt son vol et chercha le siwallan. Battik Madrim, qui, depuis le second voyage du prince, lui portait rancune, profita de cette circonstance et prononça quelques mots magiques. Par leur puissance, son âme passa dans le corps d'Hangling Darmo. Batik Madrim s'efforça d'obtenir la princesse, mais elle l'évita. Il la suivit et la perdit de vue; ce qui fit qu'il se rendit à Bodjonegoro pour séduire la femme de son prince.

La princesse de Kartonegoro fut sauvée et rentra

dans son pays. Hangling Darmo, sous la figure d'un paon, accompagna Batik Madrim à Bodjonegoro, où par ruse il reprit son corps primitif. »

Dans la légende qui précède, il s'agit de jeunes séducteurs de filles royales; celle qui va suivre rappelle des amours d'Iskander ou d'Alexandre le Grand. Iskander voyage; il arrive au pays des Bounians, esprits terribles et invisibles; il est aimé d'une jeune fille de leur race, qui abandonne pour lui le séjour des nuages.

Devenue mère, elle voulut retourner au lieu de sa naissance, dans l'espoir que sa famille aurait pitié d'elle. Mais les Bounians, resserrant leur cœur, restèrent dans les nuages et Borobsi-Ambil ne vit pas ses parents, car elle avait perdu sa puissance surnaturelle en revêtant la forme humaine.

Elle errait partout sans espoir dans la solitude des bois. Et elle se nourrissait de feuillage et de racines; de sorte qu'affamée et désolée, elle vit son sein se dessécher et son enfant privé de son lait.

Comme elle était assise dans une grotte et pleurait, les chasseurs de Namora Pouloungan passèrent. Et les chiens qui poursuivaient les cerfs aboyèrent en l'apercevant, et l'infortunée fut prise et menée en esclavage à Kotta Bargot.

Là, elle fut honnie et condamnée aux mauvais traitements et aux travaux les plus serviles. Pour la faire beaucoup travailler, on lui enleva son nourrisson et on jeta celui-ci dans la niche aux chiens. Par moquerie, on le nomma *Na Baou Roär,* c'est-à-dire qui sent la niche aux chiens. Mais les Bounians veillèrent sur lui et le nourrirent.

Quand ceux de Kotta Bargot virent qu'il restait vivant, ils furent effrayés, croyant qu'il était allaité par la chienne qui dormait dans la niche. Et ils demandèrent qui avait procréé cet enfant que nourrit un lait de chienne. Boroh Si-Ambil nomma le père, mais elle ne trouva point grâce devant eux.

Cependant Na Baou Roär grandissait et il devint un si beau jeune homme que les femmes de Kotta Bargot s'enflammèrent d'amour pour lui; et leurs maris les menaçaient d'étouffer leurs propres enfants, si le fils de l'esclave étrangère n'était pas tué.

On délibéra chez Namora Poulongan et parmi les anciens du peuple sur le sort de l'enfant; on résolut de le tuer secrètement, afin que sa famille n'en sût rien. — Comme en ce moment un grand *sopo* est là en construction, on enfermera l'enfant dans la cavité d'une des colonnes du monument.

Mais les Bounians virent que la mesure de ses souffrances était comble, et ils eurent pitié de leur sœur.

Le matin de la fête en l'honneur de l'érection des colonnes, lorsque les buffles du sacrifice étaient réunis, la mère fut informée de ce qui se passait par un vieillard inconnu. Aussitôt Boroh Si-Ambil se déroba avec son fils à la fête et gagna le désert.

Et les meurtriers, ne remarquant pas son absence, cherchèrent Na Baou Roär, pendant que les buffles mugissaient et étaient frappés pour le sacrifice. Alors une vieille femme leur montra un enfant, caché dans la cavité d'une des colonnes.

Aussitôt après la fête, quand Namora Poulongan eut appelé ses enfants et ses esclaves, il apprit que son propre fils était enfermé dans la colonne, et que Boroh Si-Ambil s'était enfuie avec le sien. Il la poursuivit et l'aperçut sur le bord du Batang Gadis.

Boroh Si-Ambil longeait le fleuve, car le flot était monté et elle ne pouvait le passer à la nage avec son enfant. Un tronc d'arbre était là devant elle, reposant sur l'une et l'autre rive. A peine eut-elle passé l'eau sur ce pont improvisé, que celui-ci changea en un serpent gigantesque qui s'éloigna en glissant.

Namora Poulongan perdit tant de temps à nager, que Boroh Si-Ambil put atteindre une chaumière déserte du *ladang*. Épuisée de fatigue, elle y entra avec son enfant. Et les tourterelles roucoulaient sur le toit, et elles ne s'envolaient point.

Lorsque les hommes de Namora Poulongan s'approchèrent, l'un d'eux dit : « Peut-être est-elle assise effrayée dans la hutte. » Mais un autre répondit : « Ne voyez-vous donc pas ces tourterelles qui s'envoleraient si une personne était à l'intérieur? » Ainsi elle échappa au danger. En souvenir de cet événement, ses descendants ont dû s'abstenir de manger de la chair de pigeon.

Quand elle fut remise de sa frayeur, Boroh Si-Ambil se rendit à Dori-Soït. Elle demanda la permission d'y demeurer et une terre pour y bâtir une hutte. En haine de sa qualite d'étrangère, Namora Païmahon lui indiqua pour résidence le tamarinier qui était près du kampong, et pour terrain où elle pourrait bâtir, le sol ombragé par cet arbre; mais il ne réfléchit pas à quelle heure du jour il parlait.

La hutte sous le tamarinier étant achevée, Boroh Si-Ambil alla, peu avant le coucher du soleil, trouver Païmahon et luit dit :

« Vous m'avez donné, ô Namora, tout le sol ombragé par ce tamarinier; voyez jusqu'où s'étend son ombre maintenant que le soleil va disparaitre, et où elle s'étendra demain lorsqu'il se lèvera! » Namora Païmahon, humilié, répondit : « Prenez-en selon ce que vous pouvez faire. »

Beaucoup de couleuvres et de tigres erraient autour du tamarinier, mais la mère et son fils ne couraient aucun danger; ils étaient protégés par les esprits. Et ceux de Dori Soït, voyant cela, furent étonnés et craignirent les deux étrangers.

Na Baou Roăr invoqua et servit Diebata, et il honora sa mère. Il devint ainsi un homme courageux et fort; et il rassembla beaucoup de jagong, de padie et d'oiseaux.

Il arriva alors que les récoltes manquèrent et que la famine se fit sentir; et ceux de Dori Soït vinrent chez Na Baou Roăr et lui empruntèrent de son superflu.

L'année suivante, les fourrages ne réussirent pas, et

ceux de Dori Soït ne pouvant rendre le padie, doublèrent leur dette en lui faisant un nouvel emprunt.

Quand en d'autres années les récoltes eurent réussi, ils ne purent réunir tout le padie qu'ils devaient. Alors, ils offrirent à Na Baou Roär de devenir ses esclaves pour le payer.

Et il occupa ces esclaves à bâtir tout le terrain qu'ombrageait le tamarinier, au lever et au coucher du soleil. Et il devint puissamment riche en pâturages, en buffles, en chevaux et en esclaves.

Il bâtit aussi un palais sous le tamarinier, sous lequel il avait d'abord vécu avec sa mère. Et il paya le *touhor* des plus nobles jeunes filles du pays, et les prit pour femmes.

Alors s'étendit la renommée de ses richesses, à l'est jusqu'à Rambah, au midi jusqu'à Boujol, à l'occident jusqu'à Natal, au nord jusqu'à Tobing.

Et des marchands malais vinrent et achetèrent ses esclaves pour du fer, du cuivre, du corail et de belles étoffes de soie, qu'il échangea de nouveau contre des esclaves à Dori Soït; de sorte que sa fortune accrut toujours. »

Voici un autre conte populaire recueilli, dans la partie méridionale des îles Célèbes, par un Malais mahométan :

« Il est arrivé dans les anciens temps, dans les jours avant nous, aux temps où les hommes étaient païens, qu'une statue vivante de femme est descendue pure et immaculée des nuages sur cette terre de Goa. Mais la Providence, pour qui rien n'est impossible, fit que du pays de Bouthain, situé au midi, un homme vint chercher un endroit où il pût couper du bois et s'en construire un navire. A cette fin, il s'était fait accompagner de beaucoup de monde. Le nom de cet homme courageux et juste était Kraing-Bajou.

« Ayant trouvé ce qui lui était nécessaire, il se rendit sur une colline nommée, dans la langue macassaraise, *Tingi-ma*. Là, il se mit avec ses compagnons à construire son navire; mais la volonté des mortels est soumise aux dieux immortels. C'est pourquoi il arriva que tous les travailleurs furent dévorés par la soif et ne purent l'étancher, car l'eau qu'ils avaient emportée avec eux était épuisée. Mais il se fit que les grands dieux, du haut de leur trône, eurent pitié de ces pauvres mortels et leur procurèrent un chien qui découvrit une eau fraiche. Il en but et retourna vers les ouvriers. Ils furent tout étonnés de le voir mouillé et couvert de mousse, et ils pensèrent qu'il devait y avoir de l'eau quelque part. Kraing-Bajou suivit le chien dans ses courses, et vit de ses yeux que l'animal se désaltérait à une fontaine d'une eau claire et cristalline, située dans un jardin délicieux, près d'une grande maison qui ressemblait à un palais de roi. Dans cette fontaine, il découvrit avec stupéfaction l'image de la plus belle des femmes; elle souriait et était assise sur un trône d'ivoire, sous un dôme aux vives couleurs, parsemé de de pierres précieuses, brillantes comme les étoiles du ciel. Kraing-Bajou regarda cette image en silence et les yeux respectueusement baissés. Alors l'image de la déesse, dont le nom céleste était Toumanouroung, ouvrant la bouche, dit à Kraing-Bajou : « Viens; oui, viens, ô toi, courageux jeune homme! toi seul, et personne autre que toi, es digne de partager à côté de moi l'état de paix, de joie, d'amour et de vrai bonheur, sans être inquiété de qui que ce soit en ce monde. » A cette gracieuse invitation, sortie d'une bouche d'où s'exhalaient en même temps les plus doux parfums, et dont la voix était plus harmonieuse que les accords des trompettes et des timbales, le bienheureux Kraing-Bajou fut si ahuri qu'il ne sut que répondre. Cependant se rassurant peu à peu, il prit avec un profond respect la main de la belle déesse, de Toumanouroung, et s'unit à elle en présence de tous les dieux et des déesses, qui se réjouirent de cette union et la bénirent avec des chants divins.

« Quand les jours furent comptés, Toumanouroung enfanta son premier fils et on le nomma *Massalanga bairajang*, et elle disparut ensuite dans les nuages (1). »

Walter Scott l'a dit avec raison : « On pourrait écrire un livre plein d'intérêt sur l'origine des fictions populaires et sur leur transmission d'un âge dans un autre âge, d'une nation chez une autre nation; on

(1) *Tydschrift voor nederl. Ind.*, 1855. Nouvelle série, t. I, p. 112.

retrouverait aisément, dans les contes de certaines périodes, la mythologie de celles qui l'ont précédée (1) ». Un rapprochement, entre les traditions héroïques et religieuses de l'Orient et celles de l'Occident, ferait croire que toutes n'ont qu'une même origine. Mais partout l'esprit de l'homme inculte et encore ignorant a dû être frappé d'étonnement, de stupeur et d'effroi en observant les attributs du monde physique dont il est entouré. Il a agrandi leurs formes, exagéré leur couleur et leur puissance; il a confondu leurs effets. Il a personnifié les étoiles qui brillent, le tonnerre qui gronde; il a donné une voix au ruisseau qui murmure, une âme intelligente à chaque plante pour diriger ses branches et ses feuilles, et parfumer les fleurs et les fruits. Il a déifié ses héros et ses bienfaiteurs. Les mêmes objets et les mêmes événements ont donc pu faire naître les mêmes pensées et inspirer les mêmes récits, modifiés seulement par le génie du peuple qui les a créés. Cependant, lorsque toutes les circonstances d'une légende d'un pays sont identiques à celles d'une légende d'un autre pays, on peut croire à son imitation ou à sa transmission. Ces traditions et ces légendes qui précèdent l'histoire, transmises de bouche en bouche et de proche en proche, peuvent aider, avec l'étude comparative des langues, à établir la communauté d'origine des peuples. Ce sont, si je puis ainsi parler, des docu-

(1) Not. II stanz. XV, cant. IV, *The Lady of the Lake.*

ments qui tendent à prouver que les peuples, en possession de ces traditions et de ces légendes, sont alliés par le sang, ou qu'il y a eu des rapports entre eux, ou qu'ils ont été influencés directement ou indirectement l'un par l'autre. Il y aurait donc un grand intérêt à recueillir les contes populaires de chaque nation, parce qu'il serait possible de remonter par eux aux croyances primitives ou à un mythe commun.

TEMPLES.

Tant que l'homme correspond directement avec Dieu et que l'adoration n'est que la manifestation de ses vœux et l'expression spontanée de sa reconnaissance envers l'Être suprême, la religion n'a pas de temples. L'hymne s'élance de l'âme humaine et s'élève vers le ciel, partout où l'homme se trouve en présence de la divinité, dans la forêt sombre, au milieu des champs, dans le creux du rocher, dans la vallée, au sommet des montagnes, sur les flots agités de la mer; mais lorsque la religion devient une doctrine que possède et enseigne seul un corps de savants ou de prêtres, elle s'entoure d'édifices qu'elle consacre à la fois à l'instruction et à la prière.

Ces édifices, chez certaines populations de l'Archipel indien, telles que les Alfoures, les Dayaks, les Battaks, n'ont rien de remarquable; on les connait seulement sous le nom de *marels, toutouwo* ou *ma-*

sale, et les prêtres, qui y sont attachés, sous celui de *maouwen*. Mais les temples qui remontent au culte des Hindous dans les îles, sont aujourd'hui des monuments archéologiques visités avec le plus vif intérêt.

Les plus célèbres d'entre eux sont les temples de Brambanan, de Loro Djongran, de Djandi Sewan, de Boro-Boudor, et du Dieng. Lors de la lutte religieuse qui éclata, au commencement de notre ère, entre les brahmanes et les bouddhistes, les disciples de Bouddha vinrent chercher un refuge à Java et y importèrent leur doctrine. Des grottes leur servirent d'abord de retraite. Les Javanais ne s'en approchent encore qu'avec vénération; ils croient qu'une puissance surnaturelle les protége. On cite particulièrement celle de Kala, à l'ouest de Patjitan. Plus au nord, vers le 36° de latitude septentrionale et 65° de longitude orientale, se trouvent d'autres cavernes entre Kabool et Balkh, connues sous le nom de boumian; elles sont au nombre de douze mille, taillées dans le roc et ornées de sculptures. Quelques-unes ont de l'étendue et paraissent avoir servi à des cérémonies religieuses. Le territoire qu'elles couvrent embrasse plus de trois lieues de circonférence. Dans le voisinage de ces cavernes, sont trois statues représentant un homme, une femme et un enfant; la première a plus de soixante-six mètres de haut; la seconde, cinquante et la troisième, quatorze. Ces figures gigantesques sourient à l'aube du jour; mais le soir elles deviennent sombres, lorsque le soleil disparait derrière les montagnes dont elles sont entourées. Le voyageur qui visite ces lieux est stupéfait à la vue de ces merveilles, et il est comme transporté dans une contrée fabuleuse (1).

Crawfurd avait dit, dans son histoire de Java, que cette île n'avait pas connu le culte de Bouddha; mais les monuments prouvent le contraire, et Roorda van Eysingha a possédé un manuscrit javanais où il a lu le passage suivant : « L'histoire des souverains de « tout Java commence avec le royaume de Giling « Wessi, du temps qu'il était encore bouddhique. » Cette phrase démontre suffisamment l'erreur de l'écrivain anglais. De plus, le nom javanais du troisième jour de la semaine est *harie boudho*, qui paraît avoir été emprunté à celui de Bouddha; et des bouddhistes vivent encore, mais entièrement séparés du reste de la population, dans la partie occidentale de Java, à quatre lieues de Labak, au midi de la résidence de Bantam (2). Enfin les ruines des temples que nous allons décrire attestent aussi leur origine bouddhique.

Dans le bourg de Brambanan, situé dans la province de Mataram, entre les métairies de Soura et de Djokjokarta qu'avoisine une chaîne de monticules dans la direction de l'ouest à l'est, il a été trouvé plusieurs objets d'art qu'on appelle, dans le langage du pays, *Tjandi Kobou Dalam*. *Tjandi* est, dans cette partie de Java, le nom générique du temple, tandis

(1) Roorda van Eysingha, *Java*, t. I, p. 225 et suiv.
(2) *Id.*, t. III, 1re part., p. 220 et suiv.

que dans la région occidentale de l'île, on donne à un édifice sacré celui de « *tjoumpouk.* » Les statues et les objets d'art antique sont partout désignés par celui de *retja* ou *retjo.*

Roorda van Eysingha, qui a visité les temples de Brambanan et d'autres résidences de l'île de Java, nous en a laissé la description, et nous la traduisons (1) :

« Les temples de Brambanan ne consistent qu'en simples pierres carrées, superposées sans chaux ni ciment. Ces pierres sont si polies qu'il est difficile d'en distinguer les différentes couches; elles ont en général de deux à trois pieds carrés, et, dans plusieurs murailles, elles sont reliées entre elles par des corbeaux ou queues d'hirondelle invisibles à l'extérieur. Le temple *Tjandi Kobou Dalam* est caché sous de longues herbes et des ronces; mais lorsqu'on s'en approche, les murs apparaissent de plus en plus, et l'œil effrayé découvre un repaire de couleuvres, de lézards et d'autres reptiles. Toutes les plantes croissent et se multiplient dans ces lieux aujourd'hui solitaires et sauvages, et là où Çiva et Vichnou ont été peut-être honorés, on voit la puissance végétative de la nature élever son trône sur les débris de la fragilité humaine.

« Le mur d'enceinte semble entièrement détruit, car on n'en voit aucun vestige, si ce n'est dans les environs où les champs sont bornés par des pierres

(1) *Beschryving van Java*, t. III, p. I, p. 242.

pareilles à celles du temple. Les murs de l'édifice ont plus de dix pieds d'épaisseur, et forment un carré surmonté d'une pyramide quadrilatère d'environ cinquante pieds de haut. Leur construction n'offre rien à signaler; mais les statues colossales qui gisent à l'ouest de ces ruines doivent être décrites. Ces monuments de pierre ont été posés comme des sentinelles devant le temple; ils ont été renversés et détériorés au quinzième siècle, durant la guerre entre les sectaires de Mahomet et les bouddhistes; un d'eux toutefois est peu endommagé et subsiste toujours. La tête a deux pieds du menton au sommet, les cheveux sont nattés. Les oreilles sont ornées de pendants, le cou, d'un collier, et les bras, de bracelets de corail. Le visage est large, le front et le menton étroits. Les yeux sont ronds, grands, à fleur de tête et perçants; les lèvres épaisses, la bouche ouverte laisse voir deux grandes dents canines et quatre dents supérieures. Toutefois, cette figure montre une certaine bonhomie et est artistement sculptée. A un lourd ceinturon est suspendu un poignard qu'enferme un fourreau carré. La main droite tient une massue octogone; autour de la gauche est enroulée une couleuvre qui pousse la langue; d'autres couleuvres contournent aussi les bras, et une d'elles s'étend, dans une direction oblique, sur le sein et forme une sorte de nœud par la jonction de la tête et de la queue.

« Il est difficile de deviner ce que signifient ces statues; ce qui paraît le plus probable, c'est qu'elles sont l'image d'une des nombreuses métamorphoses de Vichnou sous une forme humaine.

« En s'éloignant de ces ruines, le voyageur se livre à de tristes réflexions sur la fragilité des œuvres sorties de la main de l'homme, et en portant les yeux vers le nord, il aperçoit le volcan Merahapi qui lance au ciel ses superbes colonnes de feu, comme une aspiration à quelque chose de plus durable et de plus élevé !

« Au nord du bourg de Brambanan, se trouvent, au milieu d'une végétation touffue, à trois cents pas de la grande route, les temples ou *Tjandi Loro Djongran*. La plupart de ces temples sont mutilés par la main du temps et probablement aussi par les islamites. Quelques-uns sont démolis, de sorte qu'il serait difficile, à la simple inspection de ces décombres, de reconnaitre leurs formes primitives. Les temples les moins détériorés sont au nombre de dix et se trouvent sur trois rangs du sud au nord. Le total paraît avoir été de vingt. Leur plan était un carré long et leur largeur de vingt à vingt-quatre pieds. Je ne saurais dire quelle fut leur hauteur primitive, mais le plus élevé de ceux qui existent est de quatre-vingt-dix pieds. Presque tous ces monuments religieux ont de petites niches qui sont artistement travaillées, ainsi que les piliers qui séparent les interstices et supportent de doubles anneaux sculptés, au travers desquels courent des festons rayonnants. Entre chaque feston est représenté un perroquet, les ailes étendues et prêt à s'envoler. Le sol de plusieurs de ces temples est trempé par les pluies, et je m'y serais enfoncé comme dans une mare, si je n'avais été prévenu par mon compagnon de voyage. Dans le plus grand de ces édifices, se trouve la statue de pierre que les Javanais nomment *Endok Loro Djongran* et qu'ils vénèrent encore. Ce doit être la déesse hindoue Parvati sous la forme et le nom de Dourga; ses huit bras (deux lui manquent) rendent cette hypothèse vraisemblable.

« Un mot sur cette déesse.

« Parvati symbolise la nature, et elle a reçu trois formes féminines pour épouser elle-même ses trois fils Brahma, Vichnou et Çiva; elle s'unit à ce dernier sous le nom de Parvati. Comme femme héroïque, elle est connue et honorée sous celui de Dourga, parce qu'elle tua avec la lance Mahêso, le prince des monstres qui, sous les apparences d'un buffle effroyable, avait poursuivi les dieux immortels et pris possession du ciel d'Indra.

« Vers le nord-ouest de l'extrémité septentrionale des temples de Loro Djougran, se trouvent les *Tjandi Séwou* ou les *Mille Temples*, qui attirent toujours l'attention de l'antiquaire. « Mille » est ici synonyme d'innombrable, ce qui est très-usité chez les Orientaux. Le nombre exact de ces temples est deux cent quatre-vingt-seize; ils semblent former cinq enceintes carrées. La première, à commencer par l'extérieure, comprend quatre-vingt-huit petits temples, en ayant vingt-deux à chacun de ces côtés; la deuxième en comprend soixante-seize; la troisième, soixante-quatre; la quatrième, quarante-quatre et la cinquième ou l'intérieure, vingt-huit; dans cette dernière enceinte se trouve le temple principal qui a soixante-dix pieds de haut. Chaque petit temple a la même forme carrée, et chacun des côtés a douze pieds de long. Les murs ont trois pieds d'épaisseur, de sorte que l'intérieur de chaque monument a environ six pieds carrés; l'entrée est en face de la statue de la divinité. Sur ces mêmes murs, qui ont huit pieds de haut, se dresse une pyramide quadrilatère de la hauteur de cinq pieds.

« Chacun de ces petits temples comprend treize niches ornées de sculptures parfaitement exécutées, et représentant diverses scènes de la mythologie hindoue.

« Pour entrer dans le temple principal, on monte par un escalier de quatorze marches. A la troisième d'en bas, se trouve de chaque côté un éléphant tenant un lion entre ses défenses; autour du temple sont des restes de baignoires qui ont servi aux purifications. On pénètre dans l'intérieur par deux portiques et deux galeries, décorés de sculptures imitant des fleurs et des vases.

« La plupart des petits temples sont en ruines; à peine ce qui reste peut-il donner une idée de leur architecture, tellement ils ont été dévastés par les guerres, par les plantes qui les recouvrent et les racines des arbres qui les envahissent et ébranlent leurs pierres. Cette œuvre destructive de la nature est lente et imperceptible. »

M. de Beauvoir a visité aussi les Tjandi Sewou et les a décrits en ces termes :

« Sur un carré de près de cent soixante mètres de côté, s'élèvent des monceaux de pierres sculptées ; une quantité de statues sont encore parfaitement conservées ; ce sont des Bouddhas à gros ventre, avec le sourire sur les lèvres et la plante des pieds en l'air ; ils atteignent sept ou huit fois la grandeur humaine. Nous montons par des gradins dignes des pyramides d'Égypte, dans une voûte sombre, sorte de clocher où chaque pierre menace de tomber sur nos têtes. Au sein des niches profondes, le gardien du temple, un vieux bouddhiste à longue barbe blanche et vénérable avec des amulettes suspendues au cou, éclaire de lueurs blafardes de sa frêle lampe des groupes de Bouddhas à quatre bras, à têtes d'éléphant, à têtes de cerf (1). Bientôt des chauves-souris, grosses comme des poules, éteignant la lampe, nous enveloppent dans ces cachots ; errant à tâtons, nous ne sommes plus guidés que par les lucioles légères qui voltigent en un essaim lumineux autour de ces statues gigantesques. Dans le mausolée tourné vers la croix du sud est une statue de femme, parfaitement belle et bien conservée, dominant un puits profond qui est à ses pieds. Du côté nord est une tête de mort, reposant sur une tête d'éléphant :

(1) Nous pensons que Bouddha n'a pas été représenté sous ces formes ; c'est Brâhma.

— reliques du quatrième siècle et mystère que tout cela (1)! »

« Le temple de Boro-Boudor est situé dans le district de Boro et dans la résidence Kadou, au confluent des rivières d'Elo et de Prago. *Boro*, dans la langue kawi, signifie cent millions et est usité par conséquent pour désigner un nombre illimité; *Boudor* peut être compris dans le sens de *Bouddha* et en même temps dans celui de sol antique ou sacré. *Boro Boudor* signifiera donc vraisemblablement « les Bouddhas innombrables » et par cette dénomination on désigne le grand nombre de statues enfermées dans ce temple. Le monument produit une grande impression; il couvre une superficie d'environ six cents pieds, et consiste en sept murs, ornés des deux côtés de sculptures et qui, bâtis en forme de gradins sur les flancs d'une colline, le font ressembler à un amphithéâtre. Des escaliers conduisent à des terrasses, suspendues entre ses murs, dans l'épaisseur desquels on a pratiqué aussi des niches du côté extérieur seulement. Chacune de ces excavations contient une statue de Bouddha de grandeur naturelle. On compte environ quatre cents de ces figures.

« Les sculptures qu'on remarque sur les parois sont de différentes sortes. Ici, c'est le tabernacle de Çiva et de la trimourti ou trinité visible; là, une offrande des dieux à Bouddha; plus loin un combat,

(1) *Le Tour du monde.*

en présence de Bouddha, des dieux inférieurs armés de glaives et de boucliers, attire l'attention par la netteté du travail et par le dessin des fleurs et des perroquets qui voltigent à l'entour. Dans ce travail où l'on trouve la finesse du ciseau, l'observation des proportions et le bon goût, l'art paraît avoir atteint à Java son degré de perfection et il a surpassé celui de tous les temples de l'Hindoustan. »

Cette description du Boro-Boudor par le savant professeur hollandais sera comparée avec intérêt à celle du jeune voyageur français, que nous venons de citer :

« Cette construction s'élève sur un mamelon régulier au centre d'une grande vallée circulaire, qui lui sert de ceinture. Au loin à l'horizon, semblables aux créneaux d'une forteresse naturelle, les crêtes des volcans éteints la dominent; c'est là que les chefs de l'invasion hindoue ont, au huitième siècle, construit ce colosse en l'honneur de Bouddha.

« A distance, le monument a la forme d'une cloche; il mesure trente-six mètres de hauteur et cent huit de diamètre; quand on est plus près, on est frappé des centaines de statues de Bouddha échelonnées des pieds au sommet, sur les parapets de sept galeries superposées qui forment les gradins de cette pyramide massive, construite sans ciment et admirablement conservée. Chaque statue de Bouddha (et il y en a cinq cent cinquante-cinq de grandeur héraldique) est abritée par une coupole à jour taillée dans le granit. Il n'est pas une pierre qui ne soit sculptée, ce qui fait plus de quatre mille grands sujets de bas-reliefs bizarres, tous nets et finement ciselés, riches de détails et d'ensemble. C'est, en un mot, une pyramide grandiose, habillée et ornementée : elle sert d'étagère gigantesque à des idoles protégées par des globes de dentelle de pierre, qui sont disposées sur l'extrême bord de chaque terrasse comme les sentinelles des donjons du moyen-âge, et elle déroule sur ses murailles une galerie de sculptures qui se font suite les unes aux autres, et qui représentent les plus curieux épisodes.

« Nous suivons avec admiration une chasse à l'éléphant, un hallali de rhinocéros, une bataille, puis un naufrage sur du corail; là on croirait vraiment voir nager les matelots tombant à la mer du haut d'une mâture brisée. Puis viennent les arts de la paix, les différents genres de culture, avec la charrue javanaise telle qu'elle est encore aujourd'hui. Ainsi, en onze siècles, les plus essentiels des instruments, les instruments aratoires, n'ont pas vu l'ombre d'un perfectionnement! — Enfin, j'ai la tête remplie de mille autres reproductions, telles que cérémonies de mariage (un peu accentuées), création de l'homme, serpent tentateur, déluge, etc., rappelant de très-près notre histoire sainte.

« Quatre escaliers majestueux, de cent cinquante marches chacun, nous conduisent à la coupole du sommet, élégant sanctuaire dont le dôme est formé de pierres qui se soutiennent par leur propre poids. — Imitant un indigène, je me suis hissé sur les genoux du dieu, j'ai allongé le bras et je suis arrivé à pincer son oreille, ce qui, dans la croyance javanaise, assure « la bonne veine ». Mais si je n'ai pas, en général, une admiration béate pour les monuments qui ne parlent pas à l'âme, mais seulement à la curiosité de l'étranger, j'ai été frappé ici de voir que la statue divine n'était point terminée et était loin d'atteindre la perfection des bas-reliefs. — Le Régent nous expliqua que « l'image de l'Ordonnateur suprême du « monde était à dessein inachevée, parce que la main « de l'homme ne doit pas prétendre à la reproduc- « tion *réelle* des traits *divins* ». — Cette pensée profonde et vraiment philosophique à propos de la construction d'une idole, n'est-elle pas à la fois exacte et contradictoire, délicate et primitive, attachante et fantasque?

« A voir la grandeur des traits fondamentaux alliés à la finesse des moindres dentelures, que d'années et que de bras n'aurait-il pas fallu pour achever un pareil ouvrage! Aujourd'hui, il n'y a plus alentour ni adorateurs ni même habitants : la ferveur est morte; des siècles passés il ne reste qu'une seule trace, celle que le temps et la désertion n'ont pas détruite : — le granit. »

Cependant l'illustre Guillaume de Humboldt, qui a vu le monument de Boro-Boudor, se refuse à lui donner le nom de « temple », dans le sens ordinaire de ce mot, parce que dans l'intérieur il n'y a pas une enceinte consacrée à la réunion des fidèles, ni une place réservée à la divinité. C'est un sanctuaire fermé, et les statues qui le décorent sont exposées à l'extérieur, de sorte que c'était du dehors qu'il fallait les vénérer (1).

Bâtis dans le même style que le Boro Boudor, les temples du Dieng paraissent être cependant d'une époque plus ancienne, parce qu'on voit sur les murailles des sculptures figurant Brahma avec trois têtes, Vischnou le conservateur et Çiva le destructeur, en d'autres termes, la trimourti brahmanique. Les montagnes du Dieng, situées au centre de Java, sont volcaniques, et à l'arrivée des Hindous dans l'île, elles étaient au plus fort de leur éruption. Ces volcans étaient considérés par les indigènes comme les demeures des dieux. Les nouveaux colons respectèrent cette croyance; l'antique séjour des divinités topiques devint celui des dieux nouveaux. Là, la nature et l'art avaient tout préparé pour frapper l'imagination du Javanais simple et crédule. La scène en effet était des plus grandioses. Des cratères vomissant du feu, des colonnes de soufre et de cendres montant majestueusement vers le ciel et l'obscurcissant, des rivières roulant dans les vallées des flots jaunes et bleus, de sourds grondements au sein de la montagne, la fumée agitée

(1) *Ueber die Kawi sprache auf der insel Java.* — *Tydschrift voor nederland. Ind.*, t. II, p. 106 et suiv.

par le vent et formant des figures fantastiques; puis, au fond de temples magnifiques, mais sombres, des prêtres de Brahma attirant la foule au pied des autels, et la faisant apporter avec des cérémonies mystérieuses des offrandes à des puissances cachées; tout cela saisissait les sens et la raison, et confondait l'homme par le sentiment de son infériorité. Le Javanais terrifié se prosterna devant ces nouveaux dieux, jusque dans la poussière qu'il foulait.

Ce qui reste sur le plateau et au versant du Dieng, les monuments religieux des siècles passés, les pierres sculptées, les colonnes brisées, d'innombrables fragments de statues, les fondements d'anciennes maisons, le chemin souterrain garni de pierres rondes, qu'on suppose être des bornes pour y attacher des éléphants; tout démontre que cette montagne a été visitée et habitée par des sectaires de Çiva, de Ganesa et de Dourga, dont les légendes javanaises ont fait Batara Rama et Doro-Wati.

Si l'on descend du vieil escalier par l'ouest, on trouve sur les bords du lac Mendjir une grotte artistement façonnée, où, selon la tradition, aurait vécu un ermite. Le mont Pitourouh renferme aussi des cavernes avec des autels consacrés à Çiva, et ses attributs le lingam et le djoni. Plus loin, au nord-est de Karanganjar, où l'on arrive difficilement, est une autre grotte qui contenait des objets d'or et deux cloches de cuivre artistement travaillées. Peut-être a-t-elle été de même habitée par un ermite, qui aura donné son nom au mont Astana-Bouddha ; car on . ontre encore dans le voisinage deux tro: " -' .s, entre lesquels il se serait assis, les bras te

Au dessa Sawangan, à quatre milles de Wonosobo, sur la route de Kretek, Wilsen a vu des cloches, des corniches, des piédestaux et un autel, et il en conclut qu'il a existé là un temple semblable à celui de Bimo sur le Dieng. A Wonosobo même, sont des statues de Ganesa et de Dourga. Au dessa Redjo, sur la route de Temangoung, il y a un Çiva; un autre au dessa Kamidjen, près de Keboumen, et un lingam à celui d'Aijah.

Entre le Karong-bolong et la chaîne des montagnes au nord de Gombong, des noms de lieux, tels que Selo Brahma et Indra Gila, rappellent le règne du polythéisme hindou dans ce pays, et la légende raconte qu'Ardjouna y a vécu en pénitent.

Tout cela paraît être un vestige d'un culte çivaïte. Cependant, Wilsen a découvert deux statues sur le versant du mont Kali-Wiro, et, quoiqu'elles soient mutilées, il les attribue à Bouddha, devant qui se prosternent encore des rois et des prêtres (1).

Aux temples du Dieng peut s'appliquer la même observation que de Humboldt a faite sur le Boro-Boudor; c'est qu'ils n'étaient pas des lieux de réunion, mais de simples sanctuaires renfermant l'image de la divinité. Le plus grand des cinq temples, qui y

(1) *Tydschrift voor Ind. taal*, 1856, t. I, p. 448.

sont restés debout, n'a à sa base que dix-huit pieds carrés. Le peuple le nomme « Gedong-Redjouno ». L'entrée est à l'ouest et consiste en un portique qui a cinq pieds de saillie, trois pieds de large et six de haut. On y montait autrefois par un perron de huit à dix marches, gardé par deux lions ou dragons en pierre. Le bâtiment, qui a la forme d'une pyramide, a vingt pieds de haut et est orné de sculptures et de niches, où devaient se trouver des statues. L'intérieur est entièrement fermé et ne contient rien autre chose qu'un piédestal carré, qui a servi probablement à une statue de l'une ou l'autre divinité. Enfin tout ce monument est en pierre ponce, artistement taillée au ciseau, et chaque pierre est posée l'une sur l'autre, sans ciment ni chaux, et sans le moindre interstice (1).

D'après la tradition javanaise, le pandou Dewo Netto aurait fait bâtir les temples du Dieng, dans le désir de se rapprocher de la divinité. Mais à la fin il voulut s'égaler au dieu suprême lui-même, à Batara-Gourou. La divinité, pour le punir, l'aurait précipité dans le cratère Tjoudro di Mouko et détruit, sous les laves d'une éruption, tout son domaine, à l'exception des cinq temples. L'un d'eux a conservé un autel qui, dans la suite des temps, s'est rempli d'eau. En s'y baignant, les Javanais espèrent obtenir bonheur et prospérité.

Un peu plus loin, vers le sud, on voit un autre groupe

(1) *Tydschrift voor Ind. taal*, 1860, t. I, p. 182.

de temples, situés au milieu d'une forêt et dédiés à Bimo. Ils étaient autrefois au nombre de quatre, il n'en subsiste plus que trois; ils sont ornés d'arabesques, de guirlandes de feuillage, de têtes humaines, de statues de Çiva et d'un buste de Ganesa avec sa trompe d'éléphant (1).

Non loin du détroit qui sépare Java de Bali, se dressent, dans la résidence de Bonjouwangi, les ruines du temple de Matjan-Pouti. Ce petit monument s'élevait sur un tertre qui figurait le dos d'une tortue, et autour duquel s'enroulaient deux serpents. Il est probable que par cette forme architectonique, l'artiste a voulu symboliser la transfiguration du dieu Vischnou en tortue. Selon le mythe hindou, une lourde montagne a été placée dans la mer; Wasouki, le roi des serpents, servit de corde pour entourer la montagne; Vischnou, changé en tortue, se coucha sous Wasouki pour le soutenir. Alors, on tira la corde par les deux bouts et la montagne fut ébranlée. Par ce mouvement continuel la mer devint agitée.

C'est ainsi que la cosmogonie hindoue expliquait l'origine du flux et du reflux de la mer.

On a d'ailleurs très-peu de notions sur l'architecture ancienne des temples de cette contrée. Peut-être doit-on voir dans celui de Matjan-Pouti un sanctuaire consacré à Çiva, comme Bali en possède quelques-uns, que l'on supposait gardés par des divinités mons-

(1) *Verhandelingen, etc.*, 1830, p. 359.

trueuses? Peut-être ce nom de « Matjan-Pouti » qui signifie « tigre blanc », est-il emprunté à une tradition populaire? D'après la légende, un tigre erre toujours dans les ruines de l'antique capitale de Mendang-Kamolan. Il est si grand et si vieux que ses pattes fléchissent sous lui et qu'il doit courir sur les chevilles. C'est un témoin séculaire de l'ancienne splendeur de ce lieu vénéré ; il en est le gardien, et les habitants du dessa ne regardent qu'en frissonnant les traces de son passage. Peut-être croient-ils voir dans ce tigre un de leurs aïeux, qui visite son domaine autrefois si florissant (1)?

Dans le voisinage de Matjan-Pouti, s'étend la plaine de Singa Sahari. Elle est couverte de débris de temples et de statues qui se rapportent à Ganesa, à Souria, à des femmes coiffées de la tiare et ornées de bracelets et de colliers, ou bien qui rappellent le lingam et le taureau Nandi (2).

Dans un bois épais au sommet du mont Gedé, d'une hauteur de plus de trois mille mètres, on a trouvé plusieurs statues grossières, que, dans le langage du pays, on a nommées *Artja domas* ou « les huit cents statues. » La légende raconte que l'esprit du dernier prince de Padjadjaran erre à l'entour de ces pierres, et que les vrais croyants seuls peuvent le

(1) *Tydschrift voor nederland. Indie,* t. I, p. 284 et suiv.

(2) *Tydschrift voor nederl. Indie,* t. I, p. 488 et suiv. — *Id. voor ind. taal,* 1863, p. 175.

voir (1). Peut-être serait-ce celui du souverain qui, au quinzième siècle, a donné des terres pour y construire des temples et déclaré qu'aucune atteinte ne pouvait être portée au sol sur lequel ils seraient bâtis (2)?

Des vestiges d'anciens temples sont aussi visibles sur la pente orientale du mont Wilis. Ils consistent en trois terrasses et sont connus sous le nom de « Panampikkan », qui correspond au français « ermitage ». On arrive à chacune de ces terrasses par un escalier que décoraient deux statues, en souvenir des compagnons de voyage de Djojo Kousoumo, naufragés en traversant la mer pour se rendre à Kling. Reconnaissant d'avoir été sauvé miraculeusement, Kousoumo se retira sur le mont Wilis et y habita en ermite sous le nom de Tjourigo Noto. On suppose que les statues, qui se trouvaient au pied de chaque terrasse, représentaient sa femme, sa fille et ses quatre sœurs, toutes mortes dans la traversée (3).

D'autres statues ont été découvertes à l'ouest de Java, près du bourg de Tji-Manouk, dans une sombre forêt à l'ouest de Bantam; on les attribue à Ganesa et à Dourga; un lingam était à côté de ces ruines (4).

(1) *Tydschrift voor ned. Ind.*, 1852, t. I, p. 284.

(2) Cette donation est constatée par des plaques de cuivre, décrites dans le bulletin de l'Académie de Batavia : *Tydschrift voor Ind. taal*, 1867, p. 559.

(3) *Tydschrift voor Ind. taal*, 1856, p. 425.

(4) *Tydschrift voor nederl. Ind.*, 1852, t. I, p. 284.

Friederich a vu les mêmes figures avec le djoni au kampong Tjandi, dans le district de Sadjira, sur la frontière de Bantam (1). Von Rozenberg (2) et l'Anglais Anderson (3) ont vu aussi, dans l'intérieur et sur la côte orientale de Sumatra, des restes de statues et de temples, qui rappellent sans aucun doute le culte hindou de l'époque bouddhique. Les grandes rivières, qui s'épanchent dans le détroit de Malacca, offraient aux émigrants de l'Inde une route facile pour pénétrer dans cette île, où ils ne rencontraient d'ailleurs qu'une faible résistance de la part des insulaires. Ces émigrants furent à leur tour expulsés par des voisins plus puissants, qui détruisirent les monuments consacrés à Bouddha. Des temples de la même époque, faits de pierres séchées au soleil et ombragés de l'arbre sacré, le tamarinier, ont été constatés à Bali (4), et Jansen a vu à Sumbawa, dans le royaume de Bima, des fragments de statues de Çiva. Cet érudit conclut de l'existence de ces ruines, contrairement à l'opinion du professeur Reinwaert, que l'hindouisme s'est avancé jusqu'aux extrémités de l'Archipel indien (5).

A Amboine, les temples sont généralement carrés. A un des côtés s'adosse une chaire entourée d'une toile blanche, et à laquelle est fixée une planche où

(1) *Tydschrift voor nederl. Indie*, 1855, t. II, p. 32.
(2) *Id.* p. 58 et suiv.
(3) *Id.*, 1862, t. II, p. 230.
(4) *Id.*, t. I, p. 215.
(5) *Tydschrift voor indische taal*, 1861, p. 374.

sont écrites les prières. Les temples sont couverts de plusieurs toits superposés et s'allongeant en pointes. Le jour pénètre par les espaces qui sont ménagés entre ces capuchons. Dans les bourgs situés sur les côtes, le sol de ces édifices sacrés est parsemé de petits cailloux. Au sommet des montagnes, on les a bâtis sur des pilotis afin de laisser écouler les immondices qui répandent une odeur de bouc. Devant la porte, se trouvent une ou deux cuvettes, où les fidèles se lavent les pieds avant d'entrer dans l'intérieur (1).

Nous ne décrirons pas ici les ruines de Kali Sari, de Kediri, de Madiou et de Pasa Rouwang, parce qu'elles n'ont rien qui les distingue. Mais le temple de Bimo à Chéribon mérite que nous nous y arrêtions un instant. C'est un petit monument carré de vingt pas de circuit et vingt-cinq pieds de haut; il est en pierres de lave trachytique, taillées pièce par pièce et posées l'une sur l'autre sans chaux ni ciment. Une main habile y a sculpté en haut et bas-relief des figures humaines, des plantes, des animaux, toutes sortes de fleurs, des guirlandes, des festons, et l'on s'éprend d'admiration pour l'artiste qui a produit, il y a cinq ou six cents ans, ce chef-d'œuvre rappelant Bouddha et son époque.

Une tradition rapporte que ce temple et neuf autres qui l'entourent auraient servi de *maisons aux songes*. Les Javanais, comme le témoigne l'exemple de Diepo

(1) *Kroniek van het hist. gnootsch te Utrecht*, 1872, p. 365.

Negro, ont l'habitude, dans les circonstances importantes ou à la veille de grandes entreprises, d'aller dormir dans des lieux saints ou sur des tombeaux. Ils croient qu'ils auront là un rêve, pendant lequel une inspiration divine leur indiquera la voie qu'ils auront à suivre.

A Ledok, on signale une figure de Batari-Durga en bas-relief, une tiare sur la tête et de nombreux joyaux au cou, aux bras, aux jambes et à la ceinture; une lourde massue à la main gauche, un kriss ou poignard à la main droite; les lèvres entr'ouvertes, les yeux enflammés de colère; en un mot l'air menaçant. Un manteau attaché aux hanches et flottant tant soit peu en arrière, retenu par une lanière qui descend de l'épaule gauche, est orné de riches bijoux et diffère entièrement du sarong javanais moderne, aussi bien par la coupe que par la manière de le porter. Il y a encore deux autres statues qui attirent l'attention. L'une est assise sur un paon et nommée *Serie;* la main droite repose sur le genou gauche, et la main gauche saisit le col du paon près de la poitrine. La seconde est nommée *Sinto* et représente une personne assise, sur les épaules de laquelle s'assied une autre statue avec quatre bras, et quatre têtes ornées de tiares et tournées vers les quatre vents. Sous le buste de cette dernière, apparait une tête de serpent qui prend dans sa gueule le diadème de la statue inférieure, tandis que celle-ci tient dans ses mains les pieds de la supérieure.

Au dire des Javanais, toutes ces statues représenteraient des enfants de Bouddha (1).

Avant la conquête de Boudjol par les Néerlandais, il existait aussi dans ce kampong, chef-lieu d'Alalam dans l'île de Sumatra, deux temples dont les faîtes en étain et en plomb brillaient au loin par un beau jour de soleil, au milieu de montagnes ombreuses (2). A Bali, tous les temples attestent que Vishnou, Çivâ et Dourgâ y étaient vénérés. Les nombreuses statues ou *tongkokhs*, qu'on a découvertes dans l'île, portaient les emblèmes de ces divinités; quelques-unes avaient des têtes d'éléphant, de serpent ou de dragon, indiquant par là les diverses incarnations de Vishnou. A Badong, les temples contenaient des statues en l'honneur de Çiva. Çiva était la divinité principale de l'endroit; on la représentait entre Brahma à sa droite et Vishnou à sa gauche. C'était la trimourti, la trinité indienne ou la symbolisation de l'air, du feu et de l'eau (3).

Dans le district de Probolingo, près de la rivière du Progo, résidence de Kadou, Brahma avait un temple qu'on nommait *Djandi mundut* (4). Dans cette même résidence de Kadou, au district de Bandougan, on en voit encore un autre, celui de Selo Grio, situé dans le dessa Setro Wetjannan. Ces deux monuments

(1) *Tydschrift, etc.*, 1839, t. I, p. 337.
(2) *Id.*, p. 456.
(3) *Id.*, 1846, t. III, p. 341.
(4) *Id.*, 1838, t. II, p. 70.

ont été découverts vers 1835 par le résident Hartman, et Buddingh les a décrits en 1838 dans le bulletin académique de Batavia. Le statuaire et le sculpteur les ont enrichis des chefs-d'œuvre de l'art. Les murs du premier sont couverts, à l'intérieur comme à l'extérieur, de médaillons de différente grandeur, entourés d'oiseaux et de guirlandes de feuilles et de fleurs. Dans l'espace compris entre ces gracieuses bordures, l'artiste a taillé en bas-relief des scènes allégoriques empruntées soit à la mythologie hindoue, soit à la vie des champs, soit à celle des animaux, c'est-à-dire des cerfs, des tigres, des chèvres, des buffles, des éléphants, des pigeons, des singes et des caïmans. A droite et à gauche de l'entrée du temple de Mundut, sont deux énormes fauteuils en pierre dont les dossiers sont ornés de fleurs, de têtes d'éléphants, de dragons et de tigres. Deux statues gigantesques de femme y sont assises, et semblent prendre part à une conversation. En face d'elles est la statue d'un homme ayant de même la taille et les formes gigantesques; il est revêtu d'un sarong, manteau ou tunique de Java. Les traits de la figure sont beaux, doux et réguliers, le front haut, les sourcils bien arqués, le nez grec, le menton rond et imberbe, les cheveux crépus comme ceux d'un Papou. On a longtemps supposé que ces statues représentaient Bouddha adoré par deux de ses sectaires. Mais le maintien des deux femmes n'est pas celui de la prière et de l'humilité. Ce groupe serait plutôt un tableau de la famille, où le mari, sa femme et leur fille sont assis l'un près de l'autre et conversent entre eux. Il aurait donné naissance à la légende suivante :

« Un certain roi, nommé Dewo Kousoumo, deuxième fils du grand prêtre de Souro Loijo, avait une fille qui fut enlevée, à l'âge de deux ans, par un serviteur infidèle. Douze ans après, dans le trajet de Borodor au dessa où se trouvait alors Mundut, le roi vit une belle jeune fille de quatorze ans et la prit en sa possession. Le serviteur, qui l'avait dérobée pour lui, transporté de jalousie, découvrit au roi que cette enfant était sa propre fille. Le roi, reconnaissant son crime avec épouvante et voulant le réparer, demanda aux prêtres ce que devait faire l'homme qui s'était ainsi mépris. Mais il leur cacha que c'était lui, le coupable, et les prêtres répondirent que cet homme devait être enfermé, avec toute sa race, entre quatre murs, et recevoir par le toit sa nourriture composée seulement d'eau et de riz; ou bien qu'il devait, dans l'espace de dix ans, construire un temple orné de mille statues de vierges. Ceci fut fait, mais lorsque le temps fixé fut arrivé, il n'y avait encore que neuf cent quatre-vingt-dix-sept statues; il en manquait donc trois. Alors, les prêtres décidèrent que le roi, sa fille et le fruit de leur honte seraient changés en pierres, et depuis lors on n'entendit plus parler d'eux. »

Toujours est-il que le temple de Borodor, construit par le roi Dewo Kousoumo, ne contenait que 997 statues et que celui de Mundut en renfermait trois. Le nom de ce monument a été emprunté à celui de la malheureuse jeune fille; il signifie « l'enlevée ».

Le temple de Selo Grio est moins riche et moins beau que le précédent. On y voit des statues d'hommes imberbes portant la tiare, placées dans de simples niches carrées couronnées de dais élégants. Les torses sont revêtus d'un sarong légèrement relevé du côté gauche; une bandelette descend de l'épaule gauche; une ceinture ciselée entoure les reins; les oreilles ont des pendants, les pieds sont ornés de bijoux et les bras de bracelets; un long trident est dans la main droite. A gauche de l'entrée de ce temple se trouve un *mondoliko* ou statue à quatre bras avec une tête d'éléphant, figurant sans doute une des incarnations de Visnhou. A droite, vers le nord, une autre statue représente une femme avec huit bras, debout sur un buffle ou *karbouw* couché, tenant dans les mains droites un serpent, un anneau et la queue du buffle; dans les mains gauches, un enfant soulevé par les cheveux et un réchaud pour le feu sacré.

Comme le Djandi Mundut, le temple de Selo Grio a sa légende :

« Le grand prêtre Bambang Sombo, fils de Dorawati, descendant de Soumawono dans le Kadou, désirait pour épouse la fille d'un de ses subalternes. La jeune fille ne se croyait pas appelée au mariage; mais le père n'osant pas la refuser à son chef, exigea de lui qu'il bâtirait un temple en sept jours et promettrait de l'habiter et de l'orner de statues, lui assurant qu'il avait fait ce rêve à la naissance de sa fille. Le grand prêtre promit, exécuta l'œuvre promise, épousa la jeune fille et sculpta tous les ans une statue pour embellir le temple. La première année, il fit sa propre statue et la plaça dans la niche méridionale; la deuxième année, celle de sa femme et de son enfant et les plaça au nord et à l'est du lieu saint. Il termina ses jours, après avoir été marié un *wiendou*, c'est-à-dire l'espace de huit ans. »

Les Javanais n'avaient jamais osé visiter ces ruines, vieilles de six siècles. Mais un Européen n'ayant pas craint d'y porter un jour ses pas, ils l'ont imité, persuadés que par lui le mauvais génie de ces lieux avait été conjuré et qu'il avait disparu (1).

La plupart de ces temples ont eu leur entrée au nord, de même que le feu sacré, qui n'est jamais éteint, restait brûler dans la partie septentrionale de ces monuments. Le Nord, pour l'Hindou et le Chinois, est une région plus sainte que l'Orient pour les peuples de l'Occident. Selon le Véda, chap. II, vers. 70, le brahmane doit dormir la tête vers le nord; c'est aussi de ce côté que doit se tourner le néophyte en lisant les saintes écritures. Il est évident que cette action est symbolique, et quoique l'Hindou ne sache plus le nom du pays qui a été le berceau de la race

(1) *Tydschrift*, 1838, t. II, p. 398 et suiv. — *Id.*, p. 70.

humaine, il admet pourtant qu'elle serait partie du *Cous* ou Caucase hindou (1).

CULTE.

CÉRÉMONIES RELIGIEUSES. — SACRIFICES. — FÊTES.

Dès que l'homme fut en possession de son Dieu, il voulut se le rendre favorable par la prière, l'adoration, les offrandes, les privations, les sacrifices, et, lorsque ses vœux étaient exaucés, il en témoigna sa reconnaissance par des fêtes, des chants et des danses. En un mot, il établit le culte, c'est-à-dire qu'il rendit réguliers et permanents ses moyens de communiquer avec la divinité.

« La consécration de ces moyens, dit Benjamin Constant, leur régularité, leur permanence, sont des choses dont il ne peut se passer. Il veut pouvoir compter sur sa croyance; il faut qu'il la retrouve aujourd'hui ce qu'elle était hier, et qu'elle ne lui semble pas, à chaque instant, prête à s'évanouir et à lui échapper comme un nuage. Il faut, de plus, qu'il la voie appuyée du suffrage de ceux avec lesquels il est en rapport d'intérêt, d'habitude et d'affection; destiné qu'il est à exister avec ses semblables, et à communiquer avec eux, il ne jouit de son propre sentiment que lorsqu'il le rattache au sentiment universel. Il

(1) Roorda van Eysingha, *Java*, t. I, p. 225.

n'aime pas à nourrir des opinions que personne ne partage; il aspire pour sa pensée, comme pour sa conduite, à l'approbation des autres, et la sanction du dehors est nécessaire à sa satisfaction intérieure (1). »

C'est pourquoi à Noussa-Laout, dans l'île d'Amboine, l'Apoupouwa organise à la naissance d'un enfant une fête en l'honneur d'Hayacka, ce dieu qu'il vénère sous la forme d'un morceau de bois. Jusqu'à ce que cette fête ait eu lieu, la mère ne peut pas se purifier avec de l'eau, mais seulement avec du jus de l'écorce du cocotier, et elle doit s'abstenir de manger de mets bouillis ou rôtis. La fête, à laquelle sont conviés de nombreux amis, consiste en chants et en danses. Toute la bande joyeuse se rend au bord de la rivière voisine, y puise de l'eau et l'apporte à la maison de l'accouchée. On lave l'enfant sur les genoux de sa mère, et puis on se met à chanter et à danser. Pendant ce temps, la mère se purifie avec cette même eau et se pare des joyaux qu'elle a reçus en présent : des chaînes d'or au cou, des bracelets aux bras, des bagues aux doigts, des pendants aux oreilles. Ainsi parée, elle revient au milieu de l'assemblée et mange quelques aliments cuits (2).

D'ailleurs, l'Apoupouwa ne reconnaît la divinité que dans des circonstances solennelles ou au milieu des calamités. Lorsque de grands malheurs accablent le

(1) *De la religion*, t. I, ch. 2.
(2) Valentyn, *Oost-Indie*, t. III, p. 2 et suiv.

pays, il invoque le ciel qu'il nomme dans sa langue *Lanit*, et la fête du ciel est la plus grande qu'il connaisse. On s'y prépare durant trois mois; on coupe un bambou avec ses feuilles et on l'apporte au *Bailéou* ou maison du conseil. Là, il est orné de jeunes feuilles blanches du *calappus* ou cocotier, de sagou, de poissons et d'autres mets; le tout est enveloppé d'un mouchoir rouge qui renferme une lettre, où l'on prie le ciel d'être propice. Ensuite, on apprête le festin auquel sont invités tous les habitants du kampong, esclaves ou libres.

Après le coucher du soleil, les *damars* ou flambeaux sont allumés; les gongs et les tifas ou tambours sont frappés neuf fois pour sommer les *nitous,* c'est-à-dire les esprits, d'être présents. Alors on prend place à table; on mange, et l'on boit; puis on chante et l'on danse aux sons discordants du gong et du tifa. Ensuite, tous les convives se rendent en cortége au bambou, qui symbolise le ciel et en reçoit le nom. Ils l'invoquent jusqu'aux premiers rayons du jour, et les prières finies, ils se remettent à manger et à danser. Enfin, le soleil levé, les jeunes filles, accompagnées du prêtre, portent en dansant le bambou à l'endroit où le ciel est ordinairement adoré, et pendant la marche le prêtre ne cesse de crier : *sopa oupou, sopa oupou, apaleke, apaleke,* ce qui signifie : « Nous te supplions, Seigneur; nous te supplions, « Seigneur, respectueusement; exauce-nous et aie « pitié de nous ».

Parvenu à la place consacrée à la prière, on dépose le bambou auprès d'un autre arbre et on l'entoure de feuilles découpées en guise d'assiettes; on les garnit ensuite de riz, de lard, de racines cuites ou de pièces de volaille, en l'honneur du ciel, de la terre, du soleil, de la lune, de l'étoile du matin et de celle du soir, et de chaque esprit qui a été convié à la fête. La cérémonie achevée, le prêtre mange un *pisang* ou figue d'Inde, s'assied à terre les jambes pliées sous le corps, et récite à haute voix cette prière :

« O Seigneur du ciel! nous te supplions, Seigneur; toi, « soleil; toi, lune; toi, étoile du soir, et vous toutes, étoiles « lumineuses; toi, terre; toi, mer; vous, grands arbres du « pays; vous surtout, tamariniers; ô vous tous, animaux « qui courez sur la terre, et vous tous, poissons qui nagez « dans la mer, vous tous que le Seigneur a créés!

« Nous te supplions, Seigneur, et nous t'apportons des of- « frandes d'aliments et de boisson, des animaux, des boucs, « des porcs, des poissons, du tabac, du riz et des racines « que tu nous as donnés; nous t'invoquons et te supplions « d'accepter ces offrandes que nous t'apportons, et d'éloi- « gner de nous les maladies, les malheurs et les souffrances, « et fais que toutes ces calamités s'éloignent avec le flot de « la mer. Fais-les disparaître avec le coucher du soleil et « qu'elles ne reviennent jamais; mais accorde-nous au « contraire ta miséricorde, toutes sortes de bénédictions et « de bonheur. Donne-nous une âme saine et un corps sain. « Accorde-nous le courage et la victoire sur nos ennemis; « donne-nous le succès dans notre commerce et beaucoup

« de prospérité dans nos affaires, afin que nous puissions « devenir riches et obtenir beaucoup d'or et d'argent, des « gongs et des vêtements de soie peinte. Fais réussir toutes « nos moissons, et que nos vergers et nos plantations pro- « duisent beaucoup de fruits.

« Ordonne aux poissons de gagner le rivage par bandes « nombreuses, afin qu'ils puissent nous nourrir, non-seule- « ment nous, mais encore tous les pauvres, avec les veuves et « les orphelins. Donne l'humidité à notre tabac et à nos ar- « bres de sagou, afin qu'ils soient utiles à tous les hommes; « accorde-nous beaucoup de fils et de filles, et fais que « nous vivions longtemps avec eux sur la terre; que nous at- « teignions les jours de la vieillesse, et que nous puissions, ô « Dieu grand, te faire des offrandes durant toute notre « vie. »

Après cette prière, le prêtre prend un peu d'huile et en oint tous les assistants sur le front et sur la poitrine, en leur disant : « Reçois le signe que le Sei- « gneur du ciel te donne, avec toutes sortes de béné- « dictions et de prospérité, à toi et à tes enfants. »

Ensuite, tous, vieux et jeunes, esclaves et libres, retournent au *bailéou,* se remettent à table, et chacun prend sa part des mets, soit du riz, des racines, de l'orge, des haricots; soit du poisson, du lard, des confitures, des gâteaux, et l'emporte à la maison pour en manger en famille. Ce qui provoque encore, pour ainsi dire, autant de petites fêtes particulières.

Si les calamités continuent d'affliger la population, on achète un esclave et on le conduit sur la place du sacrifice auprès du bambou; on y élève un tertre, on se met de nouveau à prier, on suspend une corne de porcelaine au cou de l'esclave, et il monte sur le tertre. Lorsque le prêtre offre sa part au ciel, l'esclave la reçoit au nom du ciel qu'il représente; il est alors appelé *powanno* et désormais il ne peut plus être maltraité, ni frappé, ni méprisé; il est sacré.

Parmi les prêtres d'Amboine, il se trouve des devins et des aruspices que les indigènes consultent avant d'entreprendre une expédition, avant d'aller à la pêche ou à la chasse, avant de bâtir une maison ou de prendre même une médecine. On consulte aussi les animaux : un bouc, un porc, une poule. Lorsqu'on les tue, on observe les entrailles, la position de certaines veines, les palpitations du cœur, comme cela se pratiquait dans l'antique Iguvium des Tables Eugubines (1).

Après avoir contracté alliance avec des peuples amis ou fait la paix avec des ennemis, les anciens habitants d'Amboine avaient l'habitude, comme aujourd'hui chez les Alfoures de Céram, de cimenter leurs traités par le *matakau*, c'est-à-dire en buvant la boisson du serment ou de la conjuration. Le liquide sacré était contenu dans un bambou de la longueur de deux nœuds, et composé d'eau mélangée de terre, de poudre d'or et de sagou. On y trempait ensuite la pointe d'une flèche, d'une lance, d'un coupe-

(1) Voir ma notice intitulée : *Les Tables eugubines*, in-8°, Paris, chez Durand, 1867.

ret et d'une chausse-trappe. Alors six ou huit personnes (dont deux portant le matakau) sortaient du bailéou et se rendaient à l'autel du sacrifice, en criant alternativement : « Puisque les *ouli Siwa's* ou « les *ouli Lima's* nous font de nouveau la guerre, « que le ciel, la terre, le soleil, la lune, la mer, les « grandes eaux, les montagnes et tous leurs habi- « tants disparaissent, si nous sommes parjures. » Puis, ces six ou huit personnes buvaient un peu de cette boisson, versaient le reste sur la tête des conjurés présents, en en conservant toutefois quelques gouttes pour les porter à leurs familles et en asperger leurs habitations. Le matakau avait en outre la vertu de détourner les voleurs et les tempêtes des enclos et des plantations.

Les Amboinais ont encore un autre mode de conjuration.

Lorsque plusieurs pays ou bourgs veulent faire alliance, on plante ordinairement auprès du bailéou un arbre nommé *bonnanas,* comme signe et en souvenir de cette alliance, et on l'entoure de palissades pour le préserver des attaques des porcs et des boucs. On choisit de préférence le *bonnanas,* parce qu'il peut être abattu d'un coup de hache si l'alliance est rompue, et qu'il porte de bonne heure des fruits que l'on se partage si l'on reste ami.

Les insulaires d'Honimoa ont aussi une formule de serment pour leurs alliés, soit en temps de guerre, soit en temps de paix. Après avoir réuni, à une certaine époque, les anciens du pays, qui sont leurs premiers magistrats, ils apportent deux chats, beaucoup de mets et de boisson. Ils coupent les chats en quatre morceaux, en mêlent le sang à du tabac ou à du jus de coco, y ajoutent un peu d'or, du sel et de la terre, et y trempent soit la pointe d'un kriss (poignard) ou d'une lance, soit les os d'un caïman ou d'un serpent. Les conjurés boivent de cette liqueur et un d'eux dit à haute voix :

« O toi, Seigneur du ciel; toi, soleil; toi, lune; toi, étoile « du matin et du soir; vous, pays et royaumes de la terre; toi, « mer, et vous grandes eaux; vous, caïmans et poissons de la « mer, vous, terre et arbres de la forêt, et collines qui êtes là « assises, voyez et regardez-nous tous, *ouli Siwa's* et *ouli Li-* « *ma's*, qui faisons maintenant une alliance et la jurons, « afin que désormais nous restions et vivions en paix. Nous « avons mélangé ce sang des chats avec de la terre, de l'or, « du sel, des serpents, des caïmans, et des armes qui y ont « été trempées suivant la formule du matakau et du serment « d'alliance des *ouli Siwa's* et des *ouli Lima's*, et nous avons « bu cette liqueur afin de vivre ensemble en paix sur terre « et sur mer, de pêcher et de cultiver nos champs en paix, « de nous marier et de trafiquer ensemble en paix, et d'a- « voir entre nous des rapports justes et honorables.

« Que s'il arrivait à quelqu'un de nous de transgresser ce « serment, Dieu veuille que toutes les malédictions, que tous « les esprits de la mer et de la terre, tous les animaux des « eaux et de la terre se réunissent pour l'anéantir; que la « terre ne le porte plus, mais le dévore; que la foudre du « ciel le déchire, que la mer l'engloutisse et l'étouffe; que « toutes les maladies le travaillent aussi; oui, que ses souf-

« frances soient aussi nombreuses et innombrables que le « sont les poils de ces chats; mais si nous restons fidèles à « cette alliance, que tous les malheurs soient loin de nous « et disparaissent avec le coucher du soleil, afin que nous « puissions vivre en paix et en prospérité (1). »

Parmi les *Toou oun boulou*, il existe un jugement de Dieu, connu sous le nom de *mahatilalem*, ce qui signifie « plonger dans l'eau ». Cet usage religieux a son origine dans la tradition suivante (2) : « A une certaine époque le *tounahas Loho* (ou l'homme fort, puissant, le chef), alla, à l'ouest de la plaine Awelas, à la chasse aux sangliers, suivi de ses compagnons et de son esclave Tintingon. Dans le voisinage du mont Kantoh, il construisit un hangar pour y conserver les meilleurs quartiers des bêtes, sous la garde de l'esclave Tintingon. Quelque temps après, Loho remarqua qu'une grande partie en avait disparu et accusa son esclave de cette disparition; ce que celui-ci nia avec la dernière énergie.

« Enflammé de colère, Loho voulut tuer Tintingon; mais ses compagnons, qui avaient commis le méfait, s'y opposèrent et l'engagèrent à avoir recours à une épreuve. Ils se rendirent alors à la rivière, et Wolah proposa à Loho et à Tintingon de descendre ensemble dans l'eau et de reconnaître comme innocent celui qui se tiendrait le plus longtemps au fond. Loho re-

(1) Valentyn, *Oost-Indie*, t. III, p. 10 à 14.
(2) *Tydschrift voor indische taal*, 1863, p. 506.

jeta cette proposition, prétextant qu'il était au-dessous de sa dignité d'entrer dans la rivière avec son esclave. Cependant, sollicité par ses compagnons, il mit le pied droit dans l'eau, et se sentant tout à coup mordu par un crabe, il se retira aussitôt avec épouvante. Il y porta ensuite sa lance, mais au même instant un sanglier courut à lui et Loho saisit sa lance pour le tuer. Ces deux épreuves suffirent pour convaincre le chef de l'innocence de son esclave, et le faire adopter comme son fils, c'est-à-dire l'affranchir. De ce temps date l'usage de l'épreuve de l'eau, pour juger les différends douteux des Toou oun boulou. »

Quand une épidémie s'étend sur une bourgade d'Amboine et qu'on désire l'éloigner, tous les habitants, vieux et jeunes, libres et esclaves, sont convoqués, et il leur est enjoint de ne pas sortir du village. Ensuite ils construisent un petit navire de *gabba gabba,* et font entre eux une collecte de riz, de haricots, de tabac et d'œufs. Après avoir cuit ces aliments, ils les déposent dans le navire, qu'ils couvrent d'une toile blanche et de drapeaux ornés de fleurs. Puis, au jour de la cérémonie du lancement du navire, un des malades qui a le plus souffert, s'écrie :

« O vous, maladies; vous, fièvres, dyssenterie, petite vé-
« role, rougeole, qui nous avez si longtemps visités, et qui
« cessez maintenant de nous tourmenter, nous avons préparé
« pour vous ce navire, et nous avons de propos délibéré tout
« prévu pour le voyage; vous ne manquerez pas de nourri-
« ture, de siri, de pinang ni de tabac. Partez d'ici et mettez

« à la voile au plus tôt; ne nous approchez plus jamais, mais « gagnez une contrée éloignée de nous. Que les flots et les « vents vous soient propices et vous conduisent vers cette « région inconnue, afin qu'à l'avenir nous puissions vivre « en santé, et que nous ne voyions plus le soleil se lever sur « vous. »

Après cette prière, dix ou douze hommes enlèvent le petit navire, le portent au rivage, le lancent dans la mer et le regardent flotter poussé par un vent de terre, et disparaître à l'horizon. Persuadés que désormais leur île sera délivrée du fléau, les hommes reviennent au village vers sept heures du soir en chantant : « Les maladies sont maintenant loin de nous; « elles ont disparu, disparu, et voguent au loin ». Alors la joie est extrême au kampong, chacun sort de sa maison, et l'air retentit de chants d'allégresse et du bruit des gongs et des tifas.

La pêche et la chasse donnent aussi lieu à de pieuses cérémonies. C'est aux âmes des ancêtres morts qu'on en rapporte le succès. Au retour de ces expéditions, le *tanassi*, c'est-à-dire le chef des pêcheurs ou des chasseurs, choisit soit le meilleur poisson, soit une part de gibier qu'il entoure de riz, de sagou et de tabac, et en fait une offrande aux mânes des aïeux. Il les remercie de la protection et de la prospérité qu'ils leur ont accordées, et invoque pour l'avenir leur secours avec celui des dieux et des esprits : « O « vous, s'écrie-t-il, âmes de nos pères qui êtes main- « tenant dans l'éternité, mangez et buvez encore avec

« nous, afin que vous nous aidiez toujours et que nous « puissions être heureux et avoir de nouveaux motifs « de vous remercier davantage. »

De même, la fête où l'on célèbre le retour du jeune matelot a, à Amboine, un caractère religieux. Lorsqu'un frère ou un membre de la famille revient d'un premier voyage, une jeune fille l'attend au seuil de la porte, tenant à la main une feuille de *cotodi* dont les plis cachent un peu d'eau. A l'approche du marin, elle lui jette cette eau au visage en lui disant : « Sois le bien-venu. » Quelques jours après, on organise en son honneur un banquet où toute la famille prend place, et un des convives adresse au ciel cette prière :

« O toi, Seigneur du ciel, et vous, nos ancêtres qui êtes « déjà partis pour l'éternité, et vous, esprits de nos ancê- « tres, nous ouvrons ici les yeux de ce jeune homme qui est « de retour de son voyage lointain. Ouvrez aussi ses yeux, et « faites-lui voir et distinguer désormais toutes les îles qu'il « rencontrera, et connaître les astres qui doivent le conduire. « Accordez-lui aussi un beau temps et une mer calme, afin « qu'il n'éprouve ni tempête, ni flots irrités, et que des « nuages sombres ne lui cachent jamais les îles ni la terre. « Enseignez-lui aussi le commerce, afin qu'il obtienne beau- « coup d'or, d'argent, de vêtements et d'autres trésors, et « devienne un heureux navigateur, un heureux pilote, un « brave marin et un héros dans les batailles. Éloignez de « lui toutes les maladies et le malheur ; laissez-les partir loin « de lui, avec un vent favorable, vers d'autres pays, et dis- « paraître avec le coucher du soleil. Accordez-lui et à nous

« le succès dans toutes ses entreprises et les nôtres, et faites « que nous atteignions heureusement l'âge de la vieillesse (1). »

Les Dayaks de Bornéo, avant d'aller à la chasse ou en voyage, consultent le vol du milan. S'il se dirige du côté où ils veulent se porter, c'est un signe de bonheur; si, au contraire, il prend une voie opposée, ils abandonnent leur projet. Ces indigènes croient, dans leur naïveté, que *Dewatta* ou l'Être-Suprême se sert de cet oiseau de proie pour manifester sa volonté. Ils croient aussi à l'immortalité de l'âme et à la métempsycose; mais cette croyance fait que lorsqu'un de leurs parents meurt, ils coupent la tête à un esclave, afin que son âme accompagne celle du défunt et la serve comme durant sa vie (2). Un usage moins cruel, mais bizarre, existait à Coromandel. Les habitants des côtes, pour se rendre leur esprit favorable, parcouraient les chemins, au lever du soleil, une hotte de riz sur le dos et portant des fanaux allumés (3).

Dans l'île de Bali, à Karang Assem, les cérémonies religieuses sont encore dirigées à la fois par des prêtres bouddhistes et des brahmanes. Car le bouddhisme et le brahmanisme s'y sont confondus, comme le prouve la fête du *Pantjawalikrama*. A la veille d'une guerre ou pendant des calamités publiques, un radja

(1) Valentyn, *Oost-Indie*, t. III, p. 15.

(2) Radermacher, *Verhandelingen van het bataviasch genootschap*, t. II, p. 135. — *Tydschrift*, 1838, t. I, p. 41.

(3) Valentyn, t. V, Ire part., p. 147.

offre cette fête et y invite un ministre de Bouddha et quatre autres de Çiva. La différence entre ces prêtres est assez marquée. Les brahmanes ne peuvent servir personne; mais ils peuvent épouser une femme de la dernière classe, et les enfants d'une telle femme forment une classe particulière, qui est nommée *Boudjangga*. Ils sont très-modérés, ne mangent jamais de la chair de vache (1) et vivent uniquement de racines et de fruits. Les bouddhistes, au contraire, ne mangent pas seulement de la chair de vache, mais encore des chiens et d'autres animaux impurs.

A Bali, le culte est divisé en *Niskalan* et *Sakalan*. Le *Niskalan* règle toute la liturgie; le pontife ou *Maperwita brahmana* et les savants ou *panditas* doivent veiller à son maintien. Le *sakalan* comprend les préceptes de morale pour les princes et ceux qui sont chargés de gouverner.

Les Balinais ont d'autres fêtes renommées ou *tampak*, parmi lesquelles on cite le pèlerinage annuel au Gounong Agong. Alors les princes, suivis d'une foule considérable, se rendent à cette montagne sainte pour invoquer les dieux, et principalement Dourga, dont on voit la statue debout sur un bloc; Ganesa avec une tête d'éléphant et une vache à ses pieds. Le huitième et le vingt-troisième jour du mois, toutes les divinités sont honorées par la population entière, et on leur fait beaucoup d'offrandes avec

(1) C'était un animal sacré d'après le *Véda*.

lesquelles plus de mille personnes sont nourries à la fin de la fête (1).

Le troisième jour de la semaine Doungoulan, c'est la fête Bajakala. On dit que, parce qu'il négligea de la célébrer, un roi de Bali n'a régné qu'un ou deux ans, et qu'il mourut avec tous ses descendants. Aussi, l'homme juste, nommé Sri Djajaka Sounou, ne voulut-il pas être roi sans avoir obtenu la protection des dieux. Au milieu de la nuit, il alla au temple pour méditer. Il s'assit les mains jointes, les yeux baissés, et invoqua *hjang Nini batâri*. Aussitôt la déesse apparut et lui dit :

« O toi, Sri Djajaka-Sounou, quel est ton dessein, puisque « tu t'approches de moi, fais-le-moi connaître. » — « Oui, « déesse, votre esclave vous salue; le motif pour lequel « l'esclave invoque la déesse, c'est afin que sa bonté descende « sur lui et que Djajaka Sounou obtienne une longue vie « avec l'éloignement de la vieillesse et de la mort. »

La déesse fit connaître à Djajaka Sounou les raisons pour lesquelles les rois et leurs descendants ne vivaient que peu de temps; c'était parce que les fêtes de la religion n'étaient pas observées et que les temples des dieux étaient déserts. Elle lui apprit aussi par quels sacrifices on pouvait échapper à la mort, et quels étaient les jours saints consacrés à la prière. « O

(1) Roorda van Eysinga, *Beschriving van Neerlands Indie*, t. II, p. 10 et suiv.

Djajaka-Sounou, dit-elle, tel est le vœu que je te confie avec le Vêda et le Mantra que tu réciteras pour l'accomplir :

SLOKA.

« *Ong!* à Çiva vainqueur de la mort; culte et honneur lui « sont dus, à lui qui prolonge la vie; à l'ancien, à celui « qui sait tout. La race de Darma se réjouit.

« *Ong!* honneur au seigneur de ceux qui exaltent la bonne « odeur! »

MANTRA.

« *Ong!* aux justes sous les formes de lions blancs de cou-« leur!

« *Ong!* aux savants, sous les formes de lions rouges de « couleur, honneur!

« *Ong!* aux courageux, sous les formes de lions jaunes « de couleur, honneur!

« *Ong!* à Iswara, le noir de couleur, honneur!

SLOKA.

« *Ong!* à lui qui demeure à Ananta, honneur!

« *Ong!* à lui qui repose sur le lit de lotus, honneur!

« *Ong!* au batâra le plus accompli, honneur!

« *Ong!* au protecteur des dieux, honneur!

MANTRA (*à haute voix*).

« *Ong!* aïeul, dieu Galoungan, vous êtes batâra Kâla; vous, « batâra Djaboung, vous êtes le batâra qui dirigez le monde, « etc.

« *Ong!* honneur aux moyens accomplis de la vie! Puisse « le suppliant avoir une vie saine en passant dans un autre « corps, invulnérable, d'une forte peau, sa peau étant sem-

« blable à du cuivre; des nerfs de fer, des os d'acier; qu'il « ne rencontre pas d'obstacles, ni le quintuple Kâla, ni la « vieillesse, ni la mort! que le dieu Soura protége le sup- « pliant (1)! »

Entre ces divinités et la population balinaise, il y a un intermédiaire, le prêtre, qui doit se marier dans sa caste et ne s'asseoir à la table d'aucune autre. Il transmet ses fonctions à ses enfants, et en témoignage de la dignité sacerdotale dont il est revêtu, il porte les cheveux longs et une corde autour des reins comme les brahmanes de l'Hindoustan. Dépositaire de l'eau sainte avec laquelle on lave les cadavres des morts, il ne travaille pas et est entretenu par la communauté des habitants. Il préside aux funérailles, et lorsqu'un roi de Bali meurt, il exhorte dix ou douze de ses femmes à le suivre dans la tombe. Alors on brûle le cadavre royal, et les malheureuses qui ont consenti à faire le sacrifice de leur vie montent au bûcher, parées de leurs plus beaux atours et couronnées de fleurs. Elles se placent à côté de celui qui fut leur époux, et sont bientôt enveloppées de flammes et de fumée (2).

A Ampenan, dans l'île de Lombok, la plus grande fête religieuse a lieu au mois de septembre, mais une fois seulement dans un siècle, à cause des frais qu'elle

(1) *Tydschrift voor nederl. Ind.*, t. III, p. 318 à 329.

(2) Rooroa van Eysinga, *Beschriving van Neerlands-Indie*, t. II, p. 10 et suiv.

entraîne. Elle est célébrée conformément au rituel bouddhique. Neuf jours consécutifs sont consacrés à l'accomplissement des neuf plus grands sacrifices du culte hindou, qui sont : 1° celui des chevaux ou l'*As-vameda-jadjouja*; 2° celui des vaches ou le *Gomeda-jadjouja*; 3° celui des hommes ou le *Manousja-jad-jouja* (ce dernier a lieu sous une forme symbolique); 4° celui des rois ou le *Radja-souja-jadjouja*; 5° celui des habitants du ciel d'Indra ou le *Deva-jadjouja*; 6° celui pour les esprits des morts ou le *Rési-jad-jouja*; 7° celui pour tous les êtres vivants ou le *Mouta-jadjouja*; 8° le *Kaujasa-jadjouja*, dont la signification n'est pas connue; 9° enfin le *Radja-bousana-jadjouja*, qui signifie peut-être « le sacrifice des ornements royaux, » car *bousana* correspond aux termes français « ornements, beaux habits ». Ce qu'il y a encore de très-remarquable à Ampenan, c'est que les chants et les formules de prières, usités pour les funérailles, sont empruntés au Vêda dont on a trouvé des manuscrits à Bali (1).

Toutefois, les prescriptions védiques ne sont observées à Lombok que pour les chefs du gouvernement et les Balinais habitants de cette île. Les *Sassaks* ou simples particuliers sont tous aujourd'hui mahométans (2).

Des traces du culte hindou se retrouvent aussi chez

(1) Friederich, *Tydschrift*, 1846, t. III, p. 341.
(2) *Tydschrift voor nederl. Ind.* 1847, t. II, p. 177.

les Battaks (1). Leurs prières et leurs sacrifices de chaque jour ont reçu le nom de *menjonbajomba*, et dans les circonstances extraordinaires ils sont désignés sous celui de *marlobaijak*. Le « dato » et le « si basso, » qui sont les prêtres, interprètent la volonté de la divinité par la science qu'ils ont acquise dans l'étude des propriétés des plantes et des écrits de leurs plus savants prédécesseurs (2). A Singkel, aux îles de Simpang Kiri et de Banjak, la dignité sacerdotale est exercée par les jeunes frères des chefs, à qui ils servent en même temps de secrétaires (3). Aux Célèbes, à l'époque des semailles et de la récolte du riz, un des insulaires s'entoure le front d'un turban blanc et sacrifie un chien pour obtenir la fécondité de la terre, une moisson abondante et la santé des travailleurs (4). Au Tinger, les Doukous portent, dans leurs cérémonies, un large ruban qui tombe de chacune de leurs épaules (5). Chez les Orang Lom, si l'un d'eux est mourant, un prêtre arrive au chevet du malade et murmure à son oreille des paroles mystérieuses, afin de le faire penser au ciel et lui en indiquer le vrai chemin, car deux voies y mènent (6). Quant aux Bantiks, ils partagent la plupart des idées reli-

(1) OSTHOFF. *Tydschrift, etc.*, 1845, t. p. 19.
(2) WELLER. *Tydschrift*, 1846, t. II, p. 292.
(3) *Tydschrift voor Ind. taal*, t. II, p. 412.
(4) *Verhandelingen*, 1839, t. XVII, p. 95.
(5) *Id.*, 1832, p. 335.
(6) *Tydschrift voor Ind. taal*, 1862, t. I, p. 388.

gieuses des Alfoures et observent les mêmes fêtes ou fossos. Ils ont entre autres la *manampou*, pendant laquelle on se livre à des réjouissances nocturnes; la *matapo* qui a lieu lors de la prise de possession d'une maison; la *mapa-dano*, où, neuf jours après la naissance d'un enfant, le *walian*, c'est-à-dire le prêtre, baigne le nouveau-né et le dépose sur les branches d'un pinang. Ensuite, il prie Dieu de le préserver de tout malheur, lorsque, devenu grand, il aura à traverser des rivières et à grimper sur des arbres. Si la mère a donné le jour à un fils, le walian le porte, le soir, autour de la négory, afin que, lorsqu'il aura atteint l'âge de la raison, il puisse être appelé à administrer son district et que les calamités soient détournées de lui. Puis, on dresse le *dégoé-dégoé* ou la table de bambou pour le sacrifice, qui est suivi de festins, de chants et de danses.

La *Toumaka* est une fête que l'on célèbre de deux manières différentes. Dans l'une, elle est nommée *Manampou* et dure sept nuits. Alors tout le monde peut visiter la maison où a lieu la cérémonie, et se baigner dans une grande cuve qui y est placée à cet effet. Après, au moyen d'une échelle de bambou jaune, ornée de feuilles de wokka, on monte au grenier où se trouve déjà le walian. Les enfants, en l'honneur de qui la fête est donnée, se tiennent en bas, au pied de l'échelle, jusqu'à ce que le walian leur jette une corde faite de fils de coton, et les attire ainsi dans le grenier. Là, le prêtre leur dit quelques mots à l'oreille, et les bambins descendent aussitôt et se livrent à la danse. Le plus ancien des walians prend une pièce de bois à figure humaine et la suspend à un poteau, à deux mètres environ au-dessus du sol. Ensuite, portant un sabre nu à la main, il conduit les petits danseurs hors de la négory, revient et pourfend la pièce de bois avec son arme. La fête continue; trois verrats sont tués et l'on se baigne de nouveau.

La deuxième manière de fêter la *Toumaka* est la *Madapola;* elle ressemble en tous points à celle du *Manampou*, avec cette différence qu'il est fait usage de deux échelles, au lieu d'une seule, et que la fête dure neuf nuits au lieu de sept.

Les autres fêtes des Bantiks sont comme celles des Alfoures, et ressemblent surtout à celles de Toucea. Les Bantiks indiquent par là qu'ils ont été aussi autrefois en possession d'Aijer Medidi, habité aujourd'hui uniquement par les Alfoures.

De plus, les Bantiks offrent des sacrifices à des pierres, en souvenir de leurs ancêtres, qui prétendaient tirer leur origine de pierres. Ils disent que *Loumoumou-out* et *Karema* sont provenus de pierres, mais que celles où ils sacrifient n'ont pas de rapports avec leurs divinités.

Le mariage des Bantiks est célébré comme chez les Alfoures. Seulement la femme bantike, avant de s'asseoir à table avec son mari, n'en attend pas des présents, mais prend incontinent part avec lui au repas. Le lendemain, les époux sortent de grand matin, et dans un autre but que chez les Alfoures. Ils sont conduits hors de la negory par un *Tonâs*, c'est-à-dire quelqu'un qui sait expliquer le cri ou le chant des oiseaux; il les mène auprès d'un arbre désigné par un petit bâton fiché en terre, et le leur fait palper. Cette action est nommée *pegang bouroung*, c'est-à-dire : « tâter ou prendre l'oiseau, » car le Tonâs fait accroire aux époux que l'oiseau, auquel ils donnent leur confiance, s'est retiré dans cet arbre.

La séparation ne peut avoir lieu que par le consentement réciproque des époux. Alors, sans distinction de personnes, la fortune est divisée en deux parts égales; les deux conjoints font à l'amiable l'estimation de leur maison et décident qui l'habitera. Quand une femme non mariée met un enfant au monde, elle n'indiquera jamais le père, bien qu'une telle grossesse soit tenue chez les Bantiks pour un grand déshonneur.

Leurs morts sont déposés dans des cercueils, ou dans des pirogues de pêcheurs, et le plus souvent sous leurs maisons (1). Les Amboinais les enterrent dans leurs jardins (2).

Chez les Badouins de Bantam, les trois premiers mois de l'année sont inaugurés par des réjouissances publiques. A la dernière de leurs trois fêtes, appelée *kwaloutoutoug*, la femme du *girangpohon* pétrit dans chaque kampong, avec de la pâte de riz, une

(1) *Tydschrift voor nederl. Indie*, 1846, t. I, p. 28.
(2) *Chronick van histor. genootsch. te Utrecht*, 1872, p. 359 et suiv.

espèce de statuette qui est offerte, le jour du sacrifice, à la déesse protectrice de la bourgade. Pendant cette opération, les autres femmes préparent pour les dieux le *laksa*, aliment de riz, dans le vase de cuivre spécial qu'on nomme *sangkou* et qui est un héritage des ancêtres, le seul objet qu'elles en aient peut-être conservé. Tout étant prêt pour la fête, le *girangpohon* et six des anciens du kampong portent l'image de farine dans un bois écarté et la placent sur un tapis de feuillage, le dos contre un œuf de poule et dans le maintien d'une personne assise. On l'entoure de petites lances, en nombre égal à celui des assistants. Puis, on suspend à un bâton un bambou rempli de vinaigre et un autre d'eau; enfin on allume une botte de paille de riz, et l'on espère que la déesse protectrice saura régaler avec ses offrandes le dieu protecteur, son amant.

Chaque année et dans chaque kampong, un champ est spécialement affecté à la fête du *kwaloutoutoug*. Il devient sacré, et alors il est soumis à un règlement particulier. On ne peut pas y faire deux fois de suite le même travail. Brûler le bois, labourer le sol, planter et couper le riz, tout cela doit se faire à des jours distincts et déterminés (1).

A Timor-Koupang, pour appeler la protection divine sur le trône, on avait recours à un usage cruel et barbare. Quand le fils d'un roi allait recevoir la

(1) *Spanoghe. Tydschrift*, 1838, t. II, p. 297 et suiv.

couronne, les grands et tout le peuple se réunissaient sur la côte, à l'endroit où la cérémonie du couronnement devait avoir lieu. Là, ils sacrifiaient aux caïmans, dont les princes de Koupang croyaient descendre, une jeune fille, belle de toutes les grâces, richement vêtue et parée de fleurs et de bijoux. Dès qu'elle était attachée à l'extrémité de la dune, un de ces monstres venait aussitôt l'enlever. Les Timorais croyaient que le caïman la prenait pour épouse et savait bien si elle était vierge ou non. Ils faisaient encore d'autres sacrifices humains et consultaient les entrailles des animaux sur l'issue de leurs entreprises.

Lorsque leur régent prend possession du gouvernement, on place devant lui un verre rempli de genièvre; on y met une balle de plomb, un peu de poudre, et de la terre apportée sur la pointe d'un sabre. Après avoir mélangé cette boisson avec la pointe du même sabre, le régent se lève, prend le verre de la main droite, lève les yeux au ciel; et dans le recueillement le plus profond, il dit à haute voix une prière solennelle, invoque ensuite Oussenou, le prend à témoin de ses promesses et boit cette mixtion consacrée en laissant la balle dans le verre.

Cette cérémonie est symbolique; elle signifie que, si le régent ne remplit pas fidèlement ses devoirs, la mort sera sa punition, et qu'il la recevra soit par la maladie, soit par l'épée, ou par la poudre et la balle (1).

(1) *Tydschrift*, 1838, t. I, p. 216.

Au nord de l'île formée dans la rivière Tji-bouni, est un rocher, au sommet duquel se rendent les insulaires du pays pour invoquer Ejang Dalm Wangsakerti et lui demander l'accomplissement de leurs vœux. Cette cérémonie a lieu le jour de leur mariage. Ils témoignent ainsi leur reconnaissance à un de leurs anciens rois, d'avoir assaini l'eau de la rivière Tjidjampang, car quiconque en buvait mourait (1).

Les habitants de la Nouvelle-Guinée font la commémoration des morts, en sculptant dans un morceau de bois un karowar, c'est-à-dire une figure humaine d'un pied et demi de haut. Cette figure, aux traits monstrueux, doit rappeler le défunt, et sa confection est accompagnée de fêtes.

Les Papous croient qu'il continue de vivre dans des conditions plus pénibles que sur la terre, et qu'il aspire toujours après le karowar. C'est pourquoi ils le redoutent beaucoup et lui font de temps en temps des sacrifices, afin que l'âme qui réside dans cette image préserve les survivants de tous maux et les sauve de tout danger.

Le Dayak de Banjermassing fait aussi des sacrifices pour détourner les maladies et les calamités, et, lorsqu'il se met en voyage, il consulte l'*antang oulang*, un oiseau de proie. Son vol est-il dans la direction du chemin que doit suivre le Dayak, celui-ci part; si c'est du côté opposé, il reste et attend que l'oiseau

(1) *Tydschrift voor Ind. taal*, 1857, t. II, p. 514.

soit favorable (1). Parfois il lui adresse cette prière :

« Je t'envoie ici du riz non bouilli pour visiter le pays de « l'Antang blanc, dans l'île de Katapang (des arbres).
« Quand tu auras mangé, tu nous donneras un bâton ma« gique; de la richesse à nous, parce que nous avons vaincu « des hommes étrangers et obtenu du riz (2). »

D'autres fois, le Dayak se sert de prêtres et de prêtresses, qui prennent le nom de « basirs » et de « bliangs ». Les premiers se prêtent à des actes honteux et contre nature; les secondes sont des femmes publiques (3).

Les Badjorais ne consultent pas le vol des oiseaux; ils n'y croient pas. Mais ils croient à la rémunération du bien et à la punition du mal après cette vie; ils déposent les morts dans des cercueils avec leurs vêtements et leurs armes, et des prêtres président aux funérailles (4).

FUNÉRAILLES ET RESPECT DES SÉPULTURES.

L'idée de la mort est la compagne naturelle du sentiment religieux. Elle incite l'homme au bien, épure sa pensée et l'éclaire; elle élève ses regards

(1) *Tydschrift voor nederl., Indie*, 1847, t. I, p. 228.
(2) *Id.*, 1846, t. III, p. 133.
(3) *Tydschrift voor Ind. taal*, 1863, p. 329.
(4) *Id. voor nederl. Indie*, 1846, t. II, p. 39.

vers des régions où les préoccupations de la terre sont inconnues. La naissance circonscrit l'âme humaine et l'individualise; la mort la dégage de la personnalité et la généralise. Aussi, l'homme religieux croit-il nécessairement à l'immortalité de l'âme. Pour lui, la mort n'est qu'un changement d'existence; c'est pourquoi il entoure d'un profond respect le lieu où dorment de leur dernier sommeil ceux qui ont cessé de vivre ici bas. Presque tous les peuples, même ceux que la civilisation n'a pas encore visités, regardent une sépulture comme sacrée. A Java, chaque kampong a son cimetière situé au milieu des champs de riz, et on le reconnait aux arbres de Kambodje, dont les fleurs blanches et les feuilles ovales ombragent les tombeaux. Là, le Javanais, dans sa simplicité, brûle son encens et apporte au cher trépassé son offrande de siri, de riz et de fleurs; et si le défunt a laissé une réputation de sainteté, des milliers de pèlerins vont vénérer sa mémoire sur la pierre qui recouvre ses restes mortels (1).

Souvent aussi les morts reposent à l'ombre des temples, et Cornelis de Groot a vu, sur la côte occidentale de Sumatra, au milieu d'un bois de bambous, parmi les ruines de Kota Tjandi, plusieurs tombeaux que surmontait une colonne en briques rouges, superposées les unes sur les autres et sans être reliées entre elles par du ciment (2). Sur un des sommets des

(1) *Tydschrift*, 1840, t. I, p. 172.
(2) *Tydschrift voor ind. taal*, 1860, p. 531.

hautes montagnes de Kendang, est le tombeau de Djaja Ningrat, qui fut le gendre de Browidjojo, cinquième roi de Madjapahit. Après la destruction de ce royaume, il avait embrassé l'islamisme et s'en était fait l'apôtre zélé. Il a expiré pendant le cours de ses prédications, et il est enseveli à l'endroit même où la mort l'a surpris.

Près du dessa Goumelum, à huit ou neuf milles de Banjoumas, il y a deux tombes saintes. Les habitants du Pourworedjo, dans le district duquel elles sont situées, sont chargés de leur entretien, et pour cette raison ils sont affranchis de tout impôt (1). Au dessa Sapouran, est une autre tombe sainte; celle de Kiai Gousti, le dernier roi de Madjapahit, qui, après la chute de son trône, s'est retiré dans cette contrée et y est mort. On y conserve, comme des reliques vénérées, un grand vase chinois et une vieille selle dont s'était servi le roi vaincu. A Pourworedjo même, est le tombeau de Kiai Boujout Pogoung, qui vivait au commencement de l'existence du royaume de Madjapahit, et qui fut assassiné à cause de sa justice et de sa sagesse. A Gangeng, on voit la sépulture de Djoijo Kousoumo, fils d'un des rois de Madjapahit, et celle de Kiai Agong Mendiro; à Bedok Krendetan, dans le district de Tjangkel, est celle de Njai Bagelen, petite-fille de Kendiawan, ratou de tout Java et épouse du depati Awou-Awou-Langit (2).

(1) *Tydschrift voor nederl. Ind.*, 1860, t. I, p. 182.
(2) *Id.*, *ib.*, p. 203.

C'était entre ciel et terre, dans le feuillage des plus hauts arbres, que les Alfoures déposaient primitivement leurs morts, enveloppés dans l'écorce du *lahendong*. Plus tard, ils les enterrèrent en leur donnant la position d'une personne assise (1).

Cette position s'explique par la croyance qu'ils ont que les morts se réunissent à *Dewata Sanghiang*, auprès de qui ils reçoivent la nourriture et le vêtement(2). Cette croyance est aussi celle des Dayaks de Banjermassing. Ces montagnards affirment qu'aussitôt après son enterrement, le mort va rejoindre Dewata Sanghiang. Il trouve d'abord sur sa route un champ, au centre duquel est un grand arbre. Ce champ est gardé par Amporong, un des fils du dieu. Le mort doit se rendre auprès de lui, pour demander le chemin qui mène à Dewata Sangiang. Il traverse ensuite une seconde plaine, le « padangapi » ou le champ de feu, gardé par Si-Tilon, frère d'Amporong. Ce champ est un véritable brasier, et comme on ne peut pas le traverser au-dessus de la terre, Si-Tilon conduit le voyageur par un chemin souterrain, jusqu'à ce qu'il ait laissé le brasier derrière lui. Alors, le voyage se fait sur terre et l'on arrive chez Dewata Sanghiang, au séjour du repos éternel des Dayaks (3).

(1) *Tydschrift voor Ind. taal*, 1863, p. 379.

(2) Des habitants d'Amboine croient que leur grand-prêtre, qui demeure dans les montagnes de Bouckit, peut ressusciter les morts et que leur vie est entre ses mains. Ils le vénèrent comme un demi-dieu.

(3) *Verhandelingen*, 1832, p. 279.

Chez ces naturels le respect des morts est si puissant, qu'ils ont institué en leur honneur une fête, le *Tiwa*, dont les préparatifs durent quelquefois un an. Toute la population y prend part, et espère obtenir ainsi la délivrance de l'âme de vingt à trente défunts. Cette solennité a deux périodes principales : Le sacrifice des hommes ou des animaux et la fête des femmes. Les hommes qui doivent être sacrifiés sont des ôtages achetés à cet effet. La victime est attachée à un poteau, les cannibales dansent à l'entour et la transpercent de coups; puis, le chef de la troupe quitte les rangs et lui tranche la tête qui roule à terre. A ce moment la première prêtresse, la Kapala Blian, suivie des autres prêtresses, s'avance vers le sacrificateur, reçoit de ses mains le mandau, l'instrument rouge de sang, le regarde pieusement et fait à haute voix, au milieu des cris de joie de ses compagnes, l'éloge d'une action si méritoire et si éclatante (1).

A Bali, les morts sont brûlés, et c'est du milieu des flammes que les âmes s'élancent vers le ciel d'Indra, accompagnées des prières du Mantra-Véda, des accords d'instruments de musique et des chants empruntés au Ramayana et au Barata-Youda.

Mais malheur, trois fois malheur à celui dont le cadavre est privé du bûcher. Il devient un *poussa*, un banni, un maudit, et dans sa tombe il souffre les tortures de l'enfer. Pour lui, le cimetière est un lieu

(1) *Tydschrift voor indische taal*, 1869.

d'abomination, la demeure de Kala, de Dourga et d'affreux *boutas*, esprits méchants (1).

Mais l'homme religieux n'a pas seulement foi en l'immortalité de l'âme, il croit encore à la sainteté du serment. Il sait que la violation d'une parole solennellement engagée est toujours suivie, ici-bas ou ailleurs, de maux dont sa conscience lui demandera compte, et dont il aura à répondre devant Dieu. De même appartenir à une communion religieuse, professer une religion et en transgresser les préceptes, c'est être parjure envers Dieu. Et lorsqu'un de ces événements terribles, dont le vulgaire ignore les causes mystérieuses, coïncide avec la violation de la loi divine, le croyant ne manque pas de l'attribuer à la vengeance céleste.

C'est ainsi que dans un récit déjà légendaire parmi les insulaires de Sumbawa, aujourd'hui convertis à l'islamisme, est expliquée la disparition du royaume de Tambora. Cette catastrophe, qui rappelle celle de Pompéi, est arrivée le 5 avril 1815. Elle a été décrite en langue malaise par Abdul Mahab de Makassar, et le professeur Roorda van Eysinga a consigné ce récit dans son histoire de Java. Nous le traduisons :

« D'abord, il y avait un certain Seid Idrous, originaire de Bengkoulen, qui vint, accompagné de Bouginais, à la ville de Tambora pour y faire le commerce. Un jour que le seigneur Seid Idrous alla vers la côte, après s'être promené ici

(1) *Tydschrift voor Ind. taal.*, 1864, p. 373.

et là dans la capitale jusque dans l'après-midi, il entra dans la mosquée pour prier. Et il vit qu'il y avait dans la mosquée un chien et ordonna qu'il fût chassé et frappé. Et l'homme que ce chien gardait se fâcha et dit :

« Notre roi est propriétaire de ce chien. » Et le seigneur Seid dit : « Il m'importe peu à qui ce chien appartienne, car « ceci est la maison du Très-Haut et le temple de Dieu qui doit « être honoré éternellement. » Et l'homme que ce chien gardait alla se plaindre au roi de Tambora, disant :

« Un des seigneurs arabes a dit que, moi de Tambora, je « suis un païen parce qu'il trouva devant lui un chien dans « le temple. »

« Lorsque le roi de Tambora entendit ces paroles, il se fâcha et ordonna de tuer un chien et une chèvre, et d'appeler l'Arabe.

« Le seigneur Seid Idrous vint au palais du roi de Tambora avec tous les vizirs de Tambora.

« Lorsque tous les Tamborais étaient assis, des plats de riz furent placés devant eux, un plat de chair de chien pour le seigneur Seid et un plat de chair de chèvre pour les autres convives et le roi de Tambora.

« Et tous mangèrent.

« Après le repas, le roi de Tambora dit au seigneur Seid :

« Eh bien! Arabe! Comment peux-tu qualifier d'impure « cette chair de chien? »

« Et le seigneur Seid, à ces paroles du roi, répondit :

« C'est impur. »

« Et le roi de Tambora dit :

« Puisque tu la qualifies d'impure, pourquoi as-tu mangé « de cette chair de chien ? »

« Et le seigneur Seid aux paroles du roi répondit :

« Je n'ai pas mangé de la chair de chien, j'ai mangé de « la chair de chèvre. »

« Comme ils parlaient ainsi, il s'éleva une discussion très-vive entre le roi de Tambora et le seigneur Seid.

« Et le roi de Tambora s'irrita contre le Seid et dit à son peuple :

« Mettez cet Arabe à mort. »

« Et ils lièrent les mains du seigneur Seid et le conduisirent à la montagne de Tambora, suivi d'une foule nombreuse.

« Arrivés à la montagne, ceux qui l'avaient conduit le percèrent avec des kriss et des lances, et le seigneur Seid ne put être blessé par ces armes. Des hommes cherchèrent ensuite du bois, d'autres cherchèrent des pierres et les jetèrent sur le Seid; il y en eut qui le frappèrent, et il tomba évanoui, la tête brisée, et le sang en jaillissait.

« Et ils dirent : « Le seigneur Seid est mort. »

« Et ils le portèrent dans la fosse. Et ils s'en retournèrent pour l'annoncer au roi.

« Lorsque les hommes, qui eurent tué le seigneur Seid, furent entre la ville et la montagne, le feu flamba sur la montagne, là où le seigneur Seid avait été tué.

« Le feu s'étendit avec rage, et le bois et les pierres et la terre, tout brûla. Et le feu suivit les personnes qui avaient tué le seigneur Seid.

« Et elles s'enfuirent pour gagner la ville.

« Et le feu flamba devant elles dans la ville.

« Et tout Tambora fut épouvanté. Chacun ne pensa qu'à soi et à garder la vie.

« Et par la volonté du Très-Haut et de Dieu, qu'il faut honorer éternellement! le feu, aussi loin que les hommes s'enfuirent, le feu les suivit; ceux qui se réfugièrent vers la mer, le feu les suivit vers la mer; la mer de Tambora elle-même fut en feu. Pendant plusieurs jours, le feu flamba sur la montagne, dans les bourgs, sur la mer, sur la terre.

« Et une pluie de cendres fit l'obscurité.

« Rien ne préserva les habitants de la ville de Tambora; beaucoup périrent brûlés. Pendant plusieurs jours, le feu flambant sur la montagne ne se calma point.

« La ville de Tambora disparut dans la mer; aujourd'hui les navires peuvent jeter l'ancre là où fut Tambora. »

Par la sobriété de ce récit, où respire le génie placide de l'Orient, le narrateur laisse seulement deviner que la ruine de Tambora est due à la violation d'une loi de Mahomet, qui défend de porter la main sur un seid, c'est-à-dire, une personne sacrée, un descendant de Fathima, la fille du Prophète. Pour le sectaire, c'était fatal. Aussi, n'est-il pas ému à la vue des flammes qui poursuivent les fuyards et enveloppent la ville de leurs tourbillons ardents; il ne l'est pas davantage, lorsque, soulevés par un tremblement de terre qui suit ordinairement l'éruption des volcans, les flots de la mer rompent leurs digues, franchissent le rivage et engloutissent ce qui reste de la ville embrasée. Pour le croyant, tout cela était écrit, et la destruction de Tambora a laissé dans le souvenir des Sumbawais des traces aussi profondes que celle de Ninive et de Jérusalem dans la mémoire des chrétiens.

DIVISION DU TEMPS.

Bien que les Javanais se disent aujourd'hui convertis à l'islamisme, le culte brahmanique est loin d'être extirpé parmi eux. Ils ont toujours une grande vénération pour les monuments de l'antiquité et font encore des sacrifices dans les grottes et près des tombeaux. En un mot, ils n'ont jamais renoncé à des cérémonies qui ramènent leur pensée vers les temps les plus reculés.

Vishnou, après avoir tué sa femme (qui avait épousé, sans le savoir, son propre fils Watou Gounang), et ayant fait mourir aussi les vingt-sept enfants nés de cette union, institua cependant trente *Woukous* ou semaines, dont vingt-sept en l'honneur de ces enfants de Watou Gounang et trois en celui de leur père, de Sinta leur mère et de sa sœur Landap. D'après le manuscrit javanais, *Kandaning Kang Wawoukou*, qu'a possédé autrefois le professeur Roorda van Eysinga, chaque *Woukou* porte le nom d'une de ces divinités et est dédié à chacune d'elles. Ce manuscrit est illustré de dessins d'un autre âge (on les fait remonter à la cent quarantième année javanaise). Ces grossières images représentent les personnes divines sous la figure de monstres, avec une maison, un arbre, un oiseau, une espèce de bannière et quelquefois un vase pour emblèmes. C'est dans un recueillement religieux que le Javanais écoute lire, sur un ton de psalmodie, le *Kandaning Kang Wawoukou*. Son âme s'éveille alors et s'élève; il pense au jour de la résurrection (1).

(1) On vient de découvrir à Java une plaque de cuivre où se trouve une inscription en langue kawi, et qui confirme cet usage de consacrer à des divinités les divisions du temps :

Le *Kandaning Kan* est un véritable rituel, où sont exposés ce que l'on peut attendre des divinités de chaque *Woukou* et les sacrifices qui leur sont dus. Ainsi, la première semaine est consacrée à Sinta, mère et femme de Watou Gounang. « *Woukou Sinta*, est-il dit dans le manuscrit, a pour symbole de sa divinité le *Jomoki Pati*; pour arbre, le *Kandajakan*; pour oiseau, le corbeau. Son pied droit renferme les pluies légères. Sa demeure est une maison; son corps est celui d'un monstre; son cœur est silencieux, figure de l'instabilité et du changement; réprimant parfois le dépit. Le *Kandajakan* est un préservatif contre les maladies. Le corbeau est bon prophète, très-versé dans l'art de prédire. Au surplus, Sinta est puissante et jeune; sa bannière est empoisonnée et sa malédiction engendre de mauvaises pensées. Le sacrifice qu'on lui fait consiste en poules blanches et en un boisseau de riz. »

Le Javanais croit encore fermement à l'influence

« Swasti! çakawarshâtita 762; çrawanamâsa; tithi pantjadaçi çukla-
« pahsha; m. po; r. wâra manahil; grahatjâra neritistha; danistanaks-
« hatra; piwâçyâ dewatâ; mahendramandala; çobhâganayoga; balawa-
« karâna; çaçi parwwosha; bago mûhûrttâ, etc. » — *Traduction*. Gloire! années écoulées de Çaka : 762; mois de Çrâwana (Juillet-Août); quinzième jour de la première moitié du mois; — jour du soleil —; position des planètes, sud-est; demeure de la lune Danishthâ, laquelle est au-dessous de Piwa et fait partie du cercle consacré à Indra; yoga Çobhagana (c'est-à-dire, durée variable); Karana (moitié d'un jour lunaire) Bâlawa; Seigneur du nœud le dieu de la lune; heure consacrée à Bhaga; figure de l'étoile (où se trouve la lune), le Verseau; etc. — V. *Verslagen en mededeelingen der Koninklijke Akademie te Amsterdam*, in-8°, 1871, p. 230.

du *Woukou* sur la naissance, et explique par elle la destinée et le caractère des personnes (1); tout comme en Europe on parle de bonne et de mauvaise étoile.

La superstition ne fermente-t-elle pas là où la science n'a pas poussé ses racines, où la foi religieuse n'a pas fait la lumière?

Née de l'ignorance et de la fragilité de l'esprit humain, la superstition s'est emparée de ce qu'il y a de plus saint dans la vie, de la connaissance de Dieu et de la nature, et elle a peuplé le ciel et la terre de fantômes et d'apparitions imaginaires (2). Aussi, le Javanais, quel que soit le rang qu'il occupe dans la société, n'entreprendra-t-il rien sans avoir consulté préalablement les prêtres ou observé les phénomènes qui fassent pressentir le succès ou l'insuccès de son entreprise (3).

Chez les Battaks, ces consultations sont données par les « Datos » et les « Si bassos ». Cette caste de devins et de charlatans, dépositaire d'une science occulte, sait quels sont les jours néfastes et les jours heureux.

Les jours néfastes sont ceux où Si Tiga Boulan et Si Hala Sountjang mangent ensemble, et ceux où la lune est mangée par Hola Godang.

Deux légendes ont donné naissance à cette croyance: Si Tiga Boulan était une femme d'une rare beauté.

(1) Roorda van Eysinga, *Java*, t. I, p. 292.
(2) Wilsen, *Tydschrift voor ind. taal.*, 1855, t. I, p. 465.
(3) *Tydschrift*, etc., 1857, t. I, p. 511.

Elle habitait avec cent soixante-treize sœurs un kampong où l'on n'acceptait pas d'étranger. Les kampongs qui entouraient celui de Tiga Boulan veillaient à ce que personne ne pénétrât dans sa demeure.

Cependant le prince Singa Maharadja parvint à en séduire les gardiens avec de riches présents, et franchit le seuil de l'habitation de Tiga Boulan.

Vaincue par le courage et la science de Singa Maharadja, la belle solitaire fit bon accueil au prince étranger et brûla bientôt d'amour pour lui.

Mais, tout le temps que Singa Maharadja avait passé dans la demeure de Tiga Boulan, il ne l'avait pas vue manger une seule fois. Il lui en demanda la raison, et elle lui répondit qu'elle ne mangeait qu'à certains jours du mois. Les lui ayant désignés, elle ajouta qu'il ne fait pas bon de célébrer des fêtes en ces jours, parce que ce sont des jours néfastes.

Singa Maharadja était toujours sous le charme de la beauté; mais il aperçut tout à coup les traits du père de Tiga, un monstre terrible qui se tenait caché. Saisi de frayeur, il prit la fuite et emporta la connaissance des jours néfastes.

Ceux qui donnent des fêtes en ces jours perdent leur femme, leurs enfants ou d'autres membres de la famille.

La légende d'Hola Godang est due à un serpent d'une taille gigantesque. Un jour, un bouvier avait découvert les œufs de ce reptile. Épouvanté à leur vue, il prit une pierre et les brisa.

Alors, le serpent survint et dit au bouvier : « Vous « avez pris l'âme de mes enfants, je prendrai la « vôtre. » A ces mots, le bouvier s'enfuit et le serpent se mit à le poursuivre sans pouvoir l'atteindre ; le fugitif s'était envolé dans les airs. Arrivé auprès de la lune, il se plaignit et lui demanda du secours.

La lune écouta aussi le serpent, et, embarrassée de la difficulté qui lui était soumise, elle appela le soleil à son aide pour juger ensemble le différend. Ils condamnèrent le bouvier à une amende, mais le serpent ne se contenta pas de ce jugement; il persista à dévorer le bouvier. Comme la lune ne put rien changer à une résolution si fermement arrêtée, elle se mit à la place du bouvier et se résigna à se laisser avaler par le serpent le vingt-neuvième ou le trentième jour du mois. Ce jour est très-néfaste et est indiqué par la position de la lune dans le voisinage de trois constellations, c'est-à-dire lorsque ces corps célestes figurent un serpent. Cependant la nuit, où ils apparaissent sans laisser voir sa tête, donne naissance à un jour heureux.

A Bali, l'année est divisée en deux saisons ou moussons. Chaque saison est de six mois, qui sont ainsi nommés: 1° *Bouddha Kliwon,* 2° *Kouningan*, 3° *Tompok*, 4° *Agarkase*, 5° *Bouddha Tjoumoun*, 6° *Raspati.* Les mois commencent par des jours saints ou *Galong'ans*. Les prêtres, les princes et les principaux habitants vont alors aux temples pour prier, offrir des sacrifices et des actions de grâces. Les jours de la semaine sont nommés : 1° *Ditit*, 2° *Soma*, 3° *Agara*, 4° *Bouddha*, 5° *Raspati*, 6° *Soukra*, 7° *Kamistjara*. Mais la manière de compter les années chez les Balinais n'est pas très-compréhensible ; de sorte que leurs princes se servent, dans leur correspondance, de la chronologie mahométane.

Parmi les montagnards du Tinger, les jours de la semaine sont aussi au nombre de sept comme ceux des Hindous, et nommés de noms sanscrits. Mais le Papou ne connait pas cette division de la semaine. Il en est autrement du mois, qu'il divise en quatre époques, selon les diverses phases de la lune. Ainsi : nouvelle lune, *paik baleo ;* son premier quartier, *paik jouwar ;* son déclin, *paik pejif ;* vieille lune, *paik imar*. La division est basée sur la constellation du serpent, *Manggouannija*. Quand cette étoile reparait au nord, c'est le signe d'une année nouvelle qui commence. Ses diverses évolutions indiquent les quatre premiers mois de l'année, et les huit suivantes empruntent leurs noms aux apparitions de certains oiseaux et de certaines maladies.

Le Papou a donc des notions astronomiques. Il sait encore distinguer l'étoile du matin qu'il nomme *Sampari*, « brillante comme un bracelet blanc, » de celle du soir qu'il nomme *Makbeendi*, « étoile du Verrat, » et il désigne un groupe d'autres astres sous le nom de *Maksara*, parce qu'il a une grande ressemblance avec le cocotier. Mais il ne sait comment qualifier le lever et le coucher du soleil, ni l'apparition et la disparition de la lune, et il se demande où vont ces planètes lorsqu'il ne les voit plus. Le Papou d'ailleurs est très-superstitieux; il n'oserait pas entreprendre un voyage à Tidor sans avoir consulté un devin et se faire accompagner de personnes choisies par des moyens magiques. Lorsque tout est préparé pour le départ, les voyageurs réunis dorment le jour, se lèvent le soir et veillent la nuit en silence. Si une branche tombe d'un arbre, si quelqu'un éternue, si le kakatou crie, c'est de mauvais augure; des matelots mourront pendant la traversée et l'on remet l'expédition (1).

L'homme a horreur de l'inconnu et s'efforce constamment de soulever un coin du voile qui lui cache l'avenir. Il se voit sur la terre, et il ignore le chemin qu'il a à parcourir et le terme assigné à son existence. Il sent que la vie qui lui a été donnée lui sera retirée. Il va mourir, et les jours qui lui restent à vivre, il les consacre à la divinité, afin qu'elle le protége et le soutienne. C'est pourquoi, chez tous les peuples, un dieu ou un saint préside aux jours et aux mois de l'année. L'homme est si faible que, pour traverser la mer orageuse du monde, il veut l'appui de la religion, afin d'oser mourir et de sourire aux mystères de la tombe (2).

(1) *Tydschrift voor ind. taal*, 1867, p. 395.
(2) Madame de Blocqueville, *le Prisme*, p. 628.

MORALE.

Notions préliminaires. — Préceptes de morale de Bouddha. — de Lao-Tsy. — de Confucius. — des philosophes grecs. — Le *Pannlti-Sastro*, traité de morale écrit primitivement en kawi. — Les leçons de morale dans les fables du *Hhikajat Kalilah dan Dimnah*. — Le *Tadjou Lsalathien*, ou la Couronne des Rois, traité de morale écrit en malais par Bocharie. — Devoirs envers soi-même. — Devoirs envers Dieu. — Devoirs envers la société. — De l'éducation des enfants. — Inscription de Brambanam. — Le *Sewaka*, règle de conduite à l'usage des serviteurs et des fonctionnaires. — Devoirs du serviteur. — Devoirs du fonctionnaire. — Traités de morale en dialecte sondanais. — Devoirs à remplir dans les diverses conditions de la vie. — Conseils du Radja Ali de Riou.

NOTIONS PRÉLIMINAIRES.

Tant que l'homme ne se distingue pas de tout ce qui l'entoure et se confond avec la nature, il ne remplit des devoirs qu'envers lui-même et la divinité à qui il demande aide et protection avec l'accomplissement de ses vœux. Le spectacle du monde l'enchante et l'effraie, et son cœur, selon qu'il est affecté, espère ou craint. L'homme n'attend encore rien de son semblable. La société n'est pas créée. Mais lorsque le travail succède à la force brutale, que l'échange remplace la prise de possession et que la sécurité se substitue au pillage, les individus se groupent et des relations s'établissent entre eux. De là, des devoirs sociaux et des prescriptions sociales. « Pour satisfaire les besoins inconnus jusqu'alors, dit Benjamin Constant, des institutions fixes sont indispensables. Elles ne tardent pas à prendre la place que la nécessité leur assigne; une force publique se forme, qui tend à préserver l'association des attentats de ses membres, et les membres de l'association de leurs violences réciproques. La force irrégulière des individus conserve quelque temps ses funestes privilèges, mais ils lui sont chaque jour plus contestés. L'injustice qui, précédemment, ne rencontrait d'obstacles que dans ceux qu'elle blessait d'une manière immédiate, en rencontre maintenant dans la coalition de tous ceux qui ne profitent pas de ses succès. Il n'y avait jadis que les offensés qui réclamassent; tous ceux qui sont désintéressés réclament. Le plus grand nombre fonde ses calculs sur l'observance des lois, c'est-à-dire sur la justice et sur la morale. La morale et la justice deviennent le centre de la majorité des intérêts, le point autour duquel se réunit la majorité des forces (1). »

La société humaine est alors fondée. Elle comptait déjà de longs siècles d'existence, lorsque des penseurs, des sages, des poëtes, des philosophes observant ses fonctions et sa vie, s'avisèrent d'enseigner aux hommes les devoirs qu'ils se doivent à eux-mêmes et à leurs semblables.

(1) *De la religion considérée dans sa source, etc.*, Bruxelles, in 8° t. IV, p. 261.

Cependant pour Bouddha le but de la vie était négatif. Le maître ne prescrivait pas à ses disciples de faire le bien, mais de s'abstenir de tout ce qui est mal. « La raison de cela, dit M. Vasselief, et conséquemment la base philosophique placée comme piédestal du vaste édifice religieux, repose encore plus sur un étrange regard qui embrasse le monde entier, non selon son rapport à lui-même et à sa forme intérieure, mais dans ses rapports avec les individualités qui existent dans l'univers, c'est-à-dire que tout ce qui existe n'est pas autre chose que la *souffrance*, considérée dans ses proportions les plus incommensurables. Parce que tout change, rien n'est éternel, tout vieillit, et cela vient particulièrement de ce que tout porte avec soi le signe caractéristique de la *composition*, de l'enchaînement ou de la *dépendance venant d'une cause*. La suite de cela, c'est que le bouddhisme cherche à trouver les moyens de sortir de cette dépendance et des tourments qui en proviennent, et il les trouve dans la *renonciation* ou dans la non-admission d'aucune sensation extérieure dans notre for intérieur (1). »

Vers le même temps où Bouddha enseignait sa doctrine dans l'Inde, c'est-à-dire au septième siècle avant notre ère, Lao-Tsy répandait en Chine des notions de morale qui font supposer qu'il avait déjà eu connaissance du bouddhisme. Il les consigna en formules

(1) Le *Bouddhisme, ses dogmes, etc.*, traduct. de La Comme.

brèves et concises dans son œuvre capitale, le *Tao-te-King*, le livre de la Raison suprême, dont le premier chapitre résume, pour ainsi dire, tout le système : « Lorsqu'on est constamment exempt de passion, on « voit l'éssence spirituelle du *Tao*, ou de la suprême « Raison; lorsqu'on a constamment des passions, on « le voit sous une forme bornée. » Ce n'est pas encore l'*action* du bien qui est indiquée, mais l'*abstention* du mal. Au siècle suivant seulement, on entend Koung-tsy ou Confucius dire à ses parents qui l'engageaient à poursuivre la carrière des emplois publics et des honneurs : « Je me dois indifféremment à tous les « hommes, parce que je les regarde comme ne com-« posant entre eux tous qu'une seule et même famille « dont je veux être l'instituteur. » Il ne suffit donc plus à l'homme de se retrancher dans sa *passivité* et de s'abstenir de faire le mal. Il devra désormais *agir*, et, pour Confucius, les hommes parfaits et saints seront ceux qui, réunissant les plus belles qualités de l'esprit et du cœur, rempliront avec joie tous leurs devoirs envers Dieu, leurs semblables et eux-mêmes.

Ainsi, dans l'ordre historique, l'aphorisme de la morale : « Ne fais pas à autrui ce que tu ne voudrais « pas qui te fût fait, » a été proclamé en Orient avant cet autre : « Fais à autrui ce que tu voudrais qui te « fût fait. »

En Occident, il semble au contraire que ce dernier aphorisme a été le point de départ de l'enseignement moral de l'antiquité. En effet, dès le milieu du septième siècle avant notre ère, Thalès, un des Sages de la Grèce, recommandait déjà à ses disciples de rendre des services et de ne pas se haïr, mais de s'aimer, parce que dans la variété des sentiments, il y avait toujours quelque point fixe où tous les hommes pussent se retrouver. Bias conseillait de faire le bien et encourageait l'expansion des bons sentiments du cœur. « Si tu te regardes au miroir, disait-il, et que tu te trouves de la beauté, ne la souille pas par la laideur de tes actions; et si c'est le contraire, corrige la laideur de tes traits par la beauté de ton âme. » — « Dans la jeunesse, les bonnes actions, disait-il encore; dans la vieillesse, les bonnes pensées. » Pittacus considérait l'inaction comme une souffrance et l'ignorance comme un fardeau (1). Il aimait mieux pardonner que se venger, et arrivé au pouvoir suprême, il se contenta d'avertir le poëte Alcée qui avait usé contre lui de toutes les armes de l'envie et de toute l'amertume de la haine (2). Si l'on résume les sentences éparses des Sages de la Grèce, nous voyons que ces premiers moralistes recommandent la culture de l'esprit, la tempérance et le courage, « ce qui forme aujourd'hui encore, dit M. Garnier, toute la morale individuelle; qu'ils prescrivent de ne pas nuire, et déjà même de respecter certains intérêts délicats, puis de servir l'amitié, la famille et la patrie, ce qui com-

(1) Dem. Phal., *chez Stobée*, édit Tauch., t. I, p. 90.
(2) Valère Maxime, liv. IV, ch. 1.

pose les devoirs les plus importants de la morale sociale (1) ».

Du jour où le monde a connu ces deux grandes lois : « Abstiens-toi du mal » et « Fais le bien », les philosophes qui succèdent aux Sages de l'Orient et de l'Occident, s'appliquent à les développer et en extraire des règles de conduite. La science de la morale se fonde ; les disciples de Bouddha et de Confucius en font des traités ; Socrate l'enseigne et Xénophon reproduit ses préceptes dans ses *Mémoires ;* Platon écrit sa *République ;* Cicéron, le *de Officiis ;* saint Augustin, la *Cité de Dieu.*

En même temps, des brahmanes fugitifs importent à Java des poëmes sanscrits qui renferment des leçons pour la direction de la vie. Ces poëmes didactiques sont d'abord traduits en langue kawi et plus tard en javanais. Un d'eux, intitulé *Panniti-Sastro,* est parvenu jusqu'à nous ; il est écrit en *kawi-djarwo,* c'est-à-dire en un dialecte javanais se rapprochant du kawi pur, et plus brillant que celui du *kawi-miring.* Ce livre a pour auteur Radhen Toummenggoung Sastro-Negoro, un savant javanais qui survécut à la guerre contre Dhipo Negoro et atteignit une haute vieillesse. Le *Panniti-Sastro* est rédigé dans le même esprit que les Proverbes de Salomon ; il prescrit aux croyants d'être soumis aux *panditi* et d'observer les Écritures, parce que leur observation

(1) *De la morale dans l'Antiquité,* p. 50.

rend un peuple vertueux et heureux. Il impose aussi au riche le devoir d'être charitable et de faire de bonnes œuvres, surtout des aumônes aux prêtres, parce que c'est pour lui le seul moyen d'être sauvé. Enfin, le *Panniti-Sastro* s'adresse à la fois aux enfants et aux parents, aux gouverneurs et aux généraux, pour leur apprendre l'art de se bien conduire, d'administrer une province et de commander une armée (1).

Dans la littérature malaise, l'ouvrage le plus ancien où l'on trouve des idées sur la morale, est un recueil de fables intitulé : *Hhikaijat Kalilah dan Dimnah*, c'est-à-dire histoire ou conte du Bœuf et du Renard. Traduites de l'hindou en malais, ces fables l'ont été, au douzième siècle, en persan et en arabe (2). Elles donnent, sous le voile de l'allégorie, des leçons de sagesse aux princes et à leurs sujets, et renferment beaucoup d'observations philosophiques.

Mais il faut arriver à la fin du seizième siècle, pour voir un Malais produire un véritable traité de morale sociale. Ce livre, qui porte le titre de *Tadjou 'Lsalathien*, « la couronne des Rois, » est écrit dans la langue des cours de Djohor et de Malacca, la plus pure peut-être de tout le royaume de Menangkabau, et il a pour auteur Bocharie (3), un moine mendiant.

(1) *Tydschrift*, etc., 1843, t. II, p. 236.

(2) M. Silvestre de Sacy a publié en 1816 le texte arabe de Bidpai qu'il a fait précéder d'un mémoire sur l'origine de ces fables.

(3) Ce nom est supposé honorifique ; il a été donné, dans les temps anciens, à des écrivains distingués, et signifie *sagesse* ou *savant* ; du vieil arabe *Bochar*.

Bocharie est mahométan; il commence son livre par rendre gloire à Dieu unique : « O Dieu! vous êtes « le roi qui possède la souveraineté, pour donner la « souveraineté à qui vous voulez et pour reprendre « la souveraineté à qui vous voulez, et pour combler « d'honneurs qui vous voulez, et pour abaisser qui « vous voulez. Dans la main de votre prévoyance « sont toutes les bénédictions. En avant! Vous êtes « celui qui a tout pouvoir sur tout! Vous êtes celui « qui fait suivre la nuit au jour, et fait suivre le jour « à la nuit, et qui fait sortir les vivants de la mort et « les morts de la vie, et vous donnez la subsistance à « qui vous voulez et sans mesure! »

L'auteur développe ensuite les raisons pour lesquelles il a composé son ouvrage. « C'est, dit-il, « pour enseigner la nature des devoirs de tous les « rois, des conseillers d'État, des chefs d'armée et « des sujets; en un mot, l'art de bien gouverner. » Il l'a intitulé *la Couronne de tous les rois*, parce que chaque roi qui possèdera son livre, le lira et en observera les préceptes, sera un roi parfait, « et de cette manière seulement, ajoute-il, la couronne s'adaptera bien à son front et le livre même sera pour lui une vraie couronne. »

TRAITÉ DE MORALE DE BOCHARIE.

Cette chrestomathie de Bocharie est une compilation de divers manuscrits orientaux qu'il se contente de mentionner. Il laisse ignorer les noms de leurs auteurs qui étaient, suivant lui, très-célèbres dans tous les pays et agréables à tous les savants. Personne, de son temps, ne pouvait leur être comparé.

L'ouvrage est divisé en vingt-quatre chapitres; tous se rapportent aux devoirs de l'homme envers lui-même, envers Dieu et envers la société.

§ I. — *Devoirs envers soi-même.*

Pour Bocharie, comme pour Confucius et le Sage de la Grèce qui avait fait inscrire dans le temple de Delphes cette maxime fameuse : « Connais-toi toi-même », le commencement de la science est la connaissance de soi-même. Mais pour Bocharie, se connaître n'est pas seulement se rendre compte de ses aptitudes et s'y perfectionner, comme le conseille l'illustre philosophe de la Chine; ce n'est pas seulement, comme le veut Socrate, concentrer sur soi tous les efforts de l'esprit, avoir sans cesse l'œil ouvert sur ses propres actions (1); ce n'est pas seulement connaître sa propre valeur, distinguer ce qu'on peut faire de ce qu'on ne peut pas faire, se procurer l'honneur et la considération et s'épargner de grands maux (2); c'est encore savoir comment on est organisé physiquement, de quels éléments on est formé; c'est, en un mot, posséder la science de la physiologie.

(1) Xénophon, *Mémoires sur Socrate*, liv. III, ch. 7.
(2) *Id.*, *ibid.*, liv. IV, ch. 2.

Cette science, pour l'auteur de la *Couronne des rois*, est aussi celle d'Hippocrate et de Galien, dont il invoque l'autorité et explique ainsi les idées sur la naissance de l'homme :

« Mon être était dans le principe une goutte de *sperma genitale*, que Dieu le Très-Haut a créée par sa toute-puissance pour faire éclater sa sagesse ; comme Dieu donne lui-même, dans le livre de la Foi, témoignage de son œuvre : « L'homme saura d'où il est pro-
« venu ; il a été fait d'eau, et celle-ci est provenue des
« reins, et du *sternum* ou l'os de la poitrine. » Dans le livre de *La provenance des serviteurs*, il est dit : « Quand
« le Tout-Puissant veut créer un homme par sa toute-
« puissance, l'homme et la femme se réunissent con-
« formément à sa volonté, et le *sperma genitale*
« se précipite du *penis* dans l'*uterus;* durant qua-
« rante jours, cette eau porte le nom de *sperma vi-*
« *rile*, demeurant dans la matrice sans qu'elle subisse
« de changement; ensuite, elle devient du sang coa-
« gulé et reste ainsi quarante jours; ensuite ce sang
« coagulé devient une masse de chair, et reste ainsi
« durant quarante jours dans la matrice; ensuite le
« Dieu Très-Haut fait, par sa toute-puissance et sa
« sagesse, à cette masse de chair des os, des veines et
« une peau; et finalement il lui donne la forme d'un
« être humain avec toutes les parties soit de l'homme,
« soit de la femme, et lui trace le cours de sa vie avec
« les succès et les revers; puis il lui souffle l'esprit,
« et le nourrit et l'entretient dans le ventre de la

« mère par sa volonté, durant neuf mois, neuf jours « et neuf époques, après lesquelles il le fait entrer « dans le monde; puis, il le préserve de tout mal « jusqu'à ce qu'il soit instruit. Aussi, il lui donne « l'intelligence et le jugement, et l'entendement, et « la vue, et l'odorat, et le goût, et la sensation et « diverses jouissances, avec des bénédictions innom- « brables. »

L'auteur passe ensuite à la description anatomique de l'homme. Selon Hippocrate, Galien, Aristote et autres savants, il entre, dit-il, dans le corps humain dix-neuf cent soixante-quinze os, veines, nerfs, tendons et fibres, sans compter les parties cachées ou mystérieuses, les téguments et les petites veines auxiliaires. De plus, il s'y trouve quatre éléments qui sont : la terre, l'eau, l'air et le feu. Ces éléments se combattent mutuellement et provoquent diverses maladies selon que l'un l'emporte sur l'autre. Si la nature brûlante l'emporte sur la partie liquide, l'homme sera assujetti à la phthisie, à l'épilepsie, à la fièvre chaude, aux maux de tête. Si, au contraire, l'humidité l'emporte sur la chaleur, on souffre alors de la pituite, de catarrhes, de fluxions, de diarrhées, de toux, de la lèpre. Mais s'il y a pondération entre les éléments et que l'un n'a pas plus d'empire que l'autre, l'homme sera calme et bien portant. « Après avoir appris le commencement et ce qu'est le milieu de la vie, sache maintenant, dit Bocharie, ce que sera ta fin. Cet être aimé et si soigné et si paré, quand il meurt, est jeté dans la terre que nous rebutons. Tous ses membres se décomposent et se séparent, et tous ses os, blancs et solides, finissent par devenir une terre noire et molle. Et alors, entre le sultan et le sujet, entre le maître et l'esclave, entre le riche et le pauvre, entre le grand et le petit, il n'est point de différence; tous deviennent de la terre et il ne reste aucune trace de leur existence. »

Ce n'est pas tout de se connaître soi-même, il faut encore, selon Bocharie, connaître le monde. « Rien, écrit-il dans la *Couronne des rois*, rien n'est durable pour l'homme qui ne connait pas le monde. Or, pour celui qui le connait, ses aspirations ne sont pas vaines, mais utiles, car le monde est l'endroit où l'homme vit pour accomplir une œuvre grande ou petite. Aussi le monde est-il la source de toutes les vertus pour les savants et la source de tous les maux pour les ignorants.

« Les savants ne peuvent pas cesser de réfléchir sur eux-mêmes et de se demander comment ils sont venus dans le monde, où ils vont et combien de temps ils resteront dans le monde. Sachez donc que quiconque vient dans le monde est un hôte et est nommé un étranger, et que le monde est un lieu de repos sur le chemin qui va toujours en avant et aboutit à la place où l'on demeurera éternellement. » Il s'agit ici de l'âme, car nous venons de voir que le corps de l'homme devient de la terre ; et Bocharie fait remarquer, p. 25 de l'édition de Roorda van Eysinga, que cette même terre est sans cesse transformée, : puisqu'on en fait des vases, des coupes, des bols, des cruches, des pots, des tuiles, qui, à leur tour, sont brisés, jetés sur la voie publique et foulés sous les pas des hommes et des animaux.

Le moine de Djôhor continue :

« Tous les lieux de repos sont bornés : le premier où l'homme repose est dans les reins du père ; le second, dans la matrice de la mère ; le troisième, dans le monde ; le quatrième, dans le tombeau ; et le cinquième, au champ du jugement dernier, jusqu'à ce qu'il soit admis dans le ciel ou dans l'enfer où il demeurera éternellement.

« Le chemin que l'homme a à parcourir est long et difficile, et le voyageur peut seul chercher dans le monde le viatique nécessaire pour le voyage ; le char de sa vie ne s'arrête pas, mais roule toujours à son insu.

« Chaque respiration de l'homme est semblable à un pas sur le chemin, ou à une pierre qui tombe de sa maison ; elle affaiblit l'œuvre de ses ans, le sépare du monde et le rapproche de l'éternité. Par conséquent, le monde doit être considéré comme un pont qui se trouve au milieu du chemin de l'éternité. Aussi, l'homme intelligent ne bâtira pas une maison sur ce pont, mais le traversera et ne s'arrêtera pas aux jouissances et aux séductions qui s'y étalent ; il ne sera préoccupé que du viatique nécessaire pour le voyage de l'éternité. »

Pour Bocharie, cet homme est savant et heureux; mais celui qui aime beaucoup le monde, recherche les trésors, veut vivre longtemps et ne pense pas à la mort, celui-là est ignorant et malheureux (1).

Le pieux mendiant ne doute pas de l'immortalité de l'âme et de la vie éternelle qui succédera à celle qu'il mène sur la terre. Mais l'auteur du *Panniti-Sastro* ne peut pas parler avec certitude de ce qui est au-delà du tombeau. Cependant il affirme que « si un homme, riche d'or et de toutes sortes de choses coûteuses, s'habille d'une manière inconvenante et que ses vêtements ne concordent nullement avec son état; s'il ne donne rien aux panditis, et est avare pour le pauvre fakir; s'il ne trouve pas de plaisir dans le bien, ne comprend pas les Écritures, n'a pas de bienveillance dans le cœur et ne rend pas de services, un tel homme paraît ignorer combien son existence est bornée, et peut porter le nom d'*homme perdu* pour le monde. Sa vie a été inutile, comme celle des animaux qu'on ne peut pas manger. Mais l'homme de bien et vertueux sera reconnu à ses traits placides, à son cœur bon et ferme dans les résolutions, à son langage convenable, à sa manière de s'asseoir; il sera appelé le *vrai homme* (2), et glorifié avec toute sa famille. Le jeune homme au contraire, si beau et si

(1) Ch. IV.

(2) Chez les Javanais, le véritable signe de la bonne éducation consiste dans la manière de s'asseoir; c'est à cela que l'on reconnaît le rang d'une personne. — *Tydschrift voor nederl. nl* . 1843, p. 247 et 260.

riche qu'il soit, quel que soit le nombre de ses serviteurs et de ses femmes, quels que soient ses facultés et ses talents, ne sera pas considéré, s'il ignore les Écritures, c'est-à-dire s'il ne sait ni lire ni écrire, parce que tout ce que renferme cette terre est clairement expliqué dans les Écritures (1). »

§ II. — *Devoirs envers Dieu.*

L'auteur du *Panniti-Sastro* ne parle de la divinité que pour constater qu'elle est supérieure à l'homme : « La plus grande force des mortels, dit-il, ne peut « pas dépasser la puissance plus grande des dieux ; « un homme ne peut rien contre elle. » Dans la *Couronne des rois*, tout ce que l'homme peut faire, c'est de chercher à connaître Dieu, dont l'essence est de n'avoir pas eu de commencement et n'aura pas de fin. Cette propriété de n'avoir pas commencé et de ne pas finir est nommée *azal* et *abad*, ce qui signifie : « De l'éternité à l'éternité. »

« Dieu n'a pas de corps, continue Bocharie ; ses qualités ne peuvent être décrites, ni dessinées, ni définies, ni énumérées. Aussi ne peut-on dire qui il est, s'il est dans une place et si les temps ont de l'influence sur lui ; aussi rien n'est semblable à lui, et rien n'est en dehors de sa science, et rien n'est sans sa toute-puissance. De plus, le Seigneur possède des propriétés qui ne peuvent être comptées, qui sont de toute éternité

(1) *Tydschrift*, etc., p. 264.

et qui existent par lui, et qui ne le font nullement connaître, et qui n'existent que par lui, comme à l'égard de ce nombre un; un n'est pas dix et un n'est pas exclu de dix. Ainsi, les propriétés du Seigneur sont : le savoir, la puissance et la vie, et l'ouïe, et la vue, et la volonté, et le vouloir, et le faire, et le créer, et le devenir, et le parler. Dieu le Tout-Puissant parle avec un seul mot, et c'est une propriété de son éternité, ne faisant pas usage de diverses lettres, ou de voix parlantes pour ordonner ou défendre.

« Dieu donne à ses serviteurs l'intelligence et une libre volonté; il leur donne des récompenses et inflige des peines. Les bonnes actions ont lieu avec son bon plaisir, et les mauvaises actions sans son bon plaisir; c'est pourquoi il attache la récompense à la vertu et la peine au mal : toutefois ces deux facultés du serviteur existent avec sa prescience et sa volonté.

« Dieu connaît toutes les respirations de tout ce qui est dans les sept profondeurs de la terre et dans les sept sphères célestes. Tout ce qui est, parle et vit est à découvert devant Dieu, et rien ne lui est caché; car il voit tout, entend tout et sait tout (1). »

§ III. — *Devoirs envers la société.*

Dans la *Couronne des rois,* ces devoirs semblent n'incomber qu'aux chefs de l'État. Bocharie garde le silence sur les obligations du simple citoyen. Xé-

(1) Ch. II.

nophon ne rapporte aussi que les entretiens de Socrate sur les devoirs de ceux qui gouvernent Athènes.

Pour Bocharie, la première fonction d'un État c'est le sacerdoce; l'autorité temporelle n'arrive qu'en seconde ligne, parce que ce qui distingue le sacerdoce du pouvoir du prince, c'est la vertu; mais il est nécessaire à un chef d'Etat d'observer les prescriptions suivantes :

1° Un souverain doit être majeur, afin qu'il puisse discerner le bien et le mal; 2° être instruit et l'ami de tous les savants, rechercher leurs livres, les lire ou les faire lire, apprendre, méditer et observer tout ce qui y est écrit; 3° choisir des ministres majeurs, afin de pouvoir délibérer avec eux sur les affaires de l'Etat; 4° avoir un air aimable et de bons sentiments, afin que tous ses sujets l'aiment; 5° être généreux, et ses mains doivent répandre les bonnes actions, car c'est ce qui caractérise le très-noble prince; 6° penser à tous ceux qui lui ont rendu service dans les circonstances difficiles, afin de récompenser leurs bienfaits par ses bienfaits, car c'est ce qui caractérise le très-grand prince; 7° être courageux et non peureux, car ses généraux et ses soldats imitent son exemple; 8° être sobre dans le manger, le boire et le dormir, afin d'éviter bien des difficultés; 9° être peu auprès des femmes et causer peu avec elles, parce que toutes les femmes manquent d'intelligence; celui qui babille longtemps avec les femmes et s'en rend esclave perd en sagesse et augmente ses désirs voluptueux ; 10° celui qui gouverne doit être un homme et non une femme, parce que celle-ci manque d'intelligence et n'est pas faite pour le gouvernement ; le chef des fidèles doit être un guide visible et non caché. Or, une femme ne doit pas être visible, mais cachée. Toutes les femmes doivent envelopper tout leur corps, à l'exception de leur visage et de leurs mains qu'elles peuvent seulement découvrir dans leur demeure ou dans un oratoire. » Tels sont les conseils que Bocharie donne aux princes pour rendre leurs peuples heureux, pourvu toutefois qu'ils ne tolèrent pas l'hérésie, qui est le germe de tout mal ; qu'ils méprisent la tyrannie, qu'ils rendent justice à tous leurs sujets et qu'ils se considèrent comme les derniers de leurs serviteurs, parce que celui qui ordonne n'est pas autre que celui qui obéit.

L'auteur du *Panniti-Sastro* ne veut pas non plus qu'un prince suive le conseil d'une femme, parce que celui qui l'écouterait serait couvert de honte dans tout le pays. « Si vous suivez le conseil d'une femme, dit-il, vous tomberez sans aucun doute dans toutes sortes de malheurs, et peut-être trouverez-vous la mort.

« Une femme aura le cœur droit quand il se trouvera un corbeau blanc et que la fleur du *Tangjoung* croîtra sur les pierres ! Alors la femme aura un noble cœur ! c'est pourquoi, ô hommes, soyez prudents lorsque vous êtes assis auprès d'une femme ; ne vous laissez pas séduire par la douceur de ses paroles. Une femme est à peine le huitième d'un homme en sagesse, en force et en prudence, oui, mais un huitième. De plus Dhewi-Dhroupati dit qu'une femme n'est jamais rassasiée d'un homme. Soyez donc prudents toujours, là où se trouvent des femmes. »

Le sévère moraliste du *Panniti-Sastro* veut au contraire qu'un chef d'État se consacre entièrement à son peuple, qu'il partage avec lui son or et son argent, et le riz et la viande. « L'avantage de ceci, écrit-il, c'est que tout le monde reconnaîtra sa souveraineté et que tous ses ordres seront observés, que ses sujets le craindront avec une crainte d'amour, et que la paix du pays règnera jusque dans les dessas les plus éloignés, quand le tombeau du roi sera ouvert. »

Bocharie définit ensuite la justice : « La perfection « de la religion et la force du roi ; elle a en vue la vé« rité dans toutes les paroles et les actions. » Socrate l'avait définie, « l'observation des lois, » mais par ce mot « lois », Socrate entendait tout à la fois, celles édictées par les hommes et celles gravées par Dieu même dans la conscience. Tous les deux, Bocharie et Socrate, appuyaient donc la justice sur la religion. Mais le premier a de plus indiqué aux rois les moyens pratiques d'être justes : « Un prince juste, dit-il, doit connaître toutes les choses de son royaume, le caractère de tous ses conseillers, tout ce que font ses généraux, les désirs de tous ses serviteurs et les inclinations de ses sujets; car alors seulement il est apte à prendre des mesures relatives au bien-être de son royaume, et cette connaissance ne peut s'acquérir que par l'information, et cette information ne peut se faire que par des personnes honorables, désintéressées et fermes dans la foi religieuse. »

Selon Bocharie, trois choses perdent un royaume : 1° de faux renseignements fournis au prince ; 2° l'élévation de gens de basse extraction ; 3° l'oppression du peuple par les fonctionnaires.

C'est donc un devoir pour le prince de veiller à ce qu'il soit régulièrement informé, et d'éviter tout ce qui pourrait nuire aux droits de ses sujets et être pour eux une cause de malheurs. Aussi Bocharie veut-il, avec Socrate, que ceux qui aspirent à gouverner leur pays aient à cet effet les connaissances nécessaires. Mais on s'étonne de l'entendre dire que parmi les choses qui contribuent à la perfection d'un gouvernement doivent se trouver des trésors avec lesquels le prince puisse gagner les cœurs, et de belles femmes, innocentes et pures, surtout aimables, avec une douce voix, convenablement jeunes, et semblables à des fleurs épanouies du jardin des grâces (1). Il est évident qu'ici l'auteur se montre plutôt sectaire islamite que moraliste.

Cependant le *Panniti-Sastro* considère aussi la fortune comme un moyen d'influence, mais il reconnaît en même temps que la possession de trésors est une source de tribulations et d'inquiétudes cuisantes.

(1) Ch. X, p. 118 de l'édition de Roorda van Eysinga.

« C'est pourquoi, ô homme, s'écrie l'auteur, si tu es riche d'or et d'argent, veille sur ce qui est vertueux et bon; donne aux panditis (aux savants) et fais ton ami du pauvre fakir. »

Dans la guerre, le vainqueur ne doit pas lier les vaincus faits prisonniers; et s'il les lie, il ne doit pas les violenter, ni les tuer (1). Par ce conseil, Bocharie proteste contre l'esclavage qui est né de la guerre; puis il exhorte celui que le sort des armes a rendu victorieux, à traiter les prisonniers avec commisération et à les protéger contre ceux qui voudraient les faire souffrir. Un ministre d'État, ajoute-t-il, doit toujours rappeler ces choses au prince. Il faut donc qu'il l'accompagne partout, parce qu'un ministre est comme le corps, et le roi comme l'âme. Mais un ministre, pour être vraiment utile à son roi et bien diriger les affaires de son royaume, doit observer cinq points, savoir : 1° méditer la fin de l'œuvre qui lui est confiée et comment il s'en acquittera; 2° faire en sorte que, par ses investigations, il sache les conversations secrètes et ce qui se passe dans le royaume; 3° être courageux et ne rien craindre dans les conversations et dans ses rapports avec les hommes, afin de traiter toutes choses convenablement; 4° être intègre partout et toujours; 5° garder pieusement les secrets du roi, et s'il meurt à la peine, les emporter dans la tombe (2).

(1) Chap. X, p. 133.
(2) Chap. X, p. 130.

Ces qualités doivent être aussi celles de l'ambassadeur, qui est le ministre du roi à l'étranger. De plus, Bocharie veut « qu'un ambassadeur ait la figure prévenante, la voix aimable, la langue bienveillante, les comparaisons justes, la pensée et l'expression claires. Il doit être en outre instruit, sage, modéré, patient à l'égard de ceux qui lui parlent, intègre dans ses relations, fidèle dans ses paroles, riche de jugement, désintéressé, ferme dans sa religion et pur d'intention; car un ambassadeur est l'œil, l'oreille et la langue du roi, et dans l'ambassadeur se trouvent l'intelligence et le jugement du roi qui l'envoie; de sorte qu'il convient que lorsque quelqu'un est choisi pour être ambassadeur, il soit choisi parmi les hommes les plus judicieux (1) ».

Au-dessous du ministre et de l'ambassadeur, il y a les fonctionnaires de tout rang. « Un fonctionnaire, dit Bocharie, aussi bien serviteur que seigneur, aussi bien grand que petit, doit honorer son roi et exécuter ses ordres, respecter sa personne, espérer en sa bonté et craindre sa colère, afin que le prince puisse gouverner avec lui et lui donner le titre de serviteur du roi....

« Le fonctionnaire doit aimer son roi plus que son âme, ses parents, ses enfants, ses alliés, ses trésors et tout ce qui lui appartient; de sorte que le roi lui soit plus que tout ce qui est, parce qu'il est le bien-aimé du roi (2). »

(1) Ch. XII, p. 147.
(2) Ch. XIII, pp. 150 et 157.

Le roi personnifie la patrie, il en est la représentation la plus élevée; il faut donc que le dévouement au roi soit absolu, entier de la part de son délégué, comme il doit l'être à la patrie; et si le simple citoyen doit lui sacrifier ses intérêts et ses affections, à plus forte raison le fonctionnaire qui a consenti à l'aliénation momentanée de sa liberté pour se consacrer au service de l'État. Il faut donc que le prince puisse compter sur lui, pour l'exécution des lois faites dans l'intérêt et pour le salut de tous.

Le *Panniti-Sastro* indique un moyen d'éprouver le bon fonctionnaire, c'est de le mettre en présence d'une femme et de pièces d'argent. S'il ne les respecte pas, il n'est pas digne de devenir un serviteur de l'État.

« Le prince, de son côté, dit Bocharie (1), doit avoir en tout temps sa porte ouverte et être au service des serviteurs de Dieu; il doit en toute circonstance imiter les rois religieux, fidèles et justes; il ne doit pas s'habituer à des mets recherchés, car une telle habitude fortifie la passion qui est l'ennemie de l'homme, et quand cette ennemie l'emporte, il devient ensuite difficile de la subjuguer. Le roi qui rend la justice à ses sujets doit les écouter attentivement, et leur parler doucement et amicalement, afin qu'ils ne soient pas craintifs et lui ouvrent leur cœur, et qu'il connaisse leurs peines et leurs

(1) Chap. XVII. *De l'esprit des lois.*

embarras. Pendant qu'il donne audience, il doit supporter la présence des pauvres, des faibles et des moines mendiants; il ne doit pas dicter ses décisions en vue du plaisir ou de la douleur qu'il causerait aux hommes, ni méconnaître la loi de Dieu, car il sait que l'esprit des lois est que les hommes eux-mêmes ne peuvent se réjouir ni s'attrister de ses décisions. Enfin, il doit observer les traits, le ton de voix et les gestes de ceux qui s'adressent à lui, afin de pénétrer leur caractère et de bien juger leurs affaires. »

Et Bocharie expose au chapitre suivant, le XVIIIe de *la Couronne des rois*, tout un système de cranologie et d'observations physionomiques. « Par la physionomie, dit le philosophe malais, on connaît les vertus et les vices de l'homme à ses traits, parce que tous ses traits expriment une vertu ou un vice; celui qui possède cette connaissance peut se joindre aux bons et éviter les mauvais, protéger tous ceux qui portent le signe de la vertu et dénoncer ceux qui portent le signe du vice. » Ainsi, toujours selon Bocharie, une grande tête est le signe d'une ambition excessive; une petite tête est le signe du défaut d'intelligence; une tête moyenne est le signe de la science. Un large front, qui n'a pas beaucoup de veines ni de plis, est un indice de haine et d'envie; un front étroit est un signe de défaut d'intelligence et de jugement; un grand front indique la paresse, et un front légèrement plissé, le signe de toutes les bonnes qualités. Bocharie passe ensuite en revue les oreilles, les yeux, les cils des yeux, le nez, la bouche, les lèvres, les dents, le menton, la voix, les joues, la barbe, le teint de la figure, le col, les épaules, les omoplates, les paumes de la main, la poitrine, les poils de la poitrine, l'abdomen et les mollets. Toutes ces parties du corps humain fournissent à notre moraliste des indices qu'il croit infaillibles pour découvrir le caractère des hommes. *La Couronne des rois* renferme donc un véritable traité de physiologie au seizième siècle. Cette science est utile aux princes, ajoute Bocharie. Les princes doivent donc hanter les savants pour la posséder, et le philosophe accorde à ces derniers le premier rang dans la société; il leur donne le pas, même sur les généraux. « Dans les affaires de l'État, dit-il, la plume a plus d'influence que l'épée, car tout ce qui doit être fait par l'épée peut l'être par la plume; mais tout ce qui doit être fait par la plume ne peut pas être obtenu par l'épée. Quiconque veut connaître les lois de ce monde, doit lire tous les livres et les écrits; s'il n'agit pas ainsi, sa connaissance des choses de ce monde est incomplète; car il est clair que, dans cette vie limitée, ce que l'homme veut méditer ne peut l'être qu'au moyen de l'écriture et des livres; et c'est seulement de cette manière que la science des hommes peut se propager. L'écrivain fait donc partie du gouvernement du royaume, et une telle personne parle au nom de tous les princes et conserve toutes leurs pensées (1). » On ne sait si Bocharie

(1) Ch. XI.

s'est inspiré de Socrate, mais le sage de l'antiquité avait déjà sévèrement blâmé ceux qui aspirent au pouvoir, sans avoir les connaissances nécessaires au gouvernement d'un pays. C'est une simplicité, disait-il, de croire que, dans les arts les plus humbles, on peut devenir habile sans de bons maîtres, et que l'art le plus difficile de tous, celui de gouverner, vient de lui-même aux hommes. Les vrais rois et les vrais archontes ne sont pas ceux qui portent le sceptre, ni les élus du peuple ou du sort, mais ceux qui savent les choses du gouvernement (1).

Et lorsqu'on possède cette science, ce n'est pas tout de l'appliquer aux affaires du jour, au temps présent, il faut encore se préoccuper de l'avenir; il faut que ceux qui viendront après nous puissent recueillir l'héritage que nous leur laisserons; il faut que leur esprit soit préparé au régime politique qui les saisira à leur entrée dans la vie. L'éducation des enfants est donc un devoir pour quiconque veut se tenir au gouvernail d'un État.

De l'éducation des enfants.

Comme Socrate, Bocharie veut que la religion assiste à la naissance de l'enfant et entoure son berceau. « Les enfants, dit-il, sont des présents faits par Dieu

(1) *Mémoires de Xénophon*, liv. IV, ch. II, § 2. — *V.* Ad. Garnier, *La Morale dans l'antiquité*, p. 95.

aux parents; par conséquent celui à qui a été donné un tel présent, doit le conserver fidèlement.

« Les parents ont six devoirs à remplir envers les enfants : 1° Aussitôt que la mère est délivrée, elle doit faire laver le nouveau-né avec de l'eau pure, et le vêtir d'habits convenables, et lire à son oreille droite la formule du *Bang* (appel à la prière), et à son oreille gauche celle du *Khamât* (elle s'est levée). 2° Quand l'enfant a six ans, on le circoncit et l'on purifie son âme; on lui enseigne la manière de bien vivre et les bienséances, et on lui donne un nom propre. 4° A sept ans, on change l'enfant de chambre à coucher et on lui apprend l'esprit des devoirs religieux. 5° A treize ans, on lui ordonne d'observer les pratiques religieuses, et s'il s'y refuse, on l'y force. 6° A seize ou dix-sept ans, on lui procure une femme. » Dans le *Panniti-Sastro*, il est dit, au contraire, de ne pas céder promptement aux désirs d'un enfant de cet âge.

La nourrice exerce aussi sur l'enfant la plus grande influence. Bocharie conseille de la choisir parmi les personnes les plus saines et les plus vertueuses, parce que l'enfant suce avec le lait le caractère de la personne qui l'allaite.

« Lorsque l'enfant est sevré, continue-t-il et qu'il peut comprendre les hommes, il doit être confié à une personne religieuse qui craint Dieu. Cette personne doit, en présence de l'enfant, louer tous les hommes qui se conduisent bien et blâmer tous ceux qui se conduisent mal, afin que son cœur soit enclin à aimer tous les hommes de bien et à haïr les méchants; ensuite, il est important de faire, toujours en présence de l'enfant, l'éloge des savants et de dédaigner les ignorants, afin que l'enfant aime les savants et évite les ignorants; et quand l'enfant sait ce qu'il est indispensable de savoir des choses de la religion, il convient de le produire dans la société de toutes les personnes considérables, afin qu'il s'habitue à paraître devant les princes, et à causer avec tous les hommes savants et judicieux, et qu'il apprenne la manière de s'asseoir, de se tenir debout et de marcher, ainsi que les règles de la civilité, du respect et de la modestie, et toutes les bonnes manières observées par les gens bien élevés. — Puis, quand l'enfant possède toutes les vertus, il doit être conduit auprès des généraux qui savent l'art de la guerre, qui ont beaucoup vu et savent beaucoup, qui sont prudents et courageux, afin qu'il apprenne à monter à cheval et à manier toutes sortes d'armes (1). »

Telle est l'éducation que, selon Bocharie, le père de famille doit donner ou faire donner à ses enfants. Ce système est le même que celui conseillé par Socrate à ses disciples. L'enfant doit recevoir d'abord les premières notions de la religion, ensuite celles de la morale; puis, viennent les études préparatoires à toutes les carrières de la vie, et les exercices du corps, afin de pouvoir défendre la patrie.

(1) Ch. XIV.

Au reste, les idées sur la morale, développées par Bocharie dans son traité, étaient celles que la religion avait déjà enseignées dans l'Inde. Le temple de Brambanam renfermait en effet une ancienne inscription en langue kawi, qui a été traduite en javanais et communiquée par le sultan de Sumanap au professeur Roorda van Eysinga. Elle est, pour ainsi dire, le résumé de toute la doctrine de *la Couronne des Rois.* Nous la reproduisons ici en français d'après la version néerlandaise du savant indianiste:

« Au commencement, a été consignée ici par écrit une « tradition des ancêtres, car elle est très-utile si tu es « respectueux; mais si elle est reçue avec une intention mau« vaise, elle devient une malédiction.

« Cet écrit a été recueilli en l'an 396, le 3e mois, le ven« dredi de la VIe époque (celle où souffle le vent d'ouest, accompagné d'un peu de pluie).

« Il donne la connaissance du passé qui a été raconté, « étant l'instrument de l'allégement et du bonheur, afin que « soient gardés la prospérité et le succès du pays. La con« clusion de ceci est que par la persévérance, l'aliment, le « vêtement et la paix sont dans le pays et sont accordés à « ceux qui honorent les dieux. Ce culte est la perfection. Si « vous avez cette confiance, il doit être favorable; car chaque « homme, qui recherche la vertu, obtiendra une fois le ciel « qui est très-honorable; et tous les dieux, comme la plus « illustre divinité Siwa Bathoro Hindra, lui donneront toute « assistance.

« Celui qui agira mal obtiendra à la fin l'enfer, et tout son « être se montrera laid et grand comme un monstre, aux « formes de chien; il est ignorant celui qui se détourne de

« la vertu; ses mouvements involontaires sont ses ennemis.
« Ceci doit être lu durant la vie, pour devenir vertueux, « mériter des louanges et croire en Bathoro, qui a puissance « sur le monde et possède terre et ciel.

« Aussi à cause de leur révérence, les docteurs doivent « par toi, personne excepté, être honorés, et tu dois ap- « prendre d'eux, mais par-dessus tout être respectueux en- « vers Bathoro le tout-puissant, qui gouverne et soutient tout; « tu le loueras seul, pour obtenir un jour bonheur et béné- « diction, tandis que tu vis encore en ce monde.

« Honore aussi tes parents et tes ancêtres, et respecte leurs « leçons, que tu lis dans leurs écrits (bien qu'ils soient ré- « pandus dans le pays, ils sont inséparables), comme leurs « aïeux ont observé les prescriptions du dieu Bathoro, qui « a ouvert leur cœur à la vertu. Sache qu'elles ont pu pro- « duire des fleurs odorantes, d'où vient leur influence; telle « sera aussi ta puissance, qui recrée les sens, pareille « à celle d'un prince qui règne sur la terre. Comporte-toi de « la même manière; vertueux observateur des règles, aspire « à te maintenir ainsi, comme si tu purifiais une source et « devenais semblable à un illustre prince, qui tient le gou- « vernail pour l'avantage de ses sujets. Ne sois pas un dé- « tracteur des personnes parmi les bons ou les méchants; « que tous soient doués d'un témoignage éclatant; ce faisant, « que les méchants deviennent vertueux; que tout ceci soit « connu de toi. Ne fais aucune difficulté à montrer con- « fiance aux serviteurs, qui n'ont pas une notion très-claire « de Bathoro, lui qui t'a donné la puissance pendant son « règne et t'a confié le bien et le mal sur toute la terre. Il « est le roi qui règle les saintes institutions, afin qu'elles ne « dégénèrent pas en mal. Tu occupes le même rang qu'un « père auprès de ses enfants.

« S'ils sont soumis ceux qui se sont mal conduits, conseille-

« leur l'amélioration; s'ils ne veulent pas le bien, apprends-
« leur par les lettres le bien et le mal qui s'y trouvent,
« comme il est dit dans le texte du Sastras, pour l'avantage
« des vivants.

« Dans tous les pays doivent être des hommes distingués
« pour régler les affaires. Surtout trois choses doivent être
« observées :

« 1° Que l'enseignement soit donné comme il est dit dans
« le Sastras.

« 2° Qu'il n'y ait ni richesse ni pauvreté parmi les su-
« jets, et que chacun connaisse la place de son champ.

« 3° Sois tout cœur dans le culte de Bathoro; honore-le
« et sois réjoui.

« Habille-toi convenablement et que ton corps soit pur.
« Protégé par Bathoro Giri Noto, connais sa toute-puissance
« et ne fais tort à personne. Puisse une élévation t'être don-
« née; ce qui est très-important pour l'homme, afin que
« les méchants soient anéantis. Que la vertu se fortifie en
« toi, d'après la manière d'agir de l'homme très-élevé. Si
« tu veux changer de place, dirige-toi vers un endroit écarté
« pour subjuguer le corps et faire pénitence, afin que le rayon-
« nement de la personne devienne visible à Bathoro. Rien n'est
« si beau que d'enchaîner les mauvais désirs, que de les sou-
« mettre à la volonté, à l'aspiration élevée; les contra-
« riétés domptées deviendront les moyens de faire dévoiler
« la purification. Sri Maha Radja fera descendre sa gloire,
« car la voix aura été entendue.

« Honore Bathoro, il descend pour toi dans sa puissance;
« il faut lui demander la direction de la vie, pour l'obtenir
« aussi longtemps que tu es encore en vie.

« Il faut veiller courageusement sur toi; une fois tu devras
« retourner au néant, et tu dois bien peser ceci et faire sa-
« voir cela aux ignorants, afin qu'ils se préservent dans cette

« vie. Si tu agis ainsi, le bonheur ne t'échappera pas. Agis« sant ainsi, tu seras comme si tu gouvernais un royaume « en prince ; et si les dieux exaucent toutes les prières, au« cun de leurs serviteurs ne pourra t'être comparé ; et tel « est le signe de la perfection de l'homme à qui elle a été « donnée, tu seras comme le lion qui domine toute la race « des animaux sauvages. Agissant ainsi, le prince qui gou« verne le royaume est fortifié et Celui qui l'a créé ne « l'abandonne pas ; combien davantage ceux qui sont soumis « au prince ou font pénitence pour devenir puissants, « comme les marchands pour obtenir des richesses ! Rien « n'est comparable à ceux qui obéissent.

« Car Brahma ne leur laisse arriver aucun mal ; il sait, « avant qu'ils se montrent, le bien et le mal qui nous sont « réservés. Ceux qui font pénitence sur la montagne ont une « puissance telle que pas un habitant de la forêt ne peut les « épouvanter, mais par la faveur de Celui qui anime tout, ils « sont craints des autres à cause de leur bonté. Jamais on « ne doit cesser de le louer.

« Les personnes considérées, qui servent le pays, doivent « mener un train de vie ordinaire ; toi, quand tu auras atteint « cinquante ans, tu dois t'écarter et prier pour mourir « comme un enfant ; tandis que ton corps et ton âme souffrent « beaucoup, écoute et vois d'après ce régime que rien ne « ressemble à la fin de la vie. Si tu as la lumière de la science, « tu connaîtras la destinée de ton âme et de ton corps, et tes « vœux ne seront pas déçus, mais tu quitteras doucement la « vie.

« Le signe de cela est visible. Quand l'âme cherche un re« fuge, où se place-t-elle ? Elle devient ou royale ou s'en va « dans des hommes repoussés, maudits, dans des animaux « ou des oiseaux. Si elle devient royale, sa place est dans le « ciel, qui est nommé avec raison le lieu du repos par

« excellence. Les hommes changent-ils dans un état arriéré, « l'enfer est leur lot, mais ils peuvent espérer le pardon des « dieux. S'ils passent dans un animal sauvage ou dans un oi- « seau, aucun pardon ne leur est accordé; et s'il leur arri- « vait aussi un temps de pardon, les animaux seraient maî- « trisés par l'homme et lui seraient unis; donc tu ne dois pas « t'attrister sur ces perfectionnements, qui feront pardonner « tes péchés par le mérite des braves.

« Lorsque ton corps est encore pur et que tu tends à une « place impure, tu perds la paix de ton âme. S'il est de- « mandé qui possède la paix, on cherche et on trouve seule- « ment celui qui observe les paroles de Bathoro et possède « seul la vertu. Celui qui se conduit vertueusement obtiendra « certainement la réalisation de ses vœux; mais celui qui « trouve son unique plaisir dans la débauche et à dormir, et « qui s'est rassasié dans la couche des femmes, aspirera « vainement au bonheur; il ne peut envoyer des louanges « à Bathoro. Aussi seras-tu récompensé ci-après selon « que tu te seras conduit sur la terre, et partant tu assume- « ras des peines à cause de tes mauvaises actions.

« Mais toi, qui réponds fidèlement à ce que tu as appris, « anéantis toute impureté dans la pensée à l'égard de ton « prochain, et ne trouble pas le repos des compagnons de « ton sort, de ceux qui partagent avec toi. Ne crains aucun « riche, ne repousse aucun pauvre. Tu ne dois honorer au- « cun richard, c'est la volonté certaine de Bathoro; car le « bien et le mal, tout vient de la puissance des dieux. Cha- « cun sans exception est créé par eux.

« O vous, qui suivez les conseils des dieux, vous qui êtes « princes, qui imitez les dieux, vous devez connaître la « manière de vivre de chacun dans votre royaume, car telle « est la volonté de Bathoro, qui dispose de la vie et de la « mort.

« O homme! tu es un animal doué de raison, capable de « dominer sur tout ce qui est sur la terre et sur la mer; et « même le roi des poissons ne surpassera pas l'homme en « puissance et en science ? telle est la parole de Bathoro.

« Chaque homme est placé au-dessus de la femme, mais « beaucoup d'hommes ont été subjugués par les paroles des « femmes; car les femmes sont destinées par les dieux à ne « pas avoir des vues justes. Leur désir est de dominer l'homme, « et elles tiennent leur désir pour de la sagesse, souhaitant « que l'homme se soumette à leur volonté. Huit femmes ju« dicieuses sont égales à un homme. Toutefois il en est qui « sont citées parmi les femmes comme reines, ainsi : Sri « Tjito Wati, Sinto Dewi et Sakdjrewati Drou Pati.

« Il a bien existé une lutte terrible au temps de Dhiporo « Djogo, Tirto Djogo, Kartdsjogo et Sangngoro; alors il y « eut beaucoup de princes conjurés et changés en dragons; « il y en eut aussi qui furent métamorphosés en éléphants, « parce qu'ils méprisaient les prescriptions de Bathoro; car « les éléphants engagent les batailles et dans les contrées « qu'ils parcourent, personne ne peut lutter contre eux.

« Mais cela a été ainsi réservé aux hommes sur la terre, « parce qu'ils étaient faibles, par leurs passions brûlantes « pour les belles femmes; il n'en fut pas ainsi quand ils se « conduisaient en vrais princes, comme ceux qui font des « sacrifices sur la montagne et honorent le souverain direc« teur de la vie et de la mort, de sorte que le Sphinx n'ose « pas les détruire, car ils sont connus comme dévoués aux « dieux. Le dieu Brahma veille sur vous tous, mais vous ne « connaissez pas votre destin ni votre heure.

« Il en est qui s'efforcent d'atteindre le haut de la mon« tagne pour faire pénitence, avec l'intention de servir leur « roi. Quand ils n'ont encore rien fait de semblable, ils s'at« tribuent beaucoup de mérite, et si les chefs ne se rendent

« pas à leurs vœux, ces hypocrites deviennent rancuneux;
« ils ne se comportent pas comme ceux qui accomplissent
« leur tâche.

« Par la puissance de la pensée, la louange aux dieux de-
« vient aussi brûlante que la flamme qui jaillit du bois sec
« que l'on frotte. Ainsi faisant, chaque homme obtiendra sa
« place s'il désire le vrai bonheur. »

LE SEWAKA.

Après la *Couronne des Rois*, qui est un traité général de morale, où l'on trouve des préceptes pour toutes les conditions de la vie, il nous faut citer un petit manuel en vers malais qui contient une règle de conduite à l'usage des serviteurs et des fonctionnaires. Il est par conséquent divisé en deux parties, où sont exposés leurs devoirs réciproques. L'auteur de ce poëme didactique se nomme Mas-Souma-di-Rana et il l'a écrit en 1718, en sa maison près du chemin, par ordre de son frère Wira-di-Wangsa, qui est un « Mantri », c'est-à-dire un savant (1). Il se dit très-digne de pitié, et dès sa jeunesse il n'a jamais envié les joies et le bonheur des hommes, pourvu qu'il pût vivre par le travail. « Que tous pardonnent, ajoute-t-il, au serviteur qui écrit avec courage l'œuvre *Sewaka*, ce qui signifie : « Comparaisons ».

(1) *Tydschrift voor ind. taal*, 1851, t. I, p. 464.

I. *Devoirs du serviteur.*

Comme Xénophon (1), Wira-di-Wangsa veut que le serviteur soit dévoué à la personne de celui qu'il sert : « De la part du maître, reçois tout en bien. Comme si prenant des leçons d'un professeur tu dois gagner sa confiance, il faut aussi veiller à ce que le professeur te l'accorde. Sois actif et vigilant; ne dispute pas la place où tu dois t'asseoir. Si tu possèdes sa confiance, la faveur suivra. Ne te préoccupe pas du bénéfice que tu pourras retirer.

« Ne fais pas ton affaire principale de ton propre intérêt ou avantage; au contraire sois comme attaché au *paséban*, qui est la place où un serviteur doit paraître pour recevoir les ordres de son maître. Occupe-toi d'obtenir l'attention de ton maître. Si quelqu'un est gratifié de champs de riz, qui bientôt lui seront enlevés, il vaut mieux qu'il n'ait pas reçu ce prêt. Avec un battement de cœur, il se livre à leur appropriation et les champs de riz lui sont enlevés. — « C'est pourquoi dans la société, il est en toutes choses la fleur des hommes, celui qui se montre zélé en tout ce qu'il fait, pour combattre ou agir ainsi selon le désir du maître. Il doit, que ce soit même sur le *paséban*, demeurer auprès du maître, et ne s'occuper ni de sa femme, ni de son enfant. Un nouveau venu dans le service doit tâcher d'obtenir la

(1) *Econom.* ch. XII.

confiance de ses compagnons, qui mangent avec lui le pain du même maître. Il doit être vigilant et expéditif dans l'accomplissement de son travail, afin qu'on fasse attention à lui.

« Dans le service on doit compenser une chose par l'autre, si l'on dort un moment, on sera plus actif en un autre moment. On se verra trompé, si l'on perd toute énergie dans le service. On fait cas de la marche, afin que le corps ne soit pas tué à moitié. Au service, on s'impose pour but une expiation dans un bois solitaire. On considère cela comme si on allait dans une grotte; et se tenant respectueusement dans une position d'humilité devant Dieu, le dispensateur de la destinée humaine, on s'abstient de manger et de dormir.

« Pour celui qui fait des expiations sur une montagne, si ses expiations n'ont pas duré des mois et des années, sa renommée n'apparaitra pas encore. Il n'y a pas de différence entre servir, se livrer à des expiations ou cultiver du riz, trafiquer ou enseigner, si cela n'a pas duré des mois et des années.

« Quand tu seras en présence de ton maitre, ta place ne doit pas être ni trop en avant ni trop en arrière, mais plus ou moins de côté. Aussi lorsqu'il voyage, ou qu'il se promène au loin, ou qu'il guerroie, ne va pas devant, ni derrière lui, mais marche tant soit peu de côté. Ta place ne doit pas être trop près, ni trop loin de lui; mais à cette distance qu'une lance puisse se trouver entre vous deux.

« Quand tu paraitras devant ton maitre, veille à ce

qu'il puisse te voir et ne sois pas couvert; sois prêt pour l'exécution de ses ordres. Et si quelqu'un paraissant devant lui a le naturel des racines qui se répandent sur le sol autour de l'arbre, et cherche à se cacher (comme ces racines se cachent mutuellement), derrière deux ou trois de ses compagnons, afin de ne pas être employé par le maître, c'est le signe qu'il n'obtiendra rien de longtemps.

« Sans avoir ni yeux ni oreilles, l'esprit est pénétrant. Si celui qui veut servir fréquente les sociétés bruyantes, s'il est gourmand, son maître voit bien qu'il ne cherche que son avantage personnel et évite le travail.

« Celui qui a servi beaucoup de maîtres est signalé par le monde. Un vagabond, un animal attaché au premier venu, est son nom; le caractère du chien est devenu le sien. Si une personne distinguée est avisée, elle ne désirera pas le prendre à son service. C'est une erreur, chez un serviteur, d'abandonner un maître sans motif.

« Il est accompli celui qui est fidèle à son maître, qui exécute toutes ses volontés dès qu'il paraît devant lui, qui est plein de zèle dans le travail. Tu deviens ainsi, par ton travail, le créancier de ton maître, et lui, ton débiteur; il te distinguera des serviteurs paresseux.

« Le zélé apprend tous les jours par les yeux et les oreilles; enfin il devient capable. Tout ce qu'il entend et voit, si c'est bon, il l'observe.

« Ne cesse pas de demander avec douceur l'instruction aux compagnons avec qui tu manges le pain du même maître; prends tout en bonne part, tout en bien de leur part. Fais en sorte que tous te soient dévoués. S'ils te font remarquer tes fautes, sois-en reconnaissant et corrige-toi; cela prouvera qu'ils t'ont donné le meilleur enseignement.

« Trois choses appartiennent à l'ancienne règle, dans le service. Si ton maître paraît, va au-devant de lui, accompagne-le à sa sortie; s'il t'impose une tâche difficile, va au-devant de ses désirs. Dans le *Niti Pradjà*, il est dit : « Capacité, union, courage; comprends-en « deux choses : Ordre, attention. » Quand on occupe la première place, on doit *demander* et *suivre*.

« En tout ce que fait un serviteur, qu'il ne se fie pas à ses connaissances; la conséquence de cela serait son humiliation. Quelques-uns s'efforcent d'arriver au premier rang, afin que toutes les lèvres prononcent leur nom. Ils se familiarisent avec les grands, et font comme s'ils étaient de leurs familles. L'homme vertueux cache sa science et montre son zèle avant tout.

« Si le maître t'a donné ou prêté quelque chose, sache reconnaître le service qu'il t'a rendu; car il est dit : « La rémunération d'un don accompagné d'une parole aimable est la mort. » Ne sois pas distrait pendant les leçons. Le dégouttement d'un peu de sang, le déchirement de la peau, est la reconnaissance de la faveur de celui que l'on sert. Tel est l'homme parfait.

« Si quelqu'un ne possède pas encore la confiance du maître, c'est qu'il fait sa principale besogne de la gourmandise. Ceci est-il découvert, c'est pour lui un chagrin. Il a une marque sur le dos aussi longtemps qu'il vit; tous ses compagnons le signalent. A la place où il sert, il a une balafre avec lui. On dit de lui qu'il est cuirassé contre le déshonneur, qu'il est épais de peau et couvert de lâcheté et de honte; il n'est pas un homme parfait.

« Un serviteur n'oublie pas ceci; il se prive de trésors et de femmes. Ce sont des casse-têtes. Il évite les femmes que le maître entretient (ses femmes, ses concubines et ses filles). Car cela n'est pas toléré dans le monde entier. Au contraire il veille sur elles. Ceci est-il une cause de déshonneur pour le maître, il doit le partager avec lui. Il ne peut pas aimer une femme que le maître aime.

« Si tu fréquentes les femmes que le maître entretient, cela s'appelle : « La secousse use la plante. » Certainement tu avances ta mort. C'est pourquoi tu auras toute ta vie une tache; tes prières n'auront pas de prise; on ne se fiera pas à toi dans le monde. Celui qui est vertueux est marié par son maître à une femme de sa famille. S'il en est digne, il demeure avec sa femme dans les liens du mariage.

« Si quelqu'un reçoit un dommage, aussitôt tu l'aideras et tu arrangeras son affaire. Veille à ce que personne ne s'oublie. A ceux qui n'observent pas les prescriptions de la loi, les commandements du seigneur *Boupati*, rendez-leur justice selon droit. Il en est qui doivent être mis à l'amende selon leurs méfaits; d'autres qui doivent être pillés; n'encourage pas ceux qui négligent leur travail; ne crains aucun parent du maître.

« Celui à qui le maître fera grâce se rappellera toujours sa générosité; il sera plus vigilant, plus attaché à son maître; il veillera toutes les nuits auprès de lui. Comme un témoignage de ton dévouement à ton maître, tu rechercheras ce qui peut lui être agréable si tu en es capable; et tu lui livreras ta femme et tes enfants, afin que ton maître soit satisfait.

« Tu aimeras tout ce qu'aime le maître, soit un cheval, un coq, un chien, soit un kriss (poignard). Tu auras soin de tout cela; et s'il plaît au maître de se railler de toi, que tes traits expriment la crainte; comprends sa raillerie, ris et réjouis-toi de cela. »

Celui qui a dicté ce règlement de conduite, qui a donné au serviteur le conseil d'un dévouement aussi absolu à son maître, dévouement qui va jusqu'à l'abnégation et l'anéantissement de la dignité humaine, celui-là était certainement un sectaire de Bouddha. Bouddha, en effet, avait enseigné que pour arriver à la perfection et au bonheur, il fallait dompter sa volonté et ses affections, et renoncer au monde et à sa famille. Lui-même avait donné l'exemple du sacrifice en quittant la plus belle des fiancées et le trône de ses pères. Et comme l'Inde croyait à la transmigration des âmes, la légende ajoutait que, pendant une de ses existences antérieures, Çakya-Mouni, touché de la douleur d'une tigresse affamée et qui n'avait plus de lait pour nourrir ses petits, lui avait donné son propre corps en pâture.

Deux siècles après, le philosophe chinois Meng-Tseu enseigna que si l'on n'a pas les sentiments d'abnégation et de déférence, on n'est pas un homme. Il y a loin de cette doctrine aux conseils égoïstes que Cicéron donnait à son fils, en commentant un vers d'Ennius : « Accordons, même à un inconnu, tout ce qui « peut être accordé sans détriment pour nous (1). »

II. — *Devoirs du fonctionnaire.*

« Si tu deviens fonctionnaire, reconnais-toi toi-même comme tel; assimile-toi à un père. Sois enclin au pardon. Ta langue doit être douce pour la rendre agréable aux subordonnés. Désire qu'ils t'appellent leur père et qu'ils t'aiment. Aie un noble cœur; ne retiens rien de leur argent; n'aie pas de penchant à accaparer le bien des humbles; par là tu serais certainement nommé un envieux.

« Quand tu chargeras les serviteurs d'une tâche, elle peut être bien ou mal faite; sache donc distinguer ce qui convient à chacun. Tu dois te servir d'une hache pour couper le bois; tu dois te servir d'une bêche pour fouiller la terre; tu ne dois pas te servir d'une bêche pour couper le bois, elle se briserait et tu n'atteindrais pas ton but.

« Se sert-on d'une hache pour fouiller la terre, tu useras inutilement la hache et tu n'obtiendras rien de

(1) *De Officiis*, § XVI.

bon; car ton outil n'est pas fait pour ce travail. Ainsi doit une personne de distinction, chaque jour et chaque nuit, visiter le *paséban;* la nuit trois fois et le jour trois fois.

« Tu ne dois pas retenir le salaire. Ne fais pas de présent au paresseux. Quand tu voudras donner un présent à quelqu'un pour une ou deux courses, il faut d'abord l'envoyer s'acquitter de sa mission; tu lui donneras ensuite le présent. Si tu veux donner un présent à un paresseux, ce sera sans profit pour toi et le peuple en parlera.

« Une personne de distinction, qui ne pratique pas assez la justice, est semblable à un champ vide qui ne produit pas d'herbe. De quelle utilité est celui-ci? Le gibier lui est indifférent et se tient loin de là, puisqu'il n'y a pas d'herbe. — Elle est semblable à un lac où il n'y a pas d'eau. Il ne s'y trouvera certainement pas de poissons, parce qu'il n'y a ni varech ni mousse; car qu'y mangeraient-ils?

« C'est pourquoi son observation de la justice doit être grande. Si elle ne recourt pas aux récompenses ni aux peines, bientôt son *paséban* sera abandonné. Justice signifie qu'on doit répartir le travail selon les convenances et l'équité; que la récompense doit être méritée. Récompenser et punir signifient : Raisonner sérieusement avec ceux qui sont distraits dans leur travail.

«Punir celui qui faillit, c'est justice. Mainte personne de qualité ne récompense ni ne punit selon le droit.

Elle ne distingue pas entre celui qui a cassé une écuelle de terre ou un morceau de bambou, et celui qui a brisé la tablette d'une table ou un vase. Elle ne fait pas attention à celui qui remplit son devoir et ne lui fait aucun présent.

« Sois capable de t'attacher en secret tes serviteurs. Il faut choisir à cet effet les plus vertueux. Laisse chacun d'eux s'approcher de toi lorsque tu es seul, et veille à ce que personne ne le sache. Lorsque ton subordonné sera près de toi, accorde-lui une parole aimable; dis-lui doucement. « Je n'aurai à ma mort « d'autre compagnon que toi, qui es assis dans mon « cœur; tu seras mon compagnon dans la vie et « dans la mort. »

« Donne-lui ensuite un beau vêtement, un ceinturon, un bonnet, un kriss, des lances. Défends-lui d'en parler, de répéter que tu es son ami, parce que ton serviteur serait envié et attirerait la jalousie des autres serviteurs.

« Cinq jours ou un demi-mois après, tu dois appeler un autre serviteur; tu dois le traiter de la même manière; mais appelle-le à l'insu de ses compagnons. Laisse-le cacher ses présents. Sache garder ta ruse : une langue morte ne doit pas être découverte, tiens-la cachée; par ce moyen tous les serviteurs verseront leur sang pour toi.

« Chacun se dira : « Moi seul possède l'affection du « maître; personne de mes compagnons ne sait que « j'ai sa confiance. » Et tous penseront ainsi; c'est pourquoi ils donneront leur vie pour lui, car il est dit que la mort est le prix d'une récompense; mais la manière de récompenser doit être ainsi.

« S'il agit autrement, ils ne mourront pas pour lui. Beaucoup de maîtres seront abandonnés de leurs serviteurs s'ils n'agissent pas ainsi. Une personne de distinction est-elle avare et chiche dans les récompenses, elle sera dans la guerre abandonnée de la bande qu'elle a choisie. Le maître peut certainement éveiller le courage chez les serviteurs les plus indolents, par la distribution de récompenses.

« Mais si le maître se contente seulement de donner des présents, ce sera à son détriment. S'il ne gagne pas le cœur de ses serviteurs par l'amitié, ses présents glisseront et manqueront le but; car il est naturel que l'homme connaisse le goût du sel fort. Si ces conseils sont favorablement accueillis par les grands, parmi lesquels on trouve peu de personnes qui observent cette pratique, les petits ne tiendront pas à leur vie; ils seront gagnés par l'amabilité.

« Quand un maître fait la guerre, il doit veiller à ce que tous ses soldats soient instruits dans l'art militaire. C'est une bataille perdue pour un maître, s'il succombe le premier dans le combat. Cela est indigne du rang de *Mantri*. S'il est attaché aux biens terrestres, s'il est avare de récompenses, s'il perd son temps dans les plaisirs, aux jours de la bataille, il la perdra bientôt ou sera abandonné de son armée.

« Si tu es devenu riche, connais ta richesse. C'est une

chose sainte d'en donner une portion aux pauvres. Qu'elle te serve comme argent de voyage dans la recherche de la connaissance de la vérité. Ne te lasse pas de donner et que tes dons te suivent. Mets la nourriture dans la bouche de celui qui souffre ; nourris les pauvres fakirs, les enfants de la foi ; par là tu seras aimé sur ton siége élevé.

« Si tu es devenu pauvre, reconnais ta pauvreté, parce que tu ne possèdes rien. Ne sois pas un débauché, sois modéré, fais ce que tu peux tous les jours. Ne sois pas gourmand, ne mange pas autant que tu peux pour être rassasié. Remets ta faim jusqu'à l'heure où l'on ôte le joug de la bête de somme (le matin), cela te servira d'expiation.

« Le meilleur de l'homme est le zèle qui provient de ses privations, le zèle dans tout ce qu'il fait. Être zélé en toute chose est très-bon ; que l'on fasse le commerce, que l'on lise les livres des saints, que l'on cultive le riz, que l'on serve ou que l'on fasse la guerre ; en toute chose, il vaut mieux être zélé que lent et paresseux.

« Avertir le maître veut dire : S'il veut quelque chose qui ne soit pas bon, on doit toujours lui résister. Lui être dévoué veut dire : Tout ce que le maître aime à manger, tu dois le chercher et t'efforcer de le trouver. Donne-le-lui ; si c'est peu, c'est bien ; si c'est beaucoup, c'est mieux.

« Si l'on est doué d'illustration par le dispensateur de la destinée humaine, c'est là le fruit de l'expiation ;

on a reçu à la fin sa récompense. Un gourmand, qui n'a jamais de sa vie diminué la mesure d'après laquelle il a l'habitude de boire et de manger, quelque instruit qu'il soit, s'il vit dans l'aveuglement, ne peut être heureux; il n'en restera pas moins toujours dans la souffrance. Il en est autrement de l'homme qui a mérité le bonheur par la peine et la douleur; celui-là est heureux sans souffrance.

« Ceux qui par la peine et la souffrance ont le droit d'obtenir quelque chose, peuvent servir ou faire le commerce; leur fortune est certaine. S'ils cherchent la science, cela ne leur coûtera pas et ils la trouveront facilement. En toutes circonstances, ceux qui persisteront dans le combat pour atteindre le but, s'ils ont souffert, seront exaucés dans leurs désirs par Dieu, le dispensateur de la destinée humaine. »

Dans cette seconde partie du *Sewaka*, on croirait que Mas-Souma-di-Rana a connu le traité de l'*Économie* de Xénophon, où cet écrivain explique, d'après Socrate, les devoirs du chef de maison envers les domestiques. Comme lui, il recommande la bienveillance, la justice distributive, c'est-à-dire les récompenses et les punitions. « Chez ceux qui servent, il y a, dit Ischomaque, des hommes amis de l'honneur, qui sont excités par la louange. Ils en sont avides, comme les autres de la nourriture et du breuvage. Lorsqu'il faut que je procure des manteaux ou des sandales aux travailleurs, je ne fais point faire ces vêtements de même qualité, et je donne les plus beaux, comme un honneur, aux meilleurs ouvriers. Car c'est un découragement pour ceux-ci de voir que tout le travail se fait par leurs bras et qu'on accorde le même salaire à ceux qui ne veulent ni travailler, ni s'exposer à la fatigue (1). » Le moraliste de l'Orient veut, comme celui de la Grèce, que la richesse soit le produit du travail et de l'économie.

Deux autres traités de Morale, écrits en un dialecte de la Sonde, se trouvent encore déposés dans la bibliothèque de l'Académie de Batavia. Malheureusement nous ne les connaissons que par une analyse succincte de M. Halle. Dans le premier de ces manuscrits, il est dit que les enfants de Rahyang Banga ne peuvent pas abandonner les devoirs de la religion, afin qu'ils restent forts et invincibles dans la guerre. Le deuxième manuscrit, qui est daté de 1518, renferme des leçons à l'usage de toutes les classes de la société et constate qu'il est utile à chacun « pour donner « la paix au pays, aider le prince et assurer une longue « existence à la nation; afin que les maisons puissent « être habitées, les granges remplies, les champs pro« ductifs, etc. ». Ensuite, on y trouve des conseils à la sage-femme qui porte pour la première fois le nouveau-né hors la maison : « Que vos oreilles n'entendent « pas ce qui ne peut être entendu; que vos yeux, « votre langue, votre bouche, vos mains, vos pieds, « etc., ne voient, ne goûtent, ne disent, ne prennent,

(1) *Econ.*, ch. XIII, § 9 et suiv. traduct., *Garnier.*

« ne marchent, etc., que ce qui peut être vu, goûté, « dit, pris, marché, etc. »

Puis, des conseils sur la subordination entre les diverses catégories de personnes : « L'enfant est soumis au « père, la femme au mari, l'esclave au *patjandan*, l'élève « au maître, le laboureur au *dowati*, le *wado* au *mantri*, « le *mantri* au *nungganan*, celui-ci au *mangkouboumi*, « celui-ci au prince, le prince aux demi-dieux et « ceux-ci à Dieu. »

Après, sont exposées les leçons du *Sanghyang Siksa Kanda* sur la manière de se conduire et ce qu'il faut éviter : « On ne peut pas amoindrir la vérité, ni men« tir, ni voler, ni endommager le champ, le jardin ou « le bétail d'autrui; on doit le respect aux parents « et au prince; pratiquer l'hospitalité, apprendre un « métier; lorsqu'on se trouve dans la capitale, on « doit s'écarter de sept pas devant un grand, de « trois pas devant un petit. Tout ce qui peut être « utile, l'esclave doit l'apprendre du chaudronnier, de « l'orfévre, du ferronnier, de l'acteur de théâtre, du « soldat, de l'archer, du porcher, du pêcheur, du « plongeur, etc. »

Chaque leçon reçoit un nom particulier. Celle du *wayang* ou du poëte, s'appelle *gourou panggoung;* celle de lecture, *gourou tangtou;* celle de sculpture, d'architecture, de dessin ou de peinture, *gourou weriri;* celle de religion, *gourou rare*, *kaki* ou *outama*, selon la personne qui la donne « enfant, père ou prêtre, *pandita* ».

L'auteur du manuscrit traite ensuite des devoirs du mari envers sa femme et résume ainsi son enseignement : « Que celui qui observe le *Sanghyang Siksa-« Kanda* soit comme quelqu'un qui se mire. Regarde-« t-il dans le miroir, il voit son image ; n'y regarde-« t-il pas, il ne voit rien. Une conversation inutile est « comme une ville basse.

« Veux-tu connaître la profondeur de la mer? In-« terroge celui qui est instruit. Ses mystères sont pa-« reils à la science du prince et du souverain pontife. « Veux-tu connaître l'étendue du désert? interroge « l'éléphant. Veux-tu connaître l'odeur des fleurs? « interroge la mouche-bourdon. Veux-tu savoir « quelque chose des légendes? interroge le wajang. « Veux-tu savoir la manière de chanter? interroge « le paragouna. Veux-tu savoir les pantons? inter-« roge les bardes. Veux-tu savoir ce qui est forgé : « les armes du prince qui servent toutes à tuer, les « instruments du laboureur qui servent à obtenir « tout ce qui est mangé et bu, les outils du pandita « qui servent à greffer? interroge le forgeron. »

Ainsi des autres métiers. Pour apprendre à faire la guerre, il faut interroger le chef des soldats.

« Veux-tu savoir quelque chose du contenu des « livres saints, des sortiléges? interroge Sang Brah-« mana. Du culte des dieux? interroge le gardien du « temple. »

« Sur les baies, grottes, caps, îles, rochers qui cou-« vrent la mer, interroge le nautonnier.

« Sur les valeurs, les millions, interroge le marchand.

« Veux-tu connaitre les langues? interroge ceux qui les possèdent.

« Tout cela est utile. »

Enfin, « en ne niant pas la foi, en délaissant le « mal, en ne portant pas atteinte à la propriété d'au« trui, en cultivant ton champ, tu peux assurer ton « existence (1). »

C'est encore le bouddhisme qui a inspiré ces préceptes, et ils concordent avec ceux que Socrate donne à Critobule en lui faisant l'éloge de l'agriculture « qui est une source de prospérité pour la maison « et facilite l'accomplissement de tous les devoirs d'un « homme libre (2) ».

Nous ne saurions mieux clore cette série de leçons de morale, qu'avec les conseils consignés par Radja-Ali de Riouw dans le petit poëme qu'il a composé pour un de ses amis, fonctionnaire à Batavia :

« Écoutez, monsieur, ce que votre père dit à son jeune et civilisé fils. (Ainsi pensa-t-il en lui-même.) Le père donna ce bon conseil : O mon jeune et bientôt accompli fils, si tu es au service du prince, agis dans la droiture du cœur et applique-toi à être courageux au travail. Ne sois pas lent au service du gouvernement, ni infidèle dans ce qui est public ou caché. Laisse ton âme être pure et juste comme l'eau

(1) *Tydschrift voor Ind. taal*, 1867, t. I, p. 45.
(2) Xénophon. *Econom.*, ch. V.

dans un verre. Si mon fils devient un grand personnage, que sa voix ne soit pas altière, et qu'il ne se conduise pas comme un homme impoli, parce que beaucoup de gens prennent cela en mauvaise part. Mon fils sera châtié dans ses expressions et doux en ses manières. Il sera patient et évitera de faire rougir qui que ce soit. Mon fils recherchera ce qui pourra être avantageux aux autres, afin que leur cœur ne se détourne pas de lui; et mon fils sera renommé dans le pays, parce que sa conduite sera celle d'un homme sensé. Mon fils, médite le conseil de ton père : garde-toi de la séduction du démon, tâche de fréquenter les gens instruits, et évite les imbéciles. Un grand nombre d'hommes vaniteux ne pensent pas juste; ils ne suivent pas les leçons de leurs maîtres; leur langage est décousu et leurs manières sont celles de chiens qui sont en chasse. Leurs manières et leur conduite ne peuvent être changées; leurs propos grossiers vont toujours leur train; ils ne savent pas s'ils font rougir quelqu'un et sont à cause de cela haïs de chacun. Le jugement fait défaut à ces gens-là; ils ne considèrent qu'eux seuls; eux seuls sont beaux; ils sont fiers et n'estiment personne; ils sont continuellement en lutte contre l'humanité. Mon fils répudiera cette manière d'être, parce qu'elle est condamnée par le Très-Haut; et là où on la trouve, elle n'est pas estimée la valeur d'un *dewani* (petite monnaie arabe en cuivre de la grandeur d'un centime).

« Une autre sorte de gens, dépourvue d'intelligence

et de bonnes manières, se hâte d'arriver au premier rang, et n'observe ni les lois, ni les usages. Ils se heurtent contre tout et se fraient un chemin à toute force; tout ce qu'ils touchent doit plier devant eux; tout ce qui est devant eux est abaissé. Ainsi agissent les gens mal élevés.

« On doit aussi se rendre utile auprès de celui qui gouverne, mais d'une manière intelligente et convenable, afin que le pays devienne florissant.

« Si les ordres sont donnés d'une manière douce et agréable, chacun les suivra volontiers. Si l'on veut gouverner avec le fouet, il convient aussi d'ajouter quelques mots. Ceux qui reçoivent les ordres se considèrent comme humiliés et souhaitent d'être morts.

« Tels sont les conseils du père, du vieillard, à son jeune et noble ami.

« Qu'il s'oppose à de mauvais désirs, afin qu'il ne devienne pas la risée du monde. Ceci est la fin du conseil donné et de l'écrit.

« Le père envoie ses salutations et ses souhaits de bonheur, aussi bien aux chrétiens qu'aux mahométans (1). »

L'auteur de ce poëme est islamite, et l'on voit de quel esprit de tolérance il est animé! Tous les hommes de bien lui sont chers.

(1) *Tydschrift voor Ind. taal*, 1857, t. II, p. 67.

DROIT PUBLIC ET PRIVÉ.

Gouvernement patriarcal. — Ordonnance d'un roi de Madjapahit en langue kawi. — Jugement des affaires chez les Papous. — Le Papou ne connaît pas la propriété territoriale. — Jugements criminels à Amboine. — Sorciers. — Vie sociale des Battaks. — 1° Société. — 2° Deux classes d'individus : personnes et choses. — Les *Margas*. — Les *Oulas*. — Le *Hadat*. — Des communautés dans leur état présent. — 1° Le *Namoramora* et *l'Anginiradja*. — 2° Le *Hallak Nadjadji*. — — L'*Ompong dalam*. — Le *Pangkoungdangi*. — L'*Atoban*. — Le *Persing-Iran*. — Division des communautés en *ripé's*. — Les *Pagaran's*. — 3° Des indigènes et des étrangers. — 4° De l'administration de la communauté. — 5° De l'union des communautés en corps confédérés. — 6° Des rapports des fédérations entre elles et entre leurs subdivisions. — 7° Possession du sol en général et distinction des fonds. — 8° Des fonctions. — 9° Droits et devoirs des chefs. — 10° Devoirs des habitants à l'égard de la communauté et des chefs. — 11° De la Justice. — 12° La Religion. — 13° Finances. — 14° La défense. — Du droit de bourgeoisie. — Du mariage. — Droits et devoirs des époux. — Dissolution du mariage. — La paternité. — Puissance paternelle. — Tutelle. — Successions. — Des esclaves. — Droits et devoirs du propriétaire d'esclaves. — Mise en liberté des esclaves. — Dettes et nantissement. — Droit maritime. — Abolition de l'esclavage. — Appendice. Des successions et du mariage chez les Malais et les Javanais, d'après un manuscrit malais.

Les mœurs et les coutumes des populations de l'Archipel indien ne se sont pas formées d'après un idéal purement philosophique, mais d'après le milieu et les circonstances qui ont agi sur elles. Cette influence naturelle opère surtout dans les premières périodes du développement social, et tant qu'une nouvelle influence ne se fait sentir, un peuple conserve toujours les mœurs et les coutumes des premiers jours. Comment en effet pourrait-il sortir de cet état primitif, s'il n'a en son pouvoir aucun moyen de se perfectionner, et s'il n'a jamais eu de rapports avec des peuples plus avancés que lui en civilisation? Si, comme l'a enseigné M. Guizot, le développement de la vie sociale et celui de l'activité individuelle constituent la civilisation, on peut dire que les insulaires de l'Archipel indien ne la connaissent pas, parce que l'immobilité est le caractère de leur vie morale. Aussi, bien que, depuis environ trois siècles, ils aient été fréquemment visités par des Européens, leurs rapports avec eux n'ont guère modifié leurs habitudes ni leurs institutions.

C'est ce qui explique comment la forme gouvernementale de la plupart des peuples de l'Archipel est encore patriarcale. Chaque famille y est plus ou moins indépendante, et les chefs, représentant une ou plusieurs familles, n'ont d'autre puissance extérieure que celle qui leur a été octroyée par le gouvernement européen. Chez ces peuples, les institutions sont entièrement d'un caractère domestique; elles règlent la manière de contracter entre particuliers, de juger les contestations et de sauvegarder les droits réciproques des familles.

Le document le plus ancien qu'on possède sur le droit à Java est une plaque de cuivre, sur laquelle un roi de Madjapahit a fait graver en langue kawi une ordonnance de l'an 840 après J.-C. Malheureusement on n'en a découvert que le commencement et la fin; nous en rapportons les termes, tels que les a lus l'Académie de Batavia : « ... kumbharaçi; irikâ diwaça-« nyâdjnâ çri mahâradja çri lokapala, hariwangço « tunggadewa nâma râdjâbhisheka. » Ce qui veut dire : Ceci est la date de l'ordre de Sa Majesté le Roi, le protecteur des sujets, le rejeton de la race de Hari, du nom de Tungga-dewa, prince défunt..

Après avoir donné ses ordres, le roi lance l'anathème contre ceux qui les enfreindront : « Yan hana lumang-« ghana sanugraha nira pâduka çri mâhârâdja, yan « prabhu, yan mantri, yan kshatriya, yan grama, « yan samanya, ityewâng ma dinnya, yan rumuddha-« ruddha rasha ni adjnâ nira pâduka çri mahârâdja, « lebokna ri sang hyang dalèm er; sanghapèn dening « wuhaya; yan mara ring tgal sambèrrèn ring glap; « bwangakna dening aliwâwar; utalakna dening ali-« syus; pulirakna dening dewatâ; sakitana dening « pisatja, banaspati dèngèn sanak; pulirakna dening « dewarakshasa; dmakèn ing matjan. »

Traduction.—Si quelqu'un transgresse les priviléges accordés par Sa Majesté le Roi, qu'il soit prince, ou ministre, ou chevalier, qu'il soit de la classe moyenne ou de la basse classe, etc.; si quelqu'un s'oppose à ce que contient l'ordonnance du Roi, qu'il soit précipité dans l'Océan, qu'il soit déchiré par les crocodiles; s'il va au champ, qu'il soit frappé par la foudre, qu'il soit emporté par l'ouragan, enlevé dans le tourbillon, que les dieux le fassent errer par les chemins, qu'il soit tourmenté par les mauvais esprits, les démons des bois et les fantômes de ses parents; que les géants, sous la forme de bons esprits, le conduisent par des routes inconnues et qu'il soit attaqué par les tigres (1).

Cette malédiction est suivie d'une autre empruntée à des vers sanscrits, traduits en kawi ou vieux javanais, et dont voici le sens : « Aussi longtemps que le « soleil et la lune éclaireront le globe terrestre, aussi « longtemps il sera soumis à la transmigration de « l'âme; il ira dans l'enfer Awici. »

Le document, que nous venons de citer, nous fait connaître non-seulement les peines encourues à Madjapahit par les transgresseurs de la loi; il nous apprend encore comment les ordonnances royales y étaient promulguées. Cette formalité avait lieu par la lecture des actes officiels devant le peuple assemblé : « I « sampun-nyan mangkâna, mantuk ta sang pârasa- « mya mare grehanya sowang-sowang. Iti prasati ring « kuti. Parisamapta tlasinurat ring madjapahit. » (Cela étant ainsi fait, retournez tous chez vous, chacun à sa demeure. — Tel est l'édit pour Kuti. Fin. Écrit à Madjapahit (2).

Quant aux Papous, s'ils ont à discuter une affaire qui les divise, les chefs de famille se réunissent dans

(1) *Verslagen en mededeelingen der koninklijke Akademie te Amsterdam*, in-8°, 1871, p. 332.

(2) *Id.*, p. 233. — L'année, le mois et le jour, où cet édit a été écrit, sont indiqués à la note de la page 403.

la demeure du plus âgé ou du plus riche d'entre eux, et décident le différend. Le meurtre est puni de mort; mais parmi eux il y a peu d'exemples de vol. Si c'est une femme qui a volé, on se contente de la tourner en ridicule.

La séduction d'une jeune fille est punie d'une forte amende, quelquefois d'une valeur de dix esclaves, et une haine implacable règne souvent entre la famille de la jeune fille et celle de son séducteur. On s'en aperçoit presque toujours aux cocotiers de ce dernier, qui sont abattus ou déracinés.

Le Papou d'ailleurs ne connait pas la propriété territoriale. Comme le Cérammois et la plupart des insulaires des Moluques, il ne s'attache qu'à la pièce de terre qu'il a labourée et ensemencée. Dès qu'il a fait sa récolte, ce champ n'a plus de valeur pour lui, et il en choisit un autre pour l'année suivante. Désormais, il donnera tous ses soins à cette nouvelle portion de terre pour en retirer une nouvelle moisson. S'il possède des esclaves, il leur fait faire tout le travail agricole et il n'y prendra part avec sa femme qu'au moment de la récolte.

A Amboine, toute notion de droit pénal était encore inconnue au dix-septième siècle; ce n'était pas la justice qu'on y administrait, mais l'injustice. Les jugements qui y étaient rendus s'appliquaient le plus souvent à des *swangies* ou sorciers, que l'on supposait exister en grand nombre dans cette île. « Hommes « ou femmes, suspects de sorcellerie, sont jugés sans la

« moindre procédure écrite ou verbale, » dit un fonctionnaire hollandais. Le condamné est conduit purement et simplement à la côte. Arrivé au bord de l'eau, on enveloppe son corps d'un sagosagow et on lui arrache ensuite violemment la vie. Cela fait, on met le cadavre dans une pirogue et celle-ci est lancée en pleine mer. Pour l'exécution, il n'est pas nécessaire de bourreau; mais s'en charge qui veut, et l'on a vu même les enfants du vice-roi ou orang-cay accomplir cette besogne. Le condamné, ce qui est presque incroyable, innocent ou non, se rend, le sourire sur les lèvres et en mâchant du tabac, à la place où il sera exécuté. Les femmes elles-mêmes vont courageusement à la mort. Elles se laissent déposer dans une barque et attacher des pierres autour du corps, puis reçoivent un coup de kriss dans le dos et sont précipitées dans l'eau. Ces malheureuses ne sont pas coupables, mais du moment qu'elles sont accusées de sorcellerie, elles se croient sorcières.

Il est généralement admis, parmi les Amboinais, que personne ne peut perdre la santé sans l'influence de sorciers. Aussi, lorsque le fils du chef d'Amboine tomba un jour gravement malade, on accusa un certain Temember, son cousin, d'être l'auteur du mal. Celui-ci fut arrêté, et, quoiqu'il pût se sauver, il préféra mourir que vivre en étant regardé pour sorcier. Cet homme fut poignardé par un esclave, et son cœur enlevé et mangé par le fils du chef. Ce même jeune homme tua aussi dans la rue une femme de condition, qu'il soupconnait atteinte de sorcellerie. D'autres femmes furent assassinées et leurs cœurs donnés à manger à l'épouse et à la sœur de ce fils de l'orang-cay, parce qu'on les disait ensorcelées par des femmes. Toutefois les swangies pouvaient établir leur innocence et se justifier en plongeant la main dans du plomb fondu ou de l'huile brûlante, ou bien en buvant le *mattakau*. Mais cent personnes mouraient avant qu'une seule pût obtenir sa grâce par ce moyen extrême (1).

Quant à l'organisation sociale des Battaks, Willer (2) a recueilli sur elle des renseignements précieux que nous résumons dans les pages suivantes, parce qu'elle est à peu près la même que celle des divers peuples de l'Archipel.

§ 1. — *De la société.*

Dans la société battake on distingue :

1° Les individus qui sont, sous le rapport social, considérés comme personnes.

2° Ceux qui, sous le même rapport, sont considérés comme choses.

A la première classe, appartiennent les chefs, les nobles et les hommes libres; à la dernière, les femmes, les esclaves et les gagistes.

La femme est une chose dont l'époux a la possession. L'esclave est une chose dont le maître a la pro-

(1) *Kronick van het historich genootschap van Utrecht*, 1872, p. 354 et suiv.

(2) *Tydschrift voor neerlands-Indie*, 1846, t. II, p. 149.

priété. Le gagiste est une chose dont le créancier a la possession jusqu'à ce que la dette, dont il a touché le gage, soit payée. Les enfants, les filles nubiles et les veuves appartiennent au père, au plus proche parent mâle, ou au chef de la communauté.

Cette société est partagée en un nombre de *marga's* ou familles. Cette division a surtout pour objet l'entretien de la parenté entre une famille et une autre, et en quelque sorte l'entretien politique du pouvoir établi.

La société est de plus divisée en *outa's* (communautés), et les associations de communautés en États fédérés, ainsi qu'il sera dit plus loin.

Des personnes de différents *marga's* peuvent appartenir aux mêmes communautés. (Primitivement le plus grand nombre des personnes d'une communauté appartenait au même *marga*; aujourd'hui le mélange des *marga's* dans les mêmes communautés commence à devenir plus fréquent.)

Hommes et femmes du même *marga* ne peuvent pas se marier entre eux.

L'enfant, né de deux époux, est du *marga* de son père.

Parmi les esclaves et les gagistes, l'enfant suit l'état de sa mère.

La société battake n'a pas de lois écrites, mais un *hadat* ou tradition orale qui en tient la place. Chaque membre de la société est soumis au *handat* et est censé le connaître.

Le *hadat* cependant n'est plus ce qu'il était primitivement ; le progrès du temps et les relations avec les peuples voisins l'ont singulièrement modifié. Bien que les traits fondamentaux soient toujours les mêmes, dans quelques contrées on remarque néanmoins certaines altérations.

§ 2. — *Des communautés.*

Un *outa* ou communauté est un corps ayant un caractère politique; composé d'un chef suprême, de la noblesse, de *hallak nadjajas* ou hommes libres et de leurs familles.

Dans d'anciennes communautés puissantes, telles que *kotta siantar*, il y a diverses classes de personnes :

1° Le *namoramora* et l'*anginiradja* ou la noblesse, consistant dans la maison régnante avec les familles qui lui sont apparentées. (Ce qui distingue le *namoramora* de *l'anginiradja*, c'est que d'un côté le père et la mère appartiennent à la noblesse, et que de l'autre, le père seulement est noble.)

2° Le *hallak nadjadji* ou la bourgeoisie.

3° L'*ompongdalam*, ou la classe de ceux qui passent pour libres avec leurs descendants, participant à la plupart des droits et des devoirs de la bourgeoisie. Aussi longtemps qu'il le juge nécessaire, le chef suprême doit retenir leur liberté et utiliser leurs services, dans l'intérêt de la chose commune.

La domesticité des *ompongdalam* présente cette particularité que, s'ils ne travaillent pas pour eux-mêmes, ils ne participent pas non plus aux dommages ou pertes de la communauté, comme la noblesse et la bourgeoisie qui doivent contribuer aux charges publiques.

Ces classes sont représentées dans les assemblées générales par des mandataires choisis dans leur sein.

4° Le *pangkoungdangi* ou l'état des hommes temporairement libres; ce sont des esclaves, dont le travail est suspendu et qui, lorsqu'ils possèdent maison et champs, rendent hommage et de petits services à leur patron, afin de pouvoir se racheter et recouvrer la liberté. En attendant qu'ils l'aient obtenue, ou que le maître la leur retire, pour des raisons légitimes, ils participent aux droits et aux devoirs des hommes libres.

5° L'*atoban*, ou l'état d'esclave, comprend les individus qui vivent dans une servilité complète chez leur maître.

6° Le *persing-iran*, ou l'état de gagiste, est composé des débiteurs qui doivent rendre des services d'esclave, jusqu'à ce que la dette soit payée.

Ces trois dernières classes ne sont pas représentées dans les assemblées générales.

Dans ces petites communautés, les états d'*ompong-dalam* et de *pangkoungdangi* n'existent pas, ou bien ils sont si insignifiants qu'ils ne sont pas remarqués dans la représentation.

Les trois premières classes sont égales devant la loi, dans tous les différends de la bourgeoisie; mais elles ne le sont pas dans les affaires criminelles. Les atteintes à la personne ou aux biens sont punies d'après le rang du coupable.

Les classes serviles obtiennent dans leurs différends la même protection que les classes libres, pourvu que le différend n'existe point entre le maître et ceux qui dépendent de lui; car ceux-ci ne sont pas protégés comme personnes. Il arrive quelquefois que, dans les affaires criminelles, le maître se présente aussi bien pour recevoir les réparations auxquelles il a droit, que pour réparer les torts qu'il peut avoir commis.

Les communautés sont divisées en *ripé's* ou quartiers, consistant en plusieurs familles de la même classe, avec un ancien à leur tête. Ainsi, il y a dans *kotta-siantar*, le *ripé-angini-radja*, *ripésou-hou-souhou*, etc. Dans quelques communautés, il y a aussi des *ripés*, consistant en familles de divers états, dont le chef a été nommé *namora siobar ripé*. Un tel *ripé* forme une petite communauté dans la communauté, et bien qu'il ne puisse séparer ses intérêts et ses aspirations de l'ensemble ou de la généralité, il a cependant, dans une certaine mesure, la direction des affaires de ses familles, et parfois il désire même se soustraire à celle du gouvernement immédiat; ce qui, dans diverses circonstances, ne peut s'accorder avec aucun système de colonisation et serait préjudiciable. Enfin, des communautés ont encore des hameaux que l'on nomme *pagaran's*. Ces *pagaran's* restent, pour les affaires générales, incorporés dans la communauté, ne forment qu'un quartier en dehors du cercle primitif, et ont pour directeur une personne instituée à cet effet par le chef.

Considérées individuellement, les communautés sont toutes indépendantes et ne peuvent même pas devenir, par le sort de la guerre, tributaires l'une de l'autre.

§ 3. — *Des indigènes et des étrangers.*

Sont membres d'une communauté :

1° Ceux qui y sont nés;

2° Les étrangers qui y sont mariés et y ont habité toute une saison de riz, sans avoir été recherchés par leurs chefs;

3° Les étrangers qui, bien qu'ils n'y soient pas mariés, y ont passé deux saisons de riz. Après ce temps, ils sont incorporés de droit et ont tous les avantages des natifs, en s'acquittant de leurs obligations;

4° Sont considérés comme habitants temporaires de la communauté, des étrangers qui y demeurent plus de six mois. Ils sont assimilés aux natifs, jusqu'à ce qu'ils soient réclamés par leurs chefs, ou incorporés dans la communauté, ou qu'ils l'abandonnent sans y laisser de dettes.

Sont considérées comme étrangères, les personnes qui n'ont pas encore habité la communauté pendant six mois; elles obtiennent la même protection que les habitants originaires et sont libres de tous services et prestations.

§ 4. — *De l'administration de la communauté.*

L'administration de la communauté consiste :

1° En un chef suprême investi du droit d'inspection et qui porte le titre de *pamousouk* ;

2° En un deuxième chef, souvent frère cadet, fils ou neveu du précédent, qui porte le titre de *radja padouna* ;

3° En *siobar ripé's* ;

4° En *natoras angini radja*, ou les plus anciens de la noblesse, qui n'ont pas d'autre office ;

5° En *souhou souhou's*, ou représentants de la bourgeoisie, qui ont un certain nombre de *hallak nadjajis* sous leurs ordres immédiats ;

6° En *baijo-baijo's*, aussi représentants de la bourgeoisie et remplissant les mêmes fonctions que les *souhou's* ; la seule différence entre les premiers et les seconds, c'est que le *souhou* ne peut pas marier ses filles à la noblesse, tandis que le *baijo-baijo's* le peut ;

7° En *houloubalangs* ; ce sont des hommes d'armes, pris dans diverses classes de la société, qui sont employés en temps de guerre comme chefs contre l'ennemi, et en temps de paix comme vassaux et fidèles soutiens de l'autorité ;

8° En *natoras ompongdalam*, ou les plus anciens et les représentants de cette classe, qui en ont une partie sous leurs ordres ;

9° En *natoras pangkoungdangi*, ou les anciens de cette classe, qui en ont une partie sous leurs ordres. Ils sont employés comme messagers, huissiers, etc.

Dans cette administration réside la puissance législative et exécutive, pour toutes les circonstances et affaires relatives à la communauté. Cette administration dirige deux *perouhoumans* ou assemblées (en malais *rapat*), comme :

1° Un *perouhouman sopo nan godang*, ou conseil communal, ayant pour président le *pamousouk* et pour membres : le *siobar ripé's*, le *natoras angini radja*, le *natoras souhou souhou*, et le *natoras baijo baijo*. Lorsqu'il s'agit de partager le travail, le *natoras ompongdalam* y est adjoint.

2° Un *perouhouman souhou souhou*, ou conseil de bourgeoisie, ayant pour président le plus ancien *souhou* et pour membres : les *souhou's*, les *baijo baijo's* et plusieurs des plus anciens du *hallak nadjadjis*.

Les deux assemblées connaissent en premier ressort des affaires, dans lesquelles leur classe respective ou un de ses membres sont engagés.

La deuxième statue seulement en appel. Les deux décident à la majorité des voix. Toutefois dans beaucoup de communautés le *pamousouk* a, dans les affaires graves où il diffère de l'opinion de la majorité, le droit de veto qui est attaché à sa dignité.

Dans la pratique, les ordres du *pamousouk* ou de son délégué le *padouna* sont supérieurs à ceux du *siobar ripé's* et des autres chefs *ripé's*, qui sont tenus, chacun dans sa division, de veiller à leur exécution, et peuvent se faire aider à cet effet par le plus ancien d'entre eux.

§ 5. — *De l'union des communautés en corps confédérés.*

Cette alliance a lieu le plus souvent par le fait de colons, qui restent en relation avec la communauté mère; souvent aussi par l'établissement d'habitants étrangers qui, bien qu'ils occupent dans le domaine un kampong particulier et que, dans ce kampong, ils aient leur propre administration, confondent, pour la chose commune, leurs intérêts avec ceux du sol sur lequel ils se sont établis. L'ensemble de toutes les parties d'une telle confédération est nommé *djanjian*, ou *kouria* en malais. Le chef de cette confédération prend le titre de *panousounan*.

Les grands *djanjians* sont divisés en *ripé-outas* ou portions de terrain consistant en kampongs. Leur chef a le titre de *jaioutan*.

Pour des *djanjians* très-étendus, comme le *kotta siantar*, cette division laisse à désirer; aussi des parties de kampongs se réunissent-elles en grandes divisions ou *ripé-nagodangs*, qui forment ou constituent les premières subdivisions du *djanjian*. Le chef du *ripé-nagodang* porte le titre de *jaioutan-goudang*.

Il y a encore les *tompoks*, qui n'ont pas de rapports avec les corps, mais avec les chefs; car les colonies complètes ont toujours à leur tête un rejeton de la maison régnante de la communauté mère. Le sceptre passe à ses descendants, qui forment ensemble un tompok ou branche. Et comme il arrive parfois que des fils du même père, mais non de la même mère, parviennent à la tête de colonies nouvelles, on distingue les tompoks d'après le *sepantar*, c'est-à-dire, d'après le mariage d'où ils sont sortis.

§ 6. — *Des rapports des fédérations entre elles et entre leurs subdivisions.*

L'administration fédérative ne réside pas dans les personnes, mais dans les corps, tels que :

1° Le *perouhouman djanjian*, ou grand conseil fédératif, ayant pour président le *panousounan* et pour membres les *jaioutans godang*, les *jaioutans* et les *pamousouks ;*

2° Le *peroumouhan ripé nagodang* ou conseil des grandes divisions, ayant pour président le *jaioutan godang*, et pour membres les *jaioutans*, les *pamousouks*, et les *siobar ripé's*,

3° Le *perouhouman ripé outa* ou conseil de la division, ayant pour président le *jaioutan* et pour membres les *pamousouks*, les *siobar ripé's* et les *souhous*.

Ces corps doivent rendre leurs décisions à la majorité des suffrages; il est toutefois très-douteux si leurs présidents ont droit de veto; on n'en connait pas d'exemple. Les assemblées doivent être régulièrement tenues dans le *sopo* du président. Chacun de ces corps décide en premier ressort les affaires relatives à son domaine, et l'appel appartient au corps plus élevé.

Parmi ces fédérations, une suprématie est souvent reconnue ; elle provient de l'origine des chefs de la même famille, ou d'autres causes accidentelles.

Les différends entre communautés d'un corps fédéré se terminent toujours, soit à l'amiable, soit par arbitres, soit par le glaive. Cependant les deux premiers moyens de pacification sont rares, et la guerre éclate le plus souvent. Les vainqueurs peuvent alors manger les vaincus, et s'ils leur laissent la vie, ils se partagent entre eux les esclaves faits prisonniers. Mais les hommes libres, pris les armes à la main, ne peuvent pas être privés de leur liberté, ni incorporés au parti vainqueur. Seulement en cas de mariage, le prix de la femme est plus élevé pour le vaincu que pour le vainqueur.

Les différends entre communautés ou plus grandes divisions de la même fédération sont décidés, selon le droit battak, par le corps jugeant en dernier ressort dans la fédération. Toutefois les institutions se sont beaucoup modifiées, et les plus petites juridictions s'arrogent des droits égaux à ceux qui sont attribués seulement à toute la fédération. Mais l'influence de la suzeraineté néerlandaise fait disparaître cette confusion.

§ 7. — *De la possession du sol en général et de la distinction des fonds.*

Chaque État a le sol en propriété, mais ne peut l'aliéner. La propriété est acquise soit par première occupation (1), soit par conquête et la fuite des premiers habitants, soit par la fusion des communautés; jamais par acquisition, échange, libération ou composition.

Le sol est possédé en commun par la noblesse, la bourgeoisie et la classe des *ompongdalams*. Le droit de possession est obtenu par première occupation, et il est adjugé par le chef compétent lorsqu'il y a contestation. On le transmet par héritage; mais personne ne peut le vendre ni le louer. Dans un besoin extrême, il est permis de le donner en nantissement à quelqu'un de la même communauté, avec l'autorisation

(1) *La possession territoriale, son origine dans les XIII kota's de la côte occidentale de Sumatra* (traduit du malais par *van Ophuijsen*).

DE LA PREMIÈRE OCCUPATION.

Au temps où ces contrées étaient encore inhabitées, nos ancêtres de Periangan, Padangnan, Pandjang, étaient arrivés ici pour connaître toutes les forêts et les rivières dans cette vallée de Menangkabau; ils formèrent en même temps le projet de se fixer ici et d'y propager leur race. Ce projet était exécuté; l'occupation commença ici et ailleurs, et chacun travailla selon ses moyens; les forêts furent entamées, des maisons bâties, et celles-ci couvrirent autant de terrain que les forces humaines le permettaient, et tout ce qui fut entamé et bâti ne fut départi à personne comme étant sa propriété particulière, pas même au prince.

« Ceux qui survinrent plus tard, ou ils s'emparèrent d'une certaine étendue de terrain désert pour y bâtir, ou ils l'achetèrent ou l'obtinrent en présence des premiers habitants, jusqu'à ce que la population fût devenue si multipliée, qu'il fût jugé nécessaire de séparer les familles et de choisir les plus anciens et les *panghoulous* parmi les gens les plus capables de ce temps, pour diriger le gouvernail des affaires de chaque race et de fonder le droit d'après les institutions et les usages, qui se trouvent dans les *oudang-oudang adat lembaga* (*Tydschrift voor Ind. taal*, 1855, t. II, p. 477).

du *pamousouk*, qui peut aussi en permettre l'échange ou le prêt, pourvu que ce ne soit pas à une personne d'une autre communauté; même par héritage, la possession du sol ne peut lui être transmise.

Enfin, l'usage d'une partie de terre, pour une saison ou davantage, peut être accordé par une communauté à une autre, en échange d'un faible hommage à rendre au pamousouk. Mais pareille chose doit avoir lieu d'accord avec le conseil communal.

On distingue les fonds :

1° En *roubaton;* ce sont des bois épais, de hautes montagnes et autres lieux sauvages, qui ne sont destinés ni à l'habitation, ni à la construction. Ils appartiennent au *djanjian*. Chaque membre de ce corps peut y chasser, couper du bois, rassembler *du damar* ou autres produits naturels, en échange d'une légère rétribution comme hommage au *panousounan*.

2° En *arangan;* ce sont les bois disposés pour la construction, et les terrains vagues et abandonnés. Ils appartiennent à la communauté et sont à la disposition du pamousouk.

3° En *jalangan;* ce sont les pâturages et les champs d'*allang-allang*, qui servent au bétail commun de la communauté;

4° En *outas;* c'est le sol sur lequel se trouve le kampong, et auquel chaque habitant a droit pour la place occupée par sa maison.

5° En *tana-ni-outa;* c'est le terrain à bâtir de la

communauté; il est nommé *saba* s'il peut être inondé, et *aouma*, s'il ne peut pas être inondé.

Chaque *tana-ni-outa* a trois subdivisions :

1° Le *tana-ni-bagas na-godang*, ou terrain à bâtir pour la grande maison. Il est nommé *saba-na-bollak* s'il peut être inondé, et *aouma-na-bollak*, s'il ne peut pas l'être. C'est un domaine réel donné en usage au pamousouk durant son gouvernement, et qui, à l'exception de toute autre possession de terrain, passe à son successeur et non à son héritier.

2° Le *tana-ni-namora*; c'est le terrain à bâtir de la noblesse et de la classe de l'*ompongdalam*. Chaque membre y a sa portion qui passe à son héritier, et les *pangkoungdangis* ont, dans cette portion, une pièce de terre en usufruit.

3° Le *tana-ni-souhou*; c'est le terrain à bâtir de la bourgeoisie, où chaque *hallak nadjadji* a sa part qui passe à son héritier.

Le *tana-ni-namora* et le *tana-ni-souhou* sont le plus souvent égaux en grandeur; mais ils sont si étendus qu'ils ne sont pas toujours également bâtis.

Tout habitant, qui ne possède pas encore de terrain ou qui en désire davantage, s'adresse au pamousouk. Celui-ci lui désigne une pièce dans la deuxième ou troisième subdivision, selon le rang de sa classe, et lui procure des trembles et du *siri*, ou ce qui peut servir à l'agrément et à la nourriture.

Si un habitant ne peut pas faire des plantations sur

son propre terrain, un endroit convenable autour du kampong peut lui être assigné à cet effet par le pamousouk.

Quand le *tana-ni-souhou* devient trop étroit, le conseil communal peut autoriser le pamousouk à y ajouter un champ du *tana-ni-namora*.

Quand l'un et l'autre sont devenus trop étroits, la colonisation a lieu dans l'*arangan*.

§ 8. — *Des fonctions*.

Personne ne peut être révoqué de sa fonction, si ce n'est par sentence et pour cause de méfait, imbécillité ou incapacité, et la décision est rendue par le corps compétent auquel sont soumis tous les intéressés. Si un pamousouk, par exemple, est devenu, par trahison, faiblesse d'esprit ou pauvreté, incapable de gouverner plus longtemps, le conseil fédéral peut seul en connaître et le destituer. Pour les personnes de moindre qualité, l'affaire est jugée d'après les mêmes règles.

Personne ne peut se démettre de ses fonctions sans l'autorisation du conseil général, et avant qu'un successeur lui soit désigné.

Les fonctions sont héréditaires, en ce sens qu'elles passent du père au fils, ou aux parents mâles les plus proches; électives, en ce sens que la communauté a le choix entre fils, et ensuite entre frères et autres parents. L'incapacité ou l'indignité de tous ceux-ci peut faire passer l'autorité à une autre branche de la même famille, mais non dans une autre famille. Lorsqu'un chef ne laisse pas après lui des fils, mais seulement des frères, celui d'entre eux qui épouse sa veuve lui succède.

§ 9. — *Des droits et des devoirs des chefs* (1).

Le *pamousouk* est le protecteur naturel de la communauté en général et de chacun de ses membres en particulier. Il doit les défendre par les armes et dans les négociations, et faire valoir leurs droits devant le conseil de la confédération.

Avant la guerre, il est obligé d'armer et de nourrir à ses frais tous les *ompongdalams* et les *pangkoungdangis*. Il est aussi obligé d'armer et de nourrir les nobles et les bourgeois qui sont pauvres. Si ses moyens sont insuffisants, il doit faire un emprunt et rembourser après la guerre ce qu'il a emprunté. S'il ne peut rien obtenir, il doit vendre ses esclaves et ensuite ses ompongdalams; mais il ne saurait être poursuivi ou actionné pour ces dettes.

Il est obligé d'acheter et de rendre libres les membres de sa communauté, s'ils tombent ailleurs en esclavage ou sont pris comme gagistes. Ceux-ci deviennent ainsi ses débiteurs sous la caution des chefs de leur *ripé* et il est tenu, autant qu'il est en lui, de leur procurer la possibilité de se libérer.

(1) Chez les Bantiks le chef du gouvernement est élu; sa fonction n'est pas héréditaire.

Il ne peut jamais lever des impôts, même avec l'assentiment du conseil communal.

Il touche la plus grande part des amendes, comme on le dira plus loin.

Il est l'héritier de tous les biens délaissés dans la noblesse et dans la classe des ompongdalams.

Il juge tous les différends relatifs à la possession du sol, entre les habitants de sa communauté.

Quand il veut bâtir pour lui-même sur des terrains vierges, il peut requérir autant de travailleurs qu'il est nécessaire, à la condition toutefois de les nourrir tout le temps qu'ils travaillent, et de les récompenser en leur offrant une fête générale. Pour le travail ordinaire de ses champs, il ne peut requérir personne d'autre que ses *atobans* et *pangkoindangis*.

S'il est victorieux à la guerre et impose une amende en argent ou en biens fonds aux communautés vaincues, elle lui profite à lui seul; est-il vaincu et mis lui-même à l'amende, seul il doit la payer ou y satisfaire.

Sous le titre d'*hommage*, il reçoit une portion déterminée des bêtes tuées à la chasse et des fruits des champs, par exemple : un gigot et le foie d'un buffle ou d'un cerf, la tête d'un verrat, une dent d'éléphant; à la moisson, une mesure de riz et une poule, etc.

Bien que ceci ait rarement lieu, le pamousouk a le droit, lorsqu'il s'agit de travaux de nécessité générale, de veiller au travail de tous les membres de la communauté, et il s'entend à cet effet avec les chefs du *ripé*.

A défaut du pamousouk, le padouna le remplace dans tous ses droits et devoirs; mais en dehors de sa qualité d'intérimaire, il n'a pas d'autres droits ni d'autres devoirs que tout autre noble.

§ 10. — *Des devoirs des habitants à l'égard de la communauté et des chefs.*

Chaque homme libre est une partie inséparable de la communauté où il est né. C'est pourquoi, s'il l'abandonne, il est punissable. Pour voyager et demeurer ailleurs, il a besoin de l'autorisation du conseil de la communauté.

Il est tenu d'aller en guerre, quand il y est appelé. Il est aussi tenu de travailler avec sa famille pour la communauté, quand le conseil le lui ordonne.

Chaque habitant doit obéissance et respect au pamousouk, ainsi qu'aux chefs inférieurs selon leur rang; le délinquant et les membres de sa famille sont punis s'ils manquent à ces obligations.

§ 11. — *De la justice.*

Justice est rendue de par le *hadat*, lequel, bien qu'il ne soit pas écrit, doit être connu de chacun.

Le *hadat* maintient chaque membre de la communauté dans ses droits; personne n'en peut être dépossédé contre sa volonté, même pour l'utilité générale.

Les différends d'un intérêt minime sont jugés par

les chefs du *ripé*, sauf appel au pamousouk; tous les autres de plus grande importance sont soumis au conseil général.

Les jugements sont prononcés publiquement, mais non écrits.

Le conseil général est juge de tout méfait.

Le pamousouk et le padouna ne peuvent être poursuivis devant le conseil général, mais seulement devant le conseil de tout *le djanjian*.

Le conseil de la communauté où s'est commis un méfait est compétent pour en connaître.

Les communautés alliées sont obligées de se livrer mutuellement les accusés qui doivent être jugés.

Personne ne peut pénétrer dans le domicile de quelqu'un contre son gré, si ce n'est en vertu d'un mandat de l'autorité.

§ 12. — *De la religion.*

Toutes les doctrines et sectes religieuses sont complétement libres, pourvu que les prêtres ne s'occupent pas des affaires de la communauté et ne fassent pas d'observations sur aucune des résolutions.

Bien qu'une faible partie de la noblesse se dise islamite, la religion régnante consiste dans la reconnaissance d'un Être éternel et suprême, sous le nom de *Diebata* et dans quelques bons et mauvais esprits qui lui sont soumis. Cette religion n'a ni temples, ni prêtres, ni discipline, ni culte public.

§ 13. — *Des finances.*

Puisqu'il n'y a pas d'impôts ni de revenus dont on ait à répondre à la communauté, il n'y a pas non plus d'administration financière.

§ 14. — *De la défense.*

Le pamousouk procure tous les moyens de défense de la communauté; quiconque y a une autorité la conserve à l'armée. Les houloubalangs ou guerriers de l'avant-garde ne doivent veiller qu'à l'exécution des ordres.

Quiconque est appelé sous les armes doit s'équiper à ses frais, si ses moyens le permettent; il doit être pourvu au moins d'une lance, et s'il est chef d'une famille de cinq enfants ou davantage, il doit avoir des armes à feu. Chacun doit aussi pourvoir à sa subsistance pour tout le temps que durera la guerre.

Bien que les prisonniers et les amendes appartiennent au pamousouk, chacun des combattants a néanmoins droit de propriété sur le butin qu'il a pris, et le bétail enlevé doit être partagé entre eux tous.

Enfin le droit de la guerre parmi les Battaks consiste en ceci :

1° Toute guerre doit être déclarée selon certaines formes, et le lieu et le temps où l'on se battra doivent être indiqués avant le premier combat.

2° On ne peut avoir recours à l'incendie ni à aucune surprise nocturne.

3° Les chefs, du nom de pamousouk, qui portent à leur tête les signes distinctifs de leur rang, ne peuvent être tués et les armes à feu doivent les épargner autant que possible.

4° Les kampongs ne peuvent être envahis et leurs limites doivent être respectées.

§ 15. — *Du mariage.*

Le mariage est un acte par lequel le père, ou à son défaut le parent mâle le plus proche, donne la possession d'une jeune fille à l'homme qui demande sa main; il reçoit en échange le *touhor*, c'est-à-dire le prix de l'achat ou de l'échange, qui est stipulé conformément aux prescriptions du *hadat*.

Le mariage lie seulement le mari à sa femme et non à la famille de celle-ci.

Le mariage lie la femme non-seulement à son mari, mais encore à la famille de celui-ci; car à son décès, un de ses proches prend sa place d'époux.

Selon que le touhor est payé en totalité ou en partie suffisante ou insuffisante, le mariage, bien que légitime pour la cohabitation, est considéré, à l'égard des membres de la communauté, tantôt comme parfait, tantôt comme parfait à demi ou imparfait.

Le touhor est-il entièrement payé, la liberté de la femme et de ses enfants est engagée.

Est-ce une partie suffisante seulement? Elle répond pour les dettes de la communauté et pour l'amende résultant de condamnations; dans ce cas, la liberté d'un des enfants est seule engagée.

N'y a-t-il rien de payé sur le touhor, ou si c'est une partie insuffisante, alors toute responsabilité disparaît.

Le mari peut épouser autant de femmes qu'il peut en payer et entretenir; mais la femme ne peut avoir qu'un mari.

Le consentement de la jeune fille n'est pas nécessaire pour la validité du mariage.

Le *hadat* ne fixe pas d'âge au-dessous duquel le mariage soit défendu. Aussi des enfants peuvent-ils être mariés l'un à l'autre par leurs pères, et même rester ensemble, dans l'attente des années de la nubilité.

Le mariage est interdit entre personnes du même marga; toutefois certains margas font exception à cette règle. Là où il y a interdiction, le conseil communal peut, en certains cas, accorder des dispenses, pourvu que les parties satisfassent à certaines formalités et paient le droit d'une telle dispense.

Le mariage est aussi défendu entre personnes de margas différents quand elles sont déjà alliées par le sang; mais la parenté masculine seule est comptée, et non la filiation féminine. Ainsi dans un marga, où il est permis de se marier, les petits-enfants du même aïeul peuvent être unis, s'ils sont enfants de frère et de sœur; mais ils ne peuvent l'être s'ils descendent de deux frères.

La séparation entre époux ne fait pas obstacle à un second mariage entre eux.

A la mort de son mari, la femme peut, après une saison écoulée de *padi*, être reprise par le parent du mari décédé, le plus proche dans la ligne masculine, ou contracter un nouveau mariage dans une autre famille.

Le mari, aussi bien que la femme, doit avoir le consentement de son père pour contracter mariage. Le père est-il décédé, il doit être autorisé par le conseil communal, s'il appartient à la noblesse; ou par le conseil du bourg, s'il appartient à une autre classe. Les *ompongdalams* et les classes inférieures, outre le consentement paternel, doivent encore avoir celui de leur seigneur ou maître.

Au décès du père, le consentement maternel est désiré par le conseil de la communauté ou du bourg, mais non forcément exigé.

§ 16. — *De la recherche et de la demande en mariage et des promesses de mariage.*

Puisque le *hadat* admet que les enfants qui ne vont plus nus, et que des jeunes gens non mariés passent des nuits hors de la maison de leurs parents, les jeunes filles se réunissent, après le repas du soir, chez une veuve de leur classe. La maison de la veuve où ils passent la nuit est nommée *bagas-padoman*.

Tous les hommes non mariés, ou jeunes gens, ont droit d'entrer dans un *padoman* de leur classe, pourvu qu'ils soient deux, trois ou quatre et qu'il y ait encore de la lumière. Ils ont le droit de causer avec les jeunes filles, de demander leur *siri* et d'y rester jusqu'à ce que la veuve leur donne le signal de s'en aller. Ceci est toléré pour la recherche en mariage.

Si les jeunes gens apprennent que leur demande a été bien accueillie, ils ont le droit de revenir la nuit sur la terrasse du *padoman* et d'appeler la jeune fille de leur choix par son nom; et quand celle-ci sort seule, de la conduire vers un *sopo* (bâtiment extérieur sans enclos) et d'y passer la nuit avec elle en pureté, c'est le *mermaijam*. Le *hadat* suppose que la jeune fille n'accorde pas le mermaijan sans avoir obtenu le consentement de ses parents.

Après le mermaijam, le jeune homme, assisté de sa famille, doit aller déclarer ses intentions aux parents de la jeune fille, en offrant du *siri* et du vin de palmier. Cela est-il accueilli, il exhibe son *tanda*, notamment un bracelet ou autre objet de valeur. En acceptant le tanda, le père fait des promesses de mariage pour sa fille. Si la jeune fille veut elle-même prouver son consentement, elle reçoit le tanda de ses propres mains; mais cette acceptation de sa part n'augmente ni ne diminue pas la force de l'engagement contracté par le père. Celui-ci est obligé de déposer chez le chef du *ripé* le tanda avec les indications.

Dès lors les jeunes gens sont publiquement fiancés, portent, comme tels, le nom de *martanda* et continuent le mermaijan.

Le jeune homme ne reçoit-il pas du père un accueil favorable, il ne perd rien de ses droits.

Lorsque plus tard les promesses de mariage sont illégalement rompues, la partie qui les méconnait est punissable et de plus doit des dommages-intérêts de la valeur du touhor de la jeune fille.

Le père de la jeune fille veut-il se décharger légalement de ses promesses, il commence par rendre le tanda et fait cesser le mermaijam. Le jeune homme ou les membres de la famille sont tenus d'en demander les motifs; s'ils ne paraissent pas suffisants, la question doit être soumise au conseil général dans le ressort duquel habite le jeune homme.

Le jeune homme manque-t-il de parole, part-il en voyage, ou reste-t-il absent pendant trois ans sans donner des nouvelles, le père peut faire annuler l'engagement contracté.

Le tort fait à l'honneur et à la réputation de la jeune fille par le mermaijam est considéré comme un viol en droit pénal et puni comme tel sous le nom de *menjompo*.

§ 17. — *Des formalités pour l'accomplissement du mariage et du touhor.*

Quelque temps après l'accomplissement des promesses, le *touhor* doit être discuté; la bienséance exige d'ailleurs que le père s'excuse et fasse connaître ses intentions par un parent ou le plus ancien de son *ripé*.

Les coutumes suivantes sont la base de ces discussions :

1° Le touhor est d'abord réglé sur les touhors qui ont été payés pour la mère et la grand'mère de la jeune fille. Jeunesse, beauté et capacités ont bien quelque influence, mais très-peu. Ensuite, l'état de la famille de la jeune fille est pris en grande considération, et son touhor grandira selon la fortune de cette famille, surtout si celle-ci possède de nombreux membres mâles.

2° Nulle jeune fille de la noblesse ne peut être convenablement mariée, si elle n'apporte avec elle deux esclaves ou davantage. Ces esclaves dotaux reçoivent le nom de *rading* et doivent être représentés, à la dissolution du mariage, par autant d'esclaves du même âge et de même valeur.

3° Les joyaux ou cadeaux des fiançailles appartiennent au mari, et cela sans compensation.

4° Pour la noblesse, le touhor dans Padang-Lawas consiste en quatre jeunes filles esclaves, trois jeunes garçons esclaves, quinze buffles, trois armes et sept pièces de toile; dans Mandaheling, près du marga Dasoutiou, en cinquante et même quelquefois en cent *gantangs* ou objets de valeur, accordés en prêt par le *hadat ;* dans le marga Lobis, en trente ou soixante-dix gantangs, selon le rang des personnes. Ce trésor nominal équivaut à de la monnaie d'or, des esclaves, des buffles, des armes, etc.

Dans la classe inférieure à celle de la noblesse, le touhor à Padang-Lawas est de sept buffles, une arme et cinq brasses de toile; et dans Mandaheling, d'une à deux pièces d'or, ou leur valeur en armes, bêtes à cornes ou autres objets.

5° A l'exception du *rading*, tout ce qui constitue le touhor réel doit être compté à sa valeur au jour de l'estimation, tandis que le touhor nominal peut être réduit à sa valeur primitive au moment du mariage.

6° La jeune fille une fois livrée et le touhor payé dans la maison de son père, en présence du *talengkeh*, ou comité composé des plus anciens du marga des deux parties contractantes, le touhor ne doit plus être remboursé, lors même que la jeune fille mourrait avant la consommation du mariage, ou que le mari serait répudié pour inconduite ou incompatibilité d'humeur.

Le mariage est valablement contracté devant le talangkeh, dont les membres reçoivent, en cette circonstance et comme hommage, quelques petits cadeaux. Les mariés sont ensuite conduits à l'habitation de l'époux, où un banquet est préparé, et ils doivent alors manger du même plat ou bol. Les mets qui s'y trouvent sont ordinairement saupoudrés de graines du fruit de longa, sorte d'aromate à laquelle on attribue la vertu d'éveiller des désirs charnels. Ce n'est qu'après cette formalité que le talangkeh déclare les époux légitimement unis, et ce mariage est alors désigné sous le nom de *menjomdat longa*.

Chez des montagnards de Padang-Lawas, l'union conjugale est accompagnée de certaines cérémonies religieuses. Ainsi on allume un réchaud et on demande la bénédiction de *Diebata*. Après le banquet, le fiancé doit s'éloigner; la maison lui est interdite pour quelques jours et ne peut être fréquentée que par des femmes de la famille de l'épouse. Rentré sous le toit conjugal, il a le droit d'ôter les bijoux de sa femme.

§ 18. — *Des droits et devoirs des époux.*

Le mari doit à sa femme fidélité, l'habitation, la nourriture, le vêtement.

Si les femmes ne peuvent pas se supporter entre elles, le mari est tenu de désigner une habitation particulière à celle qu'il ne veut pas garder dans sa maison, ou qui n'a que le dernier rang. Il y doit passer quelque temps avec elle et la traiter en toutes choses comme celles qui demeurent avec lui.

Une concubine reconnue et reçue dans la maison, ne peut pas autoriser la femme à accuser son mari d'infidélité.

§ 19. — *De la dissolution du mariage.*

La mort de la femme dissout le mariage, mais ne fait passer à sa parenté ni droits ni devoirs.

La mort du mari ne dissout le mariage qu'en ce qui concerne sa personne. Elle transmet ses droits et ses devoirs à son frère, neveu, oncle ou parents mâles les plus proches; même à son fils né d'un mariage précédent, s'il n'a pas eu d'enfants de sa dernière femme.

Il n'y a pas de honte dans ce cas; mais il y aurait inceste, si le père approchait la veuve de son fils.

Lorsqu'un frère ou parent mâle veut renoncer à ses droits sur la veuve, la famille de celle-ci ne peut être astreinte à restituer la totalité ni une partie du touhor; mais elle ne peut pas non plus réclamer la possession des enfants nés du mariage.

Le divorce dissout aussi le mariage; mais il ne peut être demandé par la femme que pour des raisons graves. Alors sa famille doit restituer au mari tout ou partie du touhor.

L'impuissance du mari donne à la femme le droit de se séparer de lui, et de s'unir à un des proches parents de ce dernier; mais elle ne peut le faire qu'avec l'autorisation du conseil général, si le mari n'a pas consenti à la séparation.

Le mariage est dissous, si le mari répudie sa femme et la renvoie à sa famille. Alors celle-ci est tenue de la recevoir et de l'entretenir, mais sans devoir rendre le touhor. Le mari peut encore répudier sa femme sans la renvoyer à sa famille; et alors il est obligé de lui donner une habitation particulière, la nourriture et le vêtement. De son côté, la femme doit faire tout l'ouvrage que son mari lui impose d'une manière convenable.

Une longue absence, sans nouvelles du mari ou sans certitude de retour, donne droit à la femme de se séparer de lui et de s'unir à un des plus proches parents de son époux.

Lorsqu'un des conjoints tombe en esclavage, le mariage peut être dissous à la demande de celui qui est resté libre; mais il ne peut l'être, si un des conjoints est livré en nantissement.

A ces usages matrimoniaux, constatés par Willer parmi les Battaks, nous croyons devoir ajouter ceux que Pruys Vanderhoeven a observés parmi d'autres populations de l'Archipel, où le mariage donne de l'importance à une famille ou lui en fait perdre. En effet une fille, sachant bien travailler et qui se marie, enrichira son époux et sa famille, et privera celle de son père du bénéfice que procure un bras nerveux. C'est pourquoi celui-ci exige une indemnité avant de consentir au mariage de son enfant. Mais dès qu'il l'a reçue, sa fille appartient à son mari avec les enfants qui naîtront de leur union. Si, au contraire, le mari est dans l'impossibilité de payer la somme qui lui permettra de prendre avec lui la femme de son choix, c'est lui qui doit la suivre et habiter dans la famille de celle-ci; il l'augmentera en même temps du nombre des enfants à venir, et n'aura aucun droit de propriété sur eux.

Le prix de la femme est nommé communément *talie koulou* à Sumatra; *djoudjor* et *semando* à Benkoulen, à Palembang et aux Lampongs; *belis* à Timor et à Rotti; *sourang* aux Célèbes. Il reçoit d'autres noms parmi les Dayaks et les Alfoures.

A Bornéo, l'habitant de Banjermassing doit faire à sa femme, lorsqu'il en prend possession, un don nuptial qualifié de « couvre-lit. » Mais souvent, après deux ou trois mois de mariage, il la répudie avec la même facilité qu'il l'a obtenue et la réduit parfois en esclavage (1).

Le mariage des *Orangs boukits*, dans les montagnes de Banjermassing, est accompagné de fêtes. Les familles des époux y assistent, et l'on tue des esclaves, des buffles et des verrats. La maison et les fiancés sont teints du sang humain; tous les ustensiles de travail sont étalés avec les esclaves qui ont été épargnés et qui regardent hébétés des festins étranges. Si le mariage a été contracté en présence des anciens du marga, on le voit rarement se dissoudre; mais s'il l'est, celui des époux qui a voulu se séparer paye à l'autre une amende égale à la valeur du don nuptial.

Chez les Mourougeais, les Ossounais et les Biangeais, lorsqu'un jeune homme demande pour la première fois la main d'une jeune fille, elle lui donne quelques flèches ornées de ses cheveux. Par l'acceptation de ce don, il s'engage à remettre à sa fiancée autant de têtes humaines qu'il en a reçu de flèches. Il doit alors quitter la négory et ne peut pas y rentrer avant d'être en possession de ce nombre de têtes. L'absence dure quelquefois un an. A-t-il la quantité de têtes voulue, il n'a plus à se préoccuper de rien; on lui témoigne beaucoup de respect et on souhaite bonheur à la fiancée.

A la célébration du mariage assistent les familles

(1) *Kronick van het hist. Genootschap te Utrecht*, 1865, p. 359.

des deux époux. On tue encore quelques esclaves en présence des vieillards; on trempe leurs têtes dans la rivière voisine et les mariés se baignent ensuite dans son onde ensanglantée. Puis, tous les jeunes gens rentrent à la maison et un vieillard, qui passe généralement pour un interprète des esprits, pose un œuf de poule sur la tête de chacun des mariés et le casse avec un fer, de manière que le liquide qui y est contenu coule le long de leur visage. Après le départ du vieillard, les jeunes gens se rassemblent et se livrent à des divertissements.

Nulle part les règles relatives au prix de la femme ne sont aussi formelles qu'à Banjermassing, à Timor et dans les îles environnantes.

A Banjermassing, un grand ou *mantri* paye pour sa femme la valeur de quatre esclaves, une valeur égale à quatre cents francs; un homme de la classe moyenne, deux esclaves ou deux cents francs; et un de la basse classe, un esclave ou moins.

A Timor, un prince épousant une fille de prince, paye ordinairement une somme égale à 1902 fr. 50 c.

La femme meurt-elle, le mari doit en donner connaissance aux membres de sa famille en leur envoyant un poids d'argent de la valeur de 135 fr. Ce présent est accepté par les parents qui envoient au veuf six à douze porcs, et celui-ci doit à son tour leur payer, pour la tête de la défunte, le prix de dix buffles; pour les yeux, cinq ou six buffles; pour les pieds, sept ou huit buffles; pour le fer qui a servi à creuser la tombe, trois buffles, et pour ceux qui ont chassé les mouches du cadavre, deux buffles.

Un homme de condition ordinaire doit payer pour une femme la valeur de 254 fr. 25 c. Un radja, se mariant à une femme de son kampong, paye la même somme, parce qu'il ne peut pas toujours épouser une fille de prince.

Au décès de la femme, les parties du corps sont payées la valeur de soixante-quinze à cent buffles.

Les funérailles emportent presque toujours la totalité de ces animaux parce que les assistants y sont très-nombreux.

Si le *belis* n'est pas payé, le mari et les enfants entrent dans la famille de la femme.

Cette entrée crée au mari le devoir de rendre quelques services et de reconnaître la suprématie du radja de la femme.

A Rotti, le belis pour un mariage princier est de cent buffles, une lance, une épée ou une autre arme. — Au décès de la femme : d'une pièce d'or pour la tête, d'un ducat pour chaque œil, de cinq *mâs* pour les pieds, d'un *thail mâs* pour le fer à creuser la tombe, d'un *thail mâs* pour le lavage du cadavre.

Si l'on ne paye rien, les enfants suivent la famille de la femme comme à Timor.

Si une nourrice est employée, on paye aussi pour le lait de la défunte, surtout lorsque la nourrice est donnée par la famille.

A Solor, au mariage d'un prince, la fiancée reçoit

trois ou cinq dents d'éléphant, chacune de la valeur de 112 fr. 50 cent. à 135 fr.

Pour un mariage ordinaire, une dent d'éléphant.

Si rien n'a été donné, les enfants entrent dans la famille de la mère.

A Savoun, à Alor et aux Célèbes les mêmes usages sont suivis.

A Alor, le don nuptial consiste en collier et bracelets d'or, un gong, des pendants d'oreille d'or, un *moko*, un mouchoir de soie et une chèvre (1).

A Amboine, les habitants de cette île n'ont généralement qu'une femme; mais les Alfoures ont autant de femmes qu'ils peuvent en nourrir, et parmi elles, il y en a une qui commande aux autres.

Les enfants qu'ils en ont jouissent tous de la même considération; cependant les fils sont plus estimés que les filles, bien que celles-ci rapportent davantage quand elles sont nubiles; on les vend alors pour des gongs et de l'or.

Les fils sont délicatement élevés si leurs parents sont de quelque condition; ils sont généralement très-efféminés et débauchés; ils portent des rubans et des fleurs dans les cheveux et aux mains, et leurs armes sont ornées de plumes de perroquet.

Lorsque les jeunes gens veulent se fréquenter, ils s'envoient, en signe d'amitié, un *krieman*, c'est-à-dire du tabac, du siri-pinang et d'autres objets, le tout en-

(1) *Tydschrift voor Ind. taal*, 1867, p. 277.

veloppé de certaines feuilles et garni de petits ornements. Ces présents allégoriques sont remis par des esclaves et conservés comme chose précieuse.

Les jeunes filles n'ont pas de patrimoine, et quand une d'elles est recherchée en mariage, le jeune homme doit donner en présence de ses parents à ceux de la jeune fille, des gongs, des vêtements ou de l'or. Alors, ils sont liés l'un envers l'autre, et le mari doit de plus assistance non-seulement au père et à la mère de sa femme, mais encore aux autres membres de sa famille. Les parents de la jeune fille doivent aussi faire hommage de l'*outouw* à ceux du jeune homme (1).

On fait toujours attention au rang des personnes. Lorsque du côté du jeune homme cent gongs, plus ou moins, sont donnés en présent et en considération de la beauté, du mérite ou de l'origine de la jeune fille, les parents de celle-ci doivent la doter de divers habits assortis, d'une chaîne d'or et d'un ou de deux esclaves. Ensuite, la fiancée est amenée à son époux si les fiançailles ont eu lieu sous le régime amboinais.

La femme peut quitter son mari, si elle en est frappée. Elle retourne alors soit chez son père ou sa mère, soit chez l'un de ses plus proches parents, où elle reste jusqu'à ce que son mari vienne la cher-

(1) L'*outouw* consiste en jupons de femmes, porcelaines, paillassons, écuelles de bois, siri-pinang, vases et autres objets de ménage, parmi lesquels une table et ses accessoires.

cher; mais leur réconciliation doit être payée la valeur d'un à trois gongs.

A partir du jour du mariage, le mari peut dîner avec son beau-père, mais non avec sa belle-mère, si elle ne lui a pas fait hommage d'un vêtement.

Cette formalité accomplie, les époux peuvent dîner avec leurs parents.

Lorsque le premier-né des enfants meurt, le père est tenu de donner à son beau-père un gong de la valeur de quinze réaux, et ce gong est exigé avec la même ardeur qu'un droit de succession. La raison d'un tel usage est la fécondité de la femme, dont le mari doit tenir compte à son beau-père, même dix ans après la mort de l'enfant.

Le mari vient-il à mourir, ses parents partagent entre eux les enfants, les esclaves et tout ce qui lui appartient. La mère et les filles n'héritent pas; les arbres de sago, les bois et les jardins sont laissés aux fils. Il arrive rarement qu'on accorde à la femme un ou deux esclaves, de sorte qu'elle ne garde que ce qu'elle a sur le corps ou ce qu'elle peut cacher. Elle peut continuer d'habiter la maison du défunt ou bien s'en retourner chez ses parents. Elle peut aussi se remarier, mais elle ne vaut pas autant que lorsqu'elle était jeune fille.

Si un Amboinais n'a pas d'enfants de sa femme, il la répudie et en recherche une autre jusqu'à ce qu'il ait de la postérité. La femme répudiée doit être bien traitée; elle peut être aussi renvoyée à ses parents avec ce qui lui appartient; mais il arrive souvent que cette femme s'attache comme concubine à un autre homme. Un roi, un gouverneur n'hésite même pas à faire entrer dans son lit une pauvre esclave, si elle lui plait.

La femme prise en flagrant délit d'adultère est saisie et conduite devant l'orang-cay au milieu des sarcasmes et des vociférations de la population, et elle est condamnée à payer à la femme légitime une amende consistant en vêtements et en gongs. Les Alfoures lui mettent une pierre autour du corps et la jettent à la mer.

Les enfants commençant à avoir de l'âge ne peuvent plus manger avec leurs parents ni s'asseoir en leur présence; ils doivent les servir comme des esclaves; même dans les *corrocorras*, ils doivent aussi se tenir à distance et manger et dormir dans un endroit séparé.

Les relations entre jeunes gens des deux sexes produisent rarement des enfants, et la raison en est qu'elles commencent souvent avant l'âge de puberté. Mais si une jeune fille devient mère, elle ou ses parents élèvent son enfant. Leur amour-propre n'en souffre nullement. Souvent aussi la stérilité est provoquée par l'absorption de certaines racines mélangées à du pinang; mais l'avortement n'est pas pratiqué comme à Ternate (1).

(1) *Kronick van het histor. Genootsch. te Utrecht*, 1872, p. 404.

§ 20. — *De la paternité.*

Chez les Battaks, les enfants nés, durant le mariage, de femmes mariées ou de concubines reconnues, ont le mari pour père.

Le mari a seul le droit de contester la paternité de ses enfants et de la faire juger par le conseil général des Battaks.

Pour constater l'illégitimité, le juge peut entendre la déclaration de la femme, recevoir le serment du mari, et les déclarations sous serment des gens de la maison.

Les enfants, nés de femmes vivant publiquement avec un homme, ont cet homme pour père, si la femme le déclare tel, et que celui-ci ne la désavoue pas et paye des dommages-intérêts aux parents de la femme.

Les enfants illégitimes, sans père avoué, ont pour père le plus proche parent mâle de leur mère, ou à défaut, le chef de la famille.

§ 21. — *De la puissance paternelle.*

Les enfants doivent obéissance et respect à leurs parents.

Ils restent sous la puissance du père, et celui-ci leur doit l'entretien : aux fils jusqu'à l'âge de la puberté, aux filles jusqu'à leur mariage.

Le père a le droit de disposer des enfants qui sont

sous sa puissance et de les donner en gage pour dettes, s'il ne peut les payer d'une autre manière.

Le père ne peut empêcher son fils qui est pubère d'abandonner la maison paternelle. Quoique son avis soit nécessaire pour le mariage du fils, il ne peut aller cependant jusqu'à le lui interdire.

Le père ne doit pas entretenir son fils, si celui-ci peut se suffire à lui-même.

§ 22. — *De la tutelle.*

Le plus proche parent mâle paternel exerce la tutelle sur les orphelins.

§ 23. — *Des successions.*

Du côté maternel, les femmes n'héritent pas.

Les héritiers sont tenus d'entretenir les veuves et les filles non mariées du défunt. Ils leur doivent aussi des vêtements et des bijoux selon leur rang.

L'obligation de fournir un touhor aux filles non mariées fait partie de la succession. Les héritiers doivent s'acquitter de toutes ces charges.

§ 24. — *Des esclaves.*

Les esclaves sont propriété privée; les communautés ne possèdent pas d'esclaves.

L'Amboinais est très-enclin à en acheter, parce qu'ils sont pour lui une source de richesses, et que tout ce qu'ils ont acquis par le travail ou par vol appartient après leur mort à leur maître.

Tout esclave de l'orang-cay a même ce privilége, qu'il peut partager le lit de la femme d'un autre esclave, et si celle-ci l'a reçu pendant plus d'un an, elle devient l'esclave de celui du vice-roi, qui acquiert ainsi une nouvelle propriété. Aussi, pour éviter cette cohabitation, les pauvres gens cèdent-ils le plus souvent leurs femmes à l'orang-cay pour un peu d'argent.

La noblesse peut seule posséder des esclaves; les chefs en ont une certaine quantité.

Lorsque le débiteur d'un non-noble tombe en esclavage, il doit être acheté par la noblesse parce que le non-noble ne peut pas posséder d'esclaves.

Le noble, au-dessous du *siobar-ripé's*, ne peut acheter ni vendre des esclaves, sans l'autorisation du *pamousouk*.

L'esclavage a son origine dans :

1° La prise de guerre,

2° Les dettes,

3° Les peines auxquelles l'esclavage est attaché,

4° L'enlèvement des personnes,

5° La descendance d'une esclave.

§ 25. — *Droits et devoirs du propriétaire d'esclaves.*

L'esclave (*atoban*) doit faire tout l'ouvrage que le propriétaire lui impose.

Le propriétaire doit loger et nourrir l'esclave.

Si le propriétaire devient pauvre lui-même, il peut

obtenir que l'esclave se procure sa propre nourriture.

Le maître doit aussi vêtir l'esclave, et s'il ne l'habille pas, il doit lui laisser le temps d'aller chercher dans la forêt des écorces de bois pour se couvrir.

Le maître n'a pas droit de mort ni de vie sur son esclave; s'il le tue, il est punissable et puni. Mais il peut lui infliger une peine pour de légères infractions; pour crimes, l'esclave doit être jugé par le conseil général.

Le maître est responsable de l'amende encourue par l'esclave; si celui-ci ne peut pas la payer, il peut être tué ou vendu selon la gravité du méfait.

Le maître a droit d'occuper le lit de la femme esclave non mariée; mais il est mal vu s'il en use. Après avoir partagé la couche de la femme de son esclave, le maître peut la rendre à la liberté, ou la laisser en esclavage ou la vendre, si elle n'est pas enceinte; si elle l'est des œuvres de son maître, elle devient forcément libre.

§ 26. — *La mise en liberté des esclaves.*

Le maître qui veut rendre son esclave libre, le déclare au conseil et offre un festin au *ripé;* mais il y a de cela peu d'exemples. L'esclave affranchi doit rester *hallak nadjaji* dans la communauté de son maître.

Le maître qui veut rendre la liberté à son esclave, l'affranchit, par déclaration devant le conseil de la classe des *atobans.* Il le fait entrer ensuite dans celle des *pangkoungdangis*, et lui procure une pièce de terre pour y bâtir une cabane et l'habiter.

Le pangkoungdangi doit, comme gardien de nuit et berger, être de service aussi souvent que son maître le désire. Chaque année il doit lui procurer une partie de *sawa*, et pendant tout le temps qu'il remplit l'office de pangkoungdangi, il porte le nom de *martap*.

§ 27. — *Des dettes et du nantissement.*

Ceux qui, par achat, prêt, jeu ou promesse ont contracté une dette, et ceux qui, par condamnation à une amende, par succession ou autrement, sont chargés d'une dette, sont tenus de la payer; leurs biens, leurs personnes, les membres de leur famille, et en cas d'insolvabilité, leurs parents, frères, neveux et sœurs non mariées, en sont responsables par corps et leurs biens sont frappés d'un privilége au profit du créancier.

§ 28. — *Droit maritime.*

Nous compléterons ce que nous venons de dire sur le droit public et privé de certaines peuplades de l'Archipel indien, par les documents que M. Dulaurier a publiés dans le recueil des Lois maritimes de Pardessus, documents extraits et traduits des *Oudang-Oudang*, ou lois maritimes de Malacca. Ce code a été rédigé d'après les traditions conservées chez les marins, à l'époque où le royaume de Malacca avait pour roi Sri Padouka sultan Mahmoud, fils des anciens chefs qui descendirent de la colline de Sagantang.

« Le capitaine devient roi lorsqu'il est en mer, et, quand même il serait jeune, il doit être considéré comme un vieillard, tant qu'il est à la tête du navire. C'est lui qui est chargé d'appliquer la loi, afin que toutes les affaires soient réglées par ses décisions, s'il plaît à Dieu.

Dispositions concernant les personnes de sexe différent qui ont entre elles des rapports criminels à bord des navires.

« Si elles sont l'une et l'autre de condition libre et que la femme soit mariée, le capitaine doit les condamner à mort. Telle est la coutume.

« Si l'homme et la femme sont de condition libre, et l'un et l'autre non mariés, chacun des deux est passible de cent coups de bâton; après quoi ils doivent se marier. S'ils ne veulent passe marier, on les condamne pour ce refus à une amende d'un tahel et un pawh d'or; ils n'en doivent pas moins se marier au préalable et même y être contraints, de telle sorte que la faute de la femme soit entièrement effacée.

« Si un homme de condition libre a commerce avec une femme esclave, qui cohabite avec son maitre, il doit à ce dernier une indemnité, et quelle que soit la valeur de l'esclave, il doit la payer si elle n'a point eu encore des enfants de son maitre. Mais, si déjà elle en a eu, les deux coupables méritent la mort; il en est de même si le maitre vit depuis longtemps avec son esclave comme avec une épouse. Il faut alors que l'homme et la femme soient punis de mort. Telle est la loi à bord des jonques et des baloks. Elle est immuable.

« Si un homme libre commet un adultère avec la femme de l'un des gens de l'équipage, et qu'il soit tué par le mari offensé, cet homicide est excusable et ne donne lieu à aucune poursuite judiciaire. Telle est la loi.

« Le mari a le droit de donner aussi, dans ce cas, la mort à sa femme; mais s'il lui fait grâce de la vie, cette femme doit devenir la propriété du capitaine.

« Cependant, si celui-ci est juste, il la condamnera à mort; s'il veut user de clémence envers elle, il le peut. Quant au mari, il importe qu'il se choisisse une autre femme, afin qu'il ait du courage dans toutes ses fonctions de matelot. Telle est la loi.

« Si un homme et une femme esclaves ont commerce ensemble, ils sont condamnés l'un et l'autre à recevoir la bastonnade, qui doit leur être infligée par tout l'équipage, dans le lieu où est le cabestan. L'exécution de cette condamnation est dans les attributions du toukang agong. Telle est la coutume, relativement aux matelots. »

§ 29. — *De l'abolition de l'esclavage.*

On s'étonne de ce que l'esclavage ait duré si longtemps dans l'Archipel indien, soumis depuis trois siècles à la domination de la Néerlande. Cette nation qui a marché autrefois à la tête des peuples chrétiens, qui a si longtemps combattu pour son indépendance, pour la liberté de conscience, pour le triomphe du droit et de la justice, de tout ce qui est noble et grand; comment s'est-elle attardée dans le chemin de la vraie civilisation? Tandis que d'autres peuples ont suivi l'exemple donné par l'Angleterre, ou posé des jalons pour parvenir à l'abolition de l'esclavage, comment la Néerlande a-t-elle été si lente à obéir à sa vocation, qui était non-seulement la vocation du christianisme, mais celle de la raison et de l'humanité? Bien des esprits généreux en Néerlande ont élevé la voix pour réclamer l'affranchissement des esclaves; mais en même temps d'autres soutenaient que cette grave question n'était pas assez mûre ni suffisamment étudiée. On redoutait cette mise en liberté sans transition aucune. Qu'allaient devenir ces malheureux vieillards, ces infirmes, ces impotents, ces malades, ces femmes enceintes, ces pauvres mères allaitant encore le fruit de leurs entrailles, ces petits enfants abandonnés? Livrés à eux-mêmes, sans toit, sans nourriture, sans secours, tous allaient tomber dans une misère profonde, dans un dénûment complet ; et l'on comparait le sort qui leur était réservé à leur vie passée, à leur bonheur relatif, car les moyens d'existence leur étaient assurés. « Voyez », écrivait M. Ritter, il n'y a pas longtemps (1), « voyez dans la

(1) *Moniteur des Indes néerlandaises.*

galerie extérieure de cette belle maison, cet enfant nu de deux ou trois ans, qui se livre gaîment à tous les jeux de son âge. C'est le fils d'un esclave, le favori de ses maîtres, le camarade de leurs enfants, dont il partage presque tous les priviléges et les plaisirs. Il joue, commande, se fait servir et nul n'y met obstacle. A quatre et cinq ans, il commence à porter la mèche aux cigares, et court en gambadant sur l'ordre du chef. A sa mort, on le pleure; ce n'est pas l'avarice qui fait couler ces larmes, c'est le regret de perdre un membre de la famille qu'on a vu naître, auquel on a donné longtemps des soins affectueux, et dont on ne peut sans attendrissement se rappeler les services. » Mais attendez quelques années et l'enfant aura grandi; il est devenu un jeune homme ou une jeune fille, et à peine a-t-il atteint l'âge où les enfants reçoivent une certaine éducation, que le maître réclame déjà des services de son esclave. Les rapports de celui-ci avec les enfants de la maison ont tout à coup changé; il ne partage plus leurs repas, il doit se contenter des grossiers aliments de l'esclave. Personne ne songe à lui donner des leçons de morale. Le maître ne s'occupe que des services qu'il rend; il sera cocher, domestique, peut-être joueur d'instrument de musique; les jeunes filles seront couturières. Tous serviront de machines dont le maître tirera le plus grand bénéfice, et le maître sera humain pour ses esclaves, s'il le veut, car la loi ne lui en fait pas un devoir.

Aujourd'hui, grâce à Dieu ! le gouvernement néerlandais a aboli l'esclavage parmi les populations de l'Archipel indien, qui reconnaissent le roi des Pays-Bas comme souverain ou protecteur. Mais parmi celles qui sont restées indépendantes, telles que les Battaks et des insulaires de Timor, des Célèbes, les esclaves forment encore une classe dans l'organisation sociale. Espérons qu'un jour la civilisation chrétienne relèvera ces créatures humaines de leur asservissement et les conviera aussi au banquet fraternel de la science et de la liberté !

APPENDICE

DES SUCCESSIONS ET DU MARIAGE CHEZ LES MALAIS ET LES JAVANAIS.

Manuscrit malay de la Bibliothèque nationale à Paris,

TRADUIT

PAR

ARISTIDE MARRE

Membre de la Société asiatique

Lain àdet orang putih,
Lain àdet orang malayo.

Autres sont les coutumes des Blancs,
Autres sont les coutumes des Malays.

TITRE PREMIER

DES SUCCESSIONS

Art. 1. A la mort d'un homme ou d'une femme, qu'il y ait ou non des enfants, le survivant prend le *mas-kauin* *, le plus ancien bien apporté, car il demeure à part des autres biens formant la succession.

Art. 2. Un homme, en mourant, laisse une femme sans enfants, et n'a point de proches parents. Prélèvement fait des dépenses des funérailles, du montant de ses dettes et aussi des legs institués par son testament, la succession est partagée en quatre :

un quart pour la femme
et trois quarts pour les pauvres.

* *Mas-kauin*, à la lettre *or nuptial*. C'est un mot hybride, composé du malay *Mas* (or) et du persan *Kauin* (mariage). Les Persans disent plus communément *Kabin*, dont nos marins provençaux ont fait le mot *Kapalo*, par lequel ils désignent cette sorte de mariage temporaire qu'ils contractent parfois dans le Levant.

Art. 3. Un homme, en mourant, laisse une femme et un ou plusieurs fils, le partage se fait ainsi :

un huitième pour la femme
et sept huitièmes pour le fils ou les fils.

Art. 4. Un homme, en mourant, laisse une femme et une fille,

la femme reçoit le huitième,
la fille la moitié,
et les pauvres trois huitièmes.

Art. 5. Mais lorsqu'il laisse une femme avec deux filles, son héritage se partage de cette sorte :

un huitième à la femme,
deux tiers aux deux filles,
et cinq vingt-quatrièmes aux pauvres.

Art. 6. Un homme, en mourant, laisse une femme et trois filles. Le partage se fait ainsi :

un huitième à la femme,
trois quarts aux trois filles,
et un huitième aux pauvres.

S'il y a un plus grand nombre de filles, on se conforme à cette règle.

Art. 7. Mais lorsque les survivants sont la femme, un fils et une fille, alors il y a

un huitième pour la femme,
sept douzièmes pour le fils,
et sept vingt-quatrièmes pour la fille.

Art. 8. Lorsqu'il y a un plus grand nombre de fils et de filles, la femme demeure toujours en possession du huitième de l'héritage, et les fils ont encore une part double de celle des filles.

Art. 9. Une femme meurt et son mari est seul survivant, alors l'héritage est divisé en deux parties égales,

une moitié pour le mari
et l'autre moitié pour les pauvres.

Art. 10. Une femme, en mourant, laisse son mari et un fils,

le mari obtient un quart,
le fils trois quarts,

et s'il y a un plus grand nombre de fils, c'est encore cette règle qu'on applique.

Art. 11. Une femme, en mourant, laisse son mari et une fille :

il y a un quart pour le mari,
la moitié pour la fille,
et un quart pour les pauvres.

Art. 12. Une femme, en mourant, laisse son mari et deux filles ;

il y a un quart pour le mari,
deux tiers pour les deux filles,
et un douzième pour les pauvres.

Art. 13. Une femme, en mourant, laisse son mari et trois filles. l'héritage se divise en trente-deux ;

trois seizièmes pour le mari,
trois quarts pour les trois filles,
et un seizième pour les pauvres,

et toujours conformément à cette règle, quand même il y aurait un plus grand nombre de filles.

Art. 14. Une femme, en mourant, laisse son mari, un fils et une fille. On divise en quatre, savoir :

un quart pour le mari,
la moitié pour le fils,
un quart pour la fille.

Art. 15. Une femme, en mourant, laisse son mari, un fils et deux filles ; alors il y a

un quart pour le mari,
trois huitièmes pour le fils,
et trois huitièmes pour les deux filles.

En cas d'un plus grand nombre d'enfants, cette règle est encore observée.

Art. 16. Quelqu'un en mourant, homme ou femme, laisse seulement ses père et mère, l'héritage se divise en trois :

un tiers à la mère
et deux tiers pour le père.

Art. 17. Quelqu'un en mourant laisse son père, sa mère et un fils. On divise en six et l'on donne :

un sixième au père,
un sixième à la mère,
et deux tiers au fils.

Art. 18. Si les survivants sont le père, la mère, un fils et une fille, on divise en dix-huit, savoir :

un sixième pour le père,
un sixième pour la mère,
quatre neuvièmes pour le fils,
et deux neuvièmes pour la fille.

Art. 19. Quelqu'un en mourant laisse ses père et mère et une fille, on partage en six :

un tiers pour le père,
un sixième pour la mère,
et la moitié pour la fille.

Art. 20. Pour le père, la mère et deux filles, on partage l'héritage en dix-huit, ainsi :

un sixième pour le père,
un sixième pour la mère,
et deux tiers pour les deux filles,

et pour un plus grand nombre de filles, on suit la même règle.

Art. 21. Quelqu'un en mourant laisse une fille et une petite-fille issue d'un fils, ses biens sont divisés en six parts, savoir :

la moitié pour la fille,
un sixième pour la petite-fille,
et un tiers pour les pauvres.

Art. 22. Si, outre la fille, il y a encore deux ou un plus grand nombre de petites-filles, la règle ci-dessus établie est toujours appliquée, un nombre quelconque de petites-filles n'obtenant pas plus qu'une seule petite-fille.

Art. 23. Une petite-fille dont le grand-père, la grand'mère, le père et la mère sont morts, obtient de l'héritage de sesdits grand-père et grand'mère la moitié juste, l'autre moitié est aux pauvres.

Art. 24. Mais s'il y a deux petites-filles au lieu d'une, en ce cas l'héritage se divise en trois :

deux tiers pour les deux petites-filles,
et un tiers pour les pauvres.

Art. 25. Quelqu'un en mourant laisse seulement un petit-fils, alors la succession tout entière est à ce petit-fils.

Art. 26. Pour un petit-fils et une petite-fille, on divise en trois :

deux tiers pour le petit-fils,
un tiers pour la petite-fille,

et s'il y en a d'autres, le partage se fait encore conformément à cette règle.

Art. 27. Pour une fille et un petits-fils issu d'un fils des mêmes père et mère,

un tiers pour la fille
et deux tiers pour le petit-fils.

Art. 28. Pour deux filles et un petit-fils, conformément à ce qui vient d'être dit, on divise en deux parts égales.

Art. 29. S'il y a une fille, un petit-fils et une petite-fille, l'héritage se divise en six :

la moitié pour la fille,
un sixième pour la petite-fille,
et un tiers pour le petit-fils.

Art. 30. S'il y a deux filles de même père et de même mère, un petit-fils et une petite-fille, on divise en neuf, savoir :

deux tiers pour les deux filles,
deux neuvièmes pour le petit-fils,
et un neuvième pour la petite-fille.

Art. 31. Quelqu'un en mourant laisse une fille, une petite-fille et un petit-fils issus d'un fils, chacun d'eux ayant perdu son père, l'héritage est alors partagé en six, savoir :

la moitié pour la fille,
un sixième pour la petite-fille,
et un tiers pour le petit-*fils*,

ces deux derniers issus d'un fils.

Art. 32. Mais quand les survivants sont deux *filles*, une petite-fille et un petit-fils issus d'un fils, le partage se fait en neuf :

deux tiers pour les deux filles,
un neuvième pour la petite-fille,
deux neuvièmes pour le petit-fils,

ces deux derniers issus d'un fils.

Art. 33. Quelqu'un en mourant laisse une fille et une sœur issue des mêmes père et mère, ou ce qui suffit, du même père, l'héritage se divise en deux parts égales ; mais dans le cas de deux filles, il revient à chaque héritière part égale, le tiers.

Art. 34. Pour une fille et deux sœurs de mêmes père et mère, l'héritage est divisé en quatre,

la moitié pour la fille,
et la moitié pour les deux sœurs.

Art. 35. Pour deux filles et deux sœurs de mêmes père et mère, l'héritage se divise en six :

deux tiers pour les filles,
et un tiers pour les deux sœurs,

et s'il se trouve un plus grand nombre de sœurs ou de filles, même règle à suivre.

Art. 36. Un homme en mourant laisse une femme, une fille et une petite-fille issue d'un fils, sa mère et une sœur, l'héritage alors se divise en vingt-quatre :

un huitième à la femme,
la moitié à la fille,
un sixième à la petite-fille,
un sixième à la mère,
un vingt-quatrième à la sœur.

Art. 37. Mais de tous ceux-là, si c'est la femme qui est décédée, le partage se fait en treize :

trois treizièmes pour le mari,
six treizièmes pour la fille,
deux treizièmes pour la petite-fille,
deux treizièmes pour la mère.

Dans ce cas il n'y a pas lieu de s'occuper ni de frères ni de sœurs.

Art. 38. Pour un frère issu des mêmes père et mère et un frère utérin, le partage se fait en six :

cinq sixièmes au vrai frère,
et un sixième au frère utérin.

Art. 39. Quelqu'un en mourant laisse deux frères ou sœurs de même mère, mais non de même père, son héritage se divise en six :

un tiers pour les deux frères ou sœurs,
et deux tiers pour les pauvres.

Art. 40. Quelqu'un en mourant laisse deux frères ou sœurs de même mère, mais non de même père, et de plus un frère et une sœur de mêmes père et mère, le partage se fait en dix-huit :

un tiers pour les deux frères ou sœurs,
deux neuvièmes pour la vraie sœur,
et quatre neuvièmes pour le vrai frère.

Art. 41. Une femme en mourant laisse son mari et un grand-père, chacun d'eux a même part, la moitié juste.

Art. 42. Un homme en mourant laisse une femme et un grand-père,

la femme a un quart
et le grand-père a trois quarts.

Art. 43. Quelqu'un en mourant laisse un grand-père et une fille ils obtiennent de l'héritage chacun la moitié.

Art. 44. Quelqu'un en mourant laisse un grand-père et deux filles, chacun d'eux a également pour sa part, un tiers.

Art. 45. Quelqu'un en mourant laisse un grand-père ou une grand'mère du côté de son père, un fils et une fille, son héritage alors se divise en dix-huit :

un sixième au grand-père ou à la grand'mère,
cinq neuvièmes au fils,
et cinq dix-huitièmes à la fille;

s'il y a d'autres enfants, la même règle s'applique encore.

Art. 46. Une femme en mourant laisse son mari, un grand-père ou grand'mère, et un fils ; on partage en douze :

un quart pour le mari,
un sixième pour le grand-père ou la grand'mère
et sept douzièmes pour le fils.

Art. 47. Mais s'il y a deux fils, alors l'héritage se divise en vingt-quatre :

un quart au mari,
un sixième au grand-père ou à la grand'mère
et sept douzièmes pour les deux fils.

Art. 48. Une femme en mourant laisse une fille, un fils, son mari, un grand-père ou grand'mère, le partage se fait ainsi :

un quart pour le mari,
un sixième pour le grand-père ou la grand'mère,
sept dix-huitièmes pour le fils,
et sept trente-sixièmes pour la fille.

Art. 49. Quelqu'un en mourant laisse un grand-père et une grand'mère du côté paternel, l'héritage se divise en six :

un sixième à la grand'mère
et cinq sixièmes au grand-père.

Art. 50. Si les survivants sont un grand-père et une grand'mère du côté paternel, une grand'mère du côté maternel, l'héritage se partage en six :

deux tiers au grand-père du côté paternel,
un sixième à la grand'mère du côté paternel,
un sixième à la grand'mère du côté maternel.

Art. 51. Une femme en mourant laisse son mari, son père et un fils, le partage se fait en douze :

un quart au mari,
un sixième au père
et sept douzièmes au fils.

Art. 52. Mais le mari décédant, si sa femme, sa mère et une fille lui survivent, le partage se fait comme suit :

un huitième à la femme,
un sixième à la mère,
la moitié à la fille
et cinq vingt-quatrièmes aux pauvres.

Art. 53. Un homme en mourant laisse deux femmes et un fils, le partage se fait en seize :

un huitième pour les deux femmes
et sept huitièmes pour le fils,

et quand même il y aurait plus de femmes, cette règle serait encore observée.

Art. 54. Une petite-fille issue d'un fils, étant seule survivante, a la moitié de l'héritage de son grand-père ou grand'mère; l'autre moitié tombe en partage aux pauvres.

Art. 55. Mais lorsqu'il y a deux petites-filles issues d'un fils, et un frère de mêmes père et mère, chacun obtient un tiers.

Art. 56. S'il ne reste qu'une sœur de mêmes père et mère, elle a la moitié, l'autre moitié est aux pauvres.

Art. 57. Une femme en mourant laisse son mari et deux sœurs, l'héritage se divise en sept :

trois septièmes pour le mari,
quatre septièmes pour les deux sœurs.

Art. 58. Deux sœurs de mêmes père et mère et un oncle paternel reçoivent chacun part égale, un tiers; dans le cas d'un plus grand nombre de sœurs la même règle s'observe.

Art. 59. Une femme en mourant laisse son mari, une fille et l'auteur de son affranchissement, son héritage se divise en quatre :

un quart à son mari,
la moitié à la fille
et un quart à qui l'a affranchie.

Art. 60. Un homme en mourant laisse une femme, une fille et l'auteur de son affranchissement, son héritage se divise en huit :

un huitième à la femme,
la moitié à la fille
et trois huitièmes à qui l'a affranchi.

Art. 61. Une femme en mourant laisse son mari, deux filles et l'auteur de son affranchissement, le partage alors se fait en douze :

un quart au mari,
deux tiers aux deux filles
et un douzième à qui l'a affranchie.

Art. 62. Un homme en mourant laisse une femme, deux filles et l'auteur de son affranchissement, son héritage se divise en vingt-quatre :

un huitième à la femme,
deux tiers aux deux filles
et cinq vingt-quatrièmes à qui l'a affranchi.

Art. 63. Ces règles sont donc applicables aux petits-fils issus d'un fils jusqu'au dernier; aux frères de père et de mère ou de père, ainsi qu'à tous leurs enfants, jusqu'au dernier; aux oncles du côté paternel jusqu'au dernier; et s'il n'y a pas de plus proches parents, alors les cousins et cousines peuvent avoir part à l'héritage comme les fils et les filles de même père et de même mère. Il en est ainsi.

TITRE II.

DU MARIAGE.

Art. 64. En premier lieu pour rechercher une femme en mariage, il faut avoir le parfait consentement des père et mère de la femme. Il en est ainsi.

Art. 65. Quand le père et la mère ne sont plus vivants, le postulant est obligé de donner connaissance de ses sentiments aux personnes de la famille, et de solliciter la permission de faire sa cour.

Art. 66. Ce consentement de la famille une fois obtenu, il est d'usage que le fiancé et la fiancée se fassent mutuellement un présent; s'ils ne se marient pas, ce présent fait retour à chacun d'eux.

Art. 67. Ensuite les père et mère, à leur défaut les personnes de la famille s'entendent avec le fiancé pour la fixation du *mas-kauin*, après en avoir toutefois conféré avec la fiancée.

Art. 68. Après que l'accord est fait sur ce point, le fiancé est tenu, sur la demande de la fiancée, de payer sur-le-champ le *mas-kauin*.

Art. 69. S'il est incapable de faire ce payement, la femme peut, si tel est son bon plaisir, accorder crédit pour le *mas-kauin*.

Art. 70. Le fiancé est expressément tenu de donner connaissance de son futur mariage au commandant ou au magistrat à la juridiction desquels il appartient.

Art. 71. Ensuite le chargé des affaires musulmanes sollicite la permission de son Excellence le gouverneur général.

Art. 72. Puis déclaration est faite aux imâm que le *mas-kauin* a été payé par le fiancé, ou bien qu'il reste comme dette à son compte.

Art. 73. Les imâm et les commandants inscrivent ces circonstances et toutes autres dans des registres spéciaux, et alors il est procédé au mariage conformément aux cérémonies accoutumées.

Art. 74 *. Les cérémonies du mariage étant accomplies, mais l'union conjugale non encore consommée, si l'on vient à apprendre

* Notre article 74 renferme les deux articles 74 et 75 du manuscrit malay de la Bibliothèque nationale. Le copiste s'est évidemment trompé en faisant un article distinct avec cette phrase incomplète : « Les cérémonies du mariage étant accomplies, mais l'union conjugale non encore consommée, si l'on vient à apprendre que le mari a une maladie grave, telle que taches de lèpre, démence, ou autre qui le rende incapable d'avoir commerce avec sa femme », et en rejetant le complément nécessaire de ce membre de phrase conditionnelle dans l'article suivant.

que le mari a une maladie grave, telle que taches de lèpre, démence ou autre qui le rende incapable d'avoir commerce avec sa femme, dans ce cas-là, la femme, si elle demande séparation, est obligée de donner connaissance de ces circonstances aux imâm : ceux-ci en font part aux commandants respectifs des deux parties. Ensuite ils se rassemblent tous avec le chargé des affaires musulmanes, et, la demande de séparation admise, les commandants inscrivent dans leurs registres toutes les circonstances de l'affaire. Toutefois, en vertu des anciennes coutumes restées en vigueur, les parties ont le droit, si la décision ne leur paraît pas juste, de comparaître par devant le juge, à l'exclusion de tout autre.

Art. 75. La séparation prononcée, la fiancée est tenue de restituer le *mas-kauin* au fiancé.

Art. 76. Lorsque la maladie apparaît après la cohabitation, il y a encore lieu à la séparation, mais le *mas-kauin* reste propriété de la femme.

Art. 77. Si c'est la femme qui est malade de cette maladie, ou ce sera avant, ou ce sera après la cohabitation : si c'est avant, le *mas-kauin* retourne à l'homme; si c'est après, il reste à la femme.

Art. 78. Des gens mariés voulant se séparer, qu'il y ait ou qu'il n'y ait pas de motifs de séparation, peuvent le faire tous deux à l'amiable; mais le mari est obligé de donner à la femme une somme convenable, qui soit en rapport avec les dépenses que devra faire la femme pour la tenue de sa maison.

Art. 79 *. Lorsque des époux vivent en querelle et que la femme demande à se séparer, les imâm et les commandants des deux parties sont expressément tenus de faire une enquête sur ces querelles, et d'employer tous les moyens possibles pour apaiser leurs dissentiments.

Art. 80. Mais si la femme ne veut entendre à aucun accommode-

* Notre article 79 est la réunion logique et indispensable des deux fragments d'article portant au manuscrit malay les n°s 80 et 81. C'est ce qui fait que notre petit code Malay comprend non point 102 articles, comme l'indique à tort le manuscrit de la Bibliothèque nationale, mais bien 100 articles seulement. Il n'est pas admissible qu'on fasse un article de loi (art. 80 du manuscrit) avec les mots qui suivent : « Lorsque des époux vivent en querelle, et que la femme demande à se séparer. »

ment, et que le mari ne soit pas disposé à la séparation, alors chacun d'eux est gardé chez ses parents respectifs.

Art. 81. Ensuite une assemblée tant des imâm que des officiers du *kampong** est convoquée à l'effet d'en délibérer.

Art. 82. Là le différend est l'objet d'une seconde et d'une troisième enquête, et l'on s'efforce par tous les moyens possibles d'amener la réconciliation.

Art. 83. Pourtant si la réconciliation et la paix ne peuvent être ramenées entre ces gens-là par les conseils de cette assemblée, alors l'examen de cette affaire est confié pour en finir au juge ordinaire.

Art. 84. La femme, si elle s'opiniâtre dans sa querelle, restitue une valeur double de celle du *mas-kauin.* Il en est ainsi.

Art. 85. Quand le mari veut se séparer, il donne pour la première fois le *talak***; à l'expiration de quatorze jours il donne le second *talak,* et à la fin du mois le troisième; et durant ce temps-là le mari est obligé de pourvoir à l'entretien de sa femme.

Art. 86. Tant que le troisième *talak* n'est pas donné, les époux peuvent encore se réconcilier l'un avec l'autre, sans qu'ils aient besoin d'exposer l'état de leurs différends à qui que ce soit.

Art. 87. Mais après la remise du troisième *talak,* la séparation doit absolument s'ensuivre. En outre quand le mari veut se séparer sans tant de délais, la coutume l'autorise à donner d'un seul coup les trois *talak*; mais il faut que le mari donne alors à la femme une maison et son entretien comme par le passé, jusqu'à ce qu'elle ait eu trois fois de suite ses menstrues, parce qu'avant ce moment-là il est interdit à la femme de contracter mariage avec un autre homme.

Art. 88. Le mari est expressément tenu de donner connaissance

* Le mot *kampong* est un mot, purement malay, par lequel on désigne soit un village palissadé, soit dans une ville le quartier séparé, occupé par des gens de même nation. Ce terme s'est introduit dans nos langues d'Europe, et il est devenu tout à fait familier, surtout aux Anglais et aux Hollandais.

** Le *talak* est la lettre de répudiation ou de divorce. Ce mot n'est autre que l'arabe « *thallaq* », qui signifie à la lettre « il a divorcé ».

de sa volonté de se séparer aux commandants des deux parties, afin que ces commandants puissent en garder bonne note.

Art. 89. Il n'est pas nécessaire que la femme reçoive du mari les intérêts d'un capital pour son entretien, mais celui-ci doit y pourvoir avec le produit d'un commerce quelconque ou à l'aide d'une des industries qui conviennent à l'homme, suivant la parole du Prophète; que la paix et la bénédiction de Dieu soient sur lui!

Art. 90. Un mari tombant dans l'indigence est par suite dans l'incapacité d'entretenir sa femme; si celle-ci, en vertu de son droit strict, ne veut pas faire crédit à son mari, elle peut demander séparation conformément à l'article soixante-seize.

Art. 91. Un mari, pour gagner de l'argent, va en pays étranger et délaisse sa femme; il est tenu en cette circonstance de donner une gratification à celle-ci, à titre d'indemnité pour cette séparation eten présence des personnes de sa famille.

Art. 92. Une femme ne voulant pas écouter son mari ni lui obéir, celui-ci doit la flatter par de bonnes paroles, afin de pouvoir la ramener au sentiment de ses devoirs.

Art. 93. Il est permis au mari, si une seconde fois sa femme est encore désobéissante, de lui donner des coups, mais doucement; il doit se garder de frapper au visage de manière à y laisser des marques, ou à tel autre endroit du corps de manière à amener effusion du sang.

Art. 94. Une femme séparée, si elle est enceinte, doit obtenir du mari l'entretien nécessaire jusqu'au temps de ses couches, comme aussi les frais de son accouchement.

Art. 95. Cette femme est obligée d'allaiter son enfant pendant trois jours sans aucune rémunération.

Art. 96. Mais, à l'expiration de ces trois jours, le mari est tenu, si la femme le demande, de donner chaque mois tout ce qui est nécessaire à l'entretien de son enfant.

Art. 97. Si la femme n'est pas disposée à garder l'enfant plus longtemps que trois jours, le mari est alors obligé de prendre lui-même son enfant.

Art. 98. Il est permis à un homme suivant la parole du Prophète, que la paix et la bénédiction de Dieu soient sur lui ! d'épouser quatre femmes, mais seulement à l'homme qui, à une grande inclination pour le sexe féminin joint une constitution assez vigoureuse pour donner contentement à ces femmes, et qui, de plus, est en état de faire face à leurs dépenses.

Art. 99. En dehors de ses femmes légitimes cet homme-là peut prendre des concubines, s'il est en état d'entretenir toutes ces femmes.

Art. 100. Enfin une femme séparée qui a reçu les trois *talak* ne peut plus revenir à son mari, si elle est restée sans se marier à un autre homme; mais si elle a reçu les *talak* d'un autre mari, elle peut se remarier avec son ancien mari. Il en est ainsi !

FIN.

INDEX ALPHABÉTIQUE

A

B

C

D

E

F

M

N

T

U

V

W

X

Y

Z

TABLE DES MATIÈRES

ERRATA

Page 3, ligne 8, *au lieu de :* le huitième parallèle boréal et le onzième parallèle austral, *lisez :* la huitième parallèle boréale et la onzième parallèle australe.

Page 13, ligne 25, *au lieu de :* siècle ; *lisez :* siècle...

Page 38, ligne 10, *au lieu de :* ait été ; *lisez :* eût été.

Page 45, ligne 10, *au lieu de :* dans les îles, *lisez :* aux îles.

Page 58, ligne 9, *au lieu de :* Borohsi-Anabel, *lisez :* Boro-Si-Anobil

Page 69, ligne 9, *au lieu de :* Djuigollo, *lisez :* Djengollo.

Page 72, ligne 28, *au lieu de :* sauges, *lisez :* sauvages.

Page 79, ligne 7, *au lieu de :* touche à l'ouest au... *lisez :* touche, à l'ouest, au..

Page 100, ligne 27, *au lieu de :* il pénétra, *lisez :* Kasimbaha pénétra.

Page 101, ligne 9, *au lieu de :* s'il ouvre celui-ci en premier lieu, *lisez :* s'il ouvre d'abord celui-ci.

Page 107, ligne 25, *au lieu de :* prouvent, *lisez :* prouve.

Page 110, ligne 20, *au lieu de :* Kah et Tah, *lisez :* Kah *et* Iah.

Page 127, ligne 1, *au lieu de :* Dorei, *lisez :* à Dorei.

Page 147, ligne 2, *au lieu de :* rendre, *lisez :* rend.

Page 158, ligne 26, *lisez :* en note (1) Saint-Marc-Girardin, *Cours de littérature dramatique.*

Page 161, ligne 11, *au lieu de :* tout, *lisez :* toute.

Page 167, ligne 20, *au lieu de :* Le basa, *lisez :* La basa.

Page 171, ligne 4, *au lieu de :* du bambou, *lisez :* de bambou.

Page 192, ligne 11, *au lieu de :* et puissent, *lisez :* et qu'elles puissent.

Page 193, ligne 13, *au lieu de :* puissance, *lisez :* force.

Page 202, ligne 28, *au lieu de :* sur, *lisez :* en.

Page 203, ligne 5, *au lieu de :* Pandit avait, *lisez :* Pandit, avait.

Page 203, ligne 27, *au lieu de :* astronome, *lisez :* astrologue.

Page 205, ligne 7, *au lieu de :* Génog, *lisez :* Gédog.

Page 208, ligne 21, *supprimez :* de Pakou-Bouwono.

Page 209, ligne 24, *au lieu de :* d'après, *lisez :* après.

Page 222, ligne 3, *au lieu de :* tout-puissants, *lisez :* toutes-puissantes.

Page 235, ligne 7, *au lieu de :* les deux se réunirent, puisqu'ils, *lisez :* ils se réunirent puisqu'ils.

Page 238, ligne 25, *au lieu de :* hauts adorables, *lisez :* Haut Adorable.

Page 239, ligne 3, *au lieu de :* en fut spécialement chargé, *lisez :* fut spécialement chargé de les notifier.

Page 329, ligne 4, *au lieu de :* Gourou lui dit, *lisez :* Gourou ajouta.

Page 241, ligne 8, *au lieu de :* vit ensuite une eau plus claire sur le sommet de la montagne, *lisez :* vit ensuite, sur le sommet de la montagne, une eau plus claire qui

Page 258, ligne 7, *au lieu de :* Noto, garda, *lisez :* Noto garda.

Page 262, ligne 25, *au lieu de :* s'il était, *lisez :* s'il eût été.

Page 267, ligne 7, *au lieu de :* lui demanda, *lisez :* lui dit.

Page 168, ligne 21, *au lieu de :* qu'il change de forme, *lisez :* qu'il prenne une autre figure.

Page 285, ligne 27, *au lieu de :* arriver, *lisez :* conduire.

Page 313, ligne 16, *au lieu de :* a salle, *lisez :* la salle.

Page 315, ligne 1, *au lieu de :* éloignent; en ayant, *lisez :* éloignent, en ayant.

Page 315, ligne 12, *au lieu de :* des ansl, *lisez :* dans les.

Page 319, ligne 12, *au lieu de :* les sont-ils Bégos, *lisez :* les Bégos sont-ils.

Page 314, ligne 2, *au lieu de :* on prépare une petite pirogue, *lisez :* on dépose l'offrande dans une petite pirogue qu'on lance à la mer.

Page 342, ligne 18, *au lieu de :* les ruines des temples, *lisez :* de la plupart des temples.

Page 349, en note, *au lieu de :* le tour du monde, *lisez :* Voyage autour du monde.

Page 353, en note, *au lieu de :* awi, *lisez :* kawi.

Page 443, ligne 20, *au lieu de :* et le bonheur, *lisez :* ni le bonheur.

FIN.

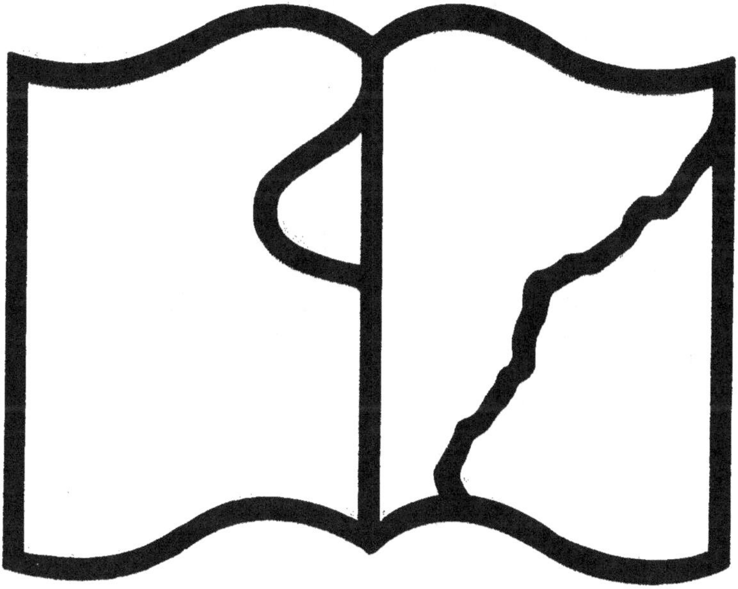

Texte détérioré — reliure défectueuse

NF Z 43-120-11

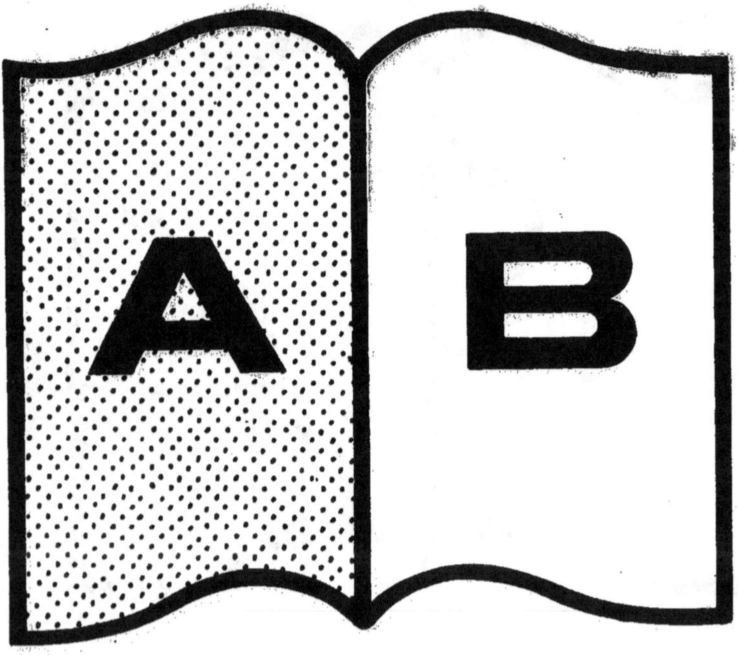

Contraste insuffisant

NF Z 43-120-14

Reliure serrée

www.ingramcontent.com/pod-product-compliance
Lightning Source LLC
Chambersburg PA
CBHW070833230426
43667CB00011B/1776